Diogenes Taschenbuch 167

de
te
be

D1933759

Über Gottfried Keller

Sein Leben in Selbstzeugnissen
und Zeugnissen von Zeitgenossen
Herausgegeben von
Paul Rilla

Diogenes

Die Erstausgabe erschien 1943
unter dem Titel ›Gottfried Keller‹
im Propyläen-Verlag, Berlin.
Der Anhang wurde für diese
Ausgabe neu gefaßt von
Franz Cavigelli
Umschlagfoto: Gottfried Keller
um 1862.
Frontispiz: Gottfried Keller, 1887
Radierung von Karl Stauffer-Bern

Alle Rechte vorbehalten
Copyright © 1978 by
Diogenes Verlag AG
100/78/E/1
ISBN 3 257 20535 X

Inhalt

Einleitung

Worin die Zeitgenossen, die ihm begegnet sind, übereinstimmen, ist die Beobachtung des Mißverhältnisses von Statur und geistigem Volumen; ferner die Wahrnehmung eines gewissen Sonderlingswesens, einer schrulligen Reizbarkeit, die mit den Jahren zunahm, eines stachlig abwehrenden, zugleich launischen Temperaments, das sich unversehens über irgendeinem Ahnungslosen fürchterlich entladen konnte. Auf einem zu kurz geratenen und schwerfälligen Leib saß das mächtige Dichterhaupt mit der edel geschwungenen hohen Stirn: man braucht aus solchem Widerspruch der Erscheinung keinen tragischen Riß im Leben Gottfried Kellers abzuleiten, aber jene vielberufene Widerborstigkeit seines Wesens mag sich erklären aus der Selbstbehauptung einer raumfüllenden Persönlichkeit, der die raumfüllende Körperlichkeit versagt war. Die »kleine struppige Personnage«, als die Keller sich gelegentlich apostrophiert, trumpfte um so ingrimmiger auf, je erwartungsvoller fremde Neugier auf bedeutsame Kundgebungen des Dichtergeistes spannte; wobei denn leicht ein harmloses Interesse mit spionierender Zudringlichkeit verwechselt wurde. So unbefangen, heiter und geistreich Kellers gesellige Gaben etwa am Wirtshaustisch blühen konnten, so empfindlich reagierte sein angeborenes menschliches Wohlwollen auf »falsche« Ansprüche. Fast tyrannisch wacht er darüber, der zu sein, der er ist. Wer eine vorgefaßte Meinung vom berühmten Dichter und Original mitbrachte, bekam eine Originalität zu spüren, auf die er nicht gefaßt war.

Der Frauentyp, der Keller anzog, entsprach dem wählenden Instinkt seines Hauptes und Herzens, nicht dem reduzierten Wuchs seiner bürgerlichen Personnage: immer waren es hochgewachsene, schöne Mädchen von geistvoller Anmut, in die er sich verliebte. Daß solche Instinktwahl hart an den realen Verhältnissen sich stieß, wohl auch vor der realen Erfüllung zurückschreckte, scheint nur die Wiederholung jenes Widerstreits im eigenen Seelenhaushalt. Tröstliche Zuflucht des Dichters Gott-

fried Keller und ein Triumph seiner Genialität des Herzens: »Süße Frauenbilder zu erfinden, wie die bittre Erde sie nicht hegt.« Aber die Erde hegt sie, seit Gottfried Keller sie erfunden, und das heißt: gefunden hat. Die Mädchen und Frauen seiner erzählerischen Welt sind noch als Ausgeburten einer geistverspielten Laune entzückend resolute Weibspersonen, noch als tief erhellte Urbilder stark im irdischen Wandel. Manche Liebesentscheidung jedoch, die der Erzähler spielend oder ernst teils herbeiführt, teils in der Schwebe läßt, zeigt an, was in seinem Leben unaufgelöst blieb. Im Leben lief es auf eben den Zwang hinaus, die Fülle verletzlichen Gefühls tief in der Brust zu verschließen und der Welt die desto rauhere Außenseite zuzukehren; etwa nächtelang durch die Wirtshäuser zu streichen und in handgreiflichem Krakeel dem vollen Herzen Erleichterung zu verschaffen. Tröstliche Zuflucht dort. Minder tröstliche Ausflucht hier. Zugleich setzen sich ihm, dem lebenslänglichen Selbstbezweifler, die schmerzhaften Reibungen an der eigenen Person und an der Außenwelt in rührende Gewissensskrupel um. Der Konflikt wird ins Geistig-Moralische hinaufgedeutet. »Ich weiß nicht, was schuld ist«, notiert der Achtundzwanzigjährige im Tagebuch, »aber immer scheint mir mein Verdienst zu gering, um ein ausgezeichnetes Weib zu binden, vielleicht kommt es von der wenigen Mühe, welche meine Produkte mir machen.«

Diese Mühe hat er dann gründlich genug kennengelernt. Nach den Irr- und Umwegen des früh halb zufällig und bummelnder Weise erwählten Malerberufs beginnt der langsame und nicht minder gefährdete Reifeprozeß des Dichters. Auf ein erstes glückhaft leichtes und unwillkürliches lyrisches Produzieren folgt die erfahrungs- und krisenreiche Lebensschule des Erzählers, und hier ist von vornherein alles auf eigensinnigste Selbsterprobung angelegt. Das als trauriger kleiner Künstlerroman geplante Jugendwerk, aus dem unter der Hand der große deutsche Erziehungs- und Bildungsroman wird, der größte seit »Wilhelm Meister«; die lange und langwierige Arbeitsdauer, während welcher der Verfasser »vielfältig ein anderer« geworden ist, so daß sich der »Wechsel des Lebens« in den Schichtungen des Werkes kundtut: diese ganze Entstehungsgeschichte des »Grünen Heinrich«, auch äußerlich im Hin und Her zwischen Autor und Verleger eine Leidensgeschichte, bleibt charakteristisch für den Erzähler Gottfried Keller. Charakteristisch bleibt das Auf und

Ab von Arbeitsimpulsen und Arbeitshemmungen, welches den merkwürdig zögernden, durch scheinbar untätige Intervalle immer wieder unterbrochenen Rhythmus seines Schaffens bestimmt. Es hat damit eine besondere Bewandtnis. Wie schon der Vierundzwanzigjährige die Umrisse und Lokalfarben des »Grünen Heinrich« im Kopfe trägt, Jahre vor der ersten Niederschrift, so spinnt Kellers reifgewordene Phantasie mit nimmermüder Lust erzählerische Einfälle aus, die meist erstaunlich lange warten müssen, bis sie aufs Papier kommen. Im Hinblick auf solche Wartezeiten spricht Keller gelegentlich von seiner »Faulheit«, die »eine ganz seltsame pathologische Arbeitsscheu in puncto litteris« sei und oft wochen-, monate-, jahrelang ihn hindere, den angefangenen Bogen wieder vorzunehmen. Gewiß, das Zögern vor der endgültigen Form, wie sie als Geschriebenes sich vom Schöpfer löst, hängt mit dem erwähnten Hang zur Selbstbezweiflung zusammen, bleibt Ausdruck einer handwerksmeisterlichen Ungenügsamkeit vor dem Stoff. Doch was für eine »Faulheit« ist das, bei der sinnend und spintisierend unablässig Neues ausgeheckt wird? So eigensinnig Keller im Leben überall den Punkt nicht des geringsten, sondern des größten Widerstandes sucht, um desto entschlossener sich selbst zu finden, so unbeirrbar gewinnt er aus den Schwankungen eines wetterwendischen Temperaments sein wahres künstlerisches Element: die volle Freiheit einer in Hirn und Herz innig selbstvergnügten Schöpferlaune, die das Geheimnis seiner himmlisch kühnen und irdisch sich bescheidenden Erzählungskunst ist. Wie er den angefangenen Bogen jahrelang nicht anrührt, so kann er nach Jahren, selbst nach Jahrzehnten genau an der Stelle fortfahren, wo er abgebrochen hat: »als ob inzwischen nichts geschehen wäre«. In der Tat, nichts ist geschehen als ein inneres Wachstum, das der Gestaltung still entgegenreifte, bis zur rechten Stunde die Form dem Einfall gefügig wurde. Jetzt erst lebt in der Sprache, was vor der sprachlichen Gestaltung lebendig war: der unvergleichliche Zauber Kellerscher Prosa beruht in der vollkommenen Übereinstimmung von Phantasie- und Sprachbewegung.

Als der Dreiunddreißigjährige in Berlin über dem immer unförmiger anschwellenden Schlußmanuskript des »Grünen Heinrich« hockte, gab er zuletzt dem ungeduldig mahnenden Verleger sein Ehrenwort, vor Beendigung des Romans keine andere Arbeit anzufangen. Einer der witzigsten Züge seiner *inneren Biographie ist es nun, wie er dies Ehrenwort als moralischen Freibrief auffaßte für eben jenes Phantasieschaffen auf Vorrat, das sich freilich nicht hindern ließ, im Schatten des Hauptgeschäfts desto ungebundener fortzugedeihen. Lustig genug bekennt er brieflich: »Ich mache Sachen fertig im Gedächtnis, da ich nicht daran schreiben darf«; mit dem größten Pläsier produziere er alles mögliche, was er schreiben werde, der Reihe nach. Das erstaunliche Resultat heißt: »Die Leute von Seldwyla«, erster Band. Denn dieser Band, der erste Meisterwurf des Novellisten, ist tatsächlich während der Arbeit am »Grünen Heinrich« so ganz nebenbei im Gedächtnis fertig geworden; niedergeschrieben wurde er in wenigen Monaten, unmittelbar nach Abschluß des Romans. So krisenhaft die Lebensumstände: es kann nicht anders sein, als daß hier ein inneres Gesetz erfüllt war, ein vorbestimmtes Gleichgewicht der Kräfte sich hergestellt hatte. Und wirklich fehlt es in Kellers Leben nicht an den nachdrücklichsten und umfänglichsten Proben auf das Exempel: seine guten Zeiten sind es, wenn er dem heilsamen Zwang eines offiziell betriebenen Hauptgeschäfts das Glück innerer Muße – und dieser Muße eine produktive Stimmung von großartiger Absichtslosigkeit verdankt.*

Bekanntlich hat Gottfried Keller fünfzehn seiner besten Mannesjahre vor Sitzungsprotokollen, Verfassungs- und Gesetzesvorlagen fern vom Dichterschreibtisch verbracht: als Staatsschreiber seiner schweizerischen Heimatrepublik. Jedoch daß Zürichs pünktlichster Staatsschreiber, wie beklagt worden ist, anderthalb Jahrzehnte hindurch nicht zum Dichten gekommen sei, ist höchstens in dem uneigentlichen Sinne wahr, wie es wahr ist, daß der Dreißigjährige nur am »Grünen Heinrich« gedichtet habe. Zweifellos: offizieller konnte kein Hauptgeschäft sein als das hohe Staatsamt; und reinliche Scheidung von der schöpferischen Sphäre war diesmal gefordert. Aber scheint es nicht, als ob eben die Eindeutigkeit dieses Spannungsverhältnisses zwischen Amtspflicht und Phantasiezwang den künstlerischen Antrieb vervielfache? Und genießt sich das gestaltenträchtige »Sinnen und Spintisieren« nicht um so unbefangener, je weniger es, nun vom Hauptgeschäft moralisch gedeckt, als »Faulheit« oder Schlendrian beunruhigen kann? Niemals hat Keller sich behaglicher, überlegener, innerlich freier über das eigene Schaffen ausgelassen als dort, wo er in Briefen die Bilanz gerade der Staats-

schreiberjahre für seinen dichterischen Haushalt zieht. Heiter ist er sich bewußt, »in poetisch-literarischer Beziehung so viel zugeschnittene Arbeit vorrätig« zu haben, daß er die Zeit nicht finden werde, nur die Hälfte von dem zu machen, was er noch machen könnte und sollte. Unmittelbar zeigen die »Züricher Novellen« die staatsschreiberliche Prägung. Doch unter dem Titel »Das Sinngedicht« werden die Galatea-Novellen zu Ende geschrieben, deren Anfänge ein Vierteljahrhundert zurückliegen; die »Sieben Legenden«, im ursprünglichen Plan dazugehörig, sind ihrer eigenen Zauberspur gefolgt; und über einen Abstand von neunzehn Jahren hat sich zum ersten der zweite Band »Seldwyla« gesellt. Es ist die entscheidende Berliner Zeit, deren Keime jetzt wie von selbst wieder zu treiben beginnen. Kein Wunder, daß aus solcher Verknüpfung der Sphären, drangvoller Jugend und kunstweisen Alters, der Plan reift, das Schmerzenskind der Berliner Jahre, den »Grünen Heinrich«, noch einmal vorzunehmen. Zugleich beginnt Keller seine früheren Verse zu sichten, worüber unversehens frische lyrische Quellen in ihm aufbrechen. Und drei Jahre nach dem zweiten »Grünen Heinrich« können die nun endgültig »gesammelten« Gedichte erscheinen, die gleich dem Roman sowohl durch die Vervollkommnung alten Besitzstandes wie durch organischen Zuwachs wahrlich ein Neues sind. Der Kreis schließt sich, und es wird deutlich, wie die Jahre während und nach der Staatsschreiberschaft in der Tat eine Neu- und Wiedergeburt der gesamten dichterischen Existenz bedeuten. Außer dem ersten Band der »Leute von Seldwyla« sind alle Bücher Gottfried Kellers nach dem fünfzigsten Lebensjahr geschrieben oder zu Ende geschrieben oder (wie der »Grüne Heinrich« und die Lyrik) in endgültige Form gebracht worden. Immer neu zu erwerben, was man besitzt; immer männlicher zu besitzen, was man erworben hat; immer reiner auszuformen, was im heiter andrängenden Gedankenspiel längst vorgeformt war: das ist die großartige Folgerichtigkeit dieses scheinbar launischen Wachstums, dessen Kraft kaum an einem schnellen Blütensegen, aber an Wurzel und Stamm zu erkennen ist. Für sich allein steht der »Martin Salander«, der Altersroman: nur noch die Selbstverwahrung des Greises gegen eine Zeit und Zeitgenossenschaft, welche an galoppierendem Fortschritt erkrankt und nicht mehr dichterisch zu verklären, sondern kräftig prosaisch zu verabschieden war.

Der Mann, den eine Laune der Natur so groß an Geist und Seele wie klein an Leib erschuf, bedurfte wohl der Schutzwehr eines launischen Temperaments. Aber wenn es ihm aufgezwungen war, so wiegt auf den Wagschalen der Persönlichkeit doppelt, was er ihm abgezwungen hat: ein tapfer erfülltes, nach außen und innen tätiges, ein trotz allem von tiefem menschlichen Wohlwollen, von heiterer Weltsinnigkeit und Weltinnigkeit durchdrungenes Leben, und als dessen Verwirklichung ein Werk, dem nichts von Willkür und Improvisation anhaftet, eine geduldig ausgetragene, nun strahlend gegenwärtige Form- und Gestaltenfülle, die bei aller Nachdrücklichkeit des irdischen Gewimmels in der durchsichtigen und tröstlichen Ordnung eines schönen Sternbildes sich zueinander stellt. Als ein einziger wunderlich zielbewußter Prozeß der Selbsterziehung und Selbstausbildung zu Welt- und Werktüchtigkeit: so zeichnet sich in krausen, aber beredten Linien Gottfried Kellers Entwicklung ab, und Welt und Werk, schöpferische und moralische Person bezeugen sich aus der Mitte einer so und nicht anders gewollten Existenz.

Mit dem nie abreißenden Drang zur Selbsterziehung hängt es zusammen, daß Kellers Selbstcharakteristik nahezu lückenlos ist. Sie beginnt früh in Briefen, in Tagebuchblättern und prägt die schonungslose Bekenntnisform des »Grünen Heinrich«, sie hält Einkehr in autobiographischen Aufzeichnungen und gewinnt in den ausgebreiteten Korrespondenzen seiner reifen Zeit jene freie und überlegene Lebenssicht, der die Weisheit des großen Erzählers entstammt. Unter den kostbaren Briefschätzen des neunzehnten Jahrhunderts gehören die Briefe Gottfried Kellers zu den kostbarsten; in ihrer unbefangenen Eigenwüchsigkeit sind sie ein untrennbarer Bestandteil seiner Existenz, in der geistigen Lauterkeit und spielenden Anmut ihres sprachlichen Behagens ein untrennbarer Bestandteil seines Werks. Wenn auf den folgenden Seiten die Biographie des Dichters aus den Brief- und Lebensdokumenten, persönlichen und zeitgenössischen, aufgebaut wird, so geschieht es in der Absicht, beides in einem zu bezeugen: das Leben und das Werk.

Kindheit

1819 bis 1834

Der junge Drechslermeister Rudolf Keller, der im Frühjahr 1817 zu Zürich am Rindermarkt einen kleinen Laden nebst Werkstatt eröffnete, hatte sich den Wind um die Nase wehen lassen. Kurz zuvor erst war er von mehrjähriger Wanderschaft quer durch ganz Deutschland und bis nach Wien in sein heimatliches Dorf Glattfelden bei Zürich zurückgekehrt: »ein schöner, schlanker Mann, der einen feinen grünen Frack trug nach dem neuesten Schnitte, eng anliegende weiße Beinkleider und glänzende Suwarowstiefeln mit gelben Stulpen«. Weniger das Herrenmäßige der Erscheinung, das freilich auf und ab im Dorf am meisten bestaunt wurde, als der innere Schwung des selbstgemachten Mannes schien bemerkenswert. In demselben Tempo, in welchem der Sechsundzwanzigjährige die Übersiedlung in die Stadt betrieb, warb er um die Tochter des Glattfeldener Arztes, und sozusagen direkt vom Glattfeldener Traualtar ging es in den Züricher Hausstand. Die Arzttochter Elisabeth Scheuchzer, aus angesehenem stadtzürcherischem Geschlecht, war fast fünf Jahre älter als Rudolf Keller, der Sohn des verstorbenen dörflichen Küfers. Was sie in die Ehe brachte, war unter anderem ein Grundstock einfacher haushälterischer Tüchtigkeit, den die Drechslersfrau rechtschaffen verwalten lernte. Bei ihrem Bruder, dem Doktor Heinrich Scheuchzer, dem Erben der väterlichen Praxis, prägte sich derselbe tüchtige Familienzug in einer jovialen Lebensbreite halb bäuerlichen, halb jägermäßigen Zuschnitts aus. Johann Heinrich Scheuchzer, der Vater, hatte noch als Feldscher im Heere Friedrichs des Großen Dienste getan.

Eine Kleinstadt von wenig mehr als zehntausend Einwohnern; ein noch fast mittelalterliches Stadtbild mit Ringmauern, Türmen, Schanzen und Toren, mit dem Gewimmel enger und krummer Gassen; ein aristokratisch regierter Stadtstaat, nicht ohne feste Standesschranken zwischen Junkern und Bürgern: das war um 1817 Zürich. Der junge Meister Rudolf wuchs schnell in das seßhafte Gemeinwesen hinein, doch er blickte auch, wie er draußen zu tun gelernt hatte, über die Zaunpfähle manches geheiligten Herkommens hinaus.

Von den sechs Kindern, die binnen eines Jahrsiebents zur Welt kamen, starben vier im frühesten Alter. Aber noch ungetrübt war das Vaterglück Meister Rudolfs, als ihm zum ersten Töchterchen am 19. Juli 1819 ein Sohn geboren wurde.

In ihren Jungmädchenjahren hatte die Drechslersfrau von dem Junker Gottfried von Meiß, derzeitigem Züricher Oberamtsschreiber, in aller Ehrbarkeit manches Zeichen einer »trauten Freundschaft« empfangen, wie von des Junkers Hand unter dem Motto »Alte Liebe rostet nicht« in ihrem Stammbuch noch zu lesen war.

Rudolf Keller an den Junker Gottfried von Meiß

21. Juli 1819

Hochgeachteter Junker Oberamtsschreiber! Letzten Montag Abend erfreute mich meine liebe Gattin außerordentlich mit einem gesunden Knaben. Gern möchte ich ihr auch eine ungewöhnliche Freude machen. Schon seit Montag denke ich immer, mit was ich dann auch ihr eine ungewöhnliche Freude machen könne; allein mit dem, was ich mein heiße, kann ich das nicht erzwecken. In diesem Fall haben wir nur ein Interesse. Auch durch bloße Gefälligkeiten kann ich nichts finden, indem wir gewohnt sind, in gewöhnlichen Fällen das Mögliche einander zu leisten.

Nun erinnerte ich mich, daß sie einmal auf meine Frage, warum sie mich nie bei meinem Taufnamen nenne, antwortete: Rudolf sei nicht schön. Wann ich Gottfried heißen würde, wollte sie mich immer nach dem Namen nennen. Daß nun der Name Gottfried angenehmer lautet, finde ich selbst. Allein auch aus andern achtungswerten Gründen weiß ich, daß ihr dieser Name besser gefällt. Wann ich den Knaben so taufen lasse, bin ich überzeugt, daß das ihr schon nicht geringe Freude machte. Aber unendlich mehr würde die Freude erhöht, wenn das Knäblein diesen Namen durch den Umstand, daß Sie, hochgeehrter Junker Oberamtsschreiber, Patenstelle bei ihm vertreten würden, erhielte.

Darf ich Sie, hochgeachtetster Junker Oberamtsschreiber, desnahen bitten, zu den früheren vielen edlen Freundschaftsbeweisen gegen meine liebe Gattin noch diesen zuzusetzen, daß Sie gütigst Patenstelle übernehmen wollten. Sie werden dadurch mich nicht allein nur in den Stand setzen, die gewünschte Freude meiner lieben Gattin zu verschaffen: auch ich selbst würde mir Glück wünschen, so einen edlen Paten meinem Kinde gefunden zu haben.

Meiner lieben Gattin sage ich von meiner kühnen Bitte nichts, bis ich weiß, ob Sie mir gütigst entsprechen. Sie würde eigentliche Angst ausstehen, bis sie den Entscheid wissen würde.

Acht Tage später fand in der Predigerkirche die Taufe statt. Neben dem Junker wohnte ihr als Patin die Jungfer Kleopha Amann bei, Tochter des alt Freihauptmanns und Goldarbeiters Hans Jakob Amann, des Nachbars vom Rindermarkt.

Der jung verstorbene Vater blieb Gottfried Keller in den Erzählungen der Mutter immer gegenwärtig. Aber aus frühester Kindheit hegte auch die eigene Erinnerung ein farbiges Gedächtnisbild. Im »Grünen Heinrich«, dem autobiographischen Jugendroman, ist es aufbewahrt:

Der Mensch rechnet immer das, was ihm fehlt, dem Schicksale doppelt so hoch an, als das, was er wirklich besitzt; so haben mich auch die langen Erzählungen der Mutter immer mehr mit Sehnsucht nach meinem Vater erfüllt, welchen ich nicht mehr gekannt habe. Meine deutlichste Erinnerung an ihn fällt sonderbarerweise um ein volles Jahr vor seinen Tod zurück, auf einen einzelnen schönen Augenblick, wo er an einem Sonntagabend auf dem Felde mich auf den Armen trug, eine Kartoffelstaude aus der Erde zog und mir die anschwellenden Knollen zeigte, schon bestrebt, Erkenntnis und Dankbarkeit gegen den Schöpfer in mir zu erwecken. Ich sehe noch jetzt das grüne Kleid und die schimmernden Metallknöpfe zunächst meinen Wangen und seine glänzenden Augen, in welche ich verwundert sah von der grünen Staude weg, die er hoch in die Luft hielt. Meine Mutter rühmte mir nachher oft, wie sehr sie und die begleitende Magd erbaut gewesen seien von seinen schönen Reden. Aus noch früheren Tagen ist mir seine Erscheinung ebenfalls geblieben durch die befremdliche Überraschung der vollen Waffenrüstung, in welcher er eines Morgens Abschied nahm, um mehrtägigen Übungen beizuwohnen; da er ein Schütze war, so ist auch dies Bild mit der lieben grünen Farbe und mit heiterem Metallglanze für mich ein und dasselbe geworden. Aus seiner letzten Zeit aber habe ich nur noch einen verworrenen Eindruck behalten und besonders seine Gesichtszüge sind mir nicht mehr erinnerlich.

Auch Gottfried Kellers erster Biograph, Jakob Baechtold, verweilt behaglich bei der anziehenden Erscheinung des Vaters. Hier wie zumeist haben seine Mitteilungen über alle neueren biographischen Bemühungen hinaus den Wert der authentischen Aussage, denn Baechtold konnte sich noch auf jahrelangen persönlichen Umgang mit dem Dichter berufen. Für seine herzliche Vertrautheit mit der Welt Gottfried Kellers hat der verdiente Mann immer das rechte Wort gefunden. (Geboren 1848 zu Schleitheim bei Schaffhausen; Gymnasiallehrer und Publizist, gestorben 1897 als Universitätsprofessor in Zürich.)

Baechtold berichtet

Rudolf Keller war ein ungewöhnlich geschickter Mann seines Handwerkes. Von seiner Kunstfertigkeit zeugen noch vorhandene Arbeiten: ein Schachspiel, ein zierliches Nadelbüchschen, die als Aufsatzfiguren über die Stockuhr der Familie gedrechselten kenntlichen Büsten Goethes, Schillers und jenes im November 1818 gestorbenen Landvogts Salomon Landolt, dessen Gestalt der Sohn später so fein herausgearbeitet hat.

Nicht bloß sich, seinen ganzen Stand suchte er sittlich und geistig zu veredeln und gesellschaftlich zu heben. Als gemeinnütziger Bürger war er überall bei der Hand. Sein Blick ging weit über den engen Gesichtskreis des damaligen Handwerkers hinaus. Gerne beteiligte er sich an theatralischen Aufführungen. In seiner kleinen Bibliothek befanden sich nach dem amtlichen Inventar u. a. Schillers sämtliche Werke, Zschokkes »Stunden der Andacht« und das Konversationslexikon. Schiller wird im Jugendroman ausdrücklich als Lieblingsschriftsteller von Heinrichs Vater erwähnt. Vor allem lag ihm die Erziehung der Jugend am Herzen. Er gehörte zu den Vorstehern der Armenschule zum »Brunnenturm«.

Gottfried Keller erzählte mir einst, daß nach einer schweren Schädigung Glattfeldens durch ein Hochgewitter (im Sommer 1820) sein Vater ein Gedicht verfertigt, dasselbe am nächsten sog. Berchtoldstage (2. Januar) auf den Züricher Zunfthäusern vorgetragen und ein ziemliches Geld für die Notleidenden eingenommen habe. Ich war nicht wenig erfreut, die wohlgebildeten Verse im Nachlaß in mehreren auf Löschpapier gedruckten Exemplaren aufzufinden. Metrische Hantierung war damals noch nicht jedermanns Sache. Nimmt man hinzu, daß auch die Mutter in ihrer Jugend und später noch eine leidenschaftliche Liebhaberin der Poesie war – das im neuen »Grünen Heinrich« erwähnte, von ihr als Mädchen zusammengeschriebene Liederbuch existiert auch noch –, so zeigt sich augenscheinlich, daß der Sohn das Dichten nicht eben gestohlen hat. Die künstlerische Anlage ist entschieden väterliches Erbteil.

... Der Dichter hat übrigens mehr als einmal gesagt, er wäre voraussichtlich früh mit dem harten Kopfe des Vaters in Konflikt geraten, denn der »Herr Obmann« habe keinen Spaß verstanden und in seinem Jähzorn widerspenstige Lehrbuben oft jämmerlich geprügelt.

Trotz jenem Poesiealbum, in das sie einst ihre Lieblingsgedichte eingetragen hatte (zum Beispiel: »Wer wollt sich mit Grillen plagen«, »Es kann ja nicht immer so bleiben«, »Das waren mir selige Tage«, »Mein Herr Maler, will er wohl«, auch Verse von Hölty, Schiller und Salis), war die Mutter eher eine Natur von nüchterner Verständigkeit, die vor allem die Tugend der Sparsamkeit, des sorglichen Haushaltens zu üben wußte, wozu das schnell sich vergrößernde Geschäfts- und Familienwesen nachdrücklich genug auffordern mochte. Liest man indessen ihre wundervoll natürlichen, um ein körniges Wort nie verlegenen Briefe, die in der Situations- und Gesprächswiedergabe oft geradezu episches Behagen atmen, so will einem doch scheinen, als sei dem Erzähler Gottfried Keller auch von dieser Seite eine nicht zu verachtende Mitgift zugefallen. Ob die Mutter für die genialen Anlagen des Sohnes das rechte Verständnis gehabt habe, ist eine müßige Frage, da feststeht, daß ohne ihr eigenwilliges Gewährenlassen und ohne ihre helfende Geduld Gottfried Keller niemals durch alles verworrene Jugendtreiben hindurch zu sich selbst gefunden hätte.

Wenn Gottfried Keller später bekannt hat, im »Grünen Heinrich« sei die eigentliche Kindheit des Helden und sogar das Anekdotische daran »so gut wie wahr«, so gilt das auch für das stille, doch von launigen Lichtern überspielte Porträt der Mutter.

Aus dem »Grünen Heinrich«

Die Speisen meiner Mutter ermangelten sozusagen aller und jeder Besonderheit. Ihre Suppe war nicht fett und nicht mager, der Kaffee nicht stark und nicht schwach, sie verwendete keinen Salzkorn zu viel, und keines hat je gefehlt; sie kochte schlecht und recht, ohne Manieriertheit, wie die Künstler sagen, in den reinsten Verhältnissen; man konnte von ihren Speisen eine große Menge genießen, ohne sich den Magen zu verderben. Sie schien mit ihrer weisen und maßvollen Hand, am Herde stehend, täglich das Sprüchwort zu verkörpern: Der Mensch ißt, um zu leben, und lebt nicht, um zu essen! Nie und in keiner Weise war ein Überfluß zu bemerken und ebensowenig ein Mangel. Diese nüchterne Mittelstraße langweilte mich, der ich meinen Gaumen dann und wann anderswo bedeutend reizte, und ich begann, über ihre Mahlzeiten eine scharfe Kritik zu üben, sobald ich satt und die letzte Gabel voll vertilgt war. Da sie lieber auf Gespräch und Unterhaltung dachte, als auf ein genaues Erziehungssystem, so wies sie mich nicht kurz und strafend zur Ruhe, sondern widerlegte mich mit Beredsamkeit und stellte mir hauptsächlich vor, auf Menschenschicksale und Lebensläufe übergehend, wie ich vielleicht eines Tages froh sein würde, an ihrem Tische zu sitzen und zu essen; dann werde sie aber nicht mehr da sein. Obgleich ich dazumal nicht recht einsah, wie das zugehen sollte, so wurde ich doch jedesmal gerührt und von einem geheimen Grauen ergriffen und so für einmal geschlagen. Machte sie alsdann auch noch auf die Undankbarkeit aufmerksam, welche ich gegen Gott beging, indem ich seine guten Gaben tadelte, so hütete ich mich mit einer heiligen Scheu, den allmächtigen Geber ferner zu beleidigen, und versank in Nachdenken über seine trefflichen und wunderbaren Eigenschaften.

... Meine Mutter war eines einfachen und nüchternen Gemütes und nichts weniger als das, was man eine warm andächtige Frau nennt, sondern schlechthin gottesfürchtig. Ihr Gott war nicht der Befriediger und Erfüller einer Menge dunkler und drangvoller Herzensbedürfnisse, sondern klar und einfach der vorsorgende und erhaltende Vater, die Vorsehung. Ihr gewöhnliches Wort war: Wer Gott vergißt, den vergißt er auch; von der inbrünstigen Gottesliebe dagegen hörte ich sie nie reden.

So konnte Keller von der »religiösen Rechtlichkeit« und der »ebenso religiösen Sparsamkeit« seiner Mutter sprechen. Bei allem Vertrauen auf Gott als den »vorsorgenden und erhaltenden Vater« war es »für sie eine eigentliche Ehrensache, sich zuerst selber mit Hand und Fuß zu wehren. Denn ein doppelter Strick halte besser, und wenn auf Erden und im Himmel zugleich gesorgt würde, so könne es um so weniger fehlen«.

Die Zeit, da sie mit Hand und Fuß sich zu wehren hatte, kam bald. 1823 war Meister Rudolf zum Obmann der Drechslerinnung gewählt worden. Schon das nächste Jahr brachte der Familie den Verlust nicht nur des dritten Kindes, sondern auch ihres Oberhauptes. Am 12. August 1824 starb Rudolf Keller, dreiunddreißigjährig, an der Schwindsucht, oder wie es damals hieß: an der Auszehrung. Vielleicht war es das Gesetz seines Lebens, vieles mit Heftigkeit zu ergreifen und zu bewegen und sich schnell zu verbrauchen. Mit dem fünfjährigen Gottfried und der zweijährigen Regula sah sich die Witwe jäh auf sich selbst gestellt. Ein erst nach dem Tode des Vaters geborener Knabe lebte nur kurze Zeit.

Zum Glück war das »Haus zur Sichel« am Rindermarkt seither in den Besitz der Familie übergegangen. Und noch im Jahr vor seinem Tode hatte Rudolf Keller mit zwei gleichgesinnten Freunden, dem Armenschullehrer Hans Kaspar Meisterhans und dem Seidenweber und Nudelmacher Kaspar Unholz, eine »geheime wohltätige Brüderschaft« gestiftet, in die nur wohlgeprüfte Männer Aufnahme finden sollten. Man hatte gelobt, sich unter dem »lieblichen Titel Du« zu nennen und auf Leben und Tod zueinander zu stehen: »Witwen und Waisen der Bruderschaft haben bei derselben einen Zufluchtsort«.

Baechtold berichtet

Das waisenamtliche Inventar vom 12. August erzeigt ein Aktivvermögen von 9503 Gulden (das Haus mit inbegriffen), dagegen 9973 Gulden Passiven. Als Beistand der Witwe und der Waisen trat nun, jenem edlen Gelübde der geheimen Brüderschaft getreu, der Armenlehrer Hans Kaspar Meisterhans in die Lücke;

später wurde der Oheim Scheuchzer Vormund der Kinder. [Der Arzt Doktor Heinrich Scheuchzer in Glattfelden, dessen Porträt in pfarrerlicher Verkleidung sich im »Grünen Heinrich« findet.] Den Hinterlassenen blieb als fast einziges Vermögen das Haus zur »Sichel«. Es gewährte ihnen bei umsichtigster Sparsamkeit ein bescheidenes Auskommen und wurde ihnen im Laufe der Jahre ein wahrer Segen, wie das Ölkrüglein der Witwe ... Es war von oben bis unten vermietet. Ein Weinschenk, ein Schuster und ein Büchsenmacher bewohnten 1824 mit ihren Familien die verschiedenen Stockwerke. In demjenigen, das der Eigentümerin blieb, mußte während der nächsten Jahre jeder irgendwie entbehrliche Raum nutzbar gemacht werden. War schon bei Lebzeiten des Vaters die Gesellenkammer von drei oder vier Gehilfen und Lehrjungen bevölkert, so gab die Mutter nach wie vor Zimmer an Handwerksgesellen ab, welche zugleich bei ihr aßen.

Gottfried Keller erzählt im »Grünen Heinrich«

Das erste, was meine Mutter begann, war eine gänzliche Einschränkung und Abschaffung alles Überflüssigen, wozu voraus jede Art von dienstbaren Händen gehörte. In der Stille dieses Witwentumes fand ich mein erstes deutliches Bewußtsein, welches seinen Inhaber zur Übung treppauf und -ab im Innern des Hauses umherführte. Die untern Stockwerke sind dunkel, sowohl in den Gemächern wegen der Enge der Gassen, als auf den Treppenräumen und Fluren, weil alle Fenster für die Zimmer benutzt wurden. Einige Vertiefungen und Seitengänge gaben dem Raume ein düsteres und verworrenes Ansehen und blieben noch zu entdeckende Geheimnisse für mich; je höher man aber steigt, desto freundlicher und heller wird es, indem der oberste Stock, den wir bewohnten, die Nachbarhäuser überragt. Ein hohes Fenster wirft reichliches Licht auf die mannigfaltig gebrochenen Treppen und wunderlichen Holzgalerien des luftigen Estrichs, welcher einen hellern Gegensatz zu den kühlen Finsternissen der Tiefe bildet.

Die Fenster unserer Wohnstube gingen auf eine Menge kleiner Höfe hinaus, wie sie oft von einem Häuserviertel umschlossen werden und ein verborgenes behagliches Gesumme enthalten, welches man auf der Straße nicht ahnt. Den Tag über betrachtete ich stundenlang das innere häusliche Leben in diesen Höfen; die grünen Gärtchen in denselben schienen mir kleine Paradiese zu sein, wenn die Nachmittagssonne sie beleuchtete und die weiße Wäsche darin sanft flatterte, und wunderfremd und doch bekannt kamen mir die Leute vor, welche ich fern gesehen hatte, wenn sie plötzlich einmal in unsrer Stube standen und mit der Mutter plauderten. Unser eigenes Höfchen enthielt zwischen hohen Mauern ein ganz kleines Stückchen Rasen mit zwei Vogelbeerbäumchen; ein nimmermüdes Brünnchen ergoß sich in ein ganz grün gewordenes Sandsteinbecken, und der enge Winkel ist kühl und fast schauerlich, ausgenommen im Sommer, wo die Sonne täglich einige Stunden lang darin ruht. Alsdann schimmert das verborgene Grün durch den dunkeln Hausflur so kokett auf die Gasse, wenn die Haustür aufgeht, daß den Vorübergehenden immer eine Art Gartenheimweh befällt. Im Herbste werden diese Sonnenblicke kürzer und milder, und wenn dann die Blätter an den zwei Bäumchen gelb und die Beeren brennend rot werden, die alten Mauern so wehmütig vergoldet sind und das Wässerchen einigen Silberglanz dazu gibt, so hat dieser kleine abgeschiedene Raum einen so wunderbar melancholischen Reiz, daß er dem Gemüte ein Genüge tut wie die weiteste Landschaft.

Gegen Sonnenuntergang jedoch stieg meine Aufmerksamkeit an den Häusern in die Höhe und immer höher, je mehr sich die Welt von Dächern, die ich von unserm Fenster aus übersah, rötete und vom schönsten Farbenglanze belebt wurde. Hinter diesen Dächern war für einmal meine Welt zu Ende; denn den duftigen Kranz von Schneegebirgen, welcher hinter den letzten Dachfirsten halb sichtbar ist, hielt ich, da ich ihn nicht mit der festen Erde verbunden sah, lange Zeit für eins mit den Wolken ... Mit mehr Richtigkeit nannte ich vorzugsweise ein langes hohes Kirchendach, das mächtig über alle Giebel emporragte, den Berg. Seine gegen Westen gekehrte große Fläche war für meine Augen ein unermeßliches Feld, auf welchem sie mit immer neuer Lust ruhten, wenn die letzten Strahlen der Sonne es beschienen, und diese schiefe, rotglühende Ebene über der dunkeln Stadt war für mich recht eigentlich das, was die Phantasie sonst unter seligen Auen oder Gefilden versteht. Auf diesem Dache stand ein schlankes, nadelspitzes Türmchen, in welchem eine kleine Glocke hing und auf dessen Spitze sich ein glänzender goldener Hahn drehte. Wenn in der Dämmerung das Glöckchen läutete, so sprach meine Mutter von Gott und lehrte mich beten; ich fragte: »Was ist Gott? Ist es ein Mann?«, und sie antwortete: »Nein, Gott ist ein Geist!« Das Kirchendach versank nach und nach in grauen Schatten, das Licht klomm an den Türmchen hinauf, bis es zuletzt nur noch auf dem goldenen Wetterhahn funkelte, und eines Abends fand ich mich plötzlich des bestimmten Glaubens, daß dieser Hahn Gott sei.

Dies also war das Kindheitsparadies des kleinen Gottfried, eine enge und doch abenteuerlich weite Welt, deren wimmelndes menschliches Kleinleben ihm unbewußt zu einem Vorrat kräftiger Anschauung gedieh, indessen sein früh erwachtes Phantasieleben sich an absonderlichen Traumvorstellungen vergnügte. Da er vom siebenten bis zum elften Lebensjahr einen wenig erfreulichen Stiefvater zu ertragen hatte, mag er sich desto eigensinniger eingesponnen haben. Der mißgeschickte und unglückliche Ehebund, den die Mutter 1826 mit dem ersten Gesellen der Drechslerwerkstatt, Jakob Wild, geschlossen hatte, konnte erst nach vierjährigen Kämpfen gerichtlich gelöst werden. Seitdem hieß sie wieder Frau Keller.

Aus dem Tagebuch des Vierundzwanzigjährigen

Wie lieblich und unschuldig klingt der Gesang einer benachbarten Mädchenschule zu mir herüber. Wie mächtig ergreifen mich diese wohlbekannten und doch längst vergessenen Kinderlieder, aus denen des Schulmeisters leitende Stimme ganz patriarchalisch herausschallt ... Zu meiner Zeit war es eine Knabenschule; und wann wir zwischen den Lehrstunden im Hofe herumsprangen, dann zeigte ich den andern Buben das Vaterhaus und sagte: »Dort wohn ich, in dem schwarzen Haus mit den roten Balken!« Dann sagten die Knaben wohl: »Ist das dein Vater, der dort herausschaut?«, und ich antwortete: »Nein, mein Vater ist gestorben. Der herausguckt, ist ein fremder Mann, der bei uns wohnt, und meine Mutter ist in der Küche.«

Unter den wechselnden Erscheinungen der Mieter, Kostgänger und Zimmerherren, auf die Frau Kellers ökonomisches Haushalten angewiesen blieb, soll manch eine gewesen sein, die später als unvergängliche Seldwyler Prägung in das Novellenwerk Gott-

fried Kellers eingegangen ist. Baechtold zögert nicht, im Figurenreigen der Seldwyler Geschichte vom »Verlorenen Lachen« zwei Mitbewohnerinnen des Hauses zur Sichel zu entdecken: die arme Frau Marti und ihr Töchterchen Babeli, das lange Jahre pflegemütterlich von Frau Keller betreut worden ist. »Das kleine Babeli Marti«, schreibt Baechtold 1893, »lebt heute noch. Es hat seine Jugendfreundin, die Schwester des Dichters, in ihrer letzten Krankheit verpflegt und ist mit seinem Strickzeug wochenlang am Sterbelager Gottfried Kellers gesessen, ihn durch seine kluge treue Art erheiternd und entschwundene Jugendtage ihm vergegenwärtigend.«

Mit sechs Jahren wurde Gottfried in die Armenschule »Zum Brunnentor« geschickt: eine noch vom Vater vorbedachte pädagogische Maßnahme, die von etwa aufkeimendem »Hochmut und Kastengeist« kurieren sollte. Erst der Zwölfjährige übersiedelte auf das Landknabeninstitut an der Stüssihofstatt, das als Realschule hauptsächlich von Söhnen der Züricher Landbürger besucht wurde.

Wie der kurz gewachsene, schmächtige Bursche durch ein gewisses grillenhaftes und wortkarges Wesen vom Haufen der Gleichaltrigen abstach, ohne doch ein Spielverderber zu sein, wie er auch äußerlich sich einen besonderen Anstrich zu geben wußte, hat Baechtold anschaulich geschildert. Das grüne Röcklein mit breit übergeschlagenem Hemdkragen, das bunte Halstuch und das verwegene Barett drückten ungefähr dasselbe aus, was sich als ein erster künstlerischer Spieltrieb damals zu regen begann. Mit Nürnberger Kinderfarben hatte es angefangen, die »zur Nachbildung von Morgen- und Abendrot und anderer Himmelseffekte« benutzt wurden. Doch bald fand sich ein anspruchsvolleres künstlerisches Wirkungsfeld.

In einer selbstbiographischen Skizze, die Gottfried Keller 1876 für die Zeitschrift »Die Gegenwart« schrieb, erzählt er:

Vielleicht schon vom zwölften Jahre an war ich ein fleißiger Leser und Schreiber ... Was die Schreiberei betrifft, so trat ich, wo sie nötig oder ich durch irgendeinen Umstand gereizt wurde, ohne Besinnen jeden Augenblick ein, als ob sich das von selbst verstünde, und lieferte bei jedem Anlaß den verlangten Stiefel. Als ich im dreizehnten Jahr mit Nachbarssöhnchen die üblichen Puppenspiele betrieb und die Stücke zu fehlen begannen, erfand und schrieb ich ohne Anstoß sofort eine Anzahl kleiner Dramen, zu denen ich gleich die Szenerien herstellte. Das größte Vergnügen gewährte der Schmelzofen für einen »Fridolin oder der Gang nach dem Eisenhammer«. Hinter dem schwarzen Ofenloch glühte ein rotes Feuermeer, hervorgebracht durch bemaltes Strohpapier und ein dahinter stehendes Lichtchen. Dort wurde der Bösewicht unnachsichtlich hineingeschoben. Dieser Effekt gefiel mir so gut, daß noch jetzt ein Manuskriptchen da ist, welches eine eigentliche Teufels- und Höllenkomödie enthält, deren Dekoration ganz aus feurigen Wänden mit einem dunklen Höhleneingange bestehen sollte, bekleidet mit Totengerippen usw. Das Titelblatt lautet: Kleine Dramen. I. Der Hexenbund. Nebenspiel für kleine Theater.

Die drohende Fruchtbarkeit hielt jedoch nicht lange vor; denn in demselben Büchlein finde ich nur noch den Anfang eines Schauspiels »Fernando und Berta oder Geschwistertreue«, in welchem ein Schildknappe Hugo gleich ins Zeug geht, indem er auftritt und zu einem andern sagt: »Nun willkommen also noch einmal, alter Waffenbruder!« und eine längere Rede verständig also endet: »Und nun laß uns fröhlich zusammen den vollen Becher leeren, wie wir vor sechs Jahren es taten!« Und schließlich erscheint noch ein »Plan zu einer Tragödie«: »Elinzene«. Der Plan besteht aber nur aus einem Personenverzeichnis, worunter ein »Osmann, Oberhaupt der Geistlichkeit, Mufti« und eine »Elinzene, seine einzige Tochter«.

Etwa ein Jahr später wurde ich durch ein dramatisches Projekt »Herzog Bernhard von Weimar« in ernstere Aufregung gebracht. Ich war von einer vorzüglich geschriebenen Novelle, die in irgendeinem Almanach stand, so erschüttert worden, daß ich dem Helden mit einem recht schönen Trauerspiele glaubte beispringen zu müssen, und die Anfertigung eines ausführlichen Szenariums nach Vorbild der Schillerschen Nachlaßwerke verursachte mir, wie ich mich deutlich erinnere, eine tragisch mitfühlende und gehobene Stimmung. Freilich ließ ich zur Abwechselung mir beikommen, unter meinen vierzehnjährigen Schulgenossen mit allerlei possenhaften Reimereien aufzutreten, was mir leider Beifall und Aufmunterung einiger böser Nachbarn am Schwanzende der Klasse eintrug.

Um dieselbe Zeit ist der Knabe Gottfried sogar einmal auf einer richtigen Bühne aufgetreten, als Meerkatze, wie der Grüne Heinrich, nur daß es sich nicht um den Faust, sondern um die Zauberflöte handelte. Es war abends vor Beginn einer Vorstellung im sogenannten Militärschopf in der Bärengasse, als plötzlich ein Schauspieler der gastierenden Linggschen Theatertruppe unter die draußen neugierig herumlungernde Jugend trat, um ein paar Buben für die Statisterie anzuwerben. Gottfried, der sich eifrig mit hineingedrängt hatte, zeigte dann als Meerkatze so wenig affenmäßige Gelenkigkeit, daß ihm unter den Kameraden für einige Zeit der Spitzname »de stiif Züriaff« (der steife Zürcheraffe) blieb.

Seit Ostern 1833 besuchte Gottfried Keller die kantonale Industrieschule, wo er nun unter selbstbewußten Züricher Bürger- und Herrensöhnen saß. Vor allem interessierten ihn Sprachen, neben dem Deutschunterricht am meisten das Französische. Im Kadettenkorps der Schule fiel ihm das fröhliche Amt des Tambours zu, und Baechtold berichtet, wie noch ein halbes Jahrhundert später der Dichter bei einem festlichen Abendtrunk Proben seiner Virtuosität auf der umgehängten Trommel zum besten gegeben habe; er sang dazu »und schlug immer dröhnendere Wirbel, bis er plötzlich sein Instrument ärgerlich zu Boden warf«. Im ersten Zeugnis, das im ganzen erfreulich ausfiel, wird dem Schüler Keller, »angesinnet«, sich »eines bescheideneren Tones gegen die Lehrer zu befleißigen«.

Doch nach kaum mehr als Jahresfrist kam es zu einem vorzeitigen und endgültigen Abbruch der Schülerlaufbahn. Vielleicht begann das Unheil in jener Unterrichtsstunde, da der Vierzehnjährige auf die Frage des Prorektors Meyer: »Wie heißt die Hauptstadt von Italien?« ohne Zögern mit der Antwort »Camera obscura!« herausschoß, die ihm ein übermütiger Mitschüler eingeflüstert hatte. Jedenfalls war an der Verstocktheit des Schülers Keller fortab nicht mehr zu zweifeln, und als er bald darauf durch puren Zufall in einen Schülertumult gegen einen mißliebigen Lehrer geriet, wurde er prompt als Rädelsführer herausgegriffen und abgeurteilt.

Aus dem Sitzungsprotokoll der Aufsichtskommission

30. Juni 1834: Prorektor Meyer berichtet besonders über den Vorfall der stürmischen Abholung der Rechnungshefte im Hause jenes Lehrers. Herr Meyer äußert die Ansicht, es möchte der Gottfried Keller Anstifter dieser Geschichte sein, der ohnehin auf seine Mitschüler mächtigen Einfluß äußere und über sie hervorrage.

9. Juli 1834: Der Bericht der verordneten Kommission zur Untersuchung der Schuldigen bei dem Unfug im Hause des Herrn Egli wird verlesen und daraufhin nach gepflogener Beratung auf den motivierten Antrag des Herrn Prorektor Meyer, welcher [!] als Beilage zum Protokoll aufbewahrt werden soll, beschlossen: Gottfried Keller ist aus der Schule gewiesen und dieses seiner Mutter von Seite der Aufsichtskommission anzuzeigen.

Aus dem »Grünen Heinrich«

Das Gefühl des Unwillens und erlittener Ungerechtigkeit, welches sich sogleich in mir äußerte, war so überzeugend, daß meine Mutter nicht länger bei meiner Schuld verweilte, sondern sich ihren eigenen bekümmerten Gefühlen überließ, da der große und allmächtige Staat einer hilflosen Witwe das einzige Kind [in Wirklichkeit: den einzigen Sohn] vor die Türe gestellt hatte mit den Worten: Es ist nicht zu brauchen!

Der Staat hat nicht danach zu fragen, ob die Bedingungen zu einer weiteren Privatausbildung vorhanden seien, oder ob trotz seines Aufgebens das Leben den Aufgegebenen doch nicht fallen lasse, sondern manchmal noch etwas Rechtes aus ihm mache: er hat sich nur an seine Pflicht zu erinnern, die Erziehung jedes seiner Kinder zu überwachen und weiterzuführen. Auch ist am Ende diese Erscheinung weniger wichtig in bezug auf das Schicksal solcher Ausgeschlossenen, als daß sie den wunden Fleck auch der besten unserer Einrichtungen bezeichnet, die Trägheit nämlich und Bequemlichkeit der mit diesen Dingen Beauftragten, welche sich für Erzieher ausgeben.

Wenn Gottfried Keller diese sinnlose »Verhunzung« seines Bildungsganges nie ganz verwunden hat, so wurde doch gerade dadurch sein mächtiger Trieb zur Selbstbildung auf den Weg gebracht. Kein stetiges und mit der Gärtnerschere zurechtgestutztes Wachstum war es fortab, doch eine Entwicklung, die gegen innere und äußere Widerstände um so imponierender nach eigenem Gesetz gedieh und wie im Fluge den Bildungs- und Wissensbesitz des Jahrhunderts mitnahm. Die »verfluchte Autodidakterei« trug gesegnete Frucht, mochte Keller auch oft noch »schmerzlich durch die verschlossenen Gitter in den reichen Garten der reiferen Jugendbildung sehen«. Worauf es für ihn, den Draußenstehenden, bei jeder geistigen Besitznahme künftig hinauslief, spricht unbefangen ein Brief des Dreißigjährigen aus: »Ich muß aber alles neu und von vornherein erleben.« Es ist das Wort, das über sämtlichen Kapiteln seiner Entwicklung steht.

Unruhige Werdejahre

1834 bis 1840

Die plötzliche Schulfreiheit scheint der Fünfzehnjährige zunächst nicht allzu bedrückten Sinnes im Festgetriebe eines eidgenössischen Ehr- und Freischießens ausgekostet zu haben, das gerade in diesen Julitagen 1834 in Zürich stattfand. Unterdessen mußte er nun selber sehen, wie es weiter mit ihm gehen sollte. Daß es in der Malerei prächtig gehen würde, war ein Gedanke, der gleichsam schon auf der Lauer lag. Mancherlei Hantierung mit Farbe und Pinsel war voraufgegangen, ein Hang zu künstlerischem Sichgehaben immer offenkundiger geworden, und eifriger Besuch der jährlichen Züricher Kunstausstellungen hatte das übrige getan.

Aus der selbstbiographischen Skizze von 1876

In sehr früher Zeit, schon mit dem fünfzehnten Jahre, wendete ich mich der Kunst zu, soviel ich beurteilen kann, weil es dem halben Kinde als das Buntere und Lustigere erschien, abgesehen davon, daß es sich um eine beruflich bestimmte Tätigkeit handelte. Denn ein »Kunstmaler« zu werden, war, wenn auch schlecht empfohlen, doch immerhin bürgerlich zulässig. Der Zufall, daß nur angebliche Landschafter am Orte zugänglich für mich waren, entschied für die Landschaftsmalerei.

Bunt und lustig genug war denn auch die Ausstaffierung des angehenden Künstlers, als er sich in eben diesem Sommer 1834 mit seinem Malergerät nach Glattfelden aufmachte, dem Heimatdorfe der Eltern, wo er im Hause des jovialen und jagdfreudigen landärztlichen Oheims Doktor Scheuchzer nicht zum ersten Male als Feriengast willkommen war. Der Malereleve auf eigene Faust heimste wacker Naturmotive ein, ließ sich indessen willig auch zu allerlei vergnüglicher Hauskunst und Hausdichterei brauchen, wozu es unter einem stets aufgeräumten Jungvolk von vier Vettern und zwei Basen an Veranlassung nicht fehlte. Den Mädchen gegenüber liebte der junge Stadtvetter ein wenig den Weiberfeind zu spielen, und die tapfere Strategie dieses Krieges soll bereits auf den nachmaligen Junggesellen hingedeutet haben. Von der übrigen noch in Glattfelden wohnenden Verwandtschaft besuchte er die Großmutter von Vaters Seite, die in zweiter Ehe mit dem Küfer Denzler verheiratet war, ferner eine Schwester des Vaters, Frau Hartmann Meyer, und deren Tochter Verena im sogenannten »Steini«.

In Zürich brütete indes die Mutter sorgenvoll über der Berufswahl des Sohnes. Die Briefe Gottfrieds aus diesen Wochen sind größtenteils verloren; ihre etwas großspurige Tonart läßt sich aus den Antworten der Mutter erraten.

Die Mutter an Gottfried Keller

Anfang August 1834

Aus Deinem Brief merke ich wohl, daß es Dir in Glattfelden gut gefällt; und daß Du sehr flott Dich befindest, beweist mir der Inhalt des Briefes. Schon der Anfang, der Titel: »Guten Tag«! An wen? Ist es an mich, so darfst Du, hoffe wohl, den Mutternamen nennen. Bei Junker Meiß [dem Paten Gottfrieds] bin ich freilich gewesen, aber wie er mir früher gesagt, die Malerei sei nichts. Kupferstecher wäre ja besser. Er wies mich an einen sehr ordentlichen und geschickten Mann, mit welchem Herr Münch [Kupferdrucker, bei Frau Keller in Kost] reden will. Allein, wie man sagt, soll diese Kunst sehr kostbillig sein und sich bis auf 1000 Gulden belaufen, bis einer als ein geschickter Künstler gehen kann; weil nicht bloß die Lehr-, sondern auch die Fremdezeit muß bezahlt werden, und wenn's so wäre, so weißt Du wohl, daß unsere Finanzen nicht hinreichend sind. – Indes wird man bald zu etwas schreiten müssen, da die Zeit einmal vorhanden ist.

8. August 1834

In Deinem Schreiben machst Du mir sehr große Aufschnitte von Spaziergängen und Ritten. Ich rate Dir, zum Reiten Dein Stekkenpferd zu nehmen, welches weder Haber noch Heu frißt ... Daß es an der »Pflegelhenken« [bäuerliches Fest nach dem Dreschen] lustig mag zugegangen sein, dies glaube ich schon. Beiliegend erhältst Du ein Böckli [60 Rappen] von mir, damit kannst Du Haus halten und nicht mehr viel badisches Bier trinken ...

Wie es mit der Kunstausstellung steht, kann ich Dir heute nicht sagen; Herr Münch kommt vor 12 Uhr nicht heim und dann ist dieser Brief schon beim Boten. Sollst Du dieselbe auch dies Mal nicht zu sehen bekommen, so wird der Fehler auch nicht groß sein ... Von der Hauptsache, eines Meisters für Dich, weiß ich leider noch nichts. Es macht mir genug Kummer, angst und bang, bis Du eine Versorgung hast. Der wichtige Zeitpunkt ist mir allzu schnell erschienen, von welchem Dein ganzes zukünftiges Glück oder Unglück abhängt. Willst auf Deiner Malerei bleiben, so findet sich in ganz Zürich ein einziger – wo man sagen kann – geschickter Maler und dies ist der Wezel [der Aquarellist Jakob Wetzel, starb kurz darauf 1834], welcher aber keinen Lehrjung annimmt: die andern sind Koloristen. Wenn Du nun dies willst, so ist die Sache bald in Ordnung. Der geschickte Kupferstecher in Oberstraß, von dem Herr Münch gesagt, verreist auch wieder fort und ohne den Lumpen Eßlinger [Kupferstecher Martin Eßlinger] sind die andern Pfuscher! Was ist nun zu machen? Entweder auch ein Pfuscher werden oder Dein Köpfchen brechen und einen andren Beruf wählen.

Gottfried Keller an die Mutter

Glattfelden, 28. August 1834

L. M.

Ich muß Dich noch einmal ersuchen, mir doch bemeldete Sachen zu überschicken, sonderlich das Schrot und die Hosen. Zu dem Filz könntest Du ja den Hut des alten Zimmermannes [eines früheren Mieters] nehmen, wenn er auch wieder käme, was sehr unwahrscheinlich ist, so wäre wegen des alten Feuerkübels bald mit ihm abgemacht.

Wegen meinem Schultheke [Schultornister] wirst Du, hoff' ich, doch keine Bedenklichkeiten mehr finden!

Ich werde mit Herrn Onkel diese Woche noch die Zurzacher Messe besuchen. Überschicke mir auch wieder das grüne Tuch, damit ich bei der Heimreise meinen alten Rock wieder hinein packen kann.

Meinen Gruß an alle. G. K.

Im September kehrte Gottfried nach Zürich heim. Auf des Oheims Fürsprache durfte er endlich doch mit dem Malerberuf Ernst machen, und so kam er zu dem sogenannten Kunstmaler

Peter Steiger in die Lehre, der in Wahrheit einen Handel mit kolorierten Schweizer Ansichten betrieb und nichts als ein fingerfertiges Kopieren und Kolorieren zu lehren wußte. Die »freche Manier«, die Gottfried Keller dort sich aneignete und die er alsbald in barocke Kompositionen eigener Erfindung umsetzte, mußte er später schleunigst wieder zu vergessen suchen.

Nicht besser ging es im nächsten Jahre mit dem Konfirmationsunterricht. Im »Grünen Heinrich« kann man nachlesen, wie ernsthaft der jugendliche Wahrheitssucher um die Frage nach Gott und Unsterblichkeit rang: diese starken religiösen Impulse erfuhren jetzt eine erste Ernüchterung, wenigstens soweit sie sich mit Kirchengläubigkeit zu vertragen hatten. Nach Baechtolds Zeugnis hat die zu Weihnachten 1835 in der Predigerkirche erfolgte Konfirmation auf Gottfried Keller keine andere Wirkung gehabt, als daß ihm die Sünden- und Bluttheologie seitdem zuwider war, nicht minder alles dogmatische Kirchenwesen.

Baechtold erzählt

Nach mehr als vier Jahrzehnten, am 23. August 1879 bei dem Leichenbegängnis des Malers Ludwig Vogel, betrat Keller zum ersten Male seit der Jugendzeit die alte Predigerkirche wieder. Beim Anblicke der unveränderten Holzbänke, auf denen er die Kinderlehre und vom Sigrist [dem Küster] manche Ohrfeige erhalten, namentlich aber, wie er den Platz schaute, wo sein Mütterlein zu sitzen pflegte, hätte er laut heulen mögen, äußerte er nachher.

Je mehr das Steigersche Kunstinstitut enttäuschte, um so lebhafter fühlte Gottfried Keller sich in die Welt der Dichtung hinübergezogen. Seine früh im Puppenspiel geübte Theaterleidenschaft fand neue Nahrung: im November 1834 war unweit vom Rindermarkt das erste ständige Theater der Heimatstadt eröffnet worden. Außer Opernvorstellungen sah er hier eine ganze Reihe klassischer Dramen, darunter auch Shakespeare. Als er, erfüllt von diesen Eindrücken, im Januar 1837 über die Lektüre von Lessings »Emilia Galotti« geriet, kam es prompt zu einem »Rückfall« in eigene dramatische Schriftstellerei. Die selbstbiographische Skizze erzählt:

Ich füllte wochenlang ein dickes Manuskript mit der krassesten Nachahmung an. Alle Gestalten, der Fürst, der Höfling, die Mätresse usw., fanden sich vor. Nur war der Vater des virginischen Opfers ein furchtbar ernster Historienmaler mit republikanischer Gesinnung und Witwer, so daß er ganz allein über die Tochter wachen mußte. Indem mein Marinelli dem Fürsten den furchtbar ernsten Charakter des Alten beschrieb, hielt er ihm einen ziemlichen Vortrag über den Unterschied zwischen der Historien- und der Landschaftsmalerei, wie diese ein sorgloses, lustiges Völklein hervorbrächte, während jene nur von düsteren, wo nicht blutgierigen Graubärten betrieben würde, mit denen sich nicht spaßen ließe. Wenn das traurige Manuskript mir später in die Hände fiel, so war dies die einzige Stelle, welche mir einige Fröhlichkeit erregte. Noch eine Verbesserung habe ich anzuführen, die ich erfand. Statt Lessings *einer* Orsina schuf ich zwei Mätressen, welche fortwährend miteinander zankten und sich Fußtritte versetzten.

Abseits von dieser illuminierten Bühne vollzog sich damals die Entdeckung einer dichterischen Welt, die alle jugendlich suchende Unrast zu stillen vermochte. Aus einer Leihbibliothek las Gottfried Keller, Band für Band, die Werke Jean Pauls, und diese Begegnung ist für seine Entwicklung entscheidend geworden. Nicht als ob er mit vollem Dampf als Jean-Paul-Nachfahre in die Literatur eingezogen wäre: schon die Urfassung des »Grünen Heinrich« korrigiert den Überschwang unbedingter Jean-Paul-Begeisterung durch das Goethe-Erlebnis der »hingebenden Liebe an alles Gewordene und Bestehende«. Aber die Lektüre Jean Pauls hat seinem unbewußten schöpferischen Drang zum ersten Mal große Erzählungskunst als eine Unendlichkeit poetischer Vorstellung, seelischer Ahnung und sinnlicher Wahrnehmung erschlossen. Und so steht im Jugendroman jener herrliche Hymnus auf den geliebten Dichter, der das Erlebnis unversehrt über alle inneren Wandlungen hinweg rettet.

Aus dem »Grünen Heinrich« [Urfassung]

Ich hatte, nach Büchern herumspürend, in der Leihbibliothek unserer Stadt einen Roman des Jean Paul in die Hände bekommen. In demselben schien mir plötzlich alles tröstend und erfüllend entgegenzutreten, was ich bisher gewollt und gesucht oder unruhig und dunkel empfunden: gefühlerfülltes und scharf beobachtetes Kleinleben und feine Spiegelung des nächsten Menschentums mit dem weiten Himmel des geahnten Unendlichen und Ewigen darüber; heitere, mutwillige Schrankenlosigkeit und Beweglichkeit des Geistes, die sich jeden Augenblick in tiefes Sinnen und Träumen der Seele verwandelte; lächelndes Vertrautsein mit Not und Wehmut, daneben das Ergreifen poetischer Seligkeit, welche mit goldener Flut alle kleine Qual und Grübelei hinwegspülte und mich in glückliche Vergessenheit tauchen ließ; vor allem aber die Naturschilderung an der Hand der entfesselten Phantasie, welche berauscht über die blühende Erde schweifte und mit den Sternen spielte, wie ein Kind mit Blumen, je toller desto besser! Diese Herrlichkeit machte mich stutzen, dies schien mir das Wahre und Rechte! Und inmitten der Abendröten und Regenbogen, der Lilienwälder und Sternensaaten, der rauschenden und plätschernden Gewitter, die der aufgehenden Sonne das Kinderantlitz wuschen, daß es einen Augenblick sich weinend verzog und verdunkelte, um dann um so reiner und vergnügter zu strahlen, inmitten all des Feuerwerkes der Höhe und Tiefe, in diesen saumlosen schillernden Weltmantel gehüllt, der Unendliche, groß, aber voll Liebe, heilig, aber ein Gott des Lächelns und des Scherzes, furchtbar von Gewalt, doch sich schmiegend und bergend in eine Kinderbrust, hervorguckend aus einem Kindesauge, wie das Osterhäschen aus Blumen! Das war ein anderer Herr und Gönner als der silbenstecherische Patron im Katechismus!

Früher hatte ich dergleichen etwas geträumt, die Ohren hatten mir geläutet, nun ging mir der Morgen auf in den langen Winternächten, welche hindurch ich an dreimal zwölf Bände des unsterblichen Propheten las. Und als der Frühling kam und die Nächte kürzer wurden, las ich von neuem in den köstlichen Morgen hinein und gewöhnte mir darüber an, lange im Bette zu liegen und am hellen Tage, die Wange auf dem geliebten Buche, den Schlaf des Gerechten zu schlafen. Dazumal schloß ich einen neuen Bund mit Gott und seinem Jean Paul, welcher Vaterstelle an mir vertrat.

Nicht mehr dramatische Entwürfe, sondern »religionsphilosophische Aufsätze und idyllische Naturschilderungen in Gestalt

Jean Paulscher Traumbilder« wurden nun in ein dickes Schreibbuch eingetragen. »So glich meine Zelle«, heißt es von dieser Zeit im Jugendroman, »dem Küchenwinkel eines Alchymisten, auf dessen Herd ein ringendes Leben gebraut wurde. Das Anmutige und Gesunde und das Verzerrte und Sonderbare, Maß und Willkür brodelten durcheinander und mischten sich oder schieden sich in Lichtblitzen aus.« Kein Wunder, daß über solchem Treiben das Steigersche Kunstinstitut immer mehr vernachlässigt wurde, bis Gottfried Keller schließlich überhaupt nicht mehr hinging.

Aus Aufzeichnungen 1837/1838

Den 11. Juli 1837. Reiße, o reiß, unersättliche Sehnsucht, zerreiß mir das arme freundlose Herz und löse in bitterer falscher Galle meine Gefühle auf! Was zerrst du mit nagendem Schmerze am Leben und raubst mir den Genuß meines Daseins? Laß ab und gib mich der Welt, der gemeinen, zurück, der du mich entführtest! ... O hätte ich dich nie gesehen, unerreichbares Ideal, das ich mir schaffte mit aller Glut, die meine törichte Phantasie anzufachen vermochte! Täglich und stündlich streb ich nach deinem Sonnenantlitz und wähne mich dir schon genähert, indes ich tief unten im Schlamme herumtappe und das Wahre nicht finde und das Leben versäume.

Den 19. Juli 1837. Heute ist mein achtzehnter Geburtstag; von heute an über zwei Jahre gelob' ich mir, einigen Ruhm zu gewinnen; wo nicht, so werf' ich die Kunst zum Teufel und lerne das Schusterhandwerk.

Den 19. Juli 1838. Heute ist mein neunzehnter Geburtstag, und ich sehe ein, daß es dummes Zeug war, was ich vor einem Jahre geschrieben habe.

Endlich war der unberatene Malschüler doch an einen »wirklichen Meister« geraten. Im Sommer 1837 lernte er den hochbegabten Zeichner und Aquarellisten Rudolf Meyer aus Regensdorf im Kanton Zürich kennen, er arbeitete sogleich bei ihm und wurde dann sein Schüler. Aber es war ein kurzes Glück: der Mann, dem der Maler Gottfried Keller die ersten gesunden künstlerischen Begriffe verdankte, war unrettbar dem Irrsinn verfallen. So jäh er in Zürich aufgetaucht war, so plötzlich entwich der Unstete Anfang März 1838 nach Genf, und Frau Keller mußte einen Teil des im voraus entrichteten Lehrgelds kummervoll auf die Verlustseite buchen. 1857 ist Rudolf Meyer vergessen in der Irrenabteilung des Alten Spitals zu Zürich gestorben; dreieinhalb Jahre zuvor war vom »Grünen Heinrich« der Band erschienen, der seine Geschichte enthält.

Eine nicht minder absonderliche, wenn auch mehr komische als tragische Wendung nahm ein »feuriger Briefwechsel«, den Gottfried Keller im Geiste Jean Pauls mit dem gleichaltrigen Johann Müller in Frauenfeld begonnen hatte, einem Studiengenossen aus dem Steigerschen Kunstinstitut. Je schwungvoller Gottfried Keller seine Briefe anzulegen sich bemühte, mit um so erstaunlicherem Witz- und Geistgefunkel überboten ihn die Antworten aus Frauenfeld, worauf er mit verdoppelter stilistischer Anstrengung reagierte. Es war ein vergeblicher Wettlauf, denn Johann Müller betrieb einfach ein skrupelloses Abschreibegeschäft: die »schönen Stellen« seiner Briefe stammten aus Zimmermanns Betrachtungen über die Einsamkeit, aus Goethes Werther, Hippels Lebensläufen und anderem Bücherwesen. Offenbar erst sehr spät ist Keller dahintergekommen, denn noch über die Münchener Zeit hinaus wurde der Briefwechsel fortgesetzt.

Vergnüglich zu sehen ist in den Antworten Gottfried Kellers, wie seine gesunde Natur in aller Arglosigkeit gegen die koketten Flunkereien des Freundes rebelliert.

Gottfried Keller an Johann Müller

Zürich, 29. Juni 1837

Soeben erhalte ich Deinen Brief. Eh' ich aber anfange, muß ich mich entschuldigen, daß die versprochene Skizze [zu einem Bildvorwurf »Die glückliche Heimkehr der Räuber«, den sie beide behandeln wollten] nicht in dem meinigen kömmt, denn es war mir bei Gott unmöglich, sie zu machen, indem ich immer nach der Natur oder nach Herrn Meyers Studien schaffe, so gut es gehen will, und wenn ich nichts tue, so bin ich immer so zerstreut und verrückt, daß ich nichts zuwege bringe. Doch will ich Dir sagen, wie ich sie machen wollte: ich wollte nämlich eine Bande aus dem dreizehnten Säkulum darstellen, alles halbnackte Kerls, fürchterliche Larven, welche einen Räuber aus ihrer Mitte auf eine gräßliche Weise an einen Baum binden, um ihn zu verlassen und den wilden Bestien preiszugeben.

Dein Brief ist schön; und wenn es nicht etwa bloß sonntäglich affektierte Gefühle sind, die Du äußerst (was ich aber weder hoffe noch glaube), so sage ich Dir ganz kurz, daß sie mir zum Teil rein aus der Seele gegriffen sind. Das spreche ich nicht zu Dir aus Schmeichelei oder aus gezierter Sympathie, sondern aus dem einfachen Bewußtsein, daß Deine ausgesprochenen Gedanken mich durchkreuzen, so oft ich allein bin, besonders nach einem unzufrieden durchlebten Tage. Ich freue mich aber, in Dir diese Töne entdeckt zu haben; ich glaubte Dich wirklich zu flüchtig dafür.

Du fühlst ganz das Anziehende einer sanften Melancholie; Du fühlst es mit mir, aber ich möchte sie, so wie ich sie in mir finde, lieber ein eigensinniges wildes Leiden nennen als ein sanftes süßes; so wie ich überhaupt den Ausdruck »süß« nicht wohl leiden mag. Was die Einsamkeit betrifft, so kann ich nicht begreifen, wie gewisse Leute Anspruch auf Geistesbildung oder auf Seelengröße und Charakter machen wollen und doch nicht das mindeste Gefühl für das Alleinsein haben; denn die Einsamkeit, verbunden mit dem ruhigen Anschauen der Natur, mit einem klaren, heiteren Bewußtsein seines Glaubens über Schöpfung und Schöpfer, und verbunden mit einigen Widerwärtigkeiten von außen, ist, ich behaupt' es, die einzige wahre Schule für einen Geist von edeln Anlagen; und wer nicht seine schönsten Träume in der Einsamkeit träumt, wer nicht so weit gekommen ist, daß er jede menschliche Gesellschaft, alle Zerstreuungen und allen Umgang der faden Welt, ja sogar den Umgang mit großen Seelen und wirklich guten Gemütern entbehren kann, wer sich nicht selbst genug, wer nicht die erste und beste Unterhaltung in sich selbst, in der Tiefe seines eigenen Ichs findet – der schiebe seine Ansprüche auf Geistesgröße bescheidentlich in die Tasche zu den übrigen Brotkrumen und Bettelmünzen, die dort befindlich sind, und schleiche sich fort aus dem Angesichte der heiligen Natur, der er doch nicht angehört ...

O wie oft habe ich mich nicht schon getäuscht, wenn ich einen gehaltvollen, der Einsamkeit getrauten, sich selbst kennenden Kopf gefunden zu haben glaubte und nur einen Getümmel suchenden Strohkopf entdeckte, in den sich ein Paar feurige Augen verirrt hatten! Ich fordre keinen scharfen, umfassenden Geist, keine berechnende, weitausschauende, entschlossene Kraft von einer großen Seele; es sind schöne Gaben, aber sie kann ohne dieselben bestehen. Hingegen fordre ich vom wahren Menschen jene hohe, große, majestätische Einfalt, mit der er den Schöpfer und seine Schöpfung, sich selbst, erforscht, anbetet, liebt. Ich fordre von ihm das Talent, sich in jedem Bach, an der kleinsten Quelle wie am gestirnten Himmel unterhalten zu können, nicht gerade um des Baches, der Quelle und des Himmels, sondern um des Gefühls der Unendlichkeit und der Größe willen, das sich daran knüpft. Ich fordre von ihm die Gabe, aus jeder Wolke einen Traum ziehen und der sinkenden Sonne, wenn sie ihr Feuer über den See wirft, einen Heldengedanken entlocken zu können; aber der kleinliche, spekulierende, kratzende, spottende, schikanierende, schmutzige Zeitgeist sei ferne von ihm, der keinen Menschen in Ruhe lassen und keines Menschen Würde erkennen kann; und ferne sei von ihm die Naseweisheit und die Frechheit des Jahrhunderts! . . .

Um auf Deinen Brief zurückzukommen, so finde ich einen Satz in demselben, worin Du eben kein großes Zutrauen auf mich setzest. Du schreibst: »Auf Deiner Studierstube möcht' ich Dich festhalten, da Dich zu großen Absichten erwärmen und stärken, da Dir den edeln wünschenswerten Stolz geben, mit dem Du, nach wohlbenützter, keck, kühn durchgearbeiteter Jugend, denn auch im männlichen Alter aus Welt und Menschen nie mehr machen wirst, als sie wert sind!« O glaube mir, an großen schwärmerischen Absichten hat es mir nie gefehlt, und das ist nicht mein Nutzen; denn je weiter ich aushole, desto weniger vorwärts komme ich, und während ich Plane auswerfe, schaffe ich nichts. Stolz habe ich nur zu viel, mehr, als ich verantworten kann, und aus Welt und Menschen machte ich mir schon nichts mehr, als ich noch so ein achtjähriges Teufelchen war. Sagte mir doch der Rektor der Industrieschule einst, als ich aus derselben weggejagt wurde: »Gib acht, Keller, Du wirst gewiß noch einen Stein finden, der Dir eine Beule in Dein eisernes Gesicht drückt.« Du darfst also getrost nach Zürich kommen, ich werde Dir für jede schwärmerische Tollheit zwei andere ins Gesicht werfen, und wir werden eins phantasieren, daß die Eichen ihre tausendjährigen Wipfel schütteln, unter denen wir wandeln.

. . . Ich habe Dir noch was zu sagen. Du schreibst: »Mit den Tränen, die ich hier schon geweint habe, könnte man ein paar Sommerhosen waschen.« Schämst Du Dich denn nicht ins innerste Mark hinein, das zu sagen! *fi!* weinen – weinen! *fi donc!* Einer, der ein Mann werden will, der das Menschengeschlecht verachtet, spricht von weinen! Wenn das zehnte Jahr vorbei ist, so sollte der Mann sein ganzes Leben hindurch nicht mehr so viel Wasser vergießen, daß eine Fliege darin ersaufen könnte, weder aus Ärger, noch aus Gefühl usw. Nicht, daß das Auge eines Helden sich nicht netzen dürfte; aber das sind seltene Fälle und köstliche Augenblicke. Wenn unaussprechlicher Gram um ein verlorenes Seelengut, wenn bittrer Ärger über der Menschen Verworfenheit, erfahrner Undank, die Qual, seine hochfliegenden herrlichen Pläne nicht erfüllen zu können, seine glühende Gedankenfülle erdrücken und verschlucken zu müssen, wenn noch hundert andere Feinde vereint auf des Mannes oder des Jünglinges Brust einstürmen: dann kann eine schwere Träne den Weg zum Lichte finden. Wie pocht's dann mit lauten Schlägen an die Rippen, wie preßt's das Herz! Ein Zentner liegt auf ihm. Wie brennt's und kocht's und sprudelt und siedet es in der hohen, doch so beklemmten Brust, daß die Flammen hoch aufschlagen und die Hülle zu sprengen drohen! Starr wie ein Fels steht der Mann, aber das innere Feuer zehrt an ihm. Heiß wallt's hinauf, höher und höher aus dem zerknirschten Herzen, heiß wird die Wange und rot die hohe Stirn, und heiß dringt eine feuchte volle Zähr' ins finstre Auge. Betroffen will er sie zerdrücken, aber sie fließt schon hell die Wange hinunter. Verstohlen, wie wenn ein Mädchen den ersten Kuß verlor, wischt er sich das Aug', aber mit der Träne ist aller Jammer ausgezogen. Leicht und flüchtig atmet er, mild glimmt's noch im ausgebrannten Busen; eine düstre, doch weiche Melancholie haust noch in der verlassnen Brust und gibt dem Dulder den schönen, großen Blick, der den Schurken zu Boden drückt. Solch eine Träne ist göttlich und der Moment unschätzbar zu nennen; aber der Name weinen bleibe fern von ihr; denn nur das Weib darf weinen, oder der Tor, oder der Bösewicht. Ich bitte Dich also, Dir das Weinen abzugewöhnen, sonst ersaufen Deine edlen Gedanken in der trüben Flut.

Auch wünschte ich, daß Du an einem anderen Orte das Wort »tugendhaft« weggelassen hättest; denn der Mensch soll nicht tugendhaft, sondern nur natürlich sein, so wird die Tugend von selbst kommen. Überhaupt ist das Wort »tugendhaft« ein kleinliches, ärmliches, frömmelndes Ding und soll vom Mann gar nie ausgesprochen werden, weil der, welcher die Natur in ihrem heiligen Walten verehrt und die Menschen gerade um ihrer Sünden willen bemitleidet, die Tugend sich nicht erst anzugewöhnen braucht, sondern sie ist sein Element. Er weiß nichts von ihr; denn sie ist ihm eigen wie jedem Tiere das Atmen, und wenn er noch so viele Fehler hätte, so entspringt jeder Fehler einer Tugend. (Freilich sind die Schwachheiten des großen Mannes und diejenigen des Schlechten von himmelweitem Unterschied!)

Verzeih, daß ich Dir ein wenig mein Herz geleert habe, ich paßte schon lange auf eine Gelegenheit.

Unversehens stellten sich um diese Zeit auch die ersten Verse ein. Sie galten einer jungen Mitbewohnerin des Hauses »Zur Sichel«, Henriette Keller, deren sanfter Liebreiz es dem ebenso jungen Gottfried angetan und eine stille Flamme in seinem Herzen genährt hatte. In Richterswil, wohin sie zuletzt mit der Mutter gezogen war, starb die Neunzehnjährige an der Schwindsucht, und mit ihr wurde am gleichen Tage und im gleichen Grab ihr Großvater bestattet. Die Farben, mit denen im »Grünen Heinrich« die Schulmeisterstochter Anna gemalt ist, borgen ihre Pastelltöne von diesem Pubertätserlebnis.

Unter dem 14. Mai 1838 findet sich in einem Skizzenbuch die Eintragung: »Heute starb sie.« Es folgt ein sauberes Aquarellbildchen des verschneiten Kirchhofs von Richterswil mit einem frischbekränzten Grab, und auf dem nächsten Blatt, datiert vom 29. Mai, dieses Gedicht:

Das Grab am Zürichsee

Wo die blaue Ferne dämmert
An dem hellen Wasserspiegel,
Liegt ein flurenreiches Dörfchen,
Und im Dörfchen liegt ein Kirchhof.

Und im Kirchhof wölbt ein Grab sich
Frisch und weit, denn es umschließet
Eine früh verblichne Jungfrau,
Einen alt ehrwürd'gen Greis.

Auf dem teuren Grabe blühet
Eine keusche weiße Rose
Neben einem Lorbeerstrauche,
Von der Liebe drauf gepflanzet.

Und wenn ich das Grab erblicke,
Will es mir das Herz zerreißen:
Meiner Jugend schönstes Hoffen
Hat der Tod hineingelegt.

Seit Rudolf Meyer Zürich verlassen hatte, war im Malwesen eine neue Stockung eingetreten; dafür lockte die Lektüre Hauffs, Balzacs, Victor Hugos, und immer wieder lockte Shakespeare. Innerlich wurde dennoch am Malerberuf als einzigem Anwert auf die Zukunft festgehalten. Aber immer noch Zürich: während zum Beispiel der Alters- und Kunstgenosse Johann Müller sich bereits in München auf den Architekten vorbereitete.

Aus dem »Grünen Heinrich«

Jeden Abend nahm ich mir vor, den nächsten Morgen, und jeden Morgen, den nächsten Mittag die Bücher beiseite zu werfen und an meine Arbeit zu gehen; selbst von Stunde zu Stunde setzte ich den Termin; aber die Stunden stahlen sich fort, indem ich die Buchseiten umschlug, ich vergaß sie buchstäblich; die Tage, Wochen und Monate vergingen so sachte und heimtückisch, als ob sie, leise sich drängend, sich selbst entwendeten und zu meiner fortwährenden Beunruhigung lachend verschwänden.

Gottfried Keller an Johann Müller

Zürich, 20. Juli 1839

... Gestern bin ich unter einem schrecklichen Donnerwetter in mein einundzwanzigstes Jahr eingezogen. Nun bin ich volle zwanzig Jahre alt, und kann noch nichts, und stehe immer auf dem alten Flecke, und sehe keinen Ausweg, fortzukommen, und muß mich da in Zürich herumtreiben, während andere in diesem Alter schon ihre Laufbahn begonnen haben. Meinen gestrigen Geburtstag habe ich auf eine eigne Weise gefeiert. Ich saß eben trüb und verstimmt in meiner Kammer und übersah mein bisheriges regelloses und oft schlecht angewendetes Leben, welches wie ein verdorrter und abgehauener Baumstrunk hinter mir im Dreck lag, und guckte neugierig in meine Zukunft, welche wie ein unfruchtbarer Holzapfelbaum ebenfalls vor mir im Dreck stund und mir durchaus keine erfreulichen Aspekten gewähren wollte; also in meiner Kammer saß ich und hegte grämliche

Gedanken; da dacht' ich, was frommt dir das Grübeln und Murren? Du mußt hinaus und deinen Jahrestag feiern mit Glanz und Freude.

Und auf sprang ich und nahm Mütze und Stock; wie ich aber in meine Tasche griff und ich da unter Feuersteinen und abgerissenen Knöpfen bloß einen rostigen Batzen vorfand, da verschwamm aller Glanz und Schimmer wieder in einen nichtigen stinkenden Rauch, und ich sank ganz mechanisch und langsam wiederum in meinen Sorgenstuhl zurück. Da wäre es mir bald weinerlich im Herzen geworden; von allen meinen Bekannten hatte sich heut kein einziger sehen lassen; denn wo kein Geld ist, da gibt's auch keine Freunde, das ist ein alter Satz, und ich mußte also meinen Geburtstag mit durstiger Kehle und niedergeschlagenem Herzen in meinem Kämmerlein versitzen.

So klebte ich auf meinem Sessel und schnitt jämmerliche Gesichter gegen meine Staffelei, auf welcher die große Linde im Schützenplatz angefangen stand, als der Föhn einige Wolken über die Sonne jagte und ein Gewitter verkündigte. Plötzlich stach ein wunderlicher Gedanke durch meinen Kopf, und ich sprang zum zweitenmal auf, die Treppe hinunter und hinaus über die Sihlbrücke und hielt nicht an, als bis ich oben auf der Spitze des Ütliberges stand. Dort setzte ich mich unter den großen Felsen am »Leiterli«, stopfte etwas ruhiger meine Pfeife und fing mit langen, majestätischen Zügen an zu rauchen, daß ich hinter dem Dampfe die Ferne nicht mehr sah. Unterdessen hatte sich der Himmel ganz mit Gewölke überzogen, nur gegen die Alpen hin war es noch offen, obgleich dunkel. Bald begannen die Blitze sich zu kreuzen, und der Donner stimmte seine untersten Baßsaiten an zum bevorstehenden Konzerte. Ich merkte schon, daß ich nicht vergebens da hinauf gerannt sei, und freute mich inniglich auf das Schauspiel, das sich jetzt wirklich mit aller Pracht vor mir eröffnete. Rings um mich her breitete sich die weite Ferne aus, vom Gewitter verdunkelt, und nun denke Dir den göttlichen Anblick, wenn der rote Blitz auf einmal die ganze finstere Landschaft erleuchtete, so daß man einen Augenblick lang tief in die glühenden Schneeberge und Gletscher hinein sah und nördlich durchs ganze Limmattal hinunter und ins Rheintal hinüber alle die Kirchlein und Dörflein glänzend im rötlichen Lichte, bis wieder plötzliche Finsternis alles bedeckte; und dann im Vordergrund die krachenden Eichen und Fichten und die schwarzen Nagelfluhmassen, unter denen ich saß. Ich sage Dir, es war ein himmlischer Anblick; und ich hätte mir diese Stunde um hundert Maß Bier nicht abkaufen lassen. Das Gewitter ging vorüber; die Sonne stach blutrot noch einmal durch Wolken hervor und sank dann hinunter, und ich humpelte ebenfalls wieder zufrieden und glücklicher, als ich gehofft hatte, den Berg hinunter. So habe ich diesen Tag gefeiert und mache Dir die Beschreibung davon, auf die Gefahr hin, daß Du mich als ein Kamel auslachst.

Lebe wohl und sei solid!

Noch in einen anderen kleinen Gewitterwind geriet Gottfried Keller damals, er wehte aus dem politischen Wetterloch der neuen Zeit. Die neue Zeit: das waren zunächst allerlei Veränderungen im Stadtbild Zürichs. Seit 1833 arbeitete man an der Abtragung der Tore und Schanzen, seit 1835 befuhr das erste Dampfboot den See, und zehn Jahre später wurde der Bau der ersten Eisenbahn von Zürich nach Baden beschlossen. Die neue Zeit: das war ferner im Gefolge der Pariser Julirevolution von 1830 ein Hinüberwechseln der Züricher Regierung vom konservativen zum radikalen Kurs. Und schließlich geschah es im Geist der neuen Zeit, daß im Januar 1839 der dreißigjährige Schwabe David Friedrich Strauß auf den Lehrstuhl der neutestamentlichen Theologie an der jungen Züricher Universität berufen wurde: der Mann, dessen zweibändiges Werk »Das Leben Jesu« durch ebenso freimütige wie scharfsinnige Leugnung des geschichtlichen Quellenwerts der Evangelien viel Staub aufgewirbelt hatte. Für das Landvolk des Kantons Zürich, das in Glaubensdingen keineswegs radikal dachte, war diese Berufung zuviel des neuen Geistes. Es kam zu einem förmlichen Volksaufruhr, und am 6. September führte der Pfarrer Bernhard Hirzel von Pfäffikon einige tausend bewaffnete Bauern gegen die Stadt. Es wurde geschossen, und es floß Blut.

Baechtold erzählt

Gottfried Keller, selbstverständlich ein eifriger »Strauß«, das heißt ein Radikaler, befand sich während jener stürmischen Herbsttage in Glattfelden. Am Vormittage des 6. Septembers war er eben mit dem Oheim Scheuchzer mit Emden [Heuwenden] beschäftigt, als es Sturm läutete. Er warf seine Gabel weg und eilte, ohne etwas zu genießen, nach der entfernten Hauptstadt, seiner bedrohten Regierung beizustehen. Man riet ihm an, nicht auf offener Landstraße, sondern auf Fußwegen Zürich zu gewinnen, da er als ein »Strauß« von den Bauern totgeschlagen werden könnte.

Der Regierung war freilich nicht mehr zu helfen. Sie wurde gestürzt, und auf den Regierungssitz gelangte der konservative Bürgermeister Heß. Worauf der neuberufene Theologieprofessor David Friedrich Strauß pensioniert wurde, noch bevor er sein Amt angetreten hatte.

Aus dem unrühmlichen politischen Abenteuer rettete sich der enttäuschte Freiheitskämpfer Gottfried Keller schleunigst nach Glattfelden zurück, um bei dem Oheim und Vormund Scheuchzer mit verdoppelter Energie sein Fortkommen von Zürich zu betreiben. Das Ziel des Zwanzigjährigen war München, wo er in einer regelrechten Schule als Maler noch einmal von vorn anzufangen gedachte. Durch den Verkauf eines bescheidenen »Gültbriefs« aus großmütterlichem Erbe sollten die Studienmittel aufgebracht werden.

Die Mutter an Gottfried Keller

Spätherbst 1839

Das schöne Wetter zum Zeichnen wird wahrscheinlich vorbei sein. Wenn Du wegen dem Erbgut weiter Dich nicht aufzuhalten hast, so ist es besser, Du kommest nach Hause, um Dich der Kälte und dem Gespött der Frauenzimmer nicht länger auszusetzen. Deine Wärme gegen sie wird freilich gegenwärtiger Witterung gleich sein.

Protokoll der Gemeinderatssitzung Glattfelden

15. Februar 1840: Auf Ansuchen Herrn Doktor Scheuchzers als Kurator der Kellerschen Kinder, daß ihm möchte Bewilligung erteilt werden, auf das Erbe hin bei Herrn Rudolf Denzler [dem zweiten Mann der Großmutter] hundertfünfzig Gulden zu erheben, das er für Gottfried Keller zur Vervollkommnung seiner Malerkunst verwenden könne, hat der Gemeinderat mit Vorbe-

halt der Einwilligung des löblichen Bezirksrates dem dringenden Ansuchen entsprochen.

Kurz nach Ostern war es so weit, daß Gottfried Keller im Haus »Zur Sichel« sich reisefertig machen konnte. Neben dem Malgerät, neben Mappen und Skizzenbüchern packte er auch seine Flöte ein und den Totenschädel, der ihm ehemals zu anatomischen Studien, dann als Tabakbehälter gedient hatte. Zwei Bände Goethe, ein paar Werke über Malerei, ein dickes Wörterbuch der Mythologie und – offenbar zum praktischen Ratgeber in der großen Welt ausersehen – Knigges »Umgang mit Menschen«: das war das literarische Gepäck.

So eilig hatte es der zur großen Ausfahrt Gerüstete, daß er nicht einmal die Ausfertigung seines Passes abwartete. Am 26. April schlug die Stunde des Abschieds von Mutter und Schwester. Dreiundfünfzig Jahre alt war damals Frau Elisabeth Keller, und die achtzehnjährige Regula, die Nähen und Bügeln gelernt hatte, mußte bereits das ihre zu dem kargen Haushalt beisteuern, auf dem die Sorge um die ungewisse Zukunft des Sohnes nun doppelt lasten würde.

Als Maler in München

1840 bis 1842

Die erste Station wurde in Frauenfeld gemacht, wo sich Gottfried Keller bei dem soeben aus München heimgekehrten Johann Müller mit nützlichen Ratschlägen zu versorgen gedachte.

Gottfried Keller an die Mutter

Frauenfeld, 1. Mai 1840

Liebe Mutter!

Deinen lieben Brief habe ich samt dem Paß empfangen, welchen letztern ich aber wieder zurückschicken muß; indem er durch die verfluchte Nachlässigkeit des Staatsschreibers nach Italien statt nach München visiert ist.

Ich logiere im »Kreuz«, weil Müller auch da ist als Kadett; aber Du darfst keine Angst haben wegen dessen; denn er bezahlt alles für mich, er tut es durchaus nicht anders; er zeigt sich überhaupt als Freund gegen mich; daher bitte ich Dich, mir das Bildchen, das die Frau Dekan [Frau Dekan Schinz, Witwe des ehemaligen Pfarrers in Glattfelden, mit der Mutter befreundet] verschmäht hat, zu überschicken; ich werde es dem Müller schenken, für das, was er an mir tut; es wird auf jeden Fall besser angewendet sein.

Was die Frau Dekan betrifft, so kann sie meinetwegen zum Teufel gehen; ich werde suchen, meinen Weg ohne alle solche Leute zu machen. Ich bitte Dich, liebe Mutter, Dir keine Sorge um mich zu machen, ich werde gewiß fortkommen; ich habe bereits hier gesehen, daß man in der Fremde weit mehr nach seinem wahren Werte geschätzt wird, als in seiner Heimat; man ist überall zuvorkommend gegen mich. Was meinen Unterhalt in München betrifft, so werde ich sehr wohlfeil auskommen, wenn es so fortgeht; denn seit ich von Zürich fort bin, mag ich gar nichts mehr essen; wenn ich eine Wurst oder ein wenig Braten esse, so bin ich den ganzen Tag voll; aber Du mußt nicht denken, daß ich deswegen nicht wohl sei. Herr Ehinger [Metzger am

Rindermarkt] und Frau lasse ich freundlich grüßen und ihm nochmals danken für die Freundschaft, die er mir erwiesen hat. Er hielt mich Sonntag und Montag frei, bis er verreiste, und versprach mir, wenn Du männlicher Hülfe und Rat bedürfest, so werde er gewiß beides leisten, und wenn im Hause oder sonst Unannehmlichkeiten begegnen, so werde er die Ordnung herstellen, wo es Dir unmöglich ist.

Ich danke Dir, liebe Mutter, nochmals für alles, was Du an mir getan, und bitte Dich, nicht zu denken, daß ich es nicht anerkenne, weil ich eine rauhe Außenseite habe; ich kann halt keine schönen Worte machen, aber deswegen empfinde ich gewiß alles, was ein rechter Sohn empfinden muß. Ich hoffe nur, Dir einst alles noch vergelten zu können.

Regula lasse ich vielmal grüßen, und es soll bei Dir bleiben und Dir helfen, wo es kann. Auch wirst Du ihm etwa eine kleine Freude nicht versagen, wo es keinen Nachteil bringt, und ich hoffe, Ihr werdet zusammen Euch das Leben so angenehm machen, als Eure Lage es gestattet ...

Die Mutter an Gottfried Keller

Zürich, 4. Mai 1840

Es freut mich, wenn Du zur Erkenntnis kommst und einsiehst, wie manches Jahr schon ich mich selbst vergessend alles an Dich gewendet und geopfert habe ... Gern will ich vergebenen Kummer und Sorgen für Dich tragen, wenn nur kein unglückliches Schicksal Dich treffen muß, wenn Du nur Dein ehrliches Auskommen findest und ich Dich einst als rechtschaffener Sohn wieder sehen kann. Dies ist mir Vergeltung genug ...

Heute erst erhielt ich den Paß wieder. Das Ding ging nicht so schnell. Der Kanzleischreiber sagte, er lasse Dich grüßen, und es sei ihm leid für Deine Verzögerung. Im Hause lassen Dich alle grüßen. Reise nur glücklich! Gott behüte und segne Dich!

In München bezog Gottfried Keller fürs erste das bisherige Zimmer Johann Müllers, Neuhauser Straße 22, rückwärts über drei Stiegen. (Auch seine späteren Wohnungen in der Lerchen- und in der Schützenstraße lagen nahe beim Karlstor.) Mit welchen Bildern die Stadt sich dem Neuankömmling einprägte, ist im Jugendroman noch mit der ganzen Atemlosigkeit hingerissenen Staunens festgehalten.

Da glühten im letzten Abendscheine griechische Giebelfelder und gotische Türme; Säulen der verschiedensten Art tauchten ihre geschmückten Häupter noch in den Rosenglanz, helle gegossene Bilder, funkelneu, schimmerten aus dem Helldunkel der Dämmerung, indessen buntbemalte offene Hallen schon durch Laternenlicht erleuchtet waren und von geschmückten Frauen durchwandelt wurden. Steinbilder ragten in langen Reihen von hohen Zinnen in die Luft, Königsburgen, Paläste, Theater, Kirchen bildeten große Gruppen zusammen, Gebäude von allen möglichen Bauarten, alle gleich neu, sah man hier vereinigt, während dort alte geschwärzte Kuppeln, Rat- und Bürgerhäuser einen schroffen Gegensatz machten. Es herrschte ein aufgeregtes Leben auf den Straßen und Plätzen. Aus Kirchen und mächtigen Schenkhäusern erscholl Musik, Geläute, Orgel- und Harfenspiel; aus mit allerlei mystischen Symbolen überladenen Kapellentüren drangen Weihrauchwolken auf die Gasse; schöne und fratzenhafte Künstlergestalten gingen scharenweis vorüber, Studenten in Schnürröcken und silbergestickten Mützen kamen daher, gepanzerte Reiter mit glänzenden Stahlhelmen ritten gemächlich und stolz über einen Platz, üppige Kurtisanen mit blanken Schultern zogen nach hellen Tanzsälen, von denen Pauken und Trompeten herniedertönten; alte dicke Weiber verbeugten sich vor dünnen schwarzen Mönchen, welche zahlreich umhergingen; unter offenen Hausfluren saßen wohlgenährte Spießbürger hinter gebratenen Gänsen und mächtigen Krügen und genossen den lauen Frühlingsabend; glänzende Wagen mit Mohren und Jägern fuhren vorbei und wurden aufgehalten durch einen ungeheueren Knäuel von Soldaten und Handwerksburschen, welche sich die Köpfe zerbläuten. Es war ein unendliches Gesumme überall.

Es ist das München Ludwigs I., die Stadt von hunderttausend Einwohnern, die nach den Plänen des ehrgeizigen königlichen Bauherrn zur schönsten in Deutschland werden soll. Schon sind großartige Bauten entstanden, ganze Straßenzüge und Plätze neu angelegt. Hunderte von Künstlern arbeiten für den König. Aber reaktionär-klerikal ist der Kurs, den die Regierung steuert.

Gottfried Keller an die Mutter

München, 18. Mai 1840

Endlich bin ich angekommen in dem Gelobten Lande. Nachdem ich den Paß erhalten hatte, führte mich Müller in einer Chaise nach Konstanz, wo ich aber wegen neuer Unannehmlichkeiten mit dem Gepäck vier Tage warten mußte. Sonntags vor acht Tagen fuhren wir endlich, Steffen [der taubstumme Bildnismaler Ulrich Steffen, der erste Zögling des 1826 eröffneten Taubstummeninstituts in Zürich] und ich, mit dem Dampfschiff nach Lindau oder wollten vielmehr nur; denn in Rorschach zerbrach die Maschine, und wir mußten dort wieder übernachten; indessen lud uns ein katholischer Kaplan zum Essen ein. Von Lindau aus fuhren wir mit einer Retourkutsche für neun Gulden bis nach München, mußten aber mehr übernachten als mit der Post, so daß es am Ende beinahe gleich herauskam, nur daß ich für die Effekten nichts zahlen mußte. So bin ich denn hier angekommen und, nachdem ich drei Tage im Gasthof logierte, im nämlichen Zimmer, welches Müller bewohnte, einquartiert. Es ist mitten in der Stadt und ganz bequem mit Sofa, gutem Bett, Kommode und zwei Tische; die Stühle sind gepolstert; dennoch kostet es nur vier Gulden Zürichgeld, wobei mir noch die Stiefeln und Kleider geputzt werden. Steffen hat ein kleines Dachstübchen in einer abgelegenen Gegend für den gleichen Preis. Die meisten Zimmer kosten sonst sechs, sieben bis acht Gulden monatlich . . .

Ich befinde mich sehr wohl hier, man kann über die Straße gehen, ohne daß man von allen Seiten begafft oder für stolz ausgeschrien wird. Kein Mensch achtet auf den andern; alles geht bunt durcheinander; kommt man aber mit den Leuten in Berührung, so sind sie höflich und gefällig, nur die Weibsbilder von der bürgerlichen Klasse sind ungemein roh. Sie fluchen und schimpfen wie bei uns die Stallknechte und sitzen alle Abend in der Kneipe und saufen Bier. Sogar die nobelsten Damen gehen ins Kaffeehaus und trinken da – nicht Kaffee, sondern so zum Spaß eine Maß Bier bis zwei.

Die Reise und alle Ausgaben (ich mußte Staffelei, Leinwand, Farben usf. kaufen) haben mich mehr gekostet, als ich glaubte . . . die Reisenden werden fürchterlich ausgesogen allenthalben. Jetzt habe ich mich aber eingerichtet und werde von nun an hausen.

Ich nehme gar nichts zu mir bis zum Mittagessen, obgleich ich am Anfang manchmal noch Hunger bekomme. Dann geh' ich ins Speishaus und bekomme für sieben Kreuzer (etwa 4 1/2 Schilling) Suppe, Fleisch und Gemüse, nach Verlangen zugerichtet; mit Bier kostet es zehn Kreuzer. Manchmal esse ich zu Nacht und manchmal nicht. Ich bin schon mit vielen Künstlern bekannt geworden und habe gesehen, daß selbst die mittelmäßigen sich gut durchbringen ...

Gott sei mit Euch! – Laß doch meine Briefe nicht so herumliegen, wie gewöhnlich! Was das Geld betrifft, so mache, daß Du es bald schickst, oder sonst einrichtest, denn in zwei Wochen gehe ich aufs Land, und da möchte ich es vorher gesichert wissen, es tut mir leid, daß Du so viel Mühe hast.

München, 27. Juni 1840

Da wir auf unsrer Reise schlechtes Wetter bekamen, so sind wir bereits schon wieder seit acht Tagen in München, und ich berichte es Dir daher, damit Du mir wieder eine Portion von meinem Reichtum überliefern kannst, indem ich nicht warten mag, bis ich ganz ausgekommen bin ...

Was mich betrifft, so habe ich im Anfange gewaltig gegeizt, und bin nirgends hingegangen; wann ich an einem Tag etwas übers bestimmte Maß hinaus gebraucht habe, so fraß ich den andern gar nichts; allein das war sehr dumm. Ich muß mir die Fremde nicht nur in Hinsicht der Kunst, sondern auch in anderer, gesellschaftlicher Beziehung zu nutze machen; denn ich war von Hause aus in vielen Sachen noch sehr ungeschliffen und schüchtern, und das ändert sich nicht, wenn man in der Fremde hinter dem Ofen hockt. Ich mische mich also unter die Leute und lerne von jedem, was zu lernen ist. Auch habe ich mich in den bayerischen Kunstverein aufnehmen lassen, was mich aber zwölf Gulden kostet alle Jahr; indessen ist der Nutzen weit größer; denn nicht nur lerne ich sehr viel dadurch, sondern ich kann später meine Sachen besser verkaufen.

Auch haben die schweizerischen Studenten und Künstler eine Gesellschaft hier, worin ich ebenfalls bin. Donnerstag hatten wir ein Leichenbegängnis zu begehen, da einer aus dieser Gesellschaft, Graf d'Affry von Freiburg, der einzige Sohn seiner Eltern, einundzwanzig Jahre alt, starb. Wir begleiteten ihn sämtlich zum Grabe. Es war ein schöner Zug. Voraus die Geistlichkeit mit Kreuz und Fahne und Rauchfaß usw. Dann der

Sarg, von sechs Schweizern getragen, welche schwarze Kleidung mit weißen Florschärpen um den Leib trugen. Dann vier mit weiß und roten Schärpen; dann einundzwanzig mit allen Kantonsfarben und endlich die übrigen alle. So zogen wir um den Kirchhof herum und dann aufs Grab, wo eine Blechmusik von dreißig Mann aufspielten, nachdem die Geistlichen ihre Künste gemacht hatten. Dann hielt einer eine schöne Rede; wiederum Musik, und dann schmiß jeder von uns drei Schaufeln Erde ins Grab und bespritzte es mit Wasser, welches man uns in einem alten Kübel hergestellt hatte. Dann aber zogen wir *in corpore* auf unsre Kneipe, wo wir erst die rechte Totenfeier hielten. Es war wirklich ein herzerhebender Anblick, den ganzen Saal voll Schweizer zu sehen; jeder ein mächtiges Bierglas in der Hand, dasselbe in die Höhe streckend, und auf Kommando mit feierlicher Miene ausleerend bis auf den Grund. Den Tag darauf wohnten wir sämtlich der Messe bei, welche dreißig Tage lang dem Toten abgehalten wird. Es brannten über zweihundert Kerzen, und das Wappen des Verstorbenen war überall an den Altären in reichen Stickereien angebracht. Das bezahlen aber alles seine Eltern. Wir hingegen haben auch etwas Kosten; denn heute nachts um zwölf Uhr bringen wir dem Toten einen Fackelzug mit Gesang und Musik aufs Grab. Das gilt aber nicht nur den Vornehmen und Reichen, sondern jedem Schweizer, der hier stirbt. So ist gestern schon wieder einer gestorben im Krankenhause hier. Die wenigsten haben ihn gekannt, und doch wurde sogleich beschlossen, ihm das gleiche Leichenbegängnis, wie dem Grafen, zu feiern. Überhaupt sind sehr viele Schweizer hier krank, und meistens sehr gefährlich am Nerven- und noch mehr am Schleimfieber. Die Münchner sagen zwar, wenn einer gleich anfangs sich ans Biertrinken halte, so werde man weniger krank; und das habe ich mir hinter die Ohren geschrieben ...

Ich wünschte manchmal nur, daß Du und Regula hier wären und die Pracht alle sähen, die sich hier bei verschiedenen Gelegenheiten entfaltet. Wenn ich früher oder später einmal in einen guten Stiefel gerate, so muß auf jeden Fall so etwas eingerichtet werden.

Ich habe immer noch meine alte Mütze, welche meinen Kameraden vielen Spaß macht; ich bin schon bei allen honetten Schweizern bekannt, welche hier sind; die meisten haben aber mehr Geld als ich; aber das macht nichts.

... Marke [ein bei der Mutter wohnender Geselle], welcher ganz aus meinem Gedächtnis verschwunden war, ist mir heut nachts im Bett plötzlich wieder eingefallen, und ich habe mich weidlich an seinem Andenken ergötzt; auch ihn lasse ich grüßen, wenn er noch bei uns ist. Was machen Frau und Herr Hotz? [das im »Grünen Heinrich« als Frau Margreth und Vater Jakoblein verewigte seltsame Ehepaar, Mitbewohner des mütterlichen Hauses; Frau Hotz, von Beruf Bettmacherin und in ein kurioses mystisches Spukwesen versponnen, hat auf das barocke Phantasieleben des Knaben großen Einfluß gehabt.] Sage der Frau Hotz viele tausend Millionen Grüße ... Und Regula grüße ich ohnedies, sowie eigentlich meine Briefe immer an Euch beide gerichtet sind; hat es immer Arbeit?

Die Mutter an Gottfried

Zürich, 5. Juli 1840

Die Leichenbegängnisse der Schweizer sind sehr schön, wie Du schreibst. Gott behüte nur, daß die Reihe nicht an Dich kommt! Lebe doch in einer mäßigen Ordnung, damit Du gesund bleibst! ... Frau Hotz wird bald sterben. Sie hat das Bett nie mehr verlassen. Ich verzögerte deswegen Deinen Brief einige Tage, um ihren Tod Dir zugleich anzuzeigen, welchen man mit jeder Stunde erwartet. Ihre Körper- und Geisteskräfte sind gänzlich dahin; spricht kein Wort mehr vernehmbar. Ich sagte ihr Deine Grüße. Sie wollte gern weinen und konnte nicht. Einige Mal, als sie noch gut reden konnte, sagte sie von Dir: »Du guter Bub, du siehst mich nicht mehr! Du mußt auch noch etwas haben!« Aber mit dem war's getan. Jetzt ist ihr die ganze Welt gleich viel. Ich bekomme nun auf Kirchweih ein leeres Gemach. Der alte Hotz wird zu Frau Kramer ziehen ... Marke ist noch da; er freute sich und lachte, daß ihm sein Höcker wackelte, als ich ihm Dein Gruß sagte, und gab mir den Auftrag, Dich zu grüßen und ob Du auch brav Geld verdienen könntest.

Gottfried Keller an die Mutter

München, 14. Juli 1840

Den Brief samt Anweisung habe ich richtig erhalten und das Geld bezogen, worauf ich sehnlichst gewartet hatte; denn in Hinsicht des wohlfeilen Lebens habe ich mich sehr getäuscht ... Doch genug hiervon; ich sehe schon ein, daß ich auf den Spätherbst selbst auskommen muß, und deswegen habe ich mich auch in den Kunstverein aufnehmen lassen, welches für einen Fremden und zudem für einen Anfänger der einzige Weg ist, seine Bilder zu verkaufen; ... so viele Maler es hier hat (etwa 600), so leben die, welche etwas Tüchtiges gelernt haben, doch alle wie die Herren.

Was Du mir von Frau Hotz geschrieben hast, hat mich tief ergriffen. Ich soll also diese Frau, welche ich von meiner frühsten Kindheit an kannte und beinahe tagtäglich sah, welche es immer so gut mit mir meinte, sie soll ich nie mehr sehen. So sehr sie auch von Vorurteilen und falschen Meinungen eingenommen war, so hatte sie doch ein gutes, wenn auch schwaches Herz, und ich werde sie gewiß nie vergessen ...

Den 20. Juli.

Ich muß zweimal schreiben an diesem Brief. Gestern war mein einundzwanzigster Geburtstag. Ich bin also jetzt einundzwanzig Jahre alt und endlich in die Welt hinausgetreten; will gerne sehen, wie's weiter gehen wird ...

Was die 150 Gulden betrifft, so wirst Du dem Herrn Onkel ans Herz legen, daß es die harte Notwendigkeit sei und gar keine Wahl vorhanden, daß man das Geld alles miteinander, so viel es mir bringt, brauche, und also den Glattfeldern vorzutragen sei. Übrigens lasse ich alle in Glattfelden herzlich grüßen, sowie alle im Hause und wer mir nachfrägt.

Wenn Regula jetzt auf dem Lande ist, so soll es nicht zu viel Kirschen essen ... Schreibet mir doch auf die Adresse nicht mehr Kunstmaler, sondern nur Maler!

Vor allem an die Schweizer Landsleute hielt sich also Gottfried Keller, und erstaunlich genug, wie viele Künstler es in dieser Landsmannschaft gab: da waren Hans Blendel aus Schaffhausen und Emil Rittmeyer aus St. Gallen, zwei Schüler Kaulbachs; da war der Maler Rudolf Leemann aus dem Aargau, der Maler Eduard Süffert aus Basel, der Architekt Karl Curti aus Rapperswil; dazu die Züricher Hegi und Werdmüller. Am engsten befreundete sich Keller mit dem Chemiestudenten Wydler, nachmaligem Arzt in Aarau, und mit dem um fünf Jahre älteren Maler Hegi, dem ehemaligen Nachbar vom Rindermarkt, der aus seinen Erinnerungen an die Münchener Zeit später einiges aufgezeichnet hat.

Der Maler Hegi erählt

Wie üblich saß ich eines Abends im Mai 1840 mit Ferdinand Wydler in der Exkneipe der Schweizer, im Wagnerbräu, beim Kruge, als ein junges Männchen hereintrat, dessen Gestalt ziemlich unter mittlerer Höhe geblieben war. Auf dem schmächtigen Körper saß ein großer Schädel, mit einem aufs linke Ohr gedrückten Barette geschmückt. Ich erkannte in dem auffallenden Ankömmling sogleich meinen Nachbar aus dem Rindermarkt in Zürich, Gottfried Keller, und rief ihn zu uns. Der Unterschied des Alters sowohl als der Besuch verschiedener Schulen hatte uns zu Hause nie zusammengeführt. In München dauerte es keine vierundzwanzig Stunden, so waren wir drei fest zusammengewachsen. Jeden Abend und gewöhnlich auch mittags trafen wir uns.

Den obligatorischen Kneipabenden der im Verfalle begriffenen Landsmannschaft wohnten wir gewissenhaft bei. Hier machte sich Gottfried oder – wie wir ihn nannten – »Strabo« rasch bemerkbar. Entspann sich eine Diskussion, so erregten seine trocken hingeworfenen Witze Gelächter; indessen rief er durch derbe, ja beleidigende Reden nicht selten recht stürmische Auftritte hervor. Als Liebhaber des Gesanges war er sehr erstaunt, auf meinem Zimmer im Leipziger Kommersbuche die Melodie des Liedes: »Wohlauf noch getrunken« zu finden. Wir mußten sie mit unsern rauhen Kehlen sofort einstudieren. Abends wurde der Cantus auf der Kneipe mit Beifall aufgenommen und blieb seitdem eingebürgert. Als man beschloß, eine sogen. Kneipzeitung aufzulegen, fiel die Wahl des Redaktors selbstverständlich auf Gottfried Keller, dessen Fähigkeit hierfür allgemein anerkannt war. Trotzdem er die Bedingung stellte, daß ihm auch fremde Beiträge geliefert werden sollten, blieb er so ziemlich einziger Mitarbeiter. Am Mittwoch Abend mußte das Blatt vorgelesen werden. Gewöhnlich hatte er am Nachmittage noch kein Wort, erschien dann auf meinem Zimmer und griff zu Papier und Feder. Abends bekamen wir unsere Zeitung voll ergötzlicher Geschichten und satirischer Ausfälle. Ich erinnere mich besonders einer Vision, in welcher ihn der Geist Bierschaum in einer Nacht durch Himmel und Hölle leitete, wobei die Persönlichkeiten beschrieben wurden, denen er da begegnete. Die Charakteristik war jedesmal so schlagend, daß man die Betroffenen sogleich mit Jubel erkannte.

In Briefen an die Mutter nennt Gottfried Keller sich »Eleve« der königlichen Akademie, deren eigentlicher Schüler er nie gewesen ist, wie es auch sonst zu keinem regelmäßigen Unterricht kam. Statt dessen tat er, was der große Haufe der Kunstjünger tat: man lief in die Pinakotheken, in die Ausstellungen des Kunstvereins, besuchte gelegentlich das Atelier eines Malers, um schließlich auf eigene Faust zu sehen, wo man blieb. Das war nicht der Plan, mit dem er nach München gekommen war. Sieben Jahre später blickt Keller in einer »Selbstbiographie« zurück:

Ich war ohne Empfehlungen gekommen, lebte ohne nähere Bekanntschaft mit ausgezeichneten Künstlern, auf der Akademie war für die Landschaftsmalerei gar kein Lehrer, noch Raum: so war ich mir wieder selbst überlassen. Obgleich ich zwar mit mehr Überlegung und Wahl arbeitete, so blieb ich doch in technischer Ausführung zurück. Ich unternahm große Kartons und Bilder, welche ihres Gedankenreichtums wegen den Künstlern gefielen; fertig machen aber konnte ich sie nicht, hatte auch keinen besonderen Trieb dazu; wenn ein Bild gezeichnet, angelegt und in einige Beleuchtung und Haltung gebracht, somit der Hauptgedanke ausgesprochen war, so drängte sich mir schon wieder ein anderes auf, und das erste blieb liegen.

In der ersten Fassung des »Grünen Heinrich« findet sich die Szene, wie in einer abendlich stillen Straße plötzlich ein hoher, magerer Mann mit langen Schritten und wunderlichen Bewegungen durch das ersterbende Zwielicht daherkommt, auf den jungen Schweizer zutritt und ihm die Mütze vom Kopfe schlägt: »Warum gaffen Sie mich an und grüßen nicht? Was ist das für eine Ungezogenheit?« – »Ich kenne Sie ja gar nicht, Herr!« – »So? Wissen Sie, ich bin der König! Artig sein, Respekt haben, junger Mann!« und rasch schreitet der andere von dannen. Nicht diese Szene, aber eine Begegnung mit König Ludwig hat sich in der ersten Münchener Zeit wirklich ereignet.

Baechtold erzählt

Im Lokale des Kunstvereins betrachtete Gottfried Keller Bilder, als die Majestät mit einigen Herren erschien. Keller flüchtete von Zimmer zu Zimmer, bis im hintersten kein Ausweichen mehr möglich war. Hier vertiefte er sich anscheinend eifrigst in ein Gemälde. Der König nahte, und jener trat bescheiden zurück. »Auch Künstler?« fragte ihn derselbe. »Ja, Majestät«, antwortete er. Immerhin habe ihm das Herz mehr als gewöhnlich geklopft – meinte er abends zu den Freunden. Der anwesende Rudi Leemann hielt die Erzählung für Schwindel. Als sie jedoch am nächsten Vormittage zusammen in die Schwanthalerstraße einlenkten, stießen sie auf den König. Ludwig schritt an Keller vorbei und schlug ihm leicht auf die Achsel mit den Worten: »Haben uns auch schon gesehen!«

Wenn die königliche Anrede das schweizerische Herz des jungen Kunstadepten mehr als gewöhnlich, aber vermutlich nicht höher schlagen ließ: nicht so leicht wie dem bayrischen König war dem Münchener Klima standzuhalten. Die (später erfolgreich bekämpften) ungesunden Grundwasser- und Bodenverhältnisse machten die Stadt damals zum Herd einer chronischen Typhusepidemie.

Die Mutter an Gottfried

Zürich, Ende August 1840

Mir träumte letzthin von Dir, nämlich Du seiest heimgekommen in zerrissenen Kleidern und so mager und blaß, daß ich erschrak über Deinem fürchterlichen Aussehen. Trage doch Sorge und Ordnung für Deine Gesundheit und Kleider, daß ich nicht so etwas erleben muß!

Gottfried Keller an die Mutter

München, 9. September 1840

Ich schreibe dieses mit kranker Hand im Bette, welches ich nun schon bald vier Wochen hüte. Ja, es hat mich auch angepackt. Ich hatte das Schleimfieber [Typhus] im höchsten Grade. Jetzt bin ich gottlob auf der Besserung, so daß ich in fünf bis sechs Tagen wieder werde ausgehen können. Im Anfang lag ich immer in einem Fieber. Nach der Beschreibung meiner Köchin muß ich schreckliche Sachen gemacht haben. Ich bin aber selbst schuld, daß es so lang gegangen ist; denn ich klebte im Anfang immer umher und wollte mich nicht entschließen, einen Doktor zu nehmen, bis es die höchste Zeit war. Man sagte mir erst nachher, es hätte mich bald genommen. Ich habe viel Medizin verschluckt, welche aber alle bezahlt ist; hingegen erwarte ich mit Angst den

Konto vom Doktor, denn er kommt täglich mit dem Wagen angefahren. Ich muß daher dringend bitten, mir mit umgehender Post das Geld, das noch bei Dir liegt, zu überschicken ...

Die Mutter an Gottfried

Zürich, 12. September 1840

Nicht vergebens war mir so schwer und immer angst für Dich ... Hüte Dich nur, nicht auszugehen, bis Du ganz fest und außer Gefahr bist; sonst könnte es Dich wieder umwerfen und dann noch schlimmer kommen, oder es könnte in eine Schwindsucht ausarten; dann wäre es geschehen um Dich! Gott behüte mich vor diesem schmerzlichen Schicksal! Der Gedanke wird mir täglich neu: wärest Du doch bei Hause geblieben und etwas anderes gewählt!

28. September 1840

Der Herr Onkel verwunderte sich, daß Du so viel Geld brauchest, und zweifelte halb an Deiner Krankheit. Vielleicht, dachte er, seiest Du etwa in Schulden geraten und dafür eine Krankheit angegeben. Weil Du bei Hause wenig Geld eigenhändig hattest, könntest Du nicht Herr und Meister darüber sein ...

Gottfried Keller an die Mutter

München, 19. Oktober 1840

Daß Ihr zu Hause mich für fähig gehalten habt, eine Krankheit zu erlügen, um Geld zu erhalten, war mir eben keine große Erquickung, da ich eben damals, als ich den Brief erhielt, kaum noch auf den Beinen stehen konnte. Ich lag vier ganze Wochen im Bett und bekam nichts als Fleischbrühe und Wasser zu saufen, so daß Dein Traum ziemlich erfüllt war; denn ich war so abgemagert und schwach, als ich wieder ausgehen konnte, daß ich vor mir selbst erschrak, als ich in den Spiegel schaute. – Doch werde ich in Zukunft nichts mehr von dergleichen schreiben, es mag mir gehen, wie es will, da man zu allem Elende noch glaubt, ich lüge. Was das viele Geldverbrauchen betrifft, so weiß ich am besten, für was ich es ausgebe, auf jeden Fall nicht fürs Lumpen, auch gehe ich nicht mit Lumpen, sondern einzig und allein mit Hegi von Zürich, welcher mein bester Freund hier ist, und wir sitzen meistens ganz allein beieinander. Du wirst Dich wahrscheinlich wundern, daß die letzten vier Louisdor bereits wieder gebraucht sind, wenn Du nicht bedenkst, daß ich dem Doktor sechzehn

Gulden, dem Apotheker acht Gulden, der Magd, welche alle Nächte bei mir gewacht und mich sonst gut verpflegt hat, einen Taler, und obendrein den Mietzins bezahlen mußte. Dazu mußte ich, als ich wieder essen und ausgehen durfte, feinere und kräftigere Speisen nehmen und eine Zeitlang Rheinwein trinken, um wieder zu Kräften zu kommen ... Du wirst mir vielleicht indessen auch wieder nicht glauben, daß der Doktor an meinem Aufkommen gezweifelt hat. Du wirst aus allem also einsehen, daß ich das übrige Geld noch brauche; weil ich wenigstens zwei Monat Zeit haben muß, um etwas zu machen, das ich verkaufen kann; nachher tragt keine Sorge mehr für mich! Was Deine Meinung im vorletzten Brief betrifft, daß ich nämlich wieder nach Haus kommen sollte, so traust Du mir da nicht viel Charakter zu. Die Leute würden ein schönes Gelächter haben. Ich habe einmal meine Bahn angetreten und werde sie auch vollenden, und müßte ich Katzen fressen in München ...

Es sind diesen Sommer hindurch nicht mehr als sechzig fremde Studenten und noch mehr junge Künstler hier gestorben. Erst letzthin haben wir wieder einen Rapperswiler hier begraben, namens Müller. Er hatte eine ungeheuer große Nase, deshalb nannten wir ihn nur den Müller Naso!

26. Oktober 1840

Was meine Gesundheit betrifft, so bin ich jetzt völlig hergestellt. Ich befinde mich sogar besser als vorher; denn die Krankheit hat mich tüchtig herausgefegt, und ich bin gewissermaßen froh, daß sie ausgebrochen ist. Doch damit Punktum. Was mein Auskommen hier betrifft, so unterschlage Dich einstweilen aller Sorgen; ich könnte, wenn ich wollte, jetzt schon mein Brot kümmerlich verdienen mit Kolorieren und andern Stinkereien; aber ich habe es mir einmal in den Kopf gesetzt, mit etwas Rechtem anzufangen, und ich hoffe, ich werde mich hier als Künstler und nicht als Kolorist durchbringen können. Ich kann nachher noch machen, was ich will; auf jeden Fall gehe ich nicht heim.

... Ich gehe der Bewegung wegen auf den Fechtboden und auch wegen der Grobheiten und Schikanen, denen man hier ausgesetzt ist unter den vielen Studenten und Künstlern, wenn man nicht fechten kann. Doch braucht Ihr keinen Kummer zu haben, daß ich etwa totgestochen werde; denn sobald diese Renommisten sehen, daß man sie nicht fürchtet, so ziehen sie die Klauen ein.

21. November 1840

Ihr scheint zu Hause zu glauben, daß man in München von der Luft leben könne; denn es ist jetzt schon manche Woche verflossen, seit ich geschrieben habe, daß ich mit meiner Barschaft fertig sei. Hätte ich nicht etwas verkaufen können, so wäre es mißlich gestanden; aber zudem habe ich dennoch schon von Bekannten etwas borgen müssen. Aber jetzt sind wir alle miteinander auf dem Hund, und es hat keiner nichts mehr. Ich male gegenwärtig an einem größeren Bilde, das ich verkaufen werde; aber das kostet noch Zeit.

Herr Hegi ist nach Hause gekehrt, er wird Dich wahrscheinlich besuchen, wenn er nach Zürich kommt.

... Ich habe jetzt eine Kaffeemaschine bei mir und siede mir in derselben des Morgens Schokolade, des Mittags mache ich, wenn das Wetter zu schlecht ist, Stierenaugen darin und des Abends Kaffee. Sonst gehe ich in ein gutes Kaffeehaus zum Speisen, wo man sehr gut ißt, zwar etwas teurer als die gemeinen Kneipen, aber gesünder. Ich habe aber dennoch immer Sehnsucht nach den Fleischtöpfen Ägyptens, d. h. nach einem guten Stücke Speck mit gedörrten »Stückli« [Dörrobst], oder nach einer »Böllenwähe« [Zwiebelkuchen], oder zuletzt nur nach einem guten gesottenen Kartoffel; denn von allen diesen nahr- und schmackhaften Speisen kriege ich hier nichts zu sehen. Da ist nichts zu haben, als magere Gans-, Enten- oder Hasenbrätlein, schlechte Koteletten und dergleichen mehr, und die Kartoffeln kann man nicht anders essen, als gebraten oder sonst gekocht ...

Da ich bald mein Wohnort verändern werde, so schreibe mir künftig immer unter folgender Adresse: Gottfried Keller, Eleve der königl. Akademie der bildenden Künste in München; so werde ich die Briefe immer richtig erhalten.

Die Mutter an Gottfried

Zürich, 21. November 1840

... Mir träumte diese Woche einst, Du seiest heimgekommen und zwar auf einem prachtvollen Pferd, sehr schön gekleidet! Das war mir eine größere Freude, als der vorige Traum, in zerrissenen Kleidern und schrecklich blaß und mager. Jener bedeutete Deine Krankheit; was aber dieser für eine Bedeutung hat, weiß ich noch nicht, und gebe Gott, nichts Böses.

28. November 1840

... Wir würden Dir gerne Birnen, Äpfel und Trauben gönnen, wie auch ein gutes Stück Speck in dürren Stückli und Böllenwähen. Gesottene Kartoffeln würden Dir zwar nicht erheblich sein! Wenn Du wieder nach Hause kommst, so wollen wir Dir genug zubereiten. Du hast recht, wenn Du Dir zu Hause etwas Speise und Kaffee zubereiten kannst; es kommt wohlfeiler als im Kaffeehause. Gänse und Enten müssen dort wohlfeiler sein; hier können nur die Reichen solche essen ... Regula hat nicht immer zu tun: im Spätsommer bis nach dem Herbst war gar nichts; seit mehreren Wochen geht es wöchentlich zwei bis drei Tage zu Gritli Vogel in Stadelhofen [Schneiderin, Tochter einer Jugendfreundin der Frau Keller] als Gesell! Besser etwas, als gar nichts. Noch sende Dir den Nachfolger des »Landboten«, damit Du die Hergangenheit der Versammlung in Basserstorf [demokratische Erinnerungsfeier] vernehmen kannst. Es wird Dir wahrscheinlich eine herrliche radikalische Ergötzung gewähren.

Gottfried Keller an die Mutter

München, 5. Dezember 1840

Mit großem Vergnügen habe ich Deinen letzten Brief samt seinem willkommenen Inhalte empfangen, wofür ich Dir, sowie Herrn Onkel für seine Gefälligkeit meinen schuldigen Dank abstatte. Allein so sehr gelegen mir das Geld auch kam, so hat mich doch Deine Liebe und Sorge noch weit mehr erquickt. Daß Du je Mangel leiden solltest wegen mir, liebe Mutter, werde ich zu verhüten wissen; denn, wenn ich das, was mir noch zukommt, verbraucht haben werde, so werde ich, es mag mir gehen, wie es will, doch nichts davon schreiben, sondern mir selbst zu helfen suchen ... Aber für jetzt muß ich Dich zum letztenmal plagen und Dich bitten, mir noch vier Louisdor, wenn solche noch übrig bleiben, zu schicken, sobald die Erlaubnis da ist. Ich habe von dem letzten Geld zwanzig Gulden für meinen neuen Rock, vier Gulden fünfundvierzig Kreuzer für Zimmerzins und noch einige Kleinigkeiten sogleich weggeben müssen. Nun habe ich wohl die Aussicht, meine jetzigen Arbeiten verkaufen zu können; aber dazu muß ich wieder goldene Rahmen machen lassen ... Du siehst also, daß ich dieses Geld sehr notwendig habe; nicht, daß ich ohne dasselbe verhungern würde, sondern es dient mir dazu, sicherer und solider auftreten zu können ...

Meine Krankheit hat mir doch einen schlimmen Streich gespielt, nämlich den, daß sie mich zum Kahlkopf macht; jeden Morgen, wenn ich mich kämme, gehen mir fürchterliche Wische Haar aus, und das jetzt schon bei zwei Monaten, und wenn es so fortfährt, so bin ich in kurzer Zeit so kahlköpfig, wie Eli. Ich bin in Verzweiflung! ...

Die Mutter an Gottfried

Zürich, 8. Januar 1841

Nicht ohne besonderes Nachdenken und Gefühle habe ich das alte Jahr geendet und das neue angetreten; es war mir ein wichtiger Abschnitt meines Lebens. Aber nicht weniger wichtig war es auch für Dich; nicht bloß den Schmerz der Trennung, sondern auch die Schmerzen der Krankheit hast Du erfahren. Gott behüte Dich nun im neuen Jahr und immer vor solchen Erfahrungen! Er schenke Dir Glück und Segen zu Deinem Berufe, daß meine Hoffnung und Dein guter Wille, mir mein heranrückendes Alter zu erleichtern und froher zu machen, in Erfüllung kommen möge! Bete oft und fleißig zu Gott, so wird er Dich nicht verlassen und zur Zeit für Dich sorgen! Täglich seufze und bete ich für Dich. Aber Du mußt das Deinige auch nie vergessen!

Wenn die Geldsorgen in den Briefen nach Hause eine immer größere Rolle spielten, so lag das auch an dem ebenso erziehlichen wie haushälterischen Verfahren der Mutter, die jene bescheidenen hundertfünfzig Gulden nur in sorgsam eingeteilten Portiönchen nach München gehen ließ. Daß Gottfried Keller dabei aus den Schulden nicht herauskam, ist weniger verwunderlich, als daß er es überhaupt fertigbrachte, monatelang so fortzuexistieren. Endlich sah sich die Mutter doch genötigt, auch den Rest des großmütterlichen Erbes in Glattfelden flottzumachen: ganze sechsundachtzig Gulden. Vierzig davon hatte sie im Dezember gesandt, das übrige (die im letzten Brief erbetenen vier Louisdors) folgte im Januar 1841.

Gottfried Keller an Johann Salomon Hegi

München, 4. Februar 1841

Du wirst vielleicht meinen pechiösen Zustand begreiflich finden, wenn ich Dir melde, daß ich von Hause die vergnügliche Nachricht erhalten habe, daß ich nichts mehr zu erwarten hätte, indem das hochzulebende Oberwaisenamt es für unnötig erachtet habe, daß ich länger Geld brauchen soll; ich könne jetzt schon etwas gelernt haben u. dgl. Meine Mutter schrieb es mir mit dem größten Kummer und bat mich, nach Hause zu kommen, wo ich bei ihr schon leben könne, hingegen in München könne sie mich mit dem ihr Zugemessenen nicht erhalten. Solche Nachrichten haben mich sehr belustigt, denn ich bin ganz pläsierlich auf den Sand gesetzt und frei, wie der Vogel in den Lüften, oder vielmehr vogelfrei. Jetzt heißt's in die Hände gespuckt und gegeschafft ... Ich arbeite wie ein Neger in einer Zuckerplantage und das gerne. Ich wollte diese Woche vier Gegenstände ausstellen, da schlug der Teufel dazu, daß der Verein für dieses Jahr geschlossen und erst nach der Verlosung (am 14.) wieder geöffnet wird. Doch bitte ich Dich, meinen Bankerott juhee! noch niemanden zu erzählen, wenigstens keinem in München Lebenden, denn ich möchte den Übergang in meine Selbständigkeit ganz unbemerkt machen, wegen der Charaktergröße, welche gewisse Leute in solchen Fällen besitzen.

6. Februar 1841

Im Kunstverein geht's pompös zu die Zeit her. Lauter vortreffliche Sachen ... Diese Woche war besonders glänzend. Eine Judith von Riedel in Rom [August Riedel, 1799–1883] war da, vom König angekauft. Ich habe noch nichts so schön Gemaltes gesehen; es ist vollkommen in jeder Beziehung. Die Wirkung der Beleuchtung wahrhaft magisch. Die Stoffe aufs herrlichste gezeichnet und behandelt. Es ist eine Figur in Lebensgröße, Kniestück, wie sie aufs Schwert gestützt dasteht, vom Kopf des Holofernes sieht man nur die Haare, was nach meiner Ansicht sehr gut ist. Leemann hat sie auch gesehen, ich wiederhole nur sein Urteil in dem Gesagten. Ich bearbeite Leemann tüchtig und habe es dazu gebracht, daß er wieder in den Kunstverein gehen wird. Ueberhaupt habe ich eingesehen, daß er eigentlich nur in Kleinigkeiten und Nebensachen, wie Pumperei u. dgl., charakterlos ist, daß schon viele tüchtige Künstler jahrelang in Untätigkeit und Liederlichkeit versunken waren, und plötzlich wieder aufwachten ... Doch auf den Kunstverein zurückzukommen, so sind dort diese Woche auch eine ganze Menge Aquarellen von englischen Künstlern ausgestellt gewesen; große und kleine, herrliche Partien aus Schottland und England, so ganz à la Walter Scott ... Die hiesigen Aquarellisten glotzten sie mit großen Augen an und wußten gar nicht, wie sie gemacht waren.

Vor zwei Wochen habe ich zum erstenmal zwei Aquarellen ausgestellt; doch wurden sie nicht gekauft, weil noch kein Schiedsgericht gewählt ist. Indessen soll ein Herr um meine Adresse gefragt haben; das Luder ist aber nicht gekommen. Du wirst wissen wollen, was man dazu gesagt hat? Ich weiß nicht! Wer mit mir davon sprach, schmeichelte mir sehr, aber auf das kann man nicht gehen. Einige haben mir gesagt, sie hätten's auch von andern rühmen hören. Als ich im Verein war, hörte ich die zerstreuten Worte fallen: Keck gemacht, artig komponiert und dergleichen mehr. Auf jeden Fall sind die Sachen zu unbedeutend, als daß sie einer eigentlichen Kritik würdig wären. Sobald das Schiedsgericht gewählt ist, stelle ich wieder zwei Aquarellen aus nebst einem kleinen Ölbilde. Das große Bild, von dem ich Dir geschrieben habe, wird noch einige Zeit aufgeschoben, vielleicht bis künftigen Winter, weil ich alsdann tüchtige Baumstudien dazu haben werde. Für jetzt mache ich einige andere angefangene Sachen fertig; sowie einige Partien aus unsrer Heimat. Ich wohne nun im Milchgarten bei ganz honetten Leuten. Ich habe ein hübsches Zimmer mit Nordlicht und schöner Aussicht, eine dicke Magd und einen artigen Hausbesen, alles für fünf Gulden monatlich ...

Nicht nur sprachlichen, auch bildkünstlerischen Ausdruck findet das Abenteuer einer verlorenen Tabakspfeife, das Keller zu tröstlicher Obsorge für den Freund animiert:

... Dein Unglück mit den Pfeifen betreffend, drücke ich Dir hiemit mein allertiefstes und aufrichtiges Beileid und meine stille Teilnahme aus, und verzweifle in größten Schmerzen, daß ich die neue Rauke [Pfeife] nicht zugleich mitschicken kann. Damit Du Dich aber vor denen, bei welchen Du etwa mit derselben renommiert hast, rechtfertigen kannst, so stelle ich Dir beiliegend ein Beglaubigungsschreiben zu, welches Du jedem, der Dir nicht glauben will, vorlegst. Du nimmst es immer mit Dir, und wenn Du im Wirtshause von Deiner Pfeife sprichst, und jemand Zweifel hegt, so ziehst Du es frisch aus der Tasche und weisest es allen Gästen vor, zur Beschämung des unverschämten Zweiflers.

– Nicht wahr, ich sorge väterlich für Dich? – Bis Du aber die Pfeife erhältst, kannst Du Dir einige kölnische Pfeifen anschaffen, auch zweifle ich nicht, daß Du geschmackvolle Bestecke sowie feine Köpfe bei jedem Drechsler in Rafz, Eglisau oder Bülach finden wirst.

Sonst sind die langen Briefe an den in der Heimat weilenden Hegi angefüllt mit Kneip- und Kommershistörchen; mit Berichten über die »Schweizergesellschaft«, die sich nun »solider konstituiert« hat und einen Präses und Chargierte, ein Ehrengericht und eine Wochenzeitung besitzt; mit allem handfesten Tratsch der Musenstadt: feindliche und freundliche Cliquen, Studenten, Künstler, Offiziere, Mädchen-, Ehren- und Geldhändel. Mehr mit seinem Temperament als mit seinem Geldbeutel hat Gottfried Keller an dem vergnüglichen Trubel teilgenommen, über den er berichtet, und trotz einem wohlorganisierten Pumpwesen schlug die Stunde, wo er wieder bei der Mutter vor Anker gehen mußte.

Gottfried Keller an die Mutter

München, 4. April 1841

Wider Erwarten muß ich noch einmal zu Deinem Schreibtische meine Zuflucht nehmen und Dich ersuchen, mir unverzüglich nach Empfang dieses Briefes, oder wenigstens gleich an der Ostern, 30 Gulden zu überschicken, welches Dir vermöge der eingehenden Zinse schon möglich sein wird; bis Maien, wo Du das Geld wieder brauchst, wird ein Zürcher, namens Werdtmüller, nach Hause kommen, und diesem werde ich dann das Geld wieder mitgeben. Du wirst Dich wundern, zu was ich dasselbe so notwendig brauche, und es diene Dir desnahen zur Nachricht, daß ich es einem Vergolder schuldig bin, welcher gestorben ist und dessen Rechnungen nun alle unverzüglich abgeschlossen werden müssen, was mich ein wenig ins Pech setzt; denn mit den Gerichten usw. läßt sich's hier nicht spaßen. Indessen hätte ich Dir gar nicht darum geschrieben, wenn nicht eben fast alle meine Bekannten ebenfalls auf dem Hund wären. Doch macht's weiter nichts; bis Ende April habe ich wieder eine Arbeit fertig, und dann schicke ich die 30 Gulden sogleich zurück, weil ich wohl weiß, daß Du sie nicht entbehren kannst. Sonst lebe ich ganz gemächlich hier, esse, trinke und arbeite. Bisweilen unternimmt man auch einen kleinen Ausflug. So waren wir letzthin unser vierzehn mit dem Dampfwagen nach Augsburg gefahren und zwei Tage alldort verblieben; es gefiel mir sehr gut dort ... Ich habe letzthin so ungefähr berechnet, wie lange ich schon hier bin, und zu meinem Erstaunen gefunden, daß es nun bald ein Jahr ist, welches mir vorüberging wie ein Traum.

Nächstens werde ich einen größeren Brief schreiben und bitte Dich nur noch, niemanden nichts von meinem Anleihen was zu sagen; am allerwenigsten dem Herr Onkel, denn da ich es nur *borge* von Dir, so hat auch niemand seinen Senf dazu zu geben.

Die Mutter an Gottfried

Zürich, 11. April 1841 (Ostertag)

Ich dachte wohl, der alte gute Schreibtisch werde noch zu spenden haben. Einzig Dir zu gut, daß er sich schon eine lange Reihe von Jahren angewöhnte, zu hausen (oder wie Du es früher »knicken« genannt), daß er nie keine unnützen Spenden ausstreute und stets die weise Einrichtung suchte, um Not und Armut zu verhüten und immer so viel als möglich von andern unabhängig zu bleiben. Gott sei Dank! Bis dahin hat er sich ehrlich und redlich ausgebracht; obgleich oftmals er von Kummer und Not gedrückt auf dem Grunde lag, so kam doch immer wieder eine Zeit, wo er gestärkt wurde. Aber von Jahr zu Jahr wird er älter, und die Zeiten ändern sich. Wie es ihm dann geht, wenn er sich nichts vorgespart hat, dies ist Gott bekannt.

Um das stets aktuelle Thema der Geldnot geht es, natürlich humoristischerweise, auch in den meisten Beiträgen Kellers für das »Wochenblatt der Schweizergesellschaft«, dessen Redakteur er inzwischen geworden war. Doch als ob ihm in der Rolle des Kneipredners doch nicht ganz wohl wäre, kann der Einundzwanzigjährige plötzlich mit erstaunlichem Ernst den politischen Bußredner machen. Ein Artikel »Vermischte Gedanken über die Schweiz«, März 1841, hat schon ganz die kernige Kraft seiner späteren politischen Sprache (»Unsere Radikalen sind oft so schroff, so verblendet, so intolerant, als nur ein eingefleischter Aristokrat es sein kann. Die Freiheitsliebe ist nicht gar selten in eine gedankenlose Schreierei ausgeartet ...«).

Drückender wird die äußere Lage, hetzender die innere Unrast, eine gewaltsame Aufgeräumtheit schlägt in verzweifel-

ten Ernst um: die Briefbekenntnisse dieser Zeit kündigen eine Krise an.

Gottfried Keller an Johann Salomon Hegi

München, 10. April 1841

... Schon habe ich dreimal was ausgestellt, Komplimente darüber eingesammelt, aber noch nie eine von jenen vermaledeiten Ankaufsnummern an meinen Bildchen entdeckt. Dabei kann meine liebe Alte mir nichts mehr schicken, ohne äußerste Einschränkung, und um ihr allen Kummer zu ersparen, schreibe ich ganz fidel nach Hause, als ob ich in größten Floribus lebte, indes ich ganz gemütlich auf dem räudigsten und schäbigsten Hunde reite, den es jemals gegeben hat ... Das einzige, was mir Angst macht, ist die Furcht, ein gemeines, untätiges und verdorbenes Subjekt zu werden, und ich muß mich ungeheuer anstrengen, bei dem immerwährenden Peche dies zu verhüten; und nur durch gute Lektüre habe ich mich bisher noch solid erhalten. Doch genug davon. Diese Materie muß Dich nur anwidern, und daher versichere ich Dich, daß ich alles dessen ungeachtet alles mögliche mitmache und mit einer Art fidelen Unsinns jede Gelegenheit beim Schopf fasse, mich lustig zu machen, möge dieser Unsinn nur nicht in einen permanenten Zopf oder was gleich viel ist, in eine Art harmlosen Wahnsinn ausarten ... Schreibe mir bald, denn Briefe sind mir gegenwärtig ein großer Trost. Äußere mir auch unverhohlen Deine Ansichten, ohne Scheu, über meine Lage, denn ich versichere Dich, daß ich nicht einen Pfifferling mehr um die Kunst gebe, und es mir nicht die geringste Überwindung kostet, nach Haus zu gehen und Grämpler [Trödler] zu werden, wenn irgend jemand Verständiger es mir anratet, und damit lebe wohl. Dein lustiger Keller

Aus der Antwort Hegis

... Allem Anschein nach lebst Du so fort ohne Plan; denn Deine Hoffnung von einem Bild zum andern wirst Du nicht Plan nennen wollen, und lässest, wie man sagt, gute Vögeli sorgen, lebst unterdessen, fast glaube ich aus Unmut und Zerstreuung suchend, lustig fort, immer von der Zukunft die Lösung des Knotens erwartend. Wie aber, wenn die Lösung nicht käme? Oder wenigstens länger ausbliebe, als Du es aushalten kannst?

Denn daß sie nie kommt, glaube ich gar nicht ... Auf jeden Fall bitte ich Dich, gib der Kunst nicht Abschied, ehe Du alles Mögliche getan hast! Wenn ich mir denken müßte, Du stündest von Deinem Vorhaben, Künstler zu werden, ab, es täte mir in der Seele weh; denn ich freute mich Deiner, seitdem ich Deine Studien gesehen habe, und hoffte keinen ordinären Landschafter an Dir zu erleben ...

Gottfried Keller an Johann Salomon Hegi

München, 23. April 1841

Dein letzter Brief ist eine treffliche Bewährung Deines Cerevisnamens »Morgenstunde«, denn er strotzt von Gold ... Das erste und eiligste, was ich zu bemerken habe, ist, daß ich bezopft war, als ich mein Geschreibsel absendete, und daher, obgleich die Hauptsache sich gleichbleibt, doch das Ganze zu extrem erschien im nüchternen Zustande. Ich habe seither die Sache besser überdacht und gefunden, daß ich wenigstens diesen Augenblick noch keine Ursache habe, alle Hoffnung aufzugeben ... Die Hauptsache aber ist die: Ich habe bisher freilich immer etwas gearbeitet, aber nicht anhaltend und nicht mit dem rechten Ernst; immer angefangen und nichts vollendet; kurz, ich habe wirklich das Meinige nicht genügend getan. Daher will ich die stärksten Ausdrücke meines letzten Briefes noch revozieren, bis dieses geschehen ist, und erst dann schimpfen, wenn ich ohne Erfolg einige Monate lang fleißig gearbeitet habe. Ich male jetzt von morgens sieben Uhr bis abends sieben Uhr mit wenig Unterbrechung und mit großem Genuß. Ich habe gefunden, daß der Hund [Geldmangel] und alle Entbehrungen weit erträglicher, ja gar nicht zu beachten sind, wenn man nur arbeitet. Vor meiner Staffelei vergesse ich alles, und wenn ich abends wieder ein gutes Stück meiner Leinwand beschmiert habe, so mache ich mit meiner Gitarre einen so tollen Lärm, als ob ich zehn Kapaunen zu Mittag gespeist hätte anstatt der Hundemahlzeit. Wenn nur der Teufel des Müßiggangs nicht wieder in mich fährt; aber ich will ihm schon das Loch vermachen; ich lasse ums Verrecken nicht nach; jeden Abend wenn ich ins Bett gehe, schwöre ich heimlich bei meiner Ehre, morgen früh aufzustehen und zu schanzen, das muß natürlich gehalten werden, und sitze ich dann nur einmal an der Arbeit, so harre ich schon aus. Daß man alle zwei Stund etwa die Nase in ein Buch steckt, kann nach meiner Meinung durchaus nichts schaden, eher nützen, indem man das Bild wieder weit besser übersieht, wenn es eine halbe Stunde aus dem Gesichte war ...

Erkundige Dich doch, ob dieses Jahr eine Ausstellung in Zürich sein werde, und ist dies der Fall, so sieh doch zu, ob Du mir die Bedingungen, Zeit und alles nicht erfahren kannst. Wenn Du von einer andern schweizerischen Ausstellung hörst, aus welcher mir etwa ein kleines Heil erblühen könnte, so schreib es ...

Rückblickend schreibt Keller sechs Jahre später:

Dazu kam, daß ich durch die Stoffe der vielen Kunstwerke, die ich in München sah, auf die poetische Literatur geführt wurde. Das Nibelungenlied war mir neu und imponierte mir, Romantisches und Klassisches drang in verworrenen Massen auf mich ein, das persönliche Leben und der Umgang mit deutschen Künstlern, Künstlerfeste u. dgl. weckten und unterhielten Stimmungen und Anschauungen in mir, die ich vorher oft geahnt und nun in schönster Genüge hatte, aus denen ich aber mit zu klarem Bewußtsein herauszukommen strebte, und, unwillkürlich auf eine geordnetere und anhaltende Lektüre geraten, trieb ich meiner Kunst und meinen Verhältnissen ziemlich fremde Studien zu einer Zeit, wo ich mich doppelt hätte zusammennehmen müssen, um die Not, welche vor der Türe stand, abzuhalten. Diese brach wirklich herein und machte mein Leben auch in dieser Beziehung ziemlich pikant und poetisch. Zuletzt schlug die Sache aber allzu sehr in Prosa über ...

Die Mutter an Gottfried Keller

Zürich, 26. April 1841

Mit dem heutigen Tag ist es nun ein Jahr, daß Du von Hause bist. Ich denke, wie schwer und sorgenvoll mir jener Tag war, und wie viele Seufzer und Gebete ich seither zu Gott getan für Dein Auskommen und Dein Glück.

Aus einem Schreibbuch 1841

Ich treibe wie ein Schiff auf wilder Flut,
Das, günstgen Wind entbehrend, nicht dem Strome
Zu widerstehn vermag. So bin ich täglich

Entschlossen, meinen Lastern zu entsagen:
Gewohnheit, Umständ' und Versuchung schleudern
Mich wiederum ins Meer. – O Himmelshauch!
Mögst du des schwachen Schiffes Segel schwellen,
Das ohne dich den Hafen nie erreicht!

Aus einer damals entstandenen Ballade

Hin geht die Zeit,
Her kommt der Tod:
So groß ist keine Erdennot,
Sie muß sich endlich wenden.

Von dem Brief, in welchem Gottfried Keller sich der Mutter noch einmal rückhaltlos eröffnete, hat er später den Anfang weggeschnitten, der eine Rüge an die Adresse der Schwester enthielt. Die gravitätische Moralmiene, die der Münchener Kunststudent aufsteckt, scheint durch einen mütterlichen Wink veranlaßt zu sein.

Gottfried Keller an die Mutter

München, 13. August 1841

– – so muß man heutzutage einem ehrbaren Mädchen immer mehr Zurückgezogenheit und Einfachheit wünschen, je weniger solche es noch gibt. Du hast daher gewiß auch alles Recht, Dein mütterliches Ansehen in dieser Hinsicht zu gebrauchen und scharf darauf zu sehen, mit wem Regula geht und wohin. Daß sie nicht in eine Mäusefalle gesteckt werden darf, versteht sich von selbst, allein das häufige Umherspazieren und Ausgehen, die Promenaden beim Mondschein usw. sind sehr verwerflich für ein bürgerliches Mädchen; und ich muß nur wiederholen, daß ich hier schon oft selbst gesehen habe, wie sich rechtliche Eltern täuschten, welche glaubten, eine brave Tochter zu besitzen, während diese sich unterdessen nicht auf die schönste Art aufführte, wenn sie unter ihren saubern Gespielen – – –

Nun komme ich zum zweiten Abschnitt, welcher von mir handeln soll, und wozu Du wahrscheinlich das Maul ein wenig verziehen wirst. Du fragst mich, wie es mir ergehe? Würde ich persönlich vor Dir stehen, so würde ich die Achseln zucken und ein weinerliches Gesicht schneiden; so aber kann ich Dir nur melden, daß es nicht so geht, wie ich es geglaubt habe, und daß ich mich darin getäuscht habe, daß ich glaubte, ich könne schon genug, um mich durchzubringen, d. h. als Künstler. Nun aber mußte ich zu meiner Demütigung erfahren, daß mir noch gar manches abgeht; und daß ich durchaus noch kein rechter Künstler bin. Ich weiß freilich alle Hauptsachen und habe auch Ideen und Auffassungskraft, habe hier vieles gelernt, aber es fehlt mir immer noch an Übung und derjenigen Vollkommenheit, die notwendig ist, um ein gutes Bild, das von Kennern gekauft wird, zu malen. Denn die großen Herren wollen nicht nur Bilder haben, die viel Talent verraten, sondern auch wohlstudierte Bilder . . .

Wie ich jetzt bin, so muß ich mir halt eben immer so knapp durchhelfen, manchmal habe ich etwas, manchmal nichts und muß mich oft mit meinen Kameraden behelfen. Indessen geht die Zeit dahin, bei dem, was ich machen muß, lerne ich nichts. Die Kleider sind auch wieder kapores, und ich muß mir wieder Rock und Hosen machen lassen; denn so schäbig an der Sonne herumzusteigen, ist mir einmal nicht möglich. Und denn vollends die Aussichten! Auf diese Art muß ich immer am gleichen Fleck kleben und sehe nicht ein, wie ich mich ohne ein besonderes Glück höher schwingen kann. Auch ist mir diese Lage ganz unerträglich. Denn immer nur mit Wenigem hausen müssen, jeden Kreuzer zusammenstecken, damit man am Ende des Monats den Zins geben kann, ist mir durchaus nicht gegeben; es sollte zwar nicht sein, ich weiß es wohl, aber es ist mir einmal pur unmöglich, so ängstlich leben zu müssen. Wenn ich etwas Bestimmtes und Ordentliches zu verbrauchen habe, so kann ich mich recht gut einteilen, aber unter solchen Lumpenumständen kommt man zu nichts . . . Indessen habe ich einen Ausweg erdacht, den ich Dir zu reiflicher Erwägung vorlege. Vor allem muß ich Dich bitten, nicht etwa zu glauben, ich mache mit dem alten Leichtsinn noch leere Pläne und Entwürfe; denn ich habe in den fünf Vierteljahren, die ich nun hier bin, so allerlei an mir und andern erfahren, daß ich anfange, das Wahre vom Falschen zu unterscheiden. Wenn ich also nur noch ein Jahr sorgenlos wäre und alles Mögliche anwenden könnte, mir das anzueigenen, was mir noch fehlt, so könnte ich getrost der Zukunft entgegensehen. Nun wage ich ganz bescheidentlich an meine Mutter noch die Frage, ob sie sich entschließen könnte, zu diesem Zwecke eine Summe aufzunehmen . . .

Wenn Du etwa 500 Gulden auf das Haus aufnähmest, so

würde dies Euch gegenwärtig durchaus nicht in Eurer Haushaltung beschränken; die 20 Gulden Zins alljährlich könnte ich auf jeden Fall selbst zahlen; dadurch könnte ich dann so gut mich ausbilden, daß ich nachher gleich auf einen schönen Verdienst Anspruch machen, und in vier bis fünf Jahren wollte ich diese ganze Schuld abzahlen; denn ich kenne hier Künstler von fünfundzwanzig Jahren, die sich jährlich schon ein Schönes ersparen und doch bequem leben. Du wirst hierbei lächeln, allein ich kann für jetzt nichts tun, als Dich versichern, daß dem so sei. Die Summe würde mir natürlich durch eine Schrift dergestalt enthoben, daß Regula an ihrem Anteil, weil man nun doch einmal davon sprechen muß, so viel voraus hätte.

Du wirst sagen, daß ich jetzt schon lang genug gelernt hätte, um etwas zu verdienen, und daß ein solcher Schritt sehr leichtsinnig sein würde und der Ökonomie einer guten Familie ganz zuwider. Nun weißt Du, daß ich die Zeit in Zürich sehr schlecht anwenden konnte, indem es mir an aller Aufmunterung und Bekanntschaft mit bessern Künstlern fehlte. Mein erster Lehrer konnte selbst nichts, und der zweite prellte mich, dazwischen tappte ich wieder einige Jahre im Dunkeln herum. Sodann muß ich Dir nur sagen, daß man gewöhnlich meinen Beruf und Stand viel zu oberflächlich beurteilt und glaubt, er lasse sich so zunftmäßig in einigen Jahren erlernen; es gibt hier viele Künstler, die schon älter als ich und noch nicht selbständig sind, obgleich sie alles Talent haben. Das letzte, nämlich das Leichtsinnige eines solchen Schrittes betreffend, glaube ich, daß man sich heutzutage nur noch durch Opfer und Anstrengungen eine bequeme Existenz verschaffen kann, und daß es hierüber freilich sehr verschiedene Meinungen geben dürfte. Schließlich nun erkläre ich, daß ich alles dieses nur zur Erwägung und Beratung an Dein mütterliches Herz lege, daß ich durchaus verlange, daß Du Dich darüber beraten lassest, um alles nach freiem Willen zu tun. Zu diesem Ende hin weise ich Dich an den Herrn Vogel im »Berg« [Historienmaler Ludwig Vogel, wohnhaft im Zürcher Hause zum »Berg«]. Er kennt mich zwar nicht genauer, wird aber in diesem entscheidenden Fall einem jungen Künstler, der im Pech sitzt, seinen Rat gewiß nicht versagen. Berate Dich ferner mit Herrn Onkel darüber; er wird zwar wahrscheinlich dagegen sein, allein rechne die Meinungen beider Männer zusammen, und laß Dein Herz die Mittelstraße wählen.

Ferner will ich nichts, bis ich durch einige Arbeiten Euch die Wahl erleichtern kann. Daher habe ich schon eine große Komposition in Ölfarben skizziert und werde noch eine machen; in vier bis fünf Wochen werde ich beide auf Zürich schicken, und wenn es möglich, ausstellen lassen; nach diesen könnt Ihr dann beurteilen, ob ich noch einen weitern Schritt wert bin oder nicht. Herrn Vogel werde ich selbst schreiben und ihn ersuchen, die Sachen zu sehen, um Dir hierüber seine Meinung zu sagen. Um aber bis zur Beendigung des zweiten Bildes noch leben und die Ausgaben dazu bestreiten zu können, bedürfte ich ungefähr vier Louisdor. Ich will nicht fragen, ob Du diese bis zur Beendigung der Angelegenheit sogleich schicken kannst; wenn es jedoch möglich wäre, so würde dies das Ende meiner schlechten Lage sehr beschleunigen. Wo nicht, so muß ich in Gottes Namen mich herauszubeißen suchen. Indessen will ich nicht, daß Du Dich von etwas entblößest, denn es schickt sich dem Sohn besser, zu entbehren, als der Mutter . . .

Die Mutter an Gottfried Keller

Zürich, 26. August 1841

Lieber Sohn. Dein Schreiben vom 13. dieses habe ich den 20., als wir eben von Glattfelden bei Hause wieder ankamen, empfangen. Wir verweilten uns bereits drei Wochen dort, indem das einigermaßen sorgenlose Leben mir gut behagte und überhaupt frei Luft, Speis und Trank mir zur Erholung diente. Als mir Herr Dietrich [Spezereihändler im mütterlichen Hause], welcher Dein Brieflein aufbehalten, denselben übergab, freute ich mich sehr, Nachricht von Dir zu erhalten. Aber bei Durchlesung wurde die Freude mir zur Trauer. Was mir immer Tag und Nacht Kummer und Sorgen machte, das ist nun da!

Ich konnte Deine Lage nicht länger bei mir selbst tragen als Samstag und Sonntag. Letzten Montag ging ich zu Herrn Vogel, den Du mir angewiesen. Ich schilderte ihm Deine Lage und sagte ihm alles. Er fragte, bei wem Du hier gelernt? Ich sagte: bei Steiger und – auf welche Weise – bei Meyer. »Ach ersterer, sagte er, war ja gar nichts! Ich kann nicht begreifen, wie so viel junge Leute, die etwa Talente zum Zeichnen haben, sogleich die Idee fassen, Künstler zu werden, und dann unvorbereitet auf die Akademie ziehen, wo es so viel Geld kostet. Ja, da braucht es ein großes ausgezeichnetes Genie zu haben, welches nur eine Seltenheit ist. Ein solches Genie braucht dann noch eine Reihe von Jahren, bis er sagen kann: ich bin Künstler. Es gibt freilich auch genug mittelmäßige Künstler, die aber heutzutage immer nach Brot gehen und sich mühselig und schwer durchbringen müssen. Sollte Ihr Sohn einer von letztern sein (ich kenne ihn zwar nicht), so möchte ich ihm gutmeinend raten, etwas anders anzufangen, weil er noch jung ist. Wenn er gut zeichnen kann, so ist dieses ja zu vielen Fächern nützlich und gut.« Ferner sagte er mir: »Ich bin sechs Jahre auf einer Akademie gewesen und konnte noch wenig oder nichts. Ja, ich weiß, was ich meine Eltern gekostet habe, und dennoch habe ich mich eingeschränkt, bin nirgends in Gesellschaft, in keine Wirtshäuser und immer in einem alten abgeschabenen Rock umhergegangen« u.s.w. Ich sagte ihm endlich, daß Du geschrieben, Du wolltest zwei Bilder herschicken und ihn ersuchen, seine Meinung mir darüber zu sagen und wo möglich die Bilder ausstellen zu lassen. »Ja, sie müssen recht schön und gut gemacht sein, sagte er, wenn sie ausgestellt werden! Dann schreiben Sie nur Ihrem Sohn (wenn Sie ihm schreiben), er soll nicht an mich schreiben, denn das Schreiben ist mir schrecklich verhaßt. Ich lasse mich nie in gar keine Korrespondenzen ein; ich muß so zu sagen recht in der Not sein, bis ich mich zum Schreiben hinsetze. Wenn ich die Sache sehe, so will ich Ihnen meine Meinung darüber sagen. Übrigens könnten Sie auch noch zu andern Künstlern gehen, welche dieses Fach noch besser kennen, z. B. Hr. Meyer im Meyershof, oder Hr. Ulrich. Kennen Sie diese nicht?« Nein, sagte ich, ich kenne keinen von beiden. Ich empfehlte mich nun bei ihm und ging. So freundschaftlich und geschwätzig er mir vorgekommen, so schien es mir doch, als wollte er sich gerne ablehnen. Noch etwas sagte er mir, ob Du inzwischen nichts verdienen könnest, etwa kolorieren. Nein, sagte ich, diese Arbeit sei Dir verhaßt ... »Daß Ihr Sohn nicht gern koloriert, dünkt mich kurios. Es soll sich keiner schämen zu arbeiten, sei es, was es wolle. Ich kenne einige große Künstler, welche keine Mittel von Hause hatten, welche solche Arbeit taten, nur um sich momentan Geld zu verdienen. Einer ging sogar auf der Akademie in eine nahe gelegene Fabrik und malte auf Tabakdosen, Teebretter« u.s.w. Ich ging endlich fort und zwar mit schwerem Herzen ...

Du hast nun in kurzer Zeit vieles erfahren, hast auch einen Vorgeschmack von Not und Mangel; allein es könnte mit der

Zeit noch schlimmer kommen. Nicht, daß ich dich von Deiner Kunst abhalten will, aber meine mütterliche Meinung darf und muß ich Dir doch sagen ... Frau Dekan [Schinz] glaubt indessen auch nicht, daß Du ein ausgezeichneter Künstler geben könnest, sondern auch nur mittelmäßig ... Was hast Du doch von einem Leben, wenn Du mit Not und vielen Schwierigkeiten Dich durch die weite Welt schleppen mußt, um höchstens Dir nach dem Tode ein bißchen Lob und Ruhm zu erwerben! während Du in Deiner Heimat ein bequemes Leben und Deiner Mutter Freude und Erleichterung machen könntest. Herr Vogel sagte als ein erfahrener Kenner und Künstler, daß er niemals imstande wäre, seine Familie von seiner Kunst zu ernähren, obgleich man überall sagt, daß die Leute sehr einfach und häuslich leben. Bedenke daher Deine Zukunft! Gott leite Dein Schicksal zu Deinem und meinem Glücke!

Gottfried Keller an die Mutter

München, 9. September 1841

Ich melde Dir hiermit den Empfang des Geldes [die zunächst erbetenen vier Louisdor] sowohl, als Deines werten Briefes, und muß Dir gestehen, daß ich das Paket nur mit Angst eröffnete, weil ich wußte, daß nur durch liebevolle Aufopferung und Entbehrung von Deiner Seite die Sendung dieses Geldes möglich geworden war. Desto unerwarteter und befremdender mußten mich Deine Berichte von Herr Vogel und Frau Schinz berühren, und wirklich sind solche Aussprüche von Leuten, die sonst mehr Kenntnis besitzen, hart zu verdauen. Daß Herr Vogel ungern in die Sache einging und sie sogar ablehnte, mag daher kommen, daß Du zu ihm gegangen bist, bevor er etwas von mir gesehen hat. Er urteilte halt nur nach Steiger usw. und vermutet wahrscheinlich in mir einen der gewöhnlichen Koloristenlehrjungen, welche derselbe sonst zu halten pflegt ... Die Gründe und Ansichten Herrn Vogels, das schwere Auskommen, die nötigen Talente usw. betreffend, sind mir ebenso oft schon von Anfang an von allen Leuten vorgeleiert worden und werden jedem jungen Menschen gesagt, daß es eigentlich gar keine Künstler mehr gäbe, wenn jeder darauf horchen wollte. Es ist nur die Frage, welche auch Du mir stellst, und welche ich eben deswegen jetzt frisch wieder reiflich überdenke, ob ich wirklich zum Maler geschaffen sei und die nötigen Talente habe, oder nicht. Hier muß ich nun bemerken, daß mir von allen Leuten, Kennern und Nichtkennern, weder in Zürich noch hier gesagt worden ist, ich tauge nichts dazu; Frau Dekan Schinz selbst hat mich nur immer aufgemuntert und gelobt, wenn ich zu ihr kam, und worauf sie nun ihren jetzigen Ausspruch gründet, ist mir nicht recht klar. Wenn man in Zürich nun sagt, ich werde nichts, so kann ich wiederum die Stimme meiner jetzigen Umgebung, die eben nicht aus Mistfinken besteht, auch nicht verachten, und welche mich nur aufmuntert ... Daß Herr Vogel sagt, er könnte mit seinem Verdienst seine Familie nicht ernähren, benimmt mir eben das Zutrauen an seine anderen Aussagen; denn wenn er wollte, so könnte er sechs Familien, wie seine, ernähren. Daß er sich nicht nach andern Leuten zu richten braucht und seine Gemälde selbst zu behalten vermag, ist kein Grund zu seinen Ansichten.

Dem sei nun, wie es will, ich werd' in den nächsten Wochen zwei entworfene und leicht gemalte Landschaften heimschicken und dem Ausspruche unterwerfen ... Indessen würde ich mich, selbst in dem Falle, daß man mir Talent nicht abspräche, nicht besinnen, etwas anderes zu ergreifen, wenn sich Gelegenheit zu einer schicklichen Stelle finden würde. Daß ich kein eigentliches Handwerk mehr erlernen könnte, oder etwa in einer Handlung als Postbub' einstehen würde, wirst Du selbst begreifen; und es möchte daher schwer sein, irgend einen ordentlichen Platz zu kriegen, wo ich nicht zu lang umsonst schaffen müßte. Hätte ich Vermögen oder Unterstützung, so würde ich vielleicht nicht ungern die Rechte studieren, aber so wird es am besten sein, ich bleibe bei meinem Leisten, und werde in diesem Entschluß durch das Beispiel von tausend andern bestärkt, die nur durch Not und Erfahrungen aller Art auf einen grünen Zweig gekommen sind. Diese Beispiele sind etwa nicht aus alten Zeiten und Geschichten, sondern sie bewähren sich noch täglich ...

Der Frau Dekan Schinz wirst Du schon das Nötige für mich sagen zur Danksagung [sie hatte der mütterlichen Geldsendung zwanzig Franken beigefügt]; es ist mir nicht sehr lieb, etwas von Leuten annehmen zu müssen, welche doch glauben, es sei schlecht angewendet ... Im ganzen kann ich mich schon einteilen und vorsehen, allein zum Schinden und schmutzig Umhergehen, wie es manchmal junge Leute tun, welche mit niemanden keinen Umgang pflegen und deswegen nichts lernen, kann ich einmal nicht. Herr Vogel mag wohl sechs Jahre lang in einem abgeschabten Rock umhergegangen sein. Es war wahrscheinlich unter den damaligen Künstlern so Mode; hier geht es einmal nicht; denn München ist noch ziemlich kleinstädtisch, wo man auf dergleichen Sachen so gut sieht, wie in Zürich.

Was Regula betrifft, so laß ich sie freundlich grüßen und ihr sagen, daß sie meinen Brief nicht übelzunehmen braucht, denn derselbe war nur gut gemeint; ich werde übrigens ihren Verdruß vergüten, wenn ich einmal besser stehe, unterdessen bitte ich sie aber, meine geistlichen Ermahnungen doch ein wenig zu beherzigen ...

19. September 1841

Da ich nun die zwei Bilder, welches in Öl gemalte Skizzen sind, fertig habe, so berichte ich Dir hiemit dieses, bin aber genötiget, Dir noch einiges vorzustellen, eh' ich sie wegschicke. Das Resultat oder die Meinung Herrn Vogels oder Ulrich(s) in Zürich weiß ich schon; denn sie werden eben nicht viel anders sagen können, als die Künstler in München; es gefalle ihnen usf. Daß sie Dir raten würden zu dem bestimmten Entschlusse, nachdem sie die Sachen gesehen, ist mir ziemlich gewiß.

Nun sind aber die Bilder etwa sechs Fuß lang und fünf Fuß breit. Das Material dazu ist mich schon auf 6 Gulden gekommen. Ich muß noch eine Kiste machen lassen, welche auch auf einige Gulden kommt, und die Fracht wird 8 bis 10 Gulden kosten. Nun habe ich gedacht, ich wolle Dich vorher noch fragen, ob Du vielleicht so viel Vertrauen zu mir hast und Dich zu der vorgeschlagenen Unterstützung entschließen könnest, ohne daß ich die Sachen schicke, weil dadurch über 5 Taler erspart sind, und ich zugleich an Zeit gewinne, oder ob ich sie wirklich schicken soll. Mir ist es gleichgültig, sie liegen bereit. – Künftigen Sommer ist wieder Ausstellung in Zürich, und da werde ich, weil dann die Fracht mich nichts kostet, mehrere Sachen hinschicken, die mich mit Ehren vor denen herausbeißen sollen, welche glauben, es werde nichts aus mir ...

11. Oktober 1841

Deinen werten Brief vom 4. dieses habe ich durch Bleuler, den Taubstummen [Maler Felix Bleuler], richtig erhalten, und benutze nun die Abreise eines guten Freundes von mir, Dir wiederum Nachricht von mir zu geben. Es ist nämlich Herr Bendel, Maler von Schaffhausen, der für einige Zeit heimreist und Dir diesen Brief überbringen wird. Es ist einer meiner besten Freunde und hat mir schon viele Gefälligkeiten erwiesen. Ich bin ihm auch noch 3 Taler schuldig, welche ich ihm, da ich noch kein Geld erhalten, nicht geben konnte, und ersuche Dich daher, ihm auf Abzug des Geldes, das Du mir schicken wirst, dieselben auszubezahlen ...

Was das Gelingen und Ende meiner Pläne betrifft, so ist gerade der Überbringer dieses Briefes ein Trost für mich. Auch er hatte im Anfange hier, als er herkam, keine Hülfe von Hause und mit tausend Schwierigkeiten und Sorgen zu kämpfen, so daß er schon glaubte, die Kunst aufzugeben, und jetzt steht er sich doch über 1000 Gulden jährlich. Er ist schon bei acht Jahren hier. – Wenn Du ihn etwa zu einem ordentlichen Mittagessen einladen kannst, so ist es für mich eine Gefälligkeit; jedoch kommt's nur darauf an, ob es Dich nicht geniert.

Ich verreise heut mit dem Dampfwagen nach Augsburg für ein paar Tage, um im Lechtale einiges zu zeichnen und zugleich den Herrn Bendel zu begleiten ... Mein Kopf ist wieder behaart, schon lange, aber dennoch sind zwei verdächtige Winkel darauf, welche keine guten Aspekten machen. Meine Stirne wird auf jeden Fall mit der Zeit ein wenig hoch werden.

Wenn Du das Geld schickst, so wird es am besten sein, zwei Rollen Taler neben einander zu packen; man könnte auch Zürcher Banknoten schicken, aber man verliert an zweien 24 Kreuzer.

Baechtold erzählt

Der Augsburger Suite, welche im Frühjahr 1841 mit dem Dampfwagen vor sich gegangen, folgte im Oktober eine zweite, die Hegi auch mitmachte. Zweck derselben war, dem in die Schweiz reisenden Maler Hans Bendel das Ehrengeleite zu geben. Rittmeyer, Leemann, Werdmüller, der Schaffhauser Mediziner Wepfer u. a. gingen mit. Die Gesellen waren eben, im Begriff zur Heimfahrt aufzubrechen, mit der Berichtigung der Zeche beschäftigt, da bestellte Gottfried Keller einen Ehrenpunsch, dessen Kosten von den vereinigten Mitteln der Bande nicht mehr bestritten werden konnten. Hegi schrieb und telegraphierte um Geld nach München. Durch einen Irrtum gelangte es verspätet in seine Hände, und er eilte selbst in die Residenz zurück, die Freunde auf einige Tage als Pfänder dem ehrenwerten Herrn Gastgeber Johann Friedrich Mußbeck zum »Mohrenkopf« in Augsburg zurücklassend, bis sie ausgelöst werden konnten.

Gottfried Keller an die Mutter

München, 1. November 1841

Ich bin genötigt, mich noch einmal zu erkundigen, ob es Dir oder Herrn Onkel noch nicht gelungen ist, 500 Gulden zu bekommen ... Ich bin jetzt schon in Verlegenheit wegen meiner Hausleute, denn es ist eine Offizierswitwe mit kostspieligen Töchtern, welche nichts haben und doch großen Aufwand machen, und daher auf jeden Kreuzer versessen sind, welchen sie einzuziehen haben ...

Die Mutter an Gottfried

Zürich, 7. Dezember 1841

Zuerst muß ich Dir meinen Schrecken melden, den ich Deinetwegen hatte. Letzten Samstag wurde ich auf das Stadthaus berufen. Herr Stadtpolizeisekretär Wild war da und fragte mich folgendes: »Haben Sie ein Sohn?« Ja. – »Wo ist er?« In München. – »Was ist er?« Ein Maler studiert er. – »Hat er Ihnen erst geschrieben?« Ja. – »Hat er Ihnen um Geld geschrieben?« Ja. – »Schicken Sie ihm?« Ja. – »Haben Sie keine Gründe, ihm keines zu schicken?« Nein, ich weiß keine. – »Hat er noch väterliches Vermögen?« Nein. Ich bitte Sie, was bedeuten die Fragen?

Ich stand dort voll Schrecken und konnte kein Wort mehr sprechen. Er bemerkte dieses und sagte weiter: »Es ist nicht so gefährlich. Ich will Ihnen sagen: die Polizei von München hat an die hiesige geschrieben, daß er einige Schulden habe, die er pflichtmäßig anerkannt und angegeben, daß er Geld von Hause erwarte; desnahen will die Polizei dort wissen, ob es wahr ist. Denn sonst machen sie es kurz. Man nimmt ihm weg, was er hat, und schickt ihn fort zur Stadt hinaus. Drum sag' ich Ihnen, wenn Sie Gründe gegen Ihren Sohn haben von Leichtsinn und Liederlichkeit, so müssen Sie ihm kein Geld schicken. Sie können ihn der Polizei überlassen. Ich kenne Ihren Sohn. Hier hat er mit leichtsinnigen Burschen Umgang gehabt; wann er dort auch solche hat, so mag er wohl in Schulden gekommen sein! Sie können aber machen, was Sie wollen.« Mit künftiger Woche, sagte ich, werde ich Geld schicken. »Nun, so wird die hiesige Polizei berichten, daß er kein väterliches Vermögen mehr habe; hingegen werde er von seiner Mutter Unterstützung erhalten, womit er die Schulden decken könne.« Mit diesem konnte ich wieder abtreten ...

Mit nicht geringer Mühe und Umtrieb ist es mir endlich gelungen, 300 Gulden (von Frau Dekan Schinz) zu bekommen; für jetzt aber nur die Hälfte, 150 Gulden, welche Summe Du nun erhältst; die andere Hälfte kann ich erst auf Ostern haben. Von Herrn Onkel hatte weiter keine Hilfe, als auf mehreres Hin- und Herschreiben einen Bürgschaftsschein.

Gottfried Keller an die Mutter

München, 20. Dezember 1841

Die 150 Gulden habe ich richtig erhalten und danke Dir für Deine Güte und Mühe und Sorgen, die Du deswegen gehabt hast. Ich kann gut begreifen, daß Du viel Kummer haben mußt bei meiner jetzigen Lage, bin aber auch ebenso sicher, daß es mit der Zeit anders werden wird; und wenn kein Mensch sich meiner mehr annimmt, so muß ich freilich eine Zeitlang in kümmerlichen Umständen leben, werde aber über kurz oder lang desto unabhängiger sein; und ich werde allen zu danken wissen, was sie mir getan. – Was die Geschichte mit der Polizei betrifft, so kam das alles nur von meiner miserablen Hausfrau her, welche mich wegen 14 Gulden verklagt hatte. In München hat das gar nichts zu bedeuten, und ich bin deswegen durchaus nicht in Mißkredit, aber daß ein elender Polizeimann in Zürich seinen Senf dazugeben mußte, schmerzt mich nicht wenig. Daß ich in Schulden geriet, ist ganz natürlich, und es ist vor und mit mir schon so manchem tüchtigen Kerl passiert, die sich alle zuletzt wieder herausgebissen haben, daß ich mich gar nicht zu schämen brauche. Es ist ein Unterschied zwischen Schulden und Schulden, und die meinigen sind nicht die Folgen von Liederlichkeit, sondern Verdienstlosigkeit.

... Die 300 Gulden betreffend, so hätte ich jetzt das Ganze mehr nötig gehabt, als zu Ostern; denn ich muß Dir nur gestehen, daß die 150 Gulden nicht ganz hinreichten für meine Schulden; was Du vielleicht nur begreifen könntest, wenn Du an meiner Stelle wärest und für jedes Stückchen Brot Geld in der Hand haben müßtest und als Fremder für alles doppelt so viel geben müßtest, als die Einheimischen, weil er auch alles von weltfremden Leuten beziehen muß. Doch sei dem, wie ihm wolle; ich muß die ganze Sache eben dem beliebigen Urteil eines jeden überlassen, ich weiß am besten, was meine Schuld ist und was nicht, und werde, so Gott will, noch alle die naseweisen alten Lebensprediger, die trotz ihren klugen alten Tagen noch nie allein ins Leben hinausgeworfen waren und trotz ihren Erfahrungen, mit denen sie sich brüsten, noch nicht das eigentliche Unglück erfahren haben, zu beschämen wissen. – Die 300 Gulden werde ich, wenn mir Gott Gesundheit und Leben schenkt, noch vor sechs Jahren abzahlen. Schreibe mir, wenn die Zinse jährlich verfallen sind ...

Um Dir zu beweisen, daß ich meine Schulden allenfalls nicht durch Floribus und Wohlleben erworben habe, schreibe ich noch, was ich sonst nie gesagt hätte, daß ich bei alledem dennoch oft mehrere Tage nichts genossen habe, als Brot und ein Glas Bier; was mir aber im geringsten nichts macht, ich kann mich an alles gewöhnen, und es soll mir's kein Mensch ansehen.

Die Mutter an Gottfried

Zürich, 20. Januar 1842

... Wenn auch Leute mich fragen, wie es Dir gehe, so weiß ich wenig zu sagen; ich behalte meinen Kummer für mich und denke, dieses sei nun mein Los; es werde wohl in diesem Leben mir nichts Besseres mehr zu teil werden. Ich seufze und bete im Stillen zu Gott täglich, daß Du Dich in Deiner Hoffnung nicht täuschen mögest, um mit diesem neuen Jahre den Zweck zu erreichen und Dein Auskommen zu finden, weil ich Dir keine Hilfe mehr leisten kann.

Gottfried Keller an die Mutter

München, 21. März 1842

Ich habe mich bis jetzt so knapp durchgebracht, das heißt auf Borg; denn ich studierte immer für mich und habe nun bald ein Bild fertig, welches ich auf die Zürcher Ausstellung schicken werde, hoffentlich werden sie es mir abkaufen; wenn es je einer gut brauchen konnte, so war ich es. Kaufen sie es aber nicht, so kann ich es sicher in Deutschland verkaufen. Meine Aussichten sind nun heiterer geworden, in dem Maße, als ich mehr gelernt habe, und ich hoffe, bald endlich ein solides gesichertes Leben führen zu können, wenn mir Gott Gesundheit schenkt. Wenn ich nur einmal aus dem alten Pech hinaus bin, so wird das Geld auch wieder Segen bei mir haben. Ich kann nun, bei dem eifrigen Kunstleben, welches in Deutschland herrscht, meine Arbeiten so gut verkaufen, als ein andrer, wenn ich fleißig bin und mich anstrenge ...

Letzten Februar hatte ich einen Unfall. Der Kunstverein hier kauft alljährlich eine Menge Bilder an, welche dann verlost werden. Die Verlosung war am 16. Februar. Der Verein hatte noch eine Summe Geldes übrig, welche noch verwendet werden mußte, aber es waren nicht genug Gemälde zum Verkaufe da. Man lud daher mehrere Künstler ein, etwas einzusenden, und ich wurde auch gefragt, ob ich vielleicht etwas Fertiges hätte, das ich zu verkaufen wünschte; wenn ich ein kleineres Bild zu 60 bis 80 Gulden hätte, so wolle man es nehmen. Ich lief vergnügt nach Hause und sah nach, fand eine Landschaft, die ich vor mehreren Monaten schon gemalt hatte, und zeigte sie vor. Man fragte mich um den Preis; ich sagte 6 Louisdor, wurde angenommen; nur sollte ich noch eine kleine Abänderung machen. Ich pechierte wieder heim, pinselte schnell daran herum, und weil die Verlosung schon in zwei Tagen vor sich ging, so stellte ich das Bild an den Ofen, damit es schneller trockne, und verfügte mich darauf in die Kneipe, um ein Glas Bier auf den glücklichen Handel zu trinken. Ich sah das Bild nicht mehr an bis an den folgenden Morgen, und als ich es da vom Ofen wegnehmen wollte, siehe – da war meine arme Landschaft von oben bis unten angebrannt! – Fahret hin, ihr teuren sechzig Gulden! Ihr könnt Euch denken, wie ich geflucht habe; denn ich hatte nichts anderes fertig, das ich statt des verbrannten hätte verkaufen können.

Da Du mir geschrieben hast, Frau Dekan Schinz werde auf Ostern noch 150 Gulden hergeben, so rechnete ich auf dieses Geld und habe das Bild gemalt, welches ich nach Zürich schicken werde; daher habe ich natürlich in der Zeit nichts verdient, und da ich, sobald das Wetter schöner wird, notwendig aufs Land gehen muß, so muß ich Dich demütigst bitten, mir diese letzte Ladung doch gleich zu schicken, sobald Du sie erhalten kannst, und zwar ganz, denn ich möchte mich gern von allen Schulden und Scheißereien freimachen und doch ein Stück übrig behalten, um aufs Land zu gehen. Ich habe dann 600 Gulden erhalten in zwei Jahren, seit ich hier bin. Viele brauchen mehr in einem

Jahre, es gibt auch welche, die nur 250 Gulden jährlich brauchen, aber dies ist mir rein unmöglich; ich müßte meine ganze Natur umändern, und ich bilde mir ungeheuer viel ein, daß ich nur so wenig gebraucht habe; denn ich hätte noch 600 Gulden Schulden machen können, wenn ich gewollt hätte.

Doch genug davon. Ich werde Gott danken, wenn ich einmal nicht immer nur von Geld u. dgl. schreiben muß und auch andre Sachen, die Euch angenehmer und kurzweiliger sind, berichten kann ...

15. April 1842

Die 150 Gulden habe ich richtig empfangen und statte dafür meinen schuldigen Dank ab. Ich habe dabei ebenso wunderliche Gefühle gehabt, als Du beim Wegschicken des Geldes gehabt haben magst ... Ich arbeite wie besessen an meinem Bilde, welches mir mehr zu tun gibt, als ich glaubte, es wird einige Tage später in Zürich ankommen, als die Ausstellung beginnt ...

Der Maler Hegi erzählt

Am ersten Mai ziehen die verschiedenen Künstlergesellschaften in *corpore* aufs Land, das Frühlingsfest zu feiern. Es war im Jahre 1842. Gottfried und ich verabredeten mitzugehen. Wir gehörten zwar – außer dem Kunstvereine – keiner Gesellschaft an, hatten aber überall Bekannte. Mein Freund trug sein spanisches Rohr als Waffe bei sich, ich den Ziegenhainer. Außerhalb der Stadt schlossen wir uns dem Zuge an.

Ein wonniger Frühlingsmorgen brachte die Teilnehmer in die entsprechende Stimmung. Die erquickende Luft, das Knospen des jungen Laubes ließ jegliche Mühsal des Lebens vergessen. Das Ziel unserer Wanderung bildete der Wald von Großhessellohe. Über den Bäumen lag erst ein grüner Hauch, der den Sonnenstrahlen nicht verwehrte, uns kräftig warm zu halten. Auch für die leiblichen Bedürfnisse war bestens Sorge getragen. Gefüllte Bierwagen standen unter den Bäumen, und ganze Hämmel schmorten am Spieße. Wir versahen uns mit einem schäumenden Kruge und ließen uns an einem hübschen Plätzchen nieder. Man pflanzte die Stöcke hinter sich in die Erde, hängte Rock und Mütze daran, steckte die Pfeife in Brand und gab sich gemütlicher Plauderei hin. Nach genügender Erfrischung erhoben wir uns zu einem Gange durch den Wald und zum Besuche der verschiedenen malerisch gelagerten Gruppen. Aber was ist denn meinem Gottfried? Er steht da und starrt tödlich erschrocken seine auf dem Boden liegenden Kleidungsstücke an. Kein Zweifel; sein Meerrohr ist verschwunden. Er wirft sich in seinen Rock, stülpt die Mütze auf und ist plötzlich weg. Ich ihm nach, Krakeel befürchtend. Der blieb denn auch nicht aus. Denn wie ein Adler auf seine Beute schießt, stürzte er auf alle Stöcke, die einem Rohr ähnlich sahen, los, riß sie den Trägern ohne ein Wort der Entschuldigung aus den Händen und gab sie ihnen ebenso zurück. Die Erklärung resp. Besänftigung fiel überall mir zu. Glatt lief's nicht immer ab. Der eine nahm es für einen übermütigen Streich, der andere für eine Grobheit und mußte beschwichtigt werden. Jetzt schnell dem Ergrimmten wieder nach, um neuen Spektakel zu verhüten. Zwischen hinein wurde immer wieder eine Maß getrunken. So ging die wilde Jagd fort, bis alle Hoffnung, den gestohlenen Stock zu entdecken, geschwunden war. Noch eine kurze Rast, aber in gedrückter düsterer Stimmung. Die Lust zu dem saftigen Hammelbraten war durch die Aufregung längst vergangen. Zu guter Zeit ordnete sich der Zug der Künstler und setzte sich in fröhliche Bewegung nach der Stadt zurück. Wir zwei aber schlugen stumm einen Nebenweg ein, der über eine Anhöhe längs der Straße hinlief. Noch eine Weile sahen wir die flatternden Banner und hörten Gesang und Musik. Dann wurde es still. Am Abendhimmel stand ein Gewitter. Gottfried Keller setzte sich an den Rand des Weges und fing heftig zu weinen an. Ich suchte ihn lange vergeblich zu trösten und hatte schließlich Mühe, ihn zur Rückkehr nach München zu bewegen. Da ich nicht von seiner Seite wich, erhob er sich endlich und schritt mit mir durch die Nacht der Stadt zu.

Damals konnte ich mir nicht erklären, daß der Verlust des Stockes ihn so gänzlich außer Fassung gebracht hatte. Später begriff ich es. Es war nur der letzte Tropfen in den übervollen Becher des Kummers. Seine unsichere ärmliche Lage, fehlgeschlagene Künstlerhoffnungen bedrückten und bestürmten sein aufgeregtes Gemüt, und die Wellen warfen das Schiffchen nach allen Seiten.

Gottfried Keller an die Mutter

München, 10. Juni 1842

Am 11. Mai habe ich mein Bild, welches ich für die Zürcher Ausstellung bestimmt habe, der Fuhre übergeben; der Fuhrmann sagte mir, daß es in zwölf oder dreizehn Tagen nach Zürich kommen werde; ich glaubte also, das Bild sei schon längst dort, und wunderte mich, daß ich noch keine Nachricht von niemanden darüber erhielt. Heute bekommen Hegi und ich einen Brief von einem Freunde, namens Tschudi, welcher in Zürich studiert und mir schreibt, daß er mein Bild vergebens auf der Ausstellung gesucht habe, und daß es gar nicht dort sei. Ich bin daher sehr besorgt, indem nicht nur die Arbeit von zwei Monaten, sondern auch ein Rahmen, der mich 22 Gulden kostet, damit verloren ginge, wenn es zum Teufel wäre ... Sei so gut und schreibe mir doch sogleich, ob es noch nicht da ist, wenn mein Brief ankommt, und frage bei der Künstlergesellschaft nach, denn es ist auch in dieser Hinsicht ärgerlich, weil die Herren meinen könnten, ich wolle sie zum besten haben, wenn ich schreibe, daß ich etwas schicken wolle, sie es in den Katalog setzen, und dann nichts kommt. Meine Schuld ist es nicht ...

Die Mutter an Gottfried

Zürich, 11. Juni 1842

Heute habe ich Dein Brief erhalten, und damit Du nicht länger in Besorgnis sein mußt, berichte Dich sogleich, daß Dein Bild seit heute acht Tag ausgestellt ist. Statt dreizehn Tag war es achtzehn auf der Reise. Den 28. Mai ist es hier angekommen und blieb in einem Zimmer, wo die angekommenen Bilder alle ausgepackt wurden, liegen bis den 4. Juni. Alle, die Dich kennen, waren begierig, dieses Stück zu sehen, weil Dein Name im Katalog das Bild mit der Nr. 104 bezeichnet war. Allein über drei Wochen fand sich diese Nummer nirgends. Ich selbst war ärgerlich über Dich und dachte, was wohl die Herren von Dir denken werden. Endlich vernahm ich eben heute acht Tag von einem Abwart bei der Ausstellung, daß Dein Bild dort in einem Zimmer sei, erstens wegen Mangel an Platz, zweitens weil es, ganz voll Dreck und Mist, auf der Fuhre von Regen verdorben sei und nicht konnte ausgestellt werden. Das war mir ein nicht geringer Schrecken. Ich fragte diesen, ob ich das Bild nicht sehen könnte. Ja, sagte er, ich soll nur mit ihm kommen, indem er ein

Schlüssel bei sich hatte. Ich ging und sah mit Bedauern die Kotspritze und Mist auf dem Gemälde. Auf dem Heimwege ging ich zu Frau Dekan und sagte ihr dieses Mißgeschick. Sie gab mir den Rat, zu einem gewissen Herrn Bernhard im Bleikerweg zu gehen. Dieser sei auch in der Künstlergesellschaft und ein guter Sachkenner; obgleich kein Künstler, so könne er ganz verdorbene Bilder wieder in Ordnung bringen. Ich säumte nicht und ging hin; er hatte schon Kenntnis von Deinem Bilde; er habe es selbst ausgepackt, sagte er, allein bis dahin habe er noch kein Auftrag erhalten, es in Ordnung zu machen; es seien noch mehrere Sachen, welche dann mit diesem noch ausgestellt werden.

Ich bat ihn dringend, er möchte doch heute noch hingehen, weil mir viel daran gelegen sei, wenn das Bild könnte in die Verlosung genommen werden. Er versprach mir diese Gefälligkeit zu tun, allein in die Verlosung könne er mir keine Hoffnung machen. Er habe an dem Bilde viel Gutes bemerkt; aber besser wäre es, wenn's viel kleiner und etwas nach der Natur wäre; so wäre es viel verkäuflicher. Die Herren, welche in der Kommission bei der Auswahl seien, wählen nur die ausgezeichnet schönen Bilder, und überdies gehe es sehr schlecht mit den Aktien, da bis dahin bloß vier Stück in die Verlosung genommen wurden, und diese seien noch nicht bezahlt!

Ich studierte nun immer, durch welche Quelle ich Dich noch empfehlen könnte. Ich ging zu Herrn Oberkugler [Zeichenlehrer und Kupferstecher Oberkogler], welchen ich kenne, und bat ihn etwas beizutragen. Er versprach sein Möglichstes zu tun, sagte dabei aber das gleiche, daß es sehr schlecht gehe, weil eben kein Geld vorhanden sei. Das Bild habe er gesehen, es habe recht gute Stellen; allein die Herren wählen ausgezeichnete Stücke.

Ich wagte noch ein Schritt und ging mit Zittern zu Herrn Burgermeister Heß, welcher bei der Auswahl ist. Ich wurde sehr freundschaftlich empfangen. Ich ersuchte ihn, wenn das Bild untadelhaft sei, daß es möchte in die Verlosung aufgenommen werden. Er sagte, er habe es noch nie gesehen, wolle mir nur sagen, daß man die schönsten Gemälde auswähle; freilich habe man auch schon von jungen Künstlern, welche Talent verraten, angekauft; aber eben beklagte er sich wie die vorigen Herren über Geldmangel. Er wolle nachsehen, aber er könne mir keine Hoffnung machen.

Gestern ging ich auf die Ausstellung mit Regula und noch

mehreren Bekannten, weil bloß die Freitage in der Woche frei sind. Dein Bild befindet sich an einem schönen Platze im zweiten Zimmer (es sind fünf Zimmer voll Gemälde); es wurde mit großen Augen von uns Nichtkennern bewundert. Ich stand lange mit Nachdenken dabei und berechnete eben die Kosten der Rahme und die Zeit der Arbeit. Und dann wieder die Besorgnis, wenn es hier nicht verkauft wird! Freude und Kummer wechselten stets meine Gedanken.

Ich ging wieder zu Frau Dekan, weil sie auch etwas Einfluß hat. Sie sagte, daß sie Donnerstag den ganzen Nachmittag dort gewesen. Das Bild habe ihr ziemlich gefallen. Herr Burgermeister nebst den andern Herren seien gerade auch dort. Sie hörte, daß Herr Burgermeister den Herrn einen sehr artigen Antrag gemacht, indem er sagte, dieser junge Künstler sei ihm indirekt empfohlen worden; er wünschte, wenn es möglich wäre, daß dieses Gemälde in die Verlosung gewählt würde. Es freute Frau Dekan sehr, besonders weil er mich als Mutter nicht genannt hatte. Es wurde zwar wenig darüber gesprochen; sie zweifle, daß es gehen werde. Also von keiner Seite her kann man Hoffnung haben ... Im Fall ich vernehme, daß das Glück noch kommt, so will ich Dich berichten; wo nicht, so werde ich das Mißgeschick mit Stillschweigen tragen ... Noch fällt mir ein, daß ich Dir die Ursache nicht gesagt, warum Dein Bild auf der Fuhre verdorben wurde. Weil der Deckel auf der Kiste von dünnem schlechtem Holz gewesen und in der Mitte zerrissen, mithin Regen und Staub durchfließen konnte. In Zukunft mußt Du solchen Sachen besser nachsehen!

8. Juli 1842

Obgleich Dein Bild hier leider nicht in die Auswahl gekommen, so muß ich Dir doch noch einmal darüber schreiben. Das eine wird Dich ermutigen, das andere wird Dich ärgern. Die Ausstellung wurde also für acht Tage verlängert bis Mittwoch den 22. Juli. Ich faßte noch den Mut und ging Montag den 20. zu Herrn Vogel im »Berg«, hauptsächlich ein richtiges Urteil über Dein Bild zu vernehmen. Er war sehr freundschaftlich und sagte: »Mit Freuden kann ich Ihnen sagen, daß mir das Ganze sehr gut gefallen bis auf die Luft. Das Gewölk ist viel zu schwer und zu dick. Es sollte viel leichter und reiner sein. Bemerken Sie ihm dieses, wenn Sie schreiben! Sonst verrät das Bild sehr viel Fassungskraft und Erfindungsgeist. Ich kann Ihnen sagen, daß ich dieses nicht von ihm erwartet habe. Ich habe mich beim Anschauen des Bildes sehr verwundert usw. Ich hoffe, daß er später schöne Sachen liefern könne.« Auf dieses erfreuliche Urteil empfahl ich Dich, wenn er etwas zum Verkauf beitragen könnte. »Ja, das hängt einzig nur von den Herren der Auswahl ab«, welche er mir nannte, unter welchen einer war, den ich nicht wußte: Herr Ziegler (»Hasenschart«) im »Egli«, welchen ich gut kenne. Dies bereute ich, so spät noch zu vernehmen, ging aber sogleich noch hin. Er war auch sehr höflich, suchte Dich auf im Katalog und fragte nach dem Preise des Bildes. »Da steht nichts, und bei dem Bilde ist auch nichts. Wenn man etwas verkaufen will, so muß man doch ein Preis beifügen; sonst nimmt man an, es sei nicht zum Verkaufe da.« Ich sagte, daß gewiß ein Preis müsse da sein; wenn ich nur wüßte, wo ich mich erkundigen könnte. »Gehen Sie zu Herr Hardmeyer [Lehrer an der Industrieschule] und sagen, Sie seien bei einem Herrn von der Auswahl gewesen und gewiesen worden, er möchte so gut sein und nachsehen und dann den Preis noch dem Bilde beifügen. Freilich (sagte er) kann ich Ihnen keine Hoffnung mehr machen. Es kommt drauf an, wie viel Aktien noch fallen bis Mittwoch. Bis dahin ging es eben sehr schlecht. Nun, ich will mein Möglichstes tun!«

Als ich zu Herrn Hardmeyer kam, wußte er auch nichts; er habe gar nichts bei Handen als Deine frühere Anzeige. Dieser wies mich zu Maler Huber, welcher die Kisten geöffnet. Ich rennte wieder zu diesem, wurde aber auch wieder leer abgespiesen: er wisse von keinem Preise; es sei sonst gebräuchlich, daß jeder Künstler ein Brief oder etwas an die Künstlergesellschaft schreibe; allein da sei nichts. Ich stutzte und konnte dies nicht begreifen. Es muß etwas hier sein, sagte ich. Er wurde böse und schnurrte: »Dies Bild ist nicht einmal fertig; es hat gute Stellen darin, aber zum Verkaufe ist es gar nicht vollendet.« Ich ging ärgerlich fort und dachte nun weiter. Da fiel es mir ein, daß ich von einem Angestellten, welcher bei der Eröffnung der Kisten gewesen, gehört, das verdorbene Bild habe den Wert von 15 Louisdor. Diesen suchte ich auf und fragte, woher er dieses wisse. »Es ist auf einem Papier am Deckel«, sagte er. Ich verlangte in das Zimmer und siehe! an der Wand stand der Deckel mit Deiner Schrift anpetschiert.

Ich nahm dieselbe sachte hinweg, ging wieder zu Herrn Ziegler und zeigte ihm die neidische Bosheit von Maler Huber. Dieser sagte, es sei nicht schön von Huber. Ich schimpfte, daß dies sehr gering sei, ein junger Anfänger in der Fremde, der seinen Gewinnst so notwendig hätte, auf solche Art zurückzusetzen. »Ja, dies war auf jeden Fall nachteilig für ihn, sagte er, aber es ist vielleicht auch übersehen von ihm.« Natürlich! Er wollte ihm nicht wehe tun. Ich brachte dann die Schrift Herrn Hardmeyer und sagte ihm das Gleiche. So bin ich den ganzen Tag herumgelaufen und hat am Ende nichts genützt, als daß die falsche Hintergangenheit noch durch mich ans Licht gekommen. Ohne mein Treiben wäre vielleicht Dein Bild samt Staub und Mist nach Bern gereist und in Zürich unbeachtet geblieben . . .

Herr Vogel sagte mir noch, daß ich Dir bemerken soll, doch recht fleißig ins Freie zu gehen, um nach der Natur zu zeichnen. Dies sei die beste Lehrerin. Dies ist nun alles, was ich Dir gerne noch sagen wollte. Jetzt bin ich gesonnen, ein paar Wochen mit Regula nach Glattfelden zu gehen, weil es keine Arbeit mehr hat bis im Herbst. Schreibe mir dann auch wieder einmal, wie es Dir geht! Wir beide grüßen Dich tausend Mal. Gott erhalte Dich! Vergesse ihn nur nie und sei fleißig!

Die Leidensgeschichte des Züricher Ausstellungsbildes, auf das Gottfried Keller so große Hoffnungen gesetzt hatte, leitet das letzte, trübste Kapitel der Münchener Zeit ein. Nun schrieb er überhaupt nicht mehr nach Hause, bis spät in den Oktober hinein, viereinhalb Monate. Was hätte er auch schreiben sollen? Alle Versuche, sich doch noch als Künstler fortzubringen, schlugen fehl, und der Tag kam, wo es gar nicht mehr um künstlerische Enttäuschungen ging, sondern um die acht Kreuzer, die ein billiger Mittagstisch kostete. Im »Grünen Heinrich« ist der Münchener Teil mehr Dichtung und weniger autobiographische Wahrheit als die voraufgehenden Kapitel. Aber buchstäblich der Wirklichkeit nacherzählt sind die letzten Erlebnisse: bis zu dem Anstreichen von Fahnenstangen, dieser Fronarbeit langer dunkler Tagstunden, die die Rettung vor dem Äußersten war. Als Sechzigjähriger hat Gottfried Keller seinem nachmaligen ersten Biographen den Tatsachencharakter jener Episoden bestätigt.

Als gegen den Herbst 1842 die Not aufs höchste gestiegen war, wurde der stolze Maler mürbe. Beinahe seine ganze Künstlerhabe, seine schönen Aquarelle, Skizzen, die ungeheuerlichen Kartons, mit ossianischen Landschaften und germanischen Wäldern bedeckt, wurden zu einem alten Trödler getragen. Jedes Blatt galt vierundzwanzig Kreuzer. Einmal blieb er, von allen Mitteln entblößt, zwei Tage lang, ohne zu essen, im Bett. Er stand nur auf, weil er befürchtete, die Hausleute möchten seine gar zu armselige Lage merken. Nach irgend einem Wertgegenstande stöbernd, stürzte er ein Kästchen um und fand ein goldenes Ringlein, welches er auf die Münze trug, wo ein Herr vor einer großen Wanne blanker Gulden saß. Keller bekam für seinen Ring drei nagelneue Stücke, eilte damit in eine Kraftsuppenanstalt und nahm dankbar mehrere Süpplein zu sich. Zuletzt verkaufte er jenem Trödler seine Flöte, auf welcher sich derselbe erst eine Arie vortragen ließ, für dreißig Kreuzer. Das »Flötenwunder« des neuen »Grünen Heinrich« ist buchstäblich erlebt. Nicht minder die Geschichte mit den Fahnenstangen. Gottfried Keller erzählte sie mir am 13. Juli 1878 auf dem »Muggenbühl«. Es war im Oktober 1842, die Hochzeit des Kronprinzen Max mit der preußischen Prinzessin Marie stand bevor, und Gottfried Keller, der vor dem Kolorieren sonst eine so unüberwindliche Furcht gezeigt, zog jetzt unter Flüchen und Seufzern in der dunklen Bude des Trödelmännchens an den Flaggenstangen, die München damals brauchte, die endlosen blau-weißen Spiralen und verdiente mit der sauren Arbeit täglich zwei Gulden.

Je länger aber Gottfried sich ausschwieg, um so sorgenvoller blickte die Mutter, und immer dringlicher mahnte sie zur Heimkehr: nicht schriftlich nur, auch in mündlichen Botschaften, als deren Übermittler sie Züricher Bekannte ausfindig zu machen wußte, die nach München reisten. Am ergreifendsten lebt das Bild der wartenden und erwartenden Mutter in einem Brief des armen kränklichen Kolorierers Matthias Spinner, des Sohnes einer Näherin, der dem ehemaligen Kunstgefährten aus der Steigerschen Anstalt mit rührender Treue anhing. Gerade in jenen trüben Oktobertagen kam der Brief, dessen naive Schlußwendung den Empfänger wie ein grausamer Witz auf seine wahre

Lage treffen mußte. Eine Woche später verkündet Gottfried Keller der Mutter seinen Entschluß, heimzukommen.

Matthias Spinner an Gottfried Keller

Zürich, 15. Oktober 1842

Du mußt kommen auf Zürich; denn Deine liebe Mutter spricht immer nur von Dir, wann Du kommest. Sie schaue vielmal auf die Straße, und wenn sie irgend einen so kleinen Bursch sehe, so meine sie, sie müsse rufen: »Regeli, der Gottfried kommt!« Sie sind beide ganz wohl. Deine Mutter war schon mehreremal bei uns und meine auch schon bei Deiner. Deine Mutter sagte gestern zu mir, sie habe gehört, Du habest einen so großen Bart; sie wolle Dir aber schreiben, Du sollst diesen in München lassen. Ich aber sage Dir: bringe ihn mit! Es wäre schade, wenn Du ihn abschneiden würdest. Wenn Du nach Zürich kommst, so mache mir die Freude, daß Du mich besuchst. Wenn ich schon nur der Matthias bin, so glaube mir, ich fühle dann noch mehr, daß Du mein Freund, mein einziger bist, obschon ich mir wohl denken und Dir nicht zumuten kann, daß Du so viel zu mir kommst und so viel mit mir gehen sollst wie früher. Du gehörst jetzt den größern Männern zu!

Gottfried Keller an die Mutter

München, 24. Oktober 1842

Die früheren Briefe, worin Du mir über mein Bild geschrieben hast, habe ich seinerzeit erhalten und daraus ersehen, welche Mühe und Sorgfalt Du angewendet hast, um dessen Verkauf zu bewirken, wofür ich Dir meinen innigsten Dank abstatte. Leider hat's nichts genützt; denn ich habe mein Bild noch nicht verkauft, und ich wäre froh, wenn ich es nur so wieder hätte, um es hier wenigstens des Rahmens wegen verschachern zu können. Ich hatte auch gerade in München wieder Pech; ich hatte diesen Sommer noch ein Bild gemalt und rechnete darauf, es im Kunstverein verkaufen zu können, was sonst ziemlich sicher ist; da schlug der Teufel zu, daß sie auch hier, wie scheint's in Zürich, kein Geld mehr hatten, und nur wenige Bilder von ausgezeichneten älteren Meistern kaufen konnten ... Für jetzt aber bin ich in Verlegenheit, denn die verdammten goldenen Rahmen haben mich fruchtlos Geld gekostet, oder vielmehr bin ich sie noch schuldig; und der Winter ist schon da, wo man kurze Tage und kalte Zimmer zum Arbeiten hat, wenn man nicht ein Klafter Holz im Hause hat.

... Ich habe meine Not einigen älteren Herrn geklagt, welche mir den Rat gaben, einige Monate nach Hause zu gehen, dort fleißig zu arbeiten, weil mich das Leben nicht so hart ankommt wie hier, und nachher wiederzukommen. Ich fand diesen Rat ziemlich gut, besonders, da ich ein wenig Heimweh verspüre und eigentlich fast keine andere Wahl ist, wenn ich nicht ärger in die Tinte kommen will ... Daß ich also heimkomme für ein paar Monate, ist ziemlich nötig, und Du wirst mir Deine Tore gewiß nicht verschließen; ich werde mein Möglichstes tun, daß Dir meine Anwesenheit nicht zu beschwerlich fällt. Es handelt sich hauptsächlich um das Reisegeld. Ich erwarte zwar alle Tage mein Bild aus Basel zurück, welches ich auf jeden Fall für 40 oder 50 Gulden einem Händler verkaufen kann, um Reisegeld zu bekommen; aber da es auf dem Hinweg so unsicher ankam, so könnte es sich jetzt leicht auch verzögern. Ich muß aber bis in zehn Tagen mein Logis räumen und möchte nicht gerne noch ein neues mieten vorher. Wenn es Dir also möglich ist, so bitte ich Dich, mir 30 Gulden zu schicken, damit ich dadurch nicht aufgehalten bin und sogleich fort kann ... Über alles weitere hoffe ich mündlich Dich zu besprechen und zu beruhigen, da Du alle Ursache hast, über diese neue, unverhoffte Lage der Dinge besorgt zu sein und zu glauben, es werde am Ende halt immer so gehen. Aber ich kann Dir nur versichern, daß es zwei Dritteln von den Künstlern so gegangen ist, die jetzt geborgen sind, und ich mache halt die Erfahrungen, die ein jeder gemacht hat. Besser ist's, man hat in der Jugend zu kämpfen als im Alter. Freilich quält's mich genug, daß Du am meisten dabei zu leiden hast ...

Frauenfeld, 21. November 1842

Endlich bin ich bis Frauenfeld gelangt, wo ich mich schon einen Tag aufhalte. Die 30 Gulden hatte ich in München richtig erhalten mit dem gehörigsten Danke; da ich aber damals noch nicht ganz zur Reise bereit war, so verzögerte sich dieselbe noch um acht Tage, wo denn ein Teil des Geldes wieder daraufging, besonders, da ich allerlei kleine Schulden zahlte. Hegi half mir noch mit zwei Louisdor aus, und ich schob endlich ab; ich machte aber einen schlechten Reiseplan, indem ich, um wohlfeiler zu fahren, eine Retourgelegenheit nahm, die mich bis Kempten führte; dort aber fand sich keine weitere Gelegenheit, ich mußte einen Tag liegen bleiben und endlich einen Kutscher teuer bezahlen, um nur fortzukommen. So kam es, daß ich als ich nach Konstanz kam, wieder auf dem Hund war. Ich schrieb Müller in Frauenfeld; er holte mich sogleich samt meiner Bagage mit einer Chaise ab und hat mich nun bei sich einquartiert. Obgleich ich mich sehr nach Euch sehne, da ich einmal so nahe bin, so will er mich doch nicht fortlassen, und ich muß schon noch ein paar Tage bleiben.

Du wirst wahrscheinlich von meinen Hausleuten in München einen Brief empfangen haben wegen 47 Gulden, die ich ihnen noch schuldig bin. Du mußt Dich das nicht anfechten lassen, denn es geht nur mich an, und die Leute werden bezahlt, wenn es mir besser geht, bis dahin müssen sie warten, wie andere Sterbliche auch . . .

Mein Bild habe ich den letzten Tag vor meiner Abreise noch erhalten, aber in welchem Zustande! Der Rahmen ganz ruiniert. Es war lumpenmäßig eingepackt; es nimmt mich nur Wunder, daß sich die hochmütigen und vornehmen Herrn Kunstgönner in der Schweiz nicht schämen, einen jungen Kerl und armen Teufel so um seine Sache zu bringen. Doch mag ich mich jetzt nicht länger bei diesen Lumpereien aufhalten. – Nur noch etwas.

Es hat mir in Lindau, als ich ins Dampfschiff ging und fand, daß ich nicht mehr genug Geld hatte, ein Handlungsreisender, der mich näher gar nicht kannte, Geld angeboten, soviel ich wollte; ich nahm aber nur 3 Gulden, soviel ich bis Konstanz brauchte. Er sagte, er werde etwa in acht Tagen auch über Zürich kommen, wo er mir's vom »Storchen« aus, wo er immer logiert, sagen lassen wolle. Wenn ich also in dieser Zeit etwa noch nicht dort bin, so sei doch so gut und schreibe ihm ein Billett, daß ich noch nicht angekommen sei, und wenn's möglich ist, so schick ihm die 3 Gulden! Er heißt Herr Altendorf aus Solingen. Doch muß ich enden, denn die Chaise steht vor dem Hause; Müller will mit mir ausfahren in Geschäften. Er ist sehr gut eingerichtet und führt ein beschauliches Leben . . .

Aus dem »Grünen Heinrich« [Urfassung]

Die Schulden sind für den modernen Menschen eine ordentliche hohe Schule, in welcher sich sein Charakter auf das trefflichste entwickeln und bewähren oder in welcher er, falls dieser von Hause aus fest ist, sein Urteil und seine Anschauungsweise der Welt gründen und regulieren kann.

Von der Malkunst zur Dichtkunst

Züricher Wartejahre 1842 bis 1848

Aus der selbstbiographischen Skizze 1876

Betrachte ich meine geringfügige Gestalt, wie sie in der literarischen Gemeindestube in der Nähe der Türe sitzt, etwas genauer, so gehört sie zu jener zweifelhaften Geisterschar, welche mit zwei Pflügen ackert und in den Nachschlagebüchern den Namen: »Maler und Dichter« führt. Sie sind es, bei deren Dichtungen der Philister jeweilen beifällig ausruft: Aha, hier sieht man den Maler! und vor deren Gemälden: Hier sieht man den Dichter! Die Naiveren unter ihnen tun sich wohl etwas zugute auf solches Lob; andere aber, die ihren Lessing nicht vergessen, fühlen sich ihr Leben lang davon beunruhigt, und es juckt sie stets irgendwo, wenn man von der Sache spricht. Jene blasen behaglich auf der Doppelflöte fort: diese entsagen bei erster Gelegenheit dem einen Rohr, so leid es ihnen tut.

So gern Gottfried Keller auch in späteren Jahren noch Feder und Tinte gelegentlich mit Pinsel und Farbe vertauschte: er gehörte zu den Entsagenden. Die Malerei war fortan ein Privatvergnügen, wenn sie eins war, und alle Entwicklung lief darauf hinaus, das Bewußtsein für den dichterischen Hauptberuf zu wecken, zu klären und zu kräftigen. Es gibt ein Urteil des Malers Hans Thoma über den Maler Gottfried Keller, das den in den sechziger Jahren gemalten »Blick vom Zürichberg« als ein wahres Ideal von Landschaft rühmt: »Er hätte seine Persönlichkeit nicht verloren, wär' er bei der Malerei geblieben.« Auch die feinen Landschaftsaquarelle der späteren Zeit lassen es kaum verständlich erscheinen, daß ein Kenner wie Wölfflin dem Maler Keller ein selbständiges Verhältnis zur Natur absprechen zu müssen glaubt. Freilich, wie wenig die Landschaftsmalerei dem wirklichen Umfang dieser schöpferischen Begabung entsprochen hätte, zeigt jeder Blick auf das dichterische Werk; wenn der

Maler dem Menschenbilde auswich, so ist es gerade die Unendlichkeit an Figur und figürlicher Erfindung, die der Ruhm des Erzählers bleibt. Niemals war die Sprache reicher an Gebärde und Physiognomie als in den Erzählungen Gottfried Kellers: diesen Reichtum konnte ihm die Palette nicht geben.

Zunächst allerdings wiederholte sich in der Situation des Heimkehrers jener Zwiespalt, dem er zweieinhalb Jahre zuvor nach München entronnen war. Wieder große malerische Pläne; wieder Unlust, sie auszuführen; wieder der quälende, doch unabweisbare Drang zu literarischer Beschäftigung, die als Ablenkung von der eigentlichen Aufgabe empfunden wird. In den autobiographischen Aufzeichnungen heißt es über die Heimkehr:

Ohne etwas geworden zu sein, mußte ich nach fast drei Jahren zurückkehren und gedachte mich in der Heimat neu zu kräftigen und durch kühne Erfindungen emporzubringen. Die Kartons zu ein paar poetischen Landschaften waren so umfangreich, daß ich dieselben in meinem alten Malkämmerchen nicht aufstellen konnte, sondern genötigt war, außer dem Hause einen eigenen Raum dafür zu mieten. Es war gerade Winter und jener Raum so unheizbar, mein inneres Feuer für die spröde Kunst auch so gering, daß ich mich meistens an den Ofen zurückzog und in trüber Stimmung über meine fremdartige Lage, hinter jenen Kartonwänden versteckt, die Zeit wieder mit Lesen und Schreiben zuzubringen begann.

Aber vom 8. Juli bis 16. August 1843 hat Gottfried Keller ein Tagebuch geführt, und hier läßt sich Stufe für Stufe verfolgen, wie über einem vagen poetischen Sinnieren der »Drang zum Dichten« immer selbstbewußter wird. Gleich zu Anfang erwächst aus den Erinnerungen an München als noch ungestalte Möglichkeit schon der ganze Plan des »Grünen Heinrich«. Bald ist in E. T. A. Hoffmann das Vorbild des Mannes gefunden, der sich im Leben so drangvoll herumschlug wie zwischen den Künsten. Auf literarisch-kämpferische Auseinandersetzung zielt auch die entschlossene Teilnahme des Vierundzwanzigjährigen am politischen Leben der Zeit. Und kämpferische Zeitlyrik ist es, deren Lektüre ihn von frühen erzählerischen Plänen abzieht und zu ungestümem rhythmischen Sichausleben ermutigt.

Aus Gottfried Kellers Tagebuch 1843

Den 8. Juli

Ich habe die so lehrreiche Zeit meines ersten Ausfluges in die Welt, die drei Jahre, welche ich in München zubrachte, samt allen Eindrücken, die ich dort empfangen, das heitere, schöne Künstlerleben, die bangen sorgenvollen Tage, die ich erlebt, und sonst noch vieles, was mein Gemüt lebhaft ergriffen, die Rückkehr und Flucht ins mütterliche Haus: das alles habe ich handelnd und leidend an mir vorbeiziehen lassen, ohne eine Silbe darüber niederzuschreiben.

Ich habe mir zwar das ganze Bild in seinen Umrissen und mit seinen Lokalfarben ziemlich treu bewahrt, und wenn ich einst aus mir selbst heraustreten und, als ein zweites Ich, mein ursprüngliches eignes Ich in seinem Herzkämmerlein aufstören und betrachten, wenn ich meine Jugendgeschichte schreiben wollte, so würde mir dies, ungeachtet ich bis jetzt nie ein Tagebuch führte, und nur früher vor bereits sechs Jahren, dann und wann, aber sehr selten, einzelne abgerissene Vorgänge der Außen- und Innenwelt aufzeichnete, dennoch ziemlich gelingen.

Den 9. Juli

Heute habe ich Hoffmanns Biographie von Hitzig fertiggelesen ... Ein Leben, wie Hoffmanns, voll Mangel, Not und Nahrungssorgen, denen immer zur rechten Zeit die Hülfe nahe war, ein Leben, das mit großen Schwachheiten, die wir oft auch kennen, zu kämpfen hat und ihnen manchmal unterliegt, dient uns zum lebendigen Beispiel, zur Stärkung, zum Trost; und, weil es einem Manne angehört, den wir sonst lieben und achten und seiner Schwächen halber bemitleiden, so zeigt es uns besser und eindringender, was wir zu tun und zu lassen haben, als alle Moral ... Hoffmann war Musiker, Dichter und Maler. Doch glaube ich, daß sein Ruf hauptsächlich nur noch in seinen literarischen Werken lebt ... Da Hoffmann ein Genie war und großen Drang zur Malerei hatte, so zweifle ich keineswegs, daß er ein großer Maler geworden wäre, wenn er die strenge und berufsmäßige Bildung erhalten hätte, welche die bildende Kunst verlangt. Ein Genie, das viel gelesen hat, kann auch gewiß etwas Gutes schreiben, ohne seine Jugend auf Universitäten zugebracht zu haben; denn der Gedanke ist es, der das Wort adelt. Bei der bildenden Kunst aber sind Form und Gedanke eins, und mit dem feinsten Gefühl, mit der besten Überzeugung und mit der feurigsten Phantasie kann man keine schöne, klassische Figur zeichnen, wenn man nicht mit seiner eignen Hand jahrelang ausschließlich, ich möchte sagen handwerksmäßig unter guter Anleitung gezeichnet und studiert hat ... Von Hoffmann zu verlangen, daß er die Malerei aufgeben und alle seine Kräfte der Dichtkunst zuwenden solle, wäre eine Philisterei gewesen ... Es ist ein frommer Wunsch, daß er diesen Drang zur Bildnerei nicht gehabt und die Literatur, mit einem ganz gereinigten Geschmack, zu seiner Lebensaufgabe gemacht haben möchte. Gewiß würde er unter den ersten Sternen am deutschen Dichterhimmel glänzen. – Ich werde nun seine Schriften gänzlich durchlesen.

Den 11. Juli

Heute faßte ich plötzlich den Entschluß, einige Gedichte zusammenzupacken und einer Zeitschrift, etwa Lewalds »Europa«, zuzusenden mit einem sentimentalen Katzenjammerbriefe ... ich muß einmal etwas wagen, um den Karren aus dem Schlamm zu bringen. Geht es, so geht es und ist gut. Werde ich abgespeist, so habe ich das Meinige getan und kann mit mehr Gelassenheit das Schicksal oder die Vorsehung walten lassen.

Ich habe nun einmal großen Drang zum Dichten; warum sollte ich nicht probieren, was an der Sache ist? Lieber es wissen, als mich vielleicht heimlich immer für ein gewaltiges Genie halten und darüber das andre vernachlässigen. Eine leichte Erzählung, die erste, wurde heute erfunden und angefangen ... Zwei reisende Freunde finden im Irrenhause einer Stadt am Rhein einen originellen Wahnsinnigen, den ein großes Schicksal verfolgt hat. Sie gewinnen sein Vertrauen, besuchen ihn in seinem Kerker, und das gibt den Raum zu dem Hauptzwecke der Erzählung, zu märchenhaften, phantastischen und traurigen Szenen. [Der Anfang dieser Erzählung fand sich im Nachlaß des Dichters.]

Den 13. Juli

An den »Reisetagen« geschrieben; nicht viel getan; unbehagliches Ersticken in der Unruhe und im Gefusel des Hauses. Ich war früher nicht so abhängig von bequemer Lokalität und äußerer Stimmung.

Den 14. Juli

Endlich habe ich etwas von Anastasius Grün bekommen: »Schutt, Dichtungen«. Schüchterne und furchtsame Bemerkungen, daß die Zeit der Balladen, niedlichen Romanzen und wenigsagenden Tändeleien im eleganten Stil vorbei sein dürfte, und daß der Dichter mit tiefen Gedanken, großer, nobler Phantasie und schlagender, überquellender Sprache auftreten muß, mehr als je. Er muß, so glaube ich nun bemerkt zu haben, gleich im Anfang Klänge ertönen lassen, welche sich dem besten schon Vorhandenen vergleichen lassen können, wenn er Aufmerksamkeit erregen will . . .

Besonders aber muß sich nun der Dichter mit den großen Welt-Fort- oder Rückschritten beschäftigen, mit den ernsten Lebensfragen, die die Menschheit bewegen. Welch eine poetische Blütenfülle diese aus dem geweihten Dichter hervorzurufen vermögen, beweist Anastasius Grün. Solange die Sache der Menschheit, die Freiheit, solche Sänger hat, darf man die Hoffnung nicht verlieren.

Den 17. Juli

Nach der Natur gezeichnet. Ich habe eine große, alte Föhre angefangen mit Bleistift. Ich werde trachten, mir eine hübsche, genaue Zeichnung anzugewöhnen; denn, abgesehen davon, daß die Studienblätter an sich selbst einen innern Wert dadurch bekommen und mir noch lange nachher zur Freude gereichen, so nützen sie mir auch bei der Anwendung mehr, als die rohen Farbenkleckse, die ich früher machte. Auch will es mich bedünken, daß es auch einem Landschaftsmaler gar nichts schadet, wenn er mit Bleistift und Feder in einem gewissen Stile gewandt umzugehen weiß . . .

Den 5. August

Mein vierundzwanzigster Geburtstag, der 19. Juli, ist regnerisch und stürmisch an meinem Innern vorübergezogen. Meine Hoffnungen sind um nichts besser geworden, und wenn ich etwas Weiteres gelernt habe, so muß es durch inneres Anschauen und durch von Erfahrung gestärkte Auffassungskraft geschehen sein; denn in der gedrückten, kummervollen Lage, in welcher ich mich fortwährend befinde, kann ich wenig mit meinen armen Händen arbeiten und mutig zutage bringen. Schreiben oder lesen kann ich immer, aber zum Malen bedarf ich Fröhlichkeit und sorglosen Sinn.

Die Zeit ergreift mich mit eisernen Armen. Es tobt und gärt in mir wie in einem Vulkane. Ich werfe mich dem Kampfe für völlige Unabhängigkeit und Freiheit des Geistes und der religiösen Ansichten in die Arme; aber die Vergangenheit reißt sich nur blutend von mir los. Ich habe in den letzten Tagen Schriften der deutschen politisch-philosophischen Propaganda gelesen, viele Überzeugung daraus geschöpft, aber ich kann mich mit dem zersetzenden, höhnischen Wesen derselben noch nicht aussöhnen ... Indessen werde ich mich aller etwaigen Differenzen ungeachtet dennoch an die Propaganda anschließen; denn lieber will ich keinen Glauben herrschend wissen, als den schwarzen keuchenden, ertötenden Glaubenszwang. Im ersten Falle kann am Ende jeder Mensch, jede wärmere Seele sich aus sich selbst erheben und den Weg zu ihrem Schöpfer suchen, was mir die festeste und reinste Religion zu sein scheint; während der denkende Mensch im letzten Falle gerade durch den erdrückenden Glaubenszwang immer in negative Haltung und Bitterkeit zurückgedrängt, der nicht denkende Mensch aber von den Verrätern der Seele und des Leibes, von den Finsterlingen, mißbraucht und mißhandelt wird.

Den 7. August

Jean Pauls »Hesperus« fertig gelesen. Jean Paul ist mir ein reicher, üppiger Blumengarten und segenvolles, nährendes Fruchtfeld zugleich. Wenn ich einen ganzen Tag nichts tue, als in ihm lesen, so glaube ich doch gearbeitet oder etwas Reelles getan zu haben. Er ist beinahe der größte Dichter, welchen ich kenne, wenn man die Natur mit ihren Wundern und das menschliche Herz als die ersten und größten Stoffe oder Aufgaben der Poesie anerkennt. Nur läßt er seine Helden allzuviel weinen, und seine Tränen- und Blutstürze, sowie die Gestirne und die Sonne sind gar zu oft auf dem Schlachtfeld. Auch unterbricht er sich selbst manchmal in den schönsten Stellen durch seinen Witz, welcher, sei er noch so gut und schön, doch manchmal dem Leser ein wenig Ungeduld verursacht. Bewunderswert ist die unerschöpfliche Quelle seiner treffenden Gleichnisse aus allen Zweigen des Wissens.

Den 8. August

Morgenspaziergang. Das Wetter ist rein und sonnenklar. Große Erquickung nach so viel traurigen Regentagen. Ich sollte eigentlich sparsam tun mit solchen Morgenpromenaden; denn da kommen mir die Ideen haufenweise hergerollt und tummeln sich in wilder Anarchie in mir herum, so daß ich ihrer nicht mehr Meister werde und es mir schwer fällt, alles zu ordnen, besonders das schon Angefangene ruhig zu beenden. Was mich am meisten in immerwährender Aufgeregtheit erhält bei solchen Gängen, ist die Natur, die sich mit ihren tausend Bildern und Schönheiten immer zwischen die innern Ideen drängt; und doch muß ich jetzt, so weh es mir tut, für einige Monate die Malerei in den Hintergrund stellen, wenn ich in der Dichterei etwas tun will, um mir eine freiere und äußerlich ruhigere Zukunft zu verschaffen.

Der Beschluß, etwas an Lewald zu schicken, ist schon längst wieder kassiert ...

Es geht nichts über ein Kämmerlein, wie das meinige, wo die Aussicht über die Gärtchen und Hühnerhöfe geht, welche die englischen Gärten und Hinterparadiese der stillen Bürgerhäuser sind. Die wohlbekannten Frauen und Nachbaren hängen ihre Wäsche in die Sonne, die Hühner gackern, und die Hausväter lassen dann und wann ihre Flüche und Ordnungsmandate ertönen ... Ein bißchen Berg und Wald guckt kümmerlich noch über die alten Dächer, hinter denen das Kind einst die Welt abgeschlossen glaubte. Das kleine Stück Berg war mir dann ein fernes, unerreichbares Amerika oder Ostindien. Wie anders jetzt, wo mir die glückliche Ruhe und Stille der Kindheit und die Abgeschiedenheit des Vaterhauses ewig unerreichbar geworden sind! Und doch war eigentlich das Kind auch nicht ruhig und befriedigt; aber das friedliche Ergeben war sein ...

Ein Sonett an Herwegh gemacht und das Lied »Die gute Sache«.

Den 9. August

Das Sonett »An die Gelehrten« gemacht. Ich schlampere noch an einem über München herum, zerstoße aber den Schädel an einem störrischen Reim. Das Wort »schlampern« bringt mich gerade auf »Geschlampe«.

Den 10. August

Das zweite Sonett an Herwegh gemacht; ein altes Lied geendigt und ein neues angefangen; Gedichte ins Reine geschrieben, weidlich geraucht und große Unruhe und Unbehaglichkeit empfunden. Die Sache ergreift mich an allen Fibern. Ob sich wohl meine äußerlichen und ökonomischen Hundstage in innerliche, geistige Gewittertage verwandeln werden? Irgend etwas wird mich mein ganzes Leben hindurch peinigen, und vielleicht alles zusammen! Komme, was da wolle!

Den 11. August

Nichts getan.

Den 12. August

Ein Sonett gemacht: »An die protestantischen Theologen« und den zweiten Teil des Liedes: »Auf dem Berge«. Gedichte ins Reine geschrieben.

Den 13. August

Das Gedicht »Pfingsten« fertiggemacht. Gemächlicher Sonntag mit vielem Rauchen.

Den 14. August

... Es ist eine verfluchte Plackerei für einen armen Teufel, der sich gern um allerlei Erscheinungen der Zeit und der Literatur bekümmern möchte, jahrelang von verschiedenen Dichtern und Skribenten schwatzen hört und dieselben nie zu lesen bekommt; warum? Weil er isoliert ist, weil kein Mensch weiß, daß er ein verkanntes, verflucht hoffnungsvolles Genie ist, und weil er lauter Plebs und Mistfinken in seiner Umgebung hat. Bücher kann er keine kaufen, höhere Bibliotheken stehen ihm keine offen, und wenn in der Leihbibliothek sich wunderbarer Weise ein verdauliches Buch findet, so muß er monatelang warten, bis er's endlich einmal bekommt.

Wenn die große Befreiung realisiert würde und ich ein Steuermann derselben wäre, so würde ich zuerst die Leihbibliotheken alle verbrennen lassen, um sie neu herzustellen. Aller Schund von namenlosen oder sonst schlechten Romanen- und Dramaschreibern würde total zerstört und lauter gute Nahrung angeschafft. Ich würde das Volk zwingen, entweder etwas Gutes, Belehrendes, oder gar nichts zu lesen. Ich würde auch eine Zensur einführen; aber nur für geistlose und mittelmäßige Bücher ...

Den 15. August

Ich habe das »Pfingstgedicht« noch verlängert. Das Herz klopfte mir hörbar während dem Schreiben, es wurde mir eng und schwer. Es wurde mir klar, was es heißt, gegen zweitausendjährigen, positiven Glauben zu kämpfen; ich bedachte, was am Ende der Mensch mit allem seinem Wissen sei, und daß die größte, tiefste Philosophie zuletzt Irrtum und konsequente

Blindheit sein könne, wie der Aberglauben eigentlich nur eine Konsequenz des positiven Christenglaubens ist. Daher ist es eigentlich Unsinn, wenn gute Christen gegen Gespenster- und Hexenglauben eifern. Ich werde ein positives religiöses, aber für den Menschen unerklärliches Element festhalten, aber ich werde, wenn ich je zu einer Stimme komme, mit aller Macht dagegen streiten, daß die Gottheit von Menschen mißbraucht und ausgelegt werde. Jeder Mensch soll sich seine religiösen Bedürfnisse selbst ordnen und befriedigen ...

Die Schlußstrophe des »Pfingstgedichts«

O Herr, o Herr, wann sendest du den Tag,
Der alle Völker wird mit Feuer taufen?
Den unbewölkten, morgenklaren Tag,
Durch den wir uns die Geistesfreiheit kaufen?
Wann wird die dunkle Glaubensangst sich wenden
In freudig heitres, festes, sicheres Erkennen?
Wann wird die Macht des schwarzen Abgrunds enden,
Der hämisch will das Volk vom Lebenslichte trennen?

Baechtold erzählt

Mit dem Sommer 1843 beginnt Gottfried Kellers liederreichste Zeit, die bis 1845 anhält. In seinem Sammetfräcklein, das den Dichter äußerlich kennzeichnen sollte, begab er sich jeden schönen Morgen nach dem sog. »Platzspitz«, wo Sihl und Limmat zusammenfließen. Unter einem der schönen, von Rosenhecken eingefaßten Bäume richtete er sich wohnlich ein. Eine Menge Gedichte ist hier entstanden. Mit den vorbeirauschenden Wassern zogen auch die Verse heran.

Aus der selbstbiographischen Skizze

Allerlei erlebte Not und Sorge, welche ich der Mutter bereitete, ohne daß ein gutes Ziel in Aussicht stand, beschäftigten meine Gedanken und mein Gewissen, bis sich die Grübelei in den Vorsatz verwandelte, einen traurigen kleinen Roman zu schreiben über den tragischen Abbruch einer jungen Künstlerlaufbahn, an welcher Mutter und Sohn zugrunde gingen. Dies war meines

Wissens der erste schriftstellerische Vorsatz, den ich mit Bewußtsein gefaßt habe, und ich war ungefähr dreiundzwanzig Jahre alt. Es schwebte mir das Bild eines elegisch-lyrischen Buches vor, mit heiteren Episoden und einem zypressen-dunkeln Schlusse, wo alles begraben wurde. Die Mutter kochte unterdessen unverdrossen an ihrem Herde die Suppe, damit ich essen konnte, wenn ich aus meiner seltsamen Werkstatt nach Hause kam.

Als jedoch ein Dutzend Seiten geschrieben waren, gab es unversehens eine klangvolle Störung. Wie früher die Erzeugnisse der letztvergangenen Literatur, las ich jetzt diejenigen der zeitgenössischen. Eines Morgens, da ich im Bette lag, schlug ich den ersten Band der Gedichte Herweghs auf und las. Der neue Klang ergriff mich wie ein Trompetenstoß, der plötzlich ein weites Lager von Heervölkern aufweckt. In den gleichen Tagen fiel mir das Buch »Schutt« von Anastasius Grün in die Hände, und nun begann es in allen Fibern rhythmisch zu leben, so daß ich genug zu tun hatte, die Masse ungebildeter Verse, welche sich täglich und stündlich hervorwälzte, mit rascher Aneignung einiger Poetik zu bewältigen und in Ordnung zu bringen. Es war gerade die Zeit der ersten Sonderbundskämpfe in der Schweiz; das Pathos der Parteileidenschaft war eine Hauptader meiner Dichterei, und das Herz klopfte mir wirklich, wenn ich die zornigen Verse skandierte. Das erste Produkt, welches in einer Zeitung gedruckt wurde, war ein Jesuitenlied, dem es aber schlecht erging; denn eine konservative Nachbarin, die in unserer Stube saß, als das Blatt zum Erstaunen der Frauen gebracht wurde, spuckte beim Vorlesen der greulichen Verse darauf und lief davon. Andere Dinge dieser Art folgten, Siegesgesänge über gewonnene Wahlschlachten, Klagen über ungünstige Ereignisse, Aufrufe zu Volksversammlungen, Invektiven wider gegnerische Parteiführer und so weiter, und es kann leider nicht geleugnet werden, daß lediglich diese grobe Seite meiner Produktionen mir schnell Freunde, Gönner und ein gewisses kleines Ansehen erwarb.

Dennoch beklage ich heute noch nicht, daß der Ruf der lebendigen Zeit es war, der mich weckte und meine Lebensrichtung entschied.

Aus dem Gedicht »Jesuitenzug« (1843)

Hussah! Hussah! Die Hatz geht los!
Es kommt geritten klein und groß,
Das springt und purzelt gar behend,
Das kreischt und zetert ohne End':
Sie kommen, die Jesuiten!

Da reiten sie auf Schlängelein
Und hinterdrein auf Drach' und Schwein;
Was das für muntre Bursche sind!
Wohl graut im Mutterleib dem Kind:
Sie kommen, die Jesuiten!

Hu, wie das krabbelt, kneipt und kriecht,
Pfui, wie's so infernalisch riecht!
Jetzt fahre hin, du gute Ruh!
Geh, Grete, mach das Fenster zu:
Sie kommen, die Jesuiten!

Von Kreuz und Fahne angeführt,
Den Giftsack hinten aufgeschnürt,
Der Fanatismus ist Profoß,
Die Dummheit folgt als Betteltroß:
Sie kommen, die Jesuiten!

O gutes Land, du schöne Braut,
Du wirst dem Teufel angetraut!
Ja, weine nur, du armes Kind!
Vom Gotthard weht ein schlimmer Wind:
Sie kommen, die Jesuiten!

Die Zeitung, worin die »greulichen Verse« standen, war das in Basel erscheinende Wochenblatt »Die Freie Schweiz«, und einem neuen einflußreichen Gönner verdankte Gottfried Keller diesen ersten Schritt in die Öffentlichkeit. Voraufgegangen war der plötzliche Entschluß, eine Anzahl Gedichte zusammenzupacken und an Julius Fröbel zu schicken, der vor drei Jahren das »Litterarische Comptoir in Zürich und Winterthur« begründet und mit sensationellem Erfolg als erstes Buch 1841 Herweghs »Lieder eines Lebendigen« herausgebracht hatte. Daß Fröbel, der Pfarrerssohn aus Thüringen, einst sein Geschichts- und Geographielehrer in der Industrieschule gewesen war, verschweigt Gottfried Keller im Begleitbrief. Nicht an den ehemaligen Lehrer wendet er sich, sondern an den Verleger Herweghs, des gepriesenen revolutionären Sängers.

Gottfried Keller an Julius Fröbel

Zürich, 17. August 1843

Hochgeehrter Herr!
Sie werden mich gewiß nicht abweisen, wenn ich in einer Angelegenheit, die mir viel Unruhe macht, und in welcher ich mich in meiner Isoliertheit an niemanden wenden kann, als gerade an einen Mann, der durch sein Wirken und seinen Ruf mir alle Aufmunterung dazu gibt, [mich] zutrauensvoll an Sie wende, und mich um Ihren gütigen Rat bewerbe!

Ich habe mich nämlich, von der Zeit heftig angeregt, diesen Sommer mit anliegenden Dichtungsversuchen beschäftigt. – Da nun aber einerseits meine Verhältnisse mir nicht gestatten, mich mit absichts- und zwecklosen Tändeleien herumzutreiben, andrerseits ich aber über die Tauglichkeit dieser Versuche und überhaupt über meine Fähigkeit dazu in einem trostlosen Dunkel bin: so nehme ich mir die Freiheit, Ihnen, verehrtester Herr! einen Teil dieser Gedichte zu übersenden, mit der etwas unbescheidenen Bitte, dieselben, soweit es Ihre Zeit erlauben dürfte, gelegentlich durchzusehen, und mir dann, wenn ich Ihnen so viel Mühe machen darf, durch ein paar Worte zu berichten, ob und wann ich die Lieder mit Ihrem Urteil bei Ihnen abholen dürfe?

In dem Falle, daß Sie mir nichts Tröstliches darüber sagen können, werden Sie es gewiß nicht übel nehmen, wenn ich Sie innigst ersuche, die Sache mit Stillschweigen zu übergehen?

Verzeihen Sie mir indessen, hochgeehrter Herr! diese Belästigung, und genehmigen Sie meine vollkommene Hochachtung und Ergebenheit!

Gottfried Keller
Rindermarkt Nr. 325

Julius Fröbel an Gottfried Keller

Zürich, 30. August 1843

... Bei Ihnen glaube ich nicht zu irren, wenn ich mich zu der Meinung berechtigt halte, daß Sie wahre poetische Anlagen in sich haben, die allerdings nach mehreren Richtungen noch der Ausbildung bedürfen ... Möchte es Ihnen gelingen, sich auf einen Standpunkt hinaufzuarbeiten, auf dem Sie sich können geltend machen und einen Einfluß auf den öffentlichen Geist der Schweiz ausüben! ...

Nicht nur durch aufmunternden Zuspruch half Fröbel dem jungen Lyriker; seinem Rat verdankte Gottfried Keller die Bekanntschaft des Mannes, eben jenes tatkräftigen Gönners, der auf die ersten dichterischen Gehversuche des Neulings so entschiedenen Einfluß nahm wie auf sein geselliges Fortkommen. August Adolf Ludwig Follen, 1794 in Gießen geboren, hatte 1814 als freiwilliger Jäger gekämpft, später als Heidelberger Burschenschafter das Wartburgfest mitgefeiert und war wie Fritz Reuter wegen »demagogischer Umtriebe« zu einigen Jahren Haft verurteilt worden. 1821 entwich er in die Schweiz, fand dort ein Lehramt, heiratete eine reiche Frau und erwarb das Züricher Bürgerrecht, wurde »als Erzpolitikus« auch in den Züricher Großen Rat gewählt. Sein Haus in Hottingen, dem Züricher Vorort, wurde bald zum Mittelpunkt des geistigen Lebens der Stadt, und neben einheimischen Gelehrten verkehrte hier alles, was Verse schrieb, politisch oder ökonomisch bedrängt war. Herwegh, Hoffmann von Fallersleben, der Dichter des Deutschlandliedes, und Freiligrath waren vorübergehend die poetischen Notabeln dieser Tafelrunde.

Zu dem Kreis um Follen und Fröbel, in den sich Gottfried Keller aufgenommen sah, gehörte auch der Publizist und Hauptmann a. D. Wilhelm Schulz aus Darmstadt, der nach ähnlichen Schicksalen, wie sie Follen hinter sich hatte, gleichfalls in Hottingen ansässig geworden war. Als blutjunger Leutnant hatte der ehemalige Darmstädter Kadett 1814 und 1815 gegen Napoleon gekämpft. Doch schon 1819 (im Geburtsjahr Kellers) trug dem Zweiundzwanzigjährigen sein »Frag- und Antwortbüchlein über Allerlei, was im deutschen Vaterland besonders Noth thut« ein Jahr Untersuchungshaft und den militärischen Abschied ein. 1833 kam er, der inzwischen Rechtswissenschaft studiert und seine publizistische Tätigkeit fortgesetzt hatte, abermals vor ein hessisches Kriegsgericht. Doch aus dem dritten Stock der Festung Babenhausen entkam er mit Hilfe seiner Frau im Dezember 1834 nach knapp vier Monaten Haft. Er wandte sich nach dem

Elsaß und ließ sich auf Betreiben Follens dann in Zürich nieder, von wo aus er militärwissenschaftliche Beiträge für die »Augsburger Allgemeine« und die »Deutsche Zeitung« schrieb. Zu dem »alten Ehren- und Freiheitsmann« trat Gottfried Keller in besonders herzliche Beziehung; Wilhelm Schulz, der von Zeitgenossen als kleines, bewegliches Männchen geschildert wird, wie auch seine frühverstorbene erste Frau Karoline haben die Freundschaft durch vielerlei tätige Fürsorge, auch publizistische, herzlich vergolten.

Zur rechten Zeit hatte sich Gottfried Keller nach manchem inneren Zögern im Herbst 1844 Follen genähert. Denn dieser, seit einem Jahr Teilhaber an Fröbels »Litterarischem Comptoir«, begann gerade an seinem gehätschelten Favoriten Herwegh irre zu werden. Aus dem entlaufenen Theologiestudenten und Tübinger Stiftler war 1843 der Mann einer schwerreichen Frau geworden, und wie das revolutionäre Pathos des Freiheitssängers in einer geräuschvollen Manier verrauchte, so kehrten seine privaten Allüren immer unangenehmer die geckenhafte Note hervor. Er hielt Livreebediente, trank nur Champagner (»Das kommt mir zu«, pflegte er zum Ärger Kellers noch in späteren Jahren zu sagen, als er wieder tief in Geldnöten steckte). Nun setzte Follen auf den neuerstandenen Schweizer Poeten jene Hoffnungen, in denen er sich durch Herwegh enttäuscht sah. An seinen Schwager, den Professor Vogt in Bern, Vater des Materialisten Karl Vogt, schrieb er am 7. Februar 1845:

Das Auftauchen des jungen Poeten Gottfried Keller kam mir um so erwünschter, als meine Freundschaft mit Herwegh dem Erbleichen nahe zu sein scheint. Er hat geruht, durch seinen Sekretär Emma [seine Frau] mir einen Brief voll so abgestandener Altklugheit und blasierte Belehrungen schreiben zu lassen, daß es mich wirklich angewidert hat.

Karl Vogt in seinen Lebenserinnerungen

Selbst Dichter, hatte Onkel August [Follen] die ganz besondere Liebhaberei, junge Dichter, wie er sich ausdrückte, zu »putzen« und zu »stutzen«. Gottfried Keller ging aus und ein; Georg Herwegh lebte mehrere Jahre im Hause, und der Onkel nannte ihn nur seinen Sohn. Keller war ein eigentümliches Wesen; kurz, knorrig, mit dicken Pausbacken, großem Kopfe und unbeholfenen Gliedern. Er knurrte und belferte in einem schauderhaften Züricher Dialekt und zeigte überhaupt ein so störriges Wesen, daß mein Vater ihn mit einem Frischling verglich und ihn nur »ein wildes Säuding« nannte. Der Onkel gab zu, daß seine Poesien noch ebenso unbeholfen und grobknorrig seien, wie seine Person, aber er behauptete, und wie sich ja zeigen sollte, mit Recht, daß im Innern ein Goldklumpen stecke, den man nur aus dem Ganggestein herausmeißeln müsse. Freilich bedürfe es dazu derber Hammerschläge, die er nicht fehlen ließ.

Als Dichter blieb Follen zeitlebens ein Romantiker des patriotischen Deutschtums, der den ehemaligen Burschenschafter nicht verleugnete, und wie er bei seinen schwärmenden Genossen den Namen »der deutsche Kaiser« geführt hatte, so hieß nun sein Hottinger Haus »die Kaiserburg«. Gottfried Keller hat die klangvolle Verskunst des schönen, mit dekorativer Würde sich gebenden Mannes geschätzt; seinen eigenen wildgewachsenen Versen kam Follens tätige Teilnahme nicht nur in technischer Hinsicht zustatten. Wenn Keller später im unermüdlichen Um- und Neuformen seiner Gedichte nicht nachließ, bis jede Zeile aus der Fülle reinster Bild- und Sprachkraft atmete: in der Schule Follens hat er solche künstlerische Unnachgiebigkeit früh üben – und auch gegen einen pädagogischen Übereifer des Mentors behaupten gelernt.

Baechtold berichtet

Gottfried Keller erzählte mir einst, daß nach Fröbel eigentlich Hoffmann von Fallersleben sein Dichtertalent zuerst entdeckt habe. Dieser fahrende Poet war im Oktober 1844, auf der Heimreise aus Italien begriffen, wieder einmal Gast des Follenschen Hauses. Eben waren im Litterarischen Comptoir seine »Hoffmannschen Tropfen« erschienen. Eines Morgens habe er in leichtem Katzenjammer nach Kellers Manuskripten gegriffen und zu Fallen gesagt: »Diesen Menschen mußt du mir einmal herholen lassen!« Am andern Tage wurde der Urheber jener Gedichte in die Kaiserburg beschieden. Hoffmann lag noch im Bett, und der neue Dichter wurde feierlich an dem Lager des illustren Kollegen vorübergeführt.

Gottfried Keller an Rudolf Leemann
[den Münchener Malerfreund]

Zürich, 16. September 1845

... Mich und meine Umsattlung anbetreffend, ist die Geschichte kürzlich folgende: Als ich vor nun bald drei Jahren in Zürich ankam, hoffte ich soviel Geld auftreiben zu können, als nötig sei, um wieder nach München zurückzukehren und meine Studien mit besserem Erfolge fortzusetzen. Aber alle Kräfte waren erschöpft. Ich vegetierte den Winter hindurch ziemlich langweilig und elend. Im Frühling 1843 wachte mein Schöpfungstrieb wieder auf; da ich aber im Malen keinen Trost und Erfolg empfand, verfiel ich unwillkürlich und unbewußt aufs Versmachen und entdeckte höchst verwundert, daß ich reimen könne! Ich machte Gedichte die schwere Menge und faßte den Entschluß, sie herauszugeben, damals nur, um eine Summe zu erschwingen, um nach München zu kehren, wohin alle meine Gedanken noch gerichtet waren. Es war aber dummes und schlechtes Zeug, das ich machte, das längst beiseite geworfen ist. Einzelnes davon verschaffte mir aber Aufmunterung, bis ich zuletzt eine Sammlung besserer Sachen beisammen hatte, welche ich kompetenten und einflußreichen Personen mitteilte. Sie wurde hin und her beguckt und geworfen; endlich hieß es, ich sei ein »Dichter«, und von da an kam ich in ausgezeichnete ehrenvolle Gesellschaft, und begann literarische Studien. Das Malen ist nun an den Nagel gehängt, wenigstens als Beruf. Was von mir gedruckt wurde, erschien nur als Beitrag in Zeitschriften und Taschenbüchern, und die Hauptexpedition, die Herausgabe eines Buches, wird erst nächsten Frühling stattfinden. Daneben habe ich dramatische und andere Spukereien die Menge im Kopf, und, falls es nicht ein Strohfeuer gewesen ist, eine schöne Zukunft. Diese wird auch teilweise von der Gestaltung der politischen Dinge abhängen, denn Du mußt wissen, daß ich ein erzradikaler Poet bin, und Freud und Leid mit meiner Partei und meiner Zeit teile.

»Lieder eines Autodidakten (Gottfried Keller von Glattfelden bei Zürich)«: unter diesem Titel erschien 1845 im »Deutschen Taschenbuch« des Litterarischen Comptoirs eine erste Auswahl von einundvierzig Gedichten, die Follen zusammengestellt hatte. Aus ihr und einer zweiten im nächsten Jahrgang ergab sich ungefähr der Bestand des Buches »Gedichte von Gottfried Keller«,

das Follen 1846 in zwölfhundert Exemplaren in Zürich drucken und bei dem befreundeten Buchhändler Anton Winter in Heidelberg erscheinen ließ. Begeistert äußerte sich im Februar 1845 schon über die erste Taschenbuchsammlung das Stuttgarter »Morgenblatt für die gebildeten Stände«; der anonyme Züricher Korrespondent, der Keller als »das bedeutendste lyrische Talent, das in der Schweiz laut geworden«, begrüßte, war der wackere Hauptmann Wilhelm Schulz:

... Der eben erst an der Schwelle des Mannesalters angekommene Dichter heißt Gottfried Keller und ist einer Handwerkerfamilie unseres Kantons entsprossen. Wie wir hören, rang der Jüngling im Kampf mit ungünstigen Verhältnissen auf dem Wege der bildenden Kunst nach einem würdigen Ausdrucke für sein inneres Leben; daher ein mehrjähriger Aufenthalt in München, der ihn indessen mehr im Sinne der angeborenen Bestimmung zum Dichter entwickelt zu haben scheint ... Diesem in der Schweiz erwachten jugendfrischen Talente wünschen wir zu seiner Entfaltung die Liebe und die Strenge der echten Freundschaft.

Gleichfalls anonym erschien in Schweglers »Jahrbüchern der Gegenwart« eine enthusiastische Besprechung:

... Da tritt ein junger Schweizerdichter auf und schüttet mit einem Male ein Füllhorn voll der herrlichsten Blüten und Früchte vor uns hin, daß wir überrascht stehen und nicht wissen, ob wir zuerst nach den zarten lieblichen Blumen greifen sollen, deren Duft uns bis ins Herz dringt, oder ob wir jene kernigen Erzeugnisse, die nur einer wahrhaft naiven und vollkräftig gesunden Natur entsprießen konnten, näher betrachten sollen ...

Gottfried Keller, der unschwer erriet, welche weibliche Hand diese empfindsam überfließende Feder geführt hatte, antwortete mit folgenden Versen:

An Frau Caroline Schulz

(als sie in den »Jahrbüchern der Gegenwart« eine etwas übertriebene lobende Rezension über meine ersten Gedichte ergoß)

Wenn aus dunkeln Tannenbüschen
Kritisch lungerndes Gesindel,
Schäbig feige Wegelagrer,
Die in ihres Bettelsackes
Bodenlosen schwarzen Gründen
Nichts als schlechte Kupfermünze,
Krumen, dürre Käserinde
Und dergleichen mit sich führen,
Auf den wandernden Poeten,
Der da harmlos geht und singt,
Ihre schlechten Witze senden,
Ihres Neides stumpfe Pfeile:
O, dann nimmt er von der Straße
Nur den ersten besten Stein,
Werfend ihn nach dem Gesträuche;
Und das feige Pack verkriecht sich,
Schneuzt und reibt die wunde Nase,
Froh, daß man es nicht erkannt.

Aber wenn der gute Dichter
Nächtlich durch die Straßen wandelt
Träumerisch im Mondenlicht,
Und von blumigem Balkone
Hinter Ros'- und Myrtenstöcken
Oder gar aus kleinem Fenster
Mit romant'schen Epheuranken
Lauschende verborgne Frauen
Überschwenglich ihres Lobes
Eine ganze Sündflut gießen
Auf den Dichterling herab:
Rosenöl und Kölnisch Wasser,
Mandelmilch und Limonade
Und dergleichen süßes Zeug, –
Ach, dann bleibt ihm gar nichts übrig,
Als den nassen Kopf zu schütteln,
Dumm verblüfft empor zu schauen,
Rufend: »O ich bitte sehr!«

Dem Ehepaar Schulz verdankte Keller im Frühjahr 1845 die Bekanntschaft mit der Pracht- und Kraftnatur Ferdinand Freiligraths, der, neun Jahre älter als er und schon ein berühmter Dichter, für kurze Zeit gleichfalls in Hottingen eine Zuflucht gefunden hatte; im Litterarischen Comptoir erschienen damals seine revolutionären Ça ira-Lieder. Als der umgetriebene Poet im Sommer 1846 nach London übersiedelte, wo er als Korrespondent eines Bankhauses unterkam, hatte Gottfried Keller mit ihm (wie übrigens auch mit Wilhelm Schulz) bereits das vertrauliche Du getauscht. Es blieb eine Freundschaft fürs Leben, die noch nach Freiligraths Tod (1876) in Kellers Briefen an die Witwe herzlich nachklingt.

Der Sechsundzwanzigjährige, den der »Ruf der lebendigen Zeit« zum Lyriker gemacht hatte, war mit dem Älteren einig auch in der »erzradikalen« Gesinnung. Eben erst hatte er es an Bereitschaft nicht fehlen lassen, sie durch die Tat zu bezeugen. Aber wie 1839 der Auszug beim »Straußenhandel«, so endete das waffenklirrende Unternehmen kläglich genug. Seit den dreißiger Jahren war in der Schweiz wie im übrigen Europa die politische Gärung nicht zur Ruhe gekommen, und noch immer wurde der Kampf zwischen dem Alten und dem Neuen, zwischen konservativ und radikal auf konfessionellem Terrain ausgetragen, wo die Freiheitspartei gegen die klerikalen Umtriebe der reaktionären katholischen Kantone anrannte.

Baechthold berichtet

Auf die Aufhebung der Aargauer Klöster antwortete der Große Rat von Luzern 1844 mit der Berufung der Jesuiten [denen der Religionsunterricht am Seminar übertragen wurde], einem Beschluß, der gegen Ende des Jahres den Bürgerkrieg anfachte. Liberale Freischaren suchten ihren bedrängten Gesinnungsgenossen in Luzern zu Hilfe zu kommen. Der erste mißglückte Zug dieser Art fand im Dezember 1844 statt. Züricher Freiwillige sollten bewaffnet zu denen aus den Kantonen Aargau, Solothurn und Basel stoßen. Auch Gottfried Keller befand sich unter dem kleinen Häuflein, das indessen nur bis in das eine Stunde von Zürich entfernte Albisrieden kam und sich dort auflöste.

Sonntags den 31. März 1845 rotteten sich neue Bewaffnete aus dem Kanton Zürich zusammen, um an dem zweiten, größeren

Freischarenzuge gegen Luzern teilzunehmen. Statt der erwarteten achthundert Mann fanden sich nur wenige Freiwillige ein, welche auf ihrem Marsch allmählich auf siebzig bis achtzig anwuchsen. Im Zuge schritt auch wieder Gottfried Keller, der sich feldmäßig ausgerüstet hatte mit Gewehr, Hirschfänger, Freischarenhut und Tabakspfeife. Der nachmalige schweizerische Bundespräsident Dr. Jakob Dubs von Affoltern, damals Substitut beim Verhörgericht, ritt an dem sonderbaren Gewalthaufen vorbei und rief dem Freunde lachend zu: »Gottfried, du hast ja einen hölzernen Feuerstein!« In der Tat befand sich an der Stelle, wo dieser sein sollte, das übliche Sperrhölzchen, das in Friedenszeiten am Gewehrschloß angebracht war. Die Züricher zogen nach Maschwanden, wo Statthalter Hegetschweiler den Weitermarsch verhinderte. Die Bauern zeigten sich über die tatendurstigen Krieger sehr ungehalten: es sei eine Schande, an einem Sonntage mit Waffen im Lande herumzulaufen. Die also Gescholtenen kehrten größtenteils, nachdem sie den Tag über beim Weine umsonst auf Zuzug gewartet, nachts kleinlaut und verfroren auf Leiterwagen heim. Am nächsten Morgen fand in Zürich beim schönsten Frühlingswetter das Sechseläuten statt, währenddem die Hauptmacht der Freischaren vor den Toren Luzerns durch die Kopflosigkeit der Führer und den Mangel an Disziplin eine völlige Niederlage erlitt. Zu Ende des Jahres vereinigten sich sieben schweizerische Kantone zu dem Sonderbunde, der erst im November 1847 siegreich niedergeworfen wurde.

Die Mutter hatte den Gottfried lächelnd gewähren lassen, war aber doch froh, als ihr Einziger mit heiler Haut zurückkehrte ...

Ich besitze eine köstliche Karikatur aus dieser Zeit, von einem Freunde Kellers, dem Kupferstecher Johannes Ruff, 1845 gezeichnet und koloriert: »Wie eine wohlorganisierte Freischar ausziehen thät.« Im vordern Gliede der kleine Gottfried Keller mit Brille und Bocksbärtchen und im Zylinderhute, das grüne Mäntelchen und eine große Trommel, die er heftig rührt, umgehängt ...

Keller selbst hat genau zehn Jahre später die Episode in seiner Novelle »Frau Regel Amrain und ihr Jüngster« dargestellt, weniger karikaturmäßig, dafür mit einem freien Humor, der sich um so höher über die politischen Augenblickshändel erhebt, als er einer tieferen Einsicht in die immer veränderungssüchtigen menschlichen Dinge entstammt, wo bald der Kern nichts taugt, bald um die Schale gestritten wird. Von Fritz Amrain, der wie der sechsundzwanzigjährige Gottfried Keller zweimal kriegerisch ausgezogen und kläglich heimgekehrt war, heißt es zuletzt: »Er nahm sich nicht gerade vor, nie mehr auszuziehen, da die Ereignisse nicht zum voraus gezählt werden können und niemand seinem Blut gebieten kann, stille zu stehen, wenn es rascher fließt; aber er war nun sicher vor jeder nur äußerlichen und unbedachten Kampflust.«

Gottfried Keller an Johann Salomon Hegi

Zürich, 10. Mai 1846

Daß meine Liebeslieder Dir gefallen, freut mich sehr; sie haben auch anderwärts so ziemlich gefallen und das beweist mir, daß ich eine gute Phantasie habe, denn es ist das meiste erdichtet, also wenig Wahres daran. Zwar als ich sie machte, glaubte ich selbst, sie wären so ziemlich erlebt; denn diese Jugendliebe oder erste Liebe usw. war allerdings vorhanden; es ist aber eine ferne, unbestimmte und verblaßte Geschichte, ein verblichenes Bild, dessen Farblosigkeit ich erst bemerkte, als ich mich, nicht lange nach Beendigung der Lieder, wirklich mit aller Macht verliebte und einsah, daß ich eine Menge Gefühle vorher nie gekannt habe. Das war nun freilich eine andere und hitzigere Affäre ...

Der Maler Johannes Ruff an Gottfried Keller

23. August 1846

Wie ich höre, bist Du noch immer in einem von Liebe umgarnten Zustande; da ist freilich guter Rat teuer, und am allerwenigsten sind Vernünfteleien hier am Platz. Daß Du aber durch Wein Dich zu heilen glaubst, ist ebenso unrichtig ... Die Abreise Freiligraths ist unter diesen Bewandtnissen eine Fatalität für Dich. Du treibst es aber mit der Zurückhaltung zu weit, und wenn Dir der nächste Sauser keinen Mut macht, so bist Du verloren.

Johann Salomon Hegi an Gottfried Keller

24. Oktober 1846

Ich glaube fast, es ist wieder der Moment zu einer entscheidenden Tat, sei es Ergreifung oder Entsagung der Sache, beide fordern Kraft, sehr viel Kraft; aber in Deinem jetzigen Zustand kannst Du nicht verharren. Möge ich nur nicht in eine solche bittersüße Lage vor der Zeit geraten, ich weiß nicht, was ich täte. Nur schon durch Deine Beschreibung des Wesens werde ich von der äußern Welt abgeschlossen und verliere mich in Träume; wohin geriete ich, wenn ich erst eine solche holde Gestalt zu sehen bekäme.

Es scheint sich bei dieser »hitzigen Affäre« um Frau Freiligraths Schwester gehandelt zu haben, die zierliche Marie Melos, die auf den Tag ein Jahr jünger war als Gottfried Keller und, Tochter eines Weimarischen Professors, noch auf Goethes Knien gesessen hatte. Der redensartlich spaßende Ton, womit Keller den Verkehr harmlos zu machen bemüht war, setzte sich ein Menschenalter später in einem behaglichen Altersgeplänkel fort: Marie Melos klopfte 1877 brieflich an, und bis zu ihrem Tode (1888) haben die beiden alljährlich zum 19. Juli heitere Geburtstagsbriefe getauscht.

Von seinem immer lebendigen Interesse an den öffentlichen Dingen wurde übrigens der Siebenundzwanzigjährige nicht abgezogen, denn gleich nach jenem Geständnis, daß er sich »mit aller Macht« verliebt habe, berichtet er an Hegi von der neuen Züricher Regierung (12. Mai 1846):

Wisse also, daß das Zürcher Volk im schönen Monat Mai 1846, in einer ruhigen Zeit, ohne Umtriebe und Aufregung, ohne Hitze und Zorn, kühl und vernünftig und still einen Großen Rat gewählt hat, der selbst in den dreißiger Jahren nie so radikal bestellt war. So hat sich der 6. September [der Tag des Straußenhandels] gerächt; er ist verschwunden und überwunden wie ein Dampf. Wird man bald sehen und merken, was Wurzel fassen will und was nicht? Was sein muß und was nicht und wo es hinaus will? Man schiebt es zwar bequem dem sogenannten Zeitgeist in die Schuhe; aber was ist denn eigentlich Zeitgeist? Ist es etwas anderes, als die Geschichte selbst, in ihrem jeweiligen Moment? Wer will sie im voraus richten? Mit ihrer Vergangenheit aber kann sie tun, was ihr beliebt, denn sie ist Herr im Haus.

Unterdessen war, Sommer 1846, der Gedichtband erschienen und Gottfried Keller durch ein Honorar von siebenhundert Gulden aus allem Schuldenwesen erlöst, das ihm noch von München anhing. Eine kleine Sommerreise, die er mit dem Rest des Honorars unternahm, hat er zwanzig Jahre später auf einem literarischen Erinnerungsblatt verewigt. Das Blatt galt dem merkwürdigen Reisegefährten von damals, dem Luzerner Musiker und Dichter Xaver Schnyder von Wartensee (1786–1868), dem Weltmann und Sonderling, dem »lächelnden feinen Mann, in seinen unsterblichen Nanking sommerlich gekleidet, die Nankinggamaschen mit artigen, aber soliden Messingkettchen unter den Sohlen befestigt«:

Es war etwa um das Jahr 1846, als ich in Schnyders und eines Dritten Gesellschaft den Zürich- und Wallensee hinauffuhr, um einen Gang durch die Viamala zu tun, welche noch keiner von uns gesehen hatte. Das Wetter war herrlich, bis wir an Ort und Stelle, d. h. am Eingange der Schlucht waren; dort wurde es trübe, und da meine beiden Gefährten sich schon an dem bisher Gesehenen sattbewundert hatten, so schien ihnen jetzt jener Zweck erreicht und die wohl unterhaltene Straße zwischen den nahen Felswänden gerade bequem, sich in musikalischen Gesprächen darauf zu ergehen. Keines Blickes wurde der tief unten schäumende Rhein, keiner Bemerkung die kühnste Form in der Höhe, die schönste Vegetation gewürdigt; nur spezifisch musikalische Streitreden hörte man unter öfterem Stillestehen und Gestikulieren.

Auf meine Zerstreutheit endlich aufmerksam geworden, sagte Schnyder: »Kommen Sie, lassen Sie uns jetzt aber auch ein anderes Thema berühren! Lassen Sie sich mein Zusammensein mit Rückert erzählen!« Nun beschrieb er uns, wie er vor langen Jahren eines Tages auch bei dem Dichter gewesen, zur Zeit, als Matthisson noch lebte; wie da gerade eine Art Huldigungsgedichtchen von diesem an den Meister der Lieder und der Sprachen angekommen sei, Rückert es stumm gelesen, Schnyder gezeigt und das Papier dann langsam mit zwei spitzen Fingern in seinen Papierkorb habe sinken lassen. Ein Schauder habe ihn, Schnyder, beim Anblick dieses Wechsels der Dinge, dieser Vergänglichkeit durchrieselt. Mich erboste die nachträglich erzählte Exekution vollends, und ich rief: »Nun, da kann man von Rückert jetzt schon ganz dicke Dramen, zum Beispiel seinen ›Columbus‹ (der unlängst erschienen war), in den Papierkorb werfen; denn der

Papierkorb deutscher Nation ist tief wie dieser Abgrund hier!« Wir hatten eben das »verlorne Loch« passiert und standen gerade zur Seite des tiefsten Absturzes der Viamala. »Sehen Sie, so wird der ›Columbus‹ hinuntersäuseln, gerade wie jenes arme Gedichtchen!« Ich nahm eine fußlange Steinplatte, wie man uns in Chur geraten hatte, vom Gerölle am Weg und ließ dieselbe über die Brustwehr hinunterfallen. Wir guckten dem Stein alle drei nach, und wirklich war das »Loch« so tief, daß der Stein zuletzt langsam, wie ein von der Luft getragenes Papier zu schweben schien, eh' er, an einen Fels schlagend, über dem Rheinschaum unten zerstäubte.

»Gut«, rief nun Schnyder, »dieses verlorene Loch, dieser schlechte Weg, Viamala, soll der deutsche Papierkorb sein; da wollen wir gleich Euere ganze Dramatik, Eueren Herrn Soundso und Denundden, Euere Modernsten allesamt hinuntertun! Und hier Euere Gedichtchen, Euere Zeitungsartikel, Eueren ganzen Schmerz, so tief wie ein Papierkorb!« Damit ergriff er Steine und Steinchen, dieselben lustig in die Tiefe sendend und jeden mit dem Namen eines modernen Geräuschmachers benennend, wozwischen ich dagegen nicht säumte, eine Zahl Autoren aus seiner Jugendzeit oder einzelne Erzeugnisse derselben nachfolgen zu lassen. Durch diese Posse waren wir jedoch alle auf die Größe der uns umgebenden Natur aufmerksam geworden, und es wurde ihr von nun an die gebührende Aufmerksamkeit gewidmet.

Aber als wir, auf dem Rückwege, am nächsten Tage in Ragatz übernachteten, beschloß Schnyder, die Naseweisheit der Jugend noch extra zu bestrafen. Zahlreiche Gäste befanden sich schon an der Heilquelle. Hinten in Pfäfers badete Lamartine, vorn in Ragatz waren auch zwei oder drei oft genannte Personen, so daß eine gewisse Neugierde und ein Getue in der Luft steckte. Namentlich war da irgendeine berühmte Sängerin oder Schauspielerin, welche im »Hof« logierte und die Schnyder zu kennen behauptete. Dieser versprach er uns nun vorzustellen; aber es müsse, sagte er, auf originelle Weise geschehen, durch das Mittel eines Ständchens, das er bestreiten wolle. Nachdem in der Dunkelheit das erleuchtete Fenster der berühmten Schönen aufgesucht war, stellte sich Schnyder mit uns darunter, zog plötzlich ein Flageolettchen von Ebenholz, von dessen Vorhandensein wir keine Ahnung gehabt, aus der Tasche und blies eine allerliebste Weise auf dem kleinen Instrument. Verwundert über diese unverhoffte Kunst, gafften wir jedoch fleißig in die Höhe, das Fenster tat sich auf, und die Dame schaute gleichfalls verwundert auf uns hernieder vom ersten Stockwerk. Wir sahen uns nach unserm Schnyder um, daß er das Wort ergreife; allein der Schalk hatte sich schon mit größter Gewandtheit im Dunkel verloren und ließ uns beschämt im Stiche, so daß wir plötzlich Reißaus nahmen und mit langen Sätzen um die Ecke flohen.

Um dieselbe Zeit näherte sich Gottfried Keller ein anderer Musiker, der Komponist und spätere Züricher Universitätsmusikdirektor Wilhelm Baumgartner, »auch so ein kleiner schwarzer Kerl wie ich« (erzählte Keller gern), mit dem ihn fortan eine der schönsten Männerfreundschaften seines Lebens verband. Baumgartner hat zahlreiche Gedichte Kellers vertont, als erstes 1846 das Lied »An mein Vaterland«, das zur Schweizer Nationalhymne geworden ist. Mit Richard Wagner, als er in Zürich lebte, war Baumgartner nahe befreundet.

Richard Wagner über Baumgartner und Keller
(»Eidgenössische Zeitung« vom 7. Februar 1852)

Die Tongebilde W. Baumgartners, wie sie in der Gesangsmelodie und einer Begleitung, welche diese Melodie wiederum trägt und verdeutlicht, erscheinen, sind zunächst Produkte rein musikalischer Erfindung; erfreulich ist hier aber sogleich die Wahrnehmung, wie diese Gebilde ganz in dem Grade auch musikalisch werden, als sie von einem bedeutenden Inhalte des Gedichtes angeregt sind, was uns von der gesunden Stellung des Musikers zum Dichter das beste Zeugnis gibt . . . In dieser Richtung muß Baumgartner endlich in die Notwendigkeit geraten, den Dichter aufzusuchen, der durch seine Gedichte nichts mehr der rein musikalischen Willkür des Komponisten überlasse, sondern in ihnen ihm den vollständigen sinnlichen wie sinnvollen Keim für die Blüte der Melodie zuführe . . . Möge Baumgartner diesen Dichter in seinem schweizerischen Landsmanne und Freunde Gottfried Keller finden, und der gemeinsamen Schöpfungskraft beider das wirkliche, von der Dichtung wie von der Melodie untrennbare Lied entblühen, das in der Produktion der heutigen Mode gar nicht vorhanden ist, und dem Baumgartner seinerseits in seinen uns vorliegenden Liedern mit liebenswürdigem Eifer zustrebt!

Gottfried Keller an Ferdinand Freiligrath [in London]

Zürich, 5. Februar 1847

Teuerster Freiligrath!

Schulz trägt mir auf, für ihn an Dich und Deine verehrteste Frau zu schreiben, zuvörderst mit der Versicherung, daß ein eigenhändiger Brief, sobald nur das Dunkel seines jetzigen Gemütszustandes sich etwas wieder gelichtet hat, ihm nicht nur willkommene Pflicht, sondern auch lindernde Erholung sein soll. Freitags den 29. Januar nachmittags starb seine Frau, und am 1. Februar trugen wir sie zu Grabe auf den Neumünsterkirchhof. Ihr Haupt liegt gegen Osten gewendet, und ihr zur Seite südlich herum bis gegen Westen schaut die ferne Alpenkette auf das »kühle Bett« der lieben deutschen Frau. Obgleich schon seit vielen Wochen die Ärzte die Achsel zuckten und zuletzt ziemlich bestimmt das Ende ankündigten, wenn man sie unter vier Augen befragte, so macht doch der Tod der Frau Schulz auf uns alle den Eindruck eines plötzlich und hart hereingebrochenen Unglückes. Da Ihr in Euren herzlich erwarteten und begrüßten Briefen den Glauben ausspracht, daß alle Gefahr vorüber sei, so wird der Eindruck meiner traurigen Botschaft ohne Zweifel noch größer auf Euch sein ...

Schulz ist anscheinend ruhig und teilnehmend an den weltlichen Dingen; aber innerlich scheint er von tiefem und niederdrückendem Schmerze ergriffen zu sein; oft ist er ganz matt ... Am 1. März werde ich zu ihm ziehen, um seine Einsamkeit zu teilen oder vielmehr aufzuheben. [Schulz verband sich später in zweiter Ehe mit einer Freundin der Verstorbenen, Katharina Bodmer, mit der er ein Erziehungsinstitut für Mädchen gründete.]

... Jüngst habe ich bei Eßlingers [Regierungsrat Melchior Eßlinger] gegessen; sie haben ein sehr schönes Mädchen, welches einen mit großen Augen anguckt; ich habe dabei an Euer liebes Kind gedacht. Ich glaube, es wird einmal eine ganz interessante Dame werden. Wenn es erwachsen ist, so sagt es ihr doch dann, daß ich dies vor zwanzig Jahren schon gesagt hätte. Vielleicht erquickt es mich alten Kerl dann in irgend einer schlimmen Stunde, wenn ich für diese gut angelegte Prophezeiung unverhofft einen freundlichen Blick von einem anmutigen Jungfräulein bekomme. Zugleich hoffe ich mich dadurch in gutem Angedenken bei der Mutter zu erhalten, welche ich ehrerbietigst und angelegentlichst grüße. Nach Dir habe ich oft das Heimweh, und es ist mir überhaupt seit einiger Zeit kurios zu Mute. Ich suche oft mit großer Ängstlichkeit ein besseres und feineres Glas Wein als gewöhnlich und trinke es unter wunderlichen und fremden Gedanken. Ich bin auch unter den Leuten fremd. Da die Poeten nichts anderes sind als eigentliche Menschen und folglich letztere alle auch Poeten sind, so sehen sie doch einen sogenannten Dichter scheu von der Seite und mißtrauisch an wie einen Verräter, welcher aus der Schule schwatzt und die kleinen Geheimnisse der Menschheit und Menschlichkeit ausplaudert. In einigen Wochen lasse ich etwa vierzig Gedichte drucken, und nachher werde ich endlich meinen Roman fertig machen, welcher den Titel »Der grüne Heinrich« bekommen wird ...

Wie ich mein Geschreibsel überlese, ersehe ich, daß ich unschicklicherweise die traurige Veranlassung dieses Briefes aus den Augen verloren habe. Legt mir dies nicht zum übeln aus und erinnert Euch zuweilen an Gottfr. Keller

Wenn Du gelegentlich an Deine Schwägerin, Fräulein Marie [Melos], schreibst, so bitte sie ebenfalls, einen dichterlichen Gruß von mir anzunehmen. Follen grüßt auch herzlich, ebenso würden noch eine Menge Leute grüßen, wenn ich sie darum befragen würde.

In der Tat hatte Gottfried Keller nach der reichen lyrischen Ernte des Jahres 1845 im verflossenen Sommer die ersten Seiten des »Grünen Heinrich« niedergeschrieben, aber daß er ihn nun »endlich fertig machen« werde, war eine der vielen Selbsttäuschungen, denen er, wie sich zeigen wird, immer wieder unterlag, wenn er die alsbaldige Vollendung dichterischer Pläne in Aussicht stellte, die nur in seinem Kopfe »fertig« waren.

Zunächst einmal geriet er in neue Liebesnöte, als er, wie beschlossen, im Frühjahr 1847 zu dem verwitweten Freunde Wilhelm Schulz ins Haus »Sonnental« nach Hottingen zog. Im gleichen Hause wohnte der Gymnasialprofessor Orelli-Breitinger mit seiner Frau, und dieses vortreffliche ältere Paar hatte sich eine reizende Winterthurerin zu Gast geladen, eine Sommerbekanntschaft vom Jahre vorher. Luise Rieter, neunzehnjährig, schlank und hochgewachsen, mit lachenden braunen Augen, braunen Locken und angenehmem Stumpfnäschen, dazu unbefangenen und schlagfertigen Wesens, mußte auf den jungen Dichter Eindruck machen, dessen Bekanntschaft sie wohl nicht ohne Neugier gesucht hat.

Luise Rieter an ihre Mutter

8. Mai 1847

Er [Professor Orelli] schwebt in beständiger Furcht wegen Herrn Keller, und wirklich bin ich noch gar nicht in seine Nähe gekommen. Wenn wir nachmittags im Garten sind, so will er immer hinter das Haus, aus Furcht, Keller würde mich vom Fenster her erblicken, oder er macht mit mir kleine abschweifende Spaziergänge.

12. Mai 1847

Keller spricht wenig und scheint eher phlegmatischen Temperaments zu sein. Er hat sehr kleine, kurze Beine, schade! Denn sein Kopf wäre nicht übel, besonders zeichnet sich die außerordentliche hohe Stirn aus. Es war ihm nicht ganz wohl, hoffen wir, daß es nicht ich war, die ihm Weh verursachte, und er verließ uns bald wieder. In der Nähe fast vis-à-vis von meinem Fenster haust in einem Dachstübchen ein noch junger Maler, zu dem eben Herr Keller gehüpft. Ich sehe sie dann und wann am Fenster leuchten, ob sie mich wohl als eine Madonna abkonterfeien? Kein übler Gegenstand!

Daß die muntere Schöne bald wieder nach Winterthur entschwand, scheint in Gottfried Kellers entzündlichem Herzen erst recht den Brand entfacht zu haben. Schließlich flüchtet er sich in ein Tagebuch, zum ersten Mal seit den Aufzeichnungen von 1843; er nennt es »Traumbuch«, weil viel von Träumen darin die Rede sein soll. Als er es gegen den Herbst zu beginnt, ahnt er nicht, daß Luise Rieter in wenigen Wochen aufs neue bei ihren Hottinger Freunden einkehren wird.

Aus Gottfried Kellers »Traumbuck« 1847

Nacht vom 5. auf den 6. August 1846

Ich legte mich um elf Uhr etwas unwohl zu Bette und glaubte einiges Fieber zu haben; es war sehr schwül. Kaum war ich eingeschlafen, so weckte mich die Feuerglocke; vom Mondschein und dem geröteten Himmel war die Kammer seltsam erhellt; ich stieg aber zu oberst unter das Dach hinauf, um das Feuer zu sehen. Es war auf dem Lande. In der Gegend der Limmat stieg die rote Rauchsäule feierlich zum Himmel. Die Luft war lau und das Mondlicht fast wie berauschend; von der unmittelbaren Säule hinweg sammelte sich der Rauch in eine horizontale Schicht und trieb wie eine große Streifwolke weit gegen Westen hinaus oder vielleicht gegen Osten her, ich weiß es nicht mehr, wenigstens hing er am westlichen Himmel. Nachdem ich das Zusammenstürzen des Daches, welches sich immer durch ein letztes gewaltiges Auffahren von Rauch und Glut auch in der Ferne bemerklich macht, vergeblich hatte abwarten wollen, ließ ich Feuer und Mondlicht und eilte wieder hinunter ins Bett. Befangen und aufgeregt und unwohler als vorher, fürchtete ich, daß mir die noch immer fortwährende Feuersbrunst in Schlaf und Traum hineinbrennen und eine schlimme Nacht verursachen möchte. Ich hatte gegen Morgen folgenden Traum:

Den 15. September 1847 fortgesetzt, der Traum ist mir noch ganz gegenwärtig.

Ich stand in der Dämmerung auf dem Rathausplatze unter einem jener großen Volkshaufen, die sich zu versammeln pflegen, wenn irgendein Verbrecher auf die nahe Hauptwache geführt wird. Es war schon dunkel, als langsam ein Wagen durch das Gedränge gefahren kam, auf welchem eine unkenntliche schlanke Weibsperson saß, quer auf den Knien lag ihr totes Kind, sie aber saß aufrecht und reglos. Da kommt die Kindsmörderin, summte das Volk, in einer halben Stunde wird sie geköpft. Als ich die hohe Gestalt über den Häuptern der Menge dahinschwanken sah, hatte ich, wie ich mich ziemlich bestimmt erinnere, das Gefühl: ich wünschte ihr noch, daß das genossene Liebesglück kein gemeines und so groß gewesen sein möge, als das gegenwärtige Leid, dann sei es schon gut.

Es war jetzt ganz Nacht geworden. Eine weiche, weiche Hand faßte die meine. Ein ganz unbekanntes fünfzehnjähriges Mädchen, dessen Augen ich in der Dunkelheit funkeln sah, flüsterte mir ins Ohr: »Gottfried Keller, komm, wir wollen zu mir heim gehen!« und zog mich geschickt und sachte aus dem Gedränge. Wir gingen durch allerlei dunkle Gäßchen, die ich in Zürich bisher gar nicht gekannt hatte und die auch nicht existieren. Das Mädchen schmiegte sich an mich und war ein unsäglich buseliges und liebliches Wesen, welches mich ungemein behaglich machte;

ich verwunderte mich auch nicht, als auf einmal ihrer zwei daraus wurden, deren jede an einer meiner Seiten hing. Sie waren ganz gleich, nur mit dem Unterschiede einer etwas jüngeren und älteren Schwester. Als wir in einem Sackgäßchen angekommen vor einem hohen, schmalen Hause standen, hießen mich die Kinder leise und behutsam gehen. So stiegen wir viele enge und steile Treppen hinan, jeden Tritt berechnend in der schwarzen Finsternis, sie führten mich an beiden Händen, oftmals hielten wir an, und die guten Mädchen suchten dann mein Gesicht und küßten mich herzlich, aber vorsichtig auf den Mund; sie konnten, wie mich dünkte, die Küsse sehr gut und vollkommen ausprägen, ohne Geräusch zu machen, sie fielen von ihren Lippen, wie neue goldene Denkmünzen auf ein wollenes Tuch, ohne zu klingen. Darum brauchten wir eine lange Zeit, bis wir endlich oben, in einem kleinen Dachkämmerchen, waren. Dasselbe war ganz vom Monde erhellt. Die runden Scheiben der Fensterchen waren auf den Boden gezeichnet. Sogleich zogen wir alle die Schuhe aus, um nicht laut aufzutreten. Man sah aus dem Fenster, vor welchem ein hohes Dach hinabging, über viele Dächer hinweg, unter denen man kaum die Fenster als schwarze Vierecke erkennen konnte; der Mondschein schwamm auf den Dächern, die Stadt war eingeschlafen und still, wir waren auch mäuschenstill, denn die Mädchen sagten, daß viele alte, böse Weiber in den benachbarten Dachkammern wohnten, welche ihnen immer aufpaßten und jede Freude zu verbittern suchten; wenn eine aufwache und uns höre, so seien wir des Todes.

Wir saßen an einem kleinen Tischchen zwischen dem Fensterlein und dem Bette, welches mit einem schneeweißen Tuche sehr ordentlich und glatt bedeckt war. Wir durften natürlich kein Licht machen und saßen auch lieber so im Halblichte. Wir aßen und tranken etwas, aber ich weiß nicht mehr was, nur daß wir vergnüglich und leise die blinkenden Gläser aufhuben und wieder absetzten; und wenn etwa eines an einen Teller stieß, so zuckten wir ängstlich zusammen. Als eines der guten Kinder aufstand, das Bettuch abnahm und sehr sorgfältig zusammenlegte und dabei sagte: »Wenn wir schläfrig werden, so können wir uns nun gleich aufs Bett legen und rechtschaffen schlafen«: da durchfuhr mich ein ganz seliges Gefühl, aber nicht eigentlich sinnlich. Sie setzte sich wieder ans Tischchen und bot mir ihre weißen jungen Schultern zum Liebkosen, da fuhr sie plötzlich zusammen und sagte: »Herr Jesus, die Weiber kommen!« Halbtot vor Schrecken duckten sich beide fast in mich hinein, und ich umfing sie, indem wir alle drei atem- und lautlos aufhorchten. Wirklich hörte ich deutlich, wie jemand über das Dach hinschlarpte, an einem benachbarten Dachfenster anklopfte, wie dort ebenfalls jemand herausstieg auf das Dach, dann sahen wir verschiedene Schatten vor unserem Fenster vorbeihuschen, es war offenbar, die alten Weiber weckten und versammelten sich; die Ziegel rasselten unter ihren schlürfenden Füßen, es kam immer näher über unsern Köpfen, es flüsterte: »Langt nur 'nein, sie haben gewiß einen bei sich!« Ein Ziegel wurde aufgehoben, eine lange, magere Hand langte herein, tappte herum und erwischte meine Haare, welche gen Berg standen, das Blut schien in meinen Adern zu gerinnen, als ich erwachte und tief aufatmete. Der bleibende Eindruck des Traumes war aber ein angenehmer, und ich bin froh, daß es so abgebrochen wurde. Dieser Traum hatte mich erquickt für viele Tage, wie wenn ich das artige Abenteuer wirklich erlebt hätte.

15. September 1847

Heute nacht besuchte ich im Traum meine Mutter [Keller wohnte noch bei Schulz in Hottingen] und fand eine große Riesenschlange auf dem Tabouret zusammengeringelt liegen, wie früher unsere rote Katze, welche gestorben ist. Die Schlange bildete eine ordentliche Pyramide auf dem kleinen Stühlchen, auf dem obersten engsten Ringe lag der kleine Kopf, und neben ihm ragte das spitzige Schwanzende empor, welches aus dem hohen Innern des Turmes vom untersten Ringe her aufstieg. Da ich erschrak, so versicherte meine Mutter, es sei ein ordentliches gutes Haustier, und sie weckte dasselbe. Wirklich entwickelte sich die Schlange sehr gemütlich, gähnte und reckte sich nach allen Seiten, wobei sie die schönsten Farben schimmern ließ. Dann spazierte sie in hohen Wellenbewegungen in der Stube umher, über den Schreibtisch und über den Ofen hin, stellte sich auf den Schwanz und fuhr mit dem Kopfe, da sie sich bei weitem nicht ganz aufrichten konnte, rings an der Stubendecke umher, als ob sie Raum suche. Dann folgte sie der Mutter in die Küche und auf den Estrich, wo sie hinging. Auch ich tat bald vertraut mit dem Tier und rief es gebietrisch beim Namen, den ich vergessen habe. Plötzlich aber hing die Schlange tot und starr über den Ofen herunter, und nun fürchteten wir sie erst entsetzlich und flohen aus der Stube. Da wurde sie wieder munter, putzte sich, lachte und sagte: »So ist es mit euch Leutchen! Man muß immer tot scheinen, wenn man von euch respektiert werden soll.« Wir lachten auch, spielten mit ihr und streichelten sie. Da stellte sie sich wieder tot, sogleich wichen wir entsetzt zurück; sie machte sich wieder lebendig, und wir näherten uns wieder, sie erstarrte nochmals, und wir sprangen immer wieder fort. So trieb sie das Spiel, während ich mich in andere Träume verlor, die sehr schön waren; denn es reut mich sehr, daß ich alles vergessen habe.

Ich glaube, ich träumte von der Winterthurerin, weil mich immer noch eine Sehnsucht treibt, diese Träume auszugrübeln, aber es ist vergebens. Man sollte sich während besonderer Träume bestimmte Kennzeichen machen können. Dies erinnert mich an einen Traum, den ich vor einigen Jahren hatte, wo ich, von schrecklichen Bildern gequält und gepreßt, mich kurz und gut entschloß, mich an der Nase zu zupfen, damit ich erwache. Dies geschah auch, und ich fühlte beim Erwachen noch deutlich den Druck des Daums und Zeigefingers an meiner Nase. Als ich diesen lustigen Vorfall erzählte, machten die Leute ungläubige Gesichter, obgleich ich durch ihre eigenen Erzählungen ähnlicher Träume dazu veranlaßt war. Sie stießen sich auch nicht am Sonderbaren, sondern nur am Zutreffenden und Passenden dessen, was ich zum Gespräche und Stoff desselben beitrug. Weil viele Schwätzer die Gewohnheit haben, von jeder Sorte von Erfahrungen und Merkwürdigkeiten, die gerade verhandelt werden, auch eine noch auffallendere besitzen zu wollen, so schienen die Leute mich auch in diese Klasse zu stellen. Aber da mir sonst immer der Vorwurf der Einsilbigkeit und mürrischen Wesens gemacht wird, bewies mir dies nur wieder die beleidigende Gedankenlosigkeit der meisten Leute.

Auch dem Schulz werde ich beim Frühstück keine Träume mehr erzählen, weil er den Verdacht aussprach, daß ich dieselben vorweg ersinne und erfinde. Er kennt nur die einfachsten Träume als: heut träumte ich von einem Sarg, oder von Rauten, oder: ich fing Fische, oder: ich sah einem die Nägel abschneiden usf. Weil er keine Phantasie hat, welche auch im Schlafe schafft und wirtschaftet, so hält er einen wohlorganisierten Traum, der einen ordentlichen Verlauf und schöne künstlerische Anschauung hat, für unmöglich. So geht es! Der gute Schulz kann mit mir darüber zanken, daß ich in religiösen Dingen noch weniger

Glauben haben will, als er, er kann sich sogar im Eifer in dogmatische Redensarten verirren: aber das Nächste und Einfachste, an einen schönen Traum glaubt er nicht, weil er ihm anspruchslos beim Frühstück erzählt wird und nur drei Schritte von ihm geträumt worden sein soll, vielleicht auch, weil sich keinerlei Bedeutung daraus ergibt, wenigstens für ihn nicht; denn in diesem Punkt ist er sehr gläubig und verlangt unsere Aufmerksamkeit für die abgeschmacktesten Dinge, welche er behauptet. Es ist doch sonderbar, wie auch der vortrefflichste Mensch solche Eigenschaften haben muß, gleich einem stolz segelnden Schiffe, welches Ballast braucht, um zu seiner guten Fahrt gehörig schwer zu sein.

Was habe ich für Ballast! – – o weh mir armen Treckschuite [holländisches Treckschiff]! eigentliche Kalkblöcke, die noch so greulich brausen, wenn das Meerwasser hereindrängt! Als mein Lebensschiff aus Ostindien zurückging, nachdem es seine Ladung abgegeben, wurden ihm als Ballast ausgestopfte Krokodile und wüste Seetiere, Tiger und Hyänen mitgegeben für die Raritätensammlung in Europa, um wenigstens einigen Nutzen mit der Fracht zu verbinden. Schwere Kisten voll wunderlicher Schnekken und Muscheln und Stachelpflanzen pfropfte man in die tiefen Räume, und als man das Schiff immer noch zu leicht befand, nahm man noch eine Truppe sündhafter nackter Bajaderen in die Kajüte, welche nach Paris bestimmt waren! Aber es fällt mir ein, daß es ein schlechter Spaß ist, mit seinen schlimmen Eigenschaften und Fehlern und gar mit seinen Sünden zu kokettieren; denn es ist kokettiert, wenn man witzige Bilder braucht, um sie zu bezeichnen, und vor einer höheren Einsicht verschwinden diese Seifenblasen der Phantasie. Nur eins noch! Es könnte viel Kummer und Verdruß verhütet werden, wenn jeder Mensch sich dreimal besänne, ehe er gute Ladungsstücke eines andern für Ballast und diesen letzteren als gute Fracht erklärt. Wenn man sich selbst ein wenig auf die Eisen geht, so kann man entdecken und muß gestehen, daß man sich vieler Dinge eigentlich zu schämen hat, welche an einem gelobt werden, und umgekehrt. Das erstere tut unserer elenden Eitelkeit freilich nicht so weh, wie das letztere. Ich weiß nicht, welches empfindlicher ist: um gewisser Eigenschaften willen, die gerade nicht jedermann hat und daher für originell gelten, nichtsdestoweniger aber Schwachheiten sind, auf die zudringlichste Weise immer hervorgezogen und ausgezeichnet, oder um einiger Schroffheiten und Unebenheiten willen, die einem guten und löblichen Boden entspringen, immer getadelt zu werden.

Studiere dich selbst, jetzt und immer, deine Vergangenheit und Gegenwart, vergleiche deine strengen Betrachtungen mit dem, was andere, Freunde und Feinde, von dir halten, und du wirst zu zweierlei Resultaten kommen: entweder wirst du milder und friedlicher und umgänglicher – oder feiner und strenger und gewinnst an Stärke über die Gedankenlosen, je nach deinem Grundcharakter, in beiden Fällen aber wirst du, wie mich dünkt, nur gewinnen.

Ich schlenderte heute vormittag über den Fischmarkt. Weber, der Kupferstecher, lief mir nach und forderte mich auf, einen Frühtrunk zu nehmen. Ich hatte ihn vor vielen Wochen einmal in einer Kneipe, als wir in später Nacht ziemlich warm waren, verhöhnt, daß er immer sauren Wein söffe, was ihn fürchterlich aufbrachte, so daß wir uns ziemlich laut zankten beim Nachhausegehen und er mir endlich einen Stoß gab, daß ich auf den Hintern purzelte, worauf ich wütend auf- und ihm an den Kragen sprang. Die Freunde fuhren zwischen uns, die Polizeier und Nachtwächter umringten uns – kaum aber hatte mich einer dieser letzteren erkannt, so schrie er seinen Gesellen zu: »Fort mit uns! Das ist einer von den ›Freien Stimmen‹. Da werden wir in dem Saublatt herumgezogen!« Worauf sie sämtlich sich zurückzogen und uns ungeschoren ließen. Ich bin nämlich stark verdächtig, Mitarbeiter jenes Spott- und Schmähblattes zu sein, was mich nicht sehr freut. Diesmal aber rettete uns dieser Verdacht; da die konservativen Spießer von Zürich, vom Patrizier bis zum Nachtwächter, nichts so fürchteten, wie die Öffentlichkeit, rettete uns dieser Verdacht vor unwürdigen Polizeiaffären, worein uns unsere Torheit, die wir schon lange abgelegt glaubten, zu verwickeln drohte.

Weber kam mir heute versöhnlich lachend entgegen, ich hatte ihn seither nicht mehr gesehen. Er erzählte mir von einem Weinschenk, welcher, kürzlich aus Neapel zurückgekehrt, ein Faß Sizilianer Wein mitgebracht hätte, welches er wohlfeil verzapfe. Wir gingen hin und fanden einen aufgeweckten Mann, der als Mechanikus im Süden hantiert hatte. Alle Wände hingen voll greller Gouachebilder, der speiende Vesuv glühte wohl in zwölf verschiedenen Variationen, dazwischen Palermo, Sorrent,

Salerno, Capri, Amalfi, Messina, Catanea, kurz alle lieben Namen und Orte von hüben und drüben, diesseits und jenseits der Meerenge bunt durcheinander, übertrieben und bunt, aber sonnig gefärbt. Dazu schleppte der Wirt einen alten Hut voll Laven, Bimsstein und Tropfsteinbrocken her; alle diese hundertmal gelesenen, besprochenen und geahnten Dinge, so naiv und abgelegen sie hier erschienen, machten doch in Verbindung mit dem südlichen ahnungsvollen und sehnsuchtweckenden Weine ihren gehörigen Eindruck. Der Wein erwies sich indessen als zu schwer und ungeheuerlich, ich dachte auch an jene südlichen Weiber, an die Hitze, an die Skorpionen, so daß sich mit dem Sprichwort »Bleib im Land und nähre dich redlich« in mein Herz das Verlangen nach einem feinen heimischen Liebesglücke in bestimmtester nobelster Form einschlich.

16. September

In den Zeitungen gelesen, daß der Publizist und Jurist A. in Schaffhausen, den ich vor einem Jahre am Winterthurer Schießen beohrfeigt habe, im Schaffhauser Großen Rat den Antrag gegen Exekution des Tagsatzungsbeschlusses bringen will. Verletzte und unbefriedigte Eitelkeit soll den Esel dahin treiben und das Gelingen nicht ganz unmöglich sein. Ich hatte doch einen guten Instinkt damals, und ich segne den Wein, der mich veranlaßte, dem widerlichen Ohrfeigengesicht sein Recht angedeihen zu lassen. Feig war er auch, denn er ist stärker als ich, und ließ sich doch prügeln.

Einige Stunden mit Baumgartner zugebracht. Er spielte mir einige schöne Phantasien von Liszt und Thalberg und eine von sich, nachher Lieder von Schumann, die wir zusammen sangen. Baumgartner hat auch ein paar Lieder von mir komponiert, die mir gefielen. »Ich will spiegeln mich in jenen Tagen« scheint mir in Rhythmus und Weise mit dem Gesumme zusammenzutreffen, mit welchem ich das melodische Lied einst, leise singend, gemacht habe ...

Als Baumgartner spielte, wünschte ich wunderschön spielen und singen zu können der Luise Rieter wegen. Mein armes Dichten verschwand und schrumpfte zusammen vor meinen innern Augen, ich verzweifelte an mir, wie es mir überhaupt oft geht. Ich weiß nicht, was schuld ist, aber immer scheint mir mein Verdienst zu gering, um ein ausgezeichnetes Weib zu binden, vielleicht kommt das von der wenigen Mühe, welche meine Produkte mir machen. Strenge Studien, wenn sie mir auch nicht unmittelbar nötig sind, würden mir vielleicht mehr Gehalt und Sicherheit geben. Ein Herz allein gilt heute nichts mehr.

Mit meiner Schwester geht es körperlich besser, aber Geist und Gemüt scheinen von der Krankheit gelitten zu haben, sie ist verwirrt ohne Fieber. Dabei aber zeigt sie Witz, und die Tiefe eines zarten und liebebedürftigen Gemütes tritt zum erstenmal zutage. Die Mutter wacht nun ganz allein schon vierzehn Nächte bei ihr, ich kann nichts helfen, ich bin die unnütze Zierpflanze, die geruchlose Tulpe, welche alle Säfte dieses Häufleins edler Erde, das Leben von Mutter und Schwester aufsaugt. Wenn mir Gott über diese warnende Probe hinaus hilft, so soll es anders werden. Indessen bin ich stolz auf unser verborgenes Leiden und auf die Stärke und Kraft meines armen alten Mütterchens und auf den stillen Wert meiner Schwester. Das übertrifft alle Fraubasereien meiner öffentlichen Beziehungen.

17. September

Heute bekam ich ein artiges Gedicht in Terzinen von der Ostsee her, von einem gewissen Bruno Bucher aus Köslin. Ich habe schon mehr dergleichen bekommen, dies freute mich aber ein wenig, darum, weil es in einer traurigen Stunde kam und mir sagte, daß ein Unbekannter am fernen Meer mich achte und liebe. Meine Eitelkeit erregte es nicht im mindesten, worauf ich genau acht gab. Einzig wünschte ich, daß es die Winterthurerin wüßte, die Liebe klammert sich an alle Würzelchen, welche helfen können.

20. September

Herrlicher Morgen auf dem Zürichberg ... Im Walde, auf den schönen einsamen Wegen, dachte ich fort und fort die Luise an meine Seite. Eine junge Birke sah ich so schlank und tadellos gewachsen wie sie, dieselbige badete sich im Silberduft und schwankte einsam mutwillig hin und her, als ob sie nichts bedürfte. Gestern fand ich im botanischen Garten eine Georginenart, deren Blumen mir ganz ihr Wesen auszudrücken schienen. Sie war weiß, von eigentümlicher Reinheit, die Hälfte der Blume verlor sich ins Fleischrosenfarbene, ganz blaß ...

Heute im Wald wünschte ich ein gewandter Jäger zu sein, ich schoß ein junges, zartes Reh in Gedanken und überschickte es ihr, wozu ich mir ein Sonett ausdachte: Ich möchte sie nähren und kleiden mit allem, was die Erde trägt, und ihr Leben ganz allein tragen. Sie solle aber von der wilden, blutigen Gabe nicht auf ein rauhes, hartes Herz schließen. Im Liebesunmut schoß ich, fern von ihr, das junge Reh. – Da sie, wie ich höre, auch dichtet, so dachte ich mir ein Antwortsonett aus. Wenn ich auch nicht gerade wünsche, daß sie sehr schöne Verse mache, so fiel das Sonett doch sehr gut aus, von der Gegenliebe eingegeben . . .

Wenn ich übrigens diese kindischen Phantasien nicht zum Dichten gut brauchen könnte, so wäre ich allerdings ein eitler Esel. Ist es aber mir armem Teufel nicht zu gönnen, wenn ich von der Ware, welche ich offiziell verfertige und verkaufe, im geheimen selbst ein bißchen nasche und konsumiere?

1. Oktober, zwölf Uhr nachts

Ich komme soeben aus der Gesellschaft, ziemlich gebeugt von achttägiger Liederlichkeit, die doch wiederum höchst unschuldig ist, wenn ich andere Personen und Verhältnisse betrachte. Ich glaube mich immer schlechter und schwächer als andere und finde mich am Ende immer ein klein wenig besser. Wahrscheinlich aber werde ich mit meiner naiv beschaulichen und müßiggängerischen Weise zugrunde gehen, während die praktischen und emsigen Korruptions- und Schlendriansmenschen florieren.

Habe mich auf die ehrbarste Weise an der lieblichen Braut eines Quidam gefreut und dachte an die X – selbst X, noch einmal selbst X. Ich bin auch nicht von Stroh.

Gute Nacht, mein liebes Herz, du verlierst sehr viel, wenn du nicht aushältst!

Luise Rieter an ihre Mutter

12. Oktober 1847

Herrn Keller sah ich auf der Kunstausstellung; er war so verblüfft über unsere Anwesenheit, daß er, anstatt artig und höflich als Cicerone uns zu dienen, sich sobald als möglich davonstrich.

Gottfried Keller an Luise Rieter

Hottingen, im Oktober 1847

Verehrteste Fräulein Rieter!

Erschrecken Sie nicht, daß ich Ihnen einen Brief schreibe und sogar einen Liebesbrief, verzeihen Sie mir die unordentliche und unanständige Form desselben, denn ich bin gegenwärtig in einer solchen Verwirrung, daß ich unmöglich einen wohlgesetzten

Brief machen kann, und ich muß schreiben, wie ich ungefähr sprechen würde. Ich bin noch gar nichts und muß erst werden, was ich werden will, und bin dazu ein unansehnlicher armer Bursche: also habe ich keine Berechtigung, mein Herz einer so schönen und ausgezeichneten jungen Dame anzutragen, wie Sie sind, aber wenn ich einst denken müßte, daß Sie mir doch ernstlich gut gewesen wären, und ich hätte nichts gesagt, so wäre das ein sehr großes Unglück für mich, und ich könnte es nicht wohl ertragen. Ich bin es also mir selbst schuldig, daß ich diesem Zustande ein Ende mache; denn denken Sie einmal, diese ganze Woche bin ich wegen Ihnen in den Wirtshäusern herumgestrichen, weil es mir angst und bang ist, wenn ich allein bin. Wollen Sie so gütig sein und mir mit zwei Worten, ehe Sie verreisen, in einem Billett sagen, ob Sie mir gut sind oder nicht? Nur damit ich etwas weiß; aber um Gotteswillen bedenken Sie sich nicht etwa, ob Sie es vielleicht werden könnten! Nein, wenn Sie mich nicht schon entschieden lieben, so sprechen Sie nur ein ganz fröhliches Nein aus und machen Sie sich herzlich lustig über mich; denn Ihnen nehme ich nichts übel, und es ist keine Schande für mich, daß ich Sie liebe, wie ich es tue. Ich kann Ihnen schon sagen, ich bin sehr leidenschaftlich zu dieser Zeit und weiß gar nicht, woher alle das Zeug, das mir durch den Kopf geht, in mich hineinkommt. Sie sind das allererste Mädchen, dem ich meine Liebe erkläre, obgleich mir schon mehrere eingeleuchtet haben; und wenn Sie mir nicht so freundlich begegnet wären, so hätte ich mir vielleicht auch nichts zu sagen getraut. Ich bin sehr gespannt auf Ihre Antwort, ich müßte mich sehr über mich selbst verwundern, wenn ich über Nacht zu einer so holdseligen Geliebten gelangen würde. Aber genieren Sie sich ja nicht, mir ein recht rundes grobes Nein in den Briefeinwurf zu tun, wenn Sie nichts für mich sein können; denn ich will mir nachher schon aus der Patsche helfen. Es ist mir in diesem Augenblick schon etwas leichter geworden, da ich direkt an Sie schreibe und ich weiß, daß Sie in einigen Stunden dieses Papier in Ihren lieben Händen halten. Ich möchte Ihnen so viel Gutes und Schönes sagen, daß ich jetzt gleich ein ganzes Buch schreiben könnte; aber freilich, wenn ich vor Ihren Augen stehe, so werde ich wieder der alte unbeholfene Narr sein, und ich werde Ihnen nichts zu sagen wissen.

Soeben fällt es mir ein, daß man mir vorwerfen könnte: ich

hätte wegen einiger scherzhaften Beziehungen und mir erwiesener Freundlichkeit nicht gleich an ein solches Verhältnis zu denken gebraucht; aber ich habe lange genug nichts gesagt und einen traurigen und müßigen Sommer verlebt, und ich muß endlich wieder in mich selbst zurückkehren. Wenn mich eine Sache ergreift, so gebe ich ihr mich ganz und rückhaltlos hin, und ich bin kein Freund von den neumodischen Halbheiten. Aber ich muß schließen. Nochmals bitte ich Sie, verehrtes Fräulein, sich nicht an der Verworrenheit dieses Briefes zu stoßen: es ist gewiß nicht Mangel an Dezenz oder Respekt, sondern nur mein Gemütszustand. Im glücklichen Falle werde ich dann schon einen vernünftigen und klaren Brief schreiben, denn ich bin eigentlich sonst ganz vernünftig. Wollen Sie also die Güte haben, ein Zettelchen mit zwei Worten in den Briefeinwurf zu tun und das so bald als möglich; denn, wie gesagt, ohne sich im mindesten zu bedenken, wenn Sie ungewiß zu sein glauben; das Zukünftige wird sich dann schon geben. Leben Sie wohl, und grüßen Sie die verehrte Frau Professor Orelli von mir, und halten Sie einem armen Poeten etwas zu gut!

Ihr ergebener Gottfried Keller

Gottfried Keller an Frau Orelli-Breitinger

Hottingen, 21. Oktober 1847

Verehrteste Frau!

Am letzten Samstag mißbrauchte ich Ihre Güte, der Fräulein Luise Rieter einen Brief zukommen zu lassen, dessen Inhalt Ihnen vielleicht bekannt ist, da Fräulein Rieter Sie in ihrer Antwort [der Antwortbrief ist nicht erhalten] ihre mütterliche Freundin nennt. Wenn er es nicht ist, da Fräulein Rieter vielleicht zu verletzt war, um Ihnen denselben mitzuteilen, so wird es sich aus diesen Zeilen ergeben, welche annehmen und lesen zu wollen für mich eine Wohltat wäre; und darzutun, daß ich derselben nicht so unwert bin, wie es den Anschein hat, ist der Zweck dieses Briefes.

Jene Antwort ist nämlich der Art, daß ich mir nicht erlauben darf, noch ein unmittelbares Wort an die Schreiberin derselben zu richten, obgleich ich zu meiner Rechtfertigung und zu ihrer Beruhigung diese unglückliche Geschichte nicht abschließen kann, ohne noch zwei Punkte zu berichten. Denn trotz der Herzensgüte, welche aus ihren Worten hervorleuchtet, blickt doch ein geheimes Beleidigtsein dazwischen hervor, und das mit Recht; nur zwei Äußerungen hat sie mißverstanden auf eine Weise, welche meinem Bewußtsein wehe tut ... Ich schrieb ihr, daß nur die Freundlichkeit, mit welcher sie mir begegnet sei, u. dgl. mir den Mut gebe, ihr mein Herz zu öffnen. Das hat sie so ausgelegt, als ob ich auf eine unverschämte Weise ihre angeborne Freundlichkeit zu meinen Gunsten ausgelegt hätte, und doch ist es nicht so. Ich wollte nichts anderes sagen, als, daß ich ihr überhaupt ein gutes Herz zuschrieb, welches mich nicht so hart und schnöd abweisen würde, weil sie mich nicht so grob und nüchtern ansah wie andere Mädchen. Ich verlange gewiß nichts weniger als daß diese kokettieren sollen, aber viele dürften dreinschauen, wie ihnen die Augen gewachsen sind, ohne daß sie befürchten müßten, ein Unheil anzurichten wie Luise Rieter. Ich hatte mich in meiner Voraussetzung ungeachtet des Mißverständnisses und nicht zu meiner größeren Ruhe auch nicht getäuscht.

Sodann war sie schmerzlich überrascht, daß ich in den wenigen Augenblicken, wo wir uns sahen, eine solche Leidenschaft für sie gefaßt haben sollte. Sie glaubte der unschuldige Gegenstand einer mutwilligen und oberflächlichen Neigung geworden zu sein, und daß sie das so sehr beleidigte, anstatt ihr zu schmeicheln, bewies mir wieder ihr reines und gesundes Gemüt. Ich muß gestehen, daß es allerdings den Anschein hat, als habe ich mich auf eine leichtsinnige Weise in diese Liebe hineinphantasiert, allein es ist doch nicht so. Es ist hauptsächlich der Klang der Stimme, welche an den Frauen für mich entscheidend ist, und ich erkenne ein wahrhaft schönes und gutes Frauenherz fast augenblicklich daran. Bei Fräulein Rieter hörte ich diesen Ton, welcher mir immer Heimweh erregte. Als ich sie im Garten und in Ihrer Wohnung im letzten Frühling sprechen und lachen hörte, ohne sie gesehen zu haben, fragte ich die Schulzische Magd augenblicklich, wer unten sei, und als ich sie nachher sah, es war eben Mai und das schönste Wetter, man erzählte mir viel von ihr, und nachher fand sich eben nichts vor, das mir die erwachende Neigung verleidet hätte ...

Sie fragen mich wohl, wie ich denn dazu gekommen sei, jenen freien und maßlosen Brief zu schreiben? Da ich in Ihrem Hause mir die Tölpelei habe zuschulden kommen lassen, so erlauben Sie mir gewiß noch einige Worte darüber, obwohl diese Zeilen sich schon nur zu sehr angehäuft haben ... Ich hatte die Nacht schlaflos zugebracht und befand mich am Morgen sogar körperlich unwohl, das Herz war mir fortwährend wie zugeschnürt und der Kopf heiß. Auch der demütigste Mensch glaubt und hofft innerlich immer mehr, als er auszusprechen wagt, und ich bin keiner von den demütigsten, vielmehr habe ich manchmal einen recht sündlichen Hochmut in mir zu bändigen. Ich erging mich an jenem Morgen in den glühendsten Hoffnungen, ich spann einen Roman um den andern aus, und mitten in meinem Rausche erinnerte ich mich, gehört zu haben, daß sie heute abreisen und ich sie also auf lange Zeit, vielleicht für immer, aus den Augen verlieren würde. Eine tiefe Angst kam über mich, und so entstand der Brief, während meine Gedanken bei ihr waren, schrieb meine Hand die ungeschliffenen Worte. Ich habe lange schon vorausgesehen, daß es mir einst so gehen würde, darum habe ich mich bei den zwei andern Mädchen, die ich in meinem Leben schon liebte, so gesträubt, etwas zu sagen, und es war mein gesunder Takt. Indessen ist der Schlag, der mich aus meinem Himmel warf, nur wohltätig für mich. Eine Menge Eitelkeiten und Oberflächlichkeiten habe ich in diesen bittern Tagen abgelegt, und die Erschütterung hat mich aus einem heillosen Schlendrian herausgerissen. Es liegt etwas so unerklärlich Heiliges und Seliges in der Liebe, sie macht so nobel und lauter, daß in demjenigen, der fruchtlos und unglücklich liebt, etwas Unwahres und Unrechtes sein muß, sei es was es wolle, und dieses in mir aufzufinden, ist jetzt eine Beschäftigung für mich, die mich zugleich hebt und beunruhigt. Sie sehen, verehrte Frau, daß ich die Sache schon ziemlich objektiv ansehen kann, und ich müßte lügen, wenn ich nicht sagte, daß ich mich bereits auf der Besserung befinde. Im schönen Mai erschien mir Luise Rieter, im Herbst entschwand sie mir für immer, und ich kann wohl in jeder Beziehung und ohne alle Ausnahme sagen, daß es trotz allem Leid der schönste Sommer und der lieblichste Traum meines Lebens gewesen ist, und ich hoffe, denselben recht lang in ruhiger Seele festzuhalten; aber es wäre kindisch und unvernünftig von mir, im voraus zu behaupten, daß er sich niemals verwischen werde ...

Hottingen, 28. Oktober 1847

Ich danke Ihnen tausendmal für Ihren milden und wohlwollenden Brief und wünsche nur, daß jeder und jede, die eine ähnliche Krise wie ich zu überstehen haben, auch eine solche Hilfe finden möchten; viel ernstes und närrisches Unheil würde dadurch im Keime erstickt werden ...

... Obschon ich recht gut weiß, daß ich Talent habe, so habe ich doch noch nichts getan, um mich in der Gesellschaft mit der nötigen Sicherheit bewegen zu können, wenn in zarteren Dingen Konflikte entstanden sind; deswegen wird es mir auch erst möglich sein, Ihrer gütigen Einladung zufolge, Sie und Herrn Professor zu besuchen, wenn ich imstande bin, einigen Humor über Vergangenes hervorzukehren, weil im Grunde die beiden Geschlechter gewissermaßen in einer Urfeindschaft stehen, welche, an sich reizend und interessant genug und die Grundlage der schönsten Erscheinungen bildend, doch das persönliche Zusammentreffen genant und unbehaglich macht, bis gewisse Risse durch Neues und Heiteres geheilt und überwachsen sind. Jedes, wenn es verletzt ist, flüchtet sich zu seiner Armee, so verkehre ich jetzt am liebsten mit den Männern, nicht um bei ihnen zu plaudern und zu klagen, sondern mich an ihrer Härte zu stärken und mich bei ihnen wieder selbst zu finden.

Nachzutragen ist aus diesen Monaten leidenschaftlicher Unrast noch ein zweites Erlebnis mit dem feinen alten Junker Schnyder von Wartensee; als geisterhafte Entrückung in eine melodischverschollene Welt und Zeit, so hat es Keller damals tröstlich empfunden und später mit dem Silberstift aufgezeichnet:

Die Glasharmonika

Ich saß in einer schönen Mondnacht in Luzern auf dem Balkon des Gasthauses zur »Wage«, dicht über der Reuß, mit ein paar Freunden meines Alters und beschäftigt, einer Bowle nicht gar zu schwachen heißen Getränkes die Schwindsüchtigkeit des Daseins zu beweisen. Der freundliche Schnyder, der bei Luzern seinen Sitz und außerdem noch eine Wohnung in der Stadt besaß, suchte mich bei der beschriebenen Beschäftigung auf und setzte sich eine Weile zu uns, ohne jedoch zu trinken, da er meistens nur ein Glas Milch oder dergleichen zu sich nahm. Hier wußte er mich nun etwas auf die Seite zu locken und flüsterte mir ins Ohr, wir wollten einen Geniestreich machen (denn er nannte allerhand schalkhafte, aber harmlose Einfälle gern Geniestreiche), ich solle mit ihm nach seiner Stadtwohnung kommen. Ich hegte den Verdacht, daß Schnyder nur bezwecke, mich von dem Gelage zu entfernen und mich an würdigeres Tun zu fesseln, vielleicht im Einverständnisse mit gewissen andern würdigen Grauköpfen; dennoch ging ich neugierig mit ihm nach Hause, wo er mir erklärte, daß er mir ganz allein auf seiner Harmonika vorspielen wolle, was ich für etwas Rechtes halten könne. Es war dies nämlich die damals schon zur größten Seltenheit gewordene Harmonika von Glasglocken, welche an einer sich drehenden Walze klaviaturartig ausgereiht waren und mit den Fingerspitzen, aber durch Reibung, wie ein Klavier zum Tönen gebracht und gespielt wurden, das Instrument, auf welchem weiland die schöne Angelika Kaufmann in Rom ihre Verehrer entzückte und rührte.

In jüngeren Jahren hatte Schnyder etwa noch öffentlich darauf konzertiert, allein mit Vorsicht, da namentlich zarte Frauen gerne in Tränen ausbrachen oder gar Nervenzufälle bekamen beim Anhören der ergreifenden Töne.

So wurde nun das Geräte, ein klavierartiges Möbel, abgedeckt, und es zeigte sich die ineinandergeschobene Glockenreihe, an welcher sich Rand an Rand legte, von der Größe einer Waschschüssel bis zu derjenigen eines kleinen Täßchens. Durch sachte Fußtritte drehte sich die Walze langsam unter der Serviette, mit welcher Schnyder die Glocken zart sorglich abrieb und vom letzten Hauche befreite. Dann wusch er, immer leise und andächtig sich bewegend, die Hände und trocknete sie mit Kleie, bis auch sie in religiöser Reinheit erglänzten.

Jetzt erst setzte er sich an die Harmonika, lang und hübsch, wie er war, in fast ganz weißem Hausgewand, mit seinen silbernen Locken. Durchs offene Fenster strahlte der im Mondlicht ruhende See, schaute der mächtige geheimnisvolle Umriß des Pilatusberges herüber, und nun begann das Spiel mit den geisterhaftesten Tönen, die ich je gehört, bis sie in voller Harmonie zusammenflossen und mit wunderbar sanfter Gewalt von einem schönen Adagio ins andere gingen, bis fast eine Stunde vorüber war.

»So!« sagte er, endlich abbrechend, und stand auf. Gütig legte er mir die Hand auf die Schulter und sagte: »Nun wollen wir aber zu Bett gehen. Gehen Sie jetzt auch schlafen, hören Sie! und träumen Sie was Gutes!«

Ich schritt wieder nach der »Wage«, wo ich wohnte, durch die stillen Gassen, glücklich über das Genossene, aber auch berechnend, ob die Bowle wohl schon ganz geleert sein möge? Denn Jugend hat nicht viel Tugend, obwohl nicht weniger als das Alter. Als ich ankam, war die Bowle leider zu Ende; allein vorsorglich hatten die Freunde noch eine andere bestellt, die eben aufgetragen wurde, und nun spielten wir auf unsere Weise auch noch ein kleines Allegro auf der Glasharmonika. Deswegen aber vergaß ich jene Stunde bei Schnyder doch nicht mehr. Es war, dicht vor dem Sonderbundskriege und dem Jahr 1848, wie der scheidende, melodisch klagende Gruß einer früheren Kultur.

Wie sehr Gottfried Keller von den politischen Erregungen des Sturmjahres 1848 ergriffen wurde, geht aus brieflichen und Tagebuchäußerungen hervor. Als deren Hintergrund hat man sich die Pariser Februarrevolution und die blutigen Märzunruhen in Berlin und Wien zu denken, das ganze politisch verworrene Auf und Ab von Kämpfen und Niederlagen, Hoffnungen und Enttäuschungen, das damals durch die europäischen Länder wogte. In Deutschland sollte die erstrebte staatsbürgerliche Freiheit zugleich die ersehnte nationale Einheit bedeuten; doch es wurde nur die Ouvertüre gespielt, dann fiel der Vorhang der Reaktion.

Gottfried Keller an Eduard Dößekel

[mit dem er seit zwei Jahren befreundet war; Dichter und Jurist, Mitglied des Aargauer Obergerichts; von ihm stammt die hübsche briefliche Bemerkung zu Keller: »So einsilbig auch öfters Deine Unterhaltung ist, so habe ich Auge genug, zu gewahren, daß es das Schweigen der Fülle und nicht der Leerheit ist.«]

Hottingen, 25. März 1848

Lieber Freund!

Nimm nicht übel, wenn ich Dich nicht mit dem pathetischen »teurer Freund« anrede; es soll gleich gut gemeint sein ... Deiner Einladung auf morgen kann ich nicht nachkommen. Das Wetter ist wieder zu schlecht, so daß mir die Expedition verloren ginge; meine Zeit ist noch immer nicht disponibel, und drittens möcht' ich gegenwärtig keinen Tag vom hiesigen Museum [dem Lesezimmer, wo die neuesten Zeitungen auslagen] weg. Es gehen jetzt in der Welt Dinge vor, welche man gehörig und kuhwarm studieren muß, auf daß man dereinst, wenn man ein alter Mann wird und Kinder hat, denselbigen etwas erzählen kann. Selbst der Unbedeutendste muß jetzt fest auf der Wache stehen und die Nase hoch in die wehende Frühlingswitterung hinausrecken und nicht allein ein Winteresel bleiben im allgemeinen Rosensturm. Schönes Wort, Rosensturm! Man sollte meinen, ich wäre ein sentimental revolutionierender Leipziger. Ungeheuer ist, was vorgeht: Wien, Berlin, Paris hinten und vorn; fehlt nur noch Petersburg ...

Aus Gottfried Kellers Tagebuch

Am Abend des 1. Mai 1848

Ich bin heut früh ins Freie gegangen; aber es war ein wunderlicher erster Mai. Die Natur prangte in ihrem schönsten Schmucke, das Grün war frisch und schön, die Sonne schien hell vom Himmel; aber es wehte ein so scharfer und rauher Ostwind, daß es einen mitten im Glanze fror und schauerte ...

Ich ging in die Stadt, wo Jahrmarkt war. Es war viel Volk hereingekommen und trieb sich emsig herum, doch war sein Verkehr mehr scheinbar; denn alles klagte über den großen Geldmangel und die schlimme Zeit ... Am meisten niedergeschlagen waren die Künstler und die Besitzer von Merkwürdigkeiten, weil fast niemand um ihre Produktion sich bekümmern mochte. Da standen sie in ihren traurigen bunten Jacken vor den Buden und stießen unsicher und klagend in die schadhaften Trompeten, daß einem die Tränen in die Augen traten. Weil das Volk kein Geld hatte, so spottete es zum erstenmal über diese Herrlichkeiten, welche es sonst bewunderte, und die Gaukler standen scheu und schlotternd vor ihren gemalten Wundern.

Ich trat in ein Wachskabinett; die Gesellschaft der Potentaten sah sehr liederlich und vernachlässigt aus, es war eine erschrekkende Einsamkeit, und ich eilte durch sie hin in einen abgeschlossenen Raum, wo eine anatomische Sammlung zu sehen war. Da fand man fast alle Teile des menschlichen Körpers künstlich in Wachs nachgebildet, die meisten in kranken, schreckbaren Zuständen, eine höchst wunderliche Generalversammlung von menschlichen Zuständen, welche eine Adresse an den Schöpfer zu beraten schien. Ein ungeheuer großes Herz, welches seinen Eigner getötet hatte, führte das Präsidium, und ein sehr schön ausgebildeter Magenkrebs schien der Sekretär oder Schriftführer zu sein. Ein ansehnlicher Teil der ehrenwerten Gesellschaft bestand aus einer langen Reihe Gläser, welche vom kleinsten Embryo an bis zum fertigen Fötus die Gestalten des angehenden Menschen enthielten. Diese waren nicht aus Wachs, sondern Naturgewächs und saßen im Weingeist in sehr tiefsinnigen Positionen. Diese Nachdenklichkeit fiel um so mehr auf, als die Bursche eigentlich die hoffnungsvolle Jugend der Versammlung vorstellten. Plötzlich aber fing in der Seiltänzerhütte nebenan, welche nur durch eine dünne Bretterwand abgeschieden war, eine laute Musik mit Trommel und Zimbeln zu spielen an, das Seil wurde getreten, die Wand erzitterte, und dahin war die stille Aufmerksamkeit der kleinen Personen, sie begannen zu zittern und zu tanzen nach dem Takte der wilden Polka, die drüben erklang; das große Herz mochte noch so geschwollen aussehen, der Magenkrebs noch so rot werden vor Ärger, es trat Anarchie ein, und ich glaube nicht, daß die Adresse zustande kam. Die einzige Merkwürdigkeit des Marktes, welche einigen Zuspruch erhielt, war ein Rhinozeros. Das Schicksal dieser antediluvianischen Bestie ist eng mit dem Fall des Königtums in Frankreich verknüpft, indem sie für den *Jardin des plantes* in Paris bestellt, aber von der provisorischen Regierung wieder abbestellt wurde, weil man dort jetzt das Geld sonst brauche. Heimatlos irrt das altmodische Tier nun in der Schweiz umher; doch ist es nicht brotlos, da seine Seltsamkeit und sein Horn auf der Nase ihm ein hinlängliches Auskommen sichern. Wohl jedem, der in diesen Zeiten etwas Rechtes gelernt hat!

Als vollends in diesem verworrenen Treiben einige verwehte Republikaner aus Baden erschienen mit zerknickten schwarzrotgoldenen Kokarden, da flüchtete ich mich auf den Lesesaal, wo die hundert Zeitungen und Flugblätter vor kurzem noch als weiße Blüten des papiernen Völkerfrühlings lustig geflattert haben. Aber ach! auch über diesen Lenz ist ein Frost gekommen. Die Sonne scheint wohl noch, aber der Wind heult kalt und schneidend darunter hin ...

Den 2. Mai

Der Wind hat sich gelegt, die Wolken sind verschwunden. Rein und tief wölbt sich der kristallene Himmel, die Sonne flammt still, groß und sicher an ihm. Und ebenso still, groß und sicher leuchtet das Gestirn unseres Schicksales und unserer Tage über der tosenden Verwirrung dieses Frühjahres. Ja, es ist ein gewaltiges Gestirn, und deutlich lesen wir in ihm, daß unsere äußere Lebensruhe dahin ist, und daß wir nur durch rastloses Ringen und riesenmäßige Arbeit die Ruhe unserer Seele erkämpfen können. Die goldenen Locken unserer Jugend werden in diesem Kampfe ergrauen, mit dem Schwerte in der Hand wird sie ihre Erfahrungen sammeln und unter den Waffen ihre Studien vollenden, und sie wird gedrängte Tage an das verwenden können, wozu die Väter lange Jahre brauchten. Das ganze zarte Geschlecht der Jungfrauen von heute wird unter Sturm und Gewitter verblühen und in kurzen fliegenden Augenblicken die heitere Freude haschen, welche es sonst in langen Lenzmonden schlürfte; aber diese Minuten werden schwerer, feuriger, seliger sein als seine langen ruhigen Jahreszeiten der müßigen Lust. Der Reiz seiner Unschuld wird die glühende Tugend der Jünglinge zieren, welche sich dem Vaterlande weihen. Die Mütter werden unter schweren Sorgen ihre Söhne aufziehen, aber jede hat dafür die stolze Hoffnung, dem Vaterlande einen Retter zu schenken; denn es wird keinen überflüssigen und unnützen Bürger mehr geben. Die Greise aber werden noch am Rande ihres Grabes die Summe ihres langen Lebens verdoppeln können und die Erfahrungen und Früchte eines Jahrhunderts mit hinübernehmen. Mein Herz zittert vor Freude, wenn ich daran denke, daß ich ein Genosse dieser Zeit bin. Wird dieses Bewußtsein nicht alle mitlebenden Gutgesinnten als das schönste Band einer allgemein gefühlten heiligen Pflicht umschlingen und am Ende die Versöhnung herbeiführen?

Aber wehe einem jeden, der nicht sein Schicksal an dasjenige der öffentlichen Gemeinschaft bindet, denn er wird nicht nur keine Ruhe finden, sondern dazu noch allen inneren Halt verlieren und der Mißachtung des Volkes preisgegeben sein, wie ein Unkraut, das am Wege steht. Der große Haufe der Gleichgültigen und Tonlosen muß aufgehoben und moralisch vernichtet werden, denn auf ihm ruht der Fluch der Störungen und Verwirrungen, welche durch kühne Minderheiten entstehen. Wer nicht für uns ist, der sei wider uns, nur nehme er teil an der Arbeit, auf daß die Entscheidung beschleuniget werde.

Den 3. Mai

Nein, es darf keine Privatleute mehr geben!

Aus der selbstbiographischen Skizze

Da kam das Jahr 1848, und mit ihm zerstoben Freunde, Hoffnungen und Teilnahme nach allen Winden, und meine junge Lyrik saß frierend auf der Heide. Nur einige ernstere Gelehrte und Magistrate, aus Deutschen und Schweizern gemischt, die still zugesehen hatten, zeigten sich und veranlaßten nun, daß ich mit einem Staatsstipendium auf Reisen gesandt wurde, um nachträglich auch noch etwas zu lernen ... Und so zog ich zum zweiten Male aus, um an deutschen Schulen, wo es gut schien, meinen Aufenthalt zu nehmen.

Gottfried Keller ging auf sein dreißigstes Lebensjahr, und noch immer war seine äußere Lage unsicher, sein inneres Leben verworren, sein Streben auf zufällige, da und dort erraffte Gelegenheit gestellt. Es schien an der Zeit, daß etwas für ihn geschah. Die es zuerst begriffen, waren reichsdeutsche Professoren an der Züricher Universität, eben jene »ernsteren Gelehrten«; bei dem Bürgermeister Alfred Escher und den Regierungsräten Eduard Sulzer und Rudolf Bollier fanden sie alsbald »magistratliche« Unterstützung. Und großzügiger konnte öffentliche Hilfe nicht geboten werden, als es Ende September 1848 durch die kantonale Regierung geschah: mit keiner anderen Verpflichtung als der, sein Talent weiterzubilden, soll der junge Mann zunächst ein Jahr auf Staatskosten an der Heidelberger Universität studieren, worauf für weitere Förderung, eine Reise oder was es sonst sei, gesorgt werden wird. Wenn es dramatische Pläne waren, die diese zweite Ausfahrt ins Reich der Reife bringen sollte, so wiederholte sich nur die listige Ironie des Schicksals: nicht auf den Dramatiker, sondern auf den Erzähler war es abgesehen, wie einst in München weniger die Schule der Kunst als die Schule des Lebens gemeint war, mehr der künftige Dichter als der werdende Maler.

Gottfried Keller an Eduard Dößekel

Zürich, 29. September 1848

Endlich kann ich Dir eine bestimmte Nachricht geben über die Wendung meines Geschickes für die nächsten paar Jahre. Als Regierungsrat Bollier mit Regierungsrat Eduard Sulzer sprach wegen einer für mich auszufindenden Stelle, hatte dieser, sonst konservativ und mir gänzlich fernstehend, den ganz hübschen

Gedanken: man wolle mich doch nicht jetzt schon für immer festbinden und isolieren, und ließ mich zu sich kommen, um mich zu fragen, ob ich nicht auf Staatskosten eine größere Reise, etwa nach dem Orient usf. machen wolle? Es seien alle bereitwillig, mir dazu zu verhelfen; nachher könne man noch immer wieder für mich sorgen. So kurz, wie ich Dir, lieber Freund, dieses berichte, so kurz entschloß ich mich dazu. Im Verlaufe des Gespräches aber, als Sulzer nach meinen weiteren poetischen Tendenzen sich erkundigte und ich von dramatischen Plänen sprach, ging er mit großem Interesse darauf ein und drückte den lebhaftesten Wunsch aus, mich in derlei Bestrebungen tätig zu sehen. Er schlug mir daher vor, ehe ich jene größere Reise anträte, noch etwa ein Jahr nach Heidelberg zu gehen, um einige historische, besonders Quellenstudien zu treiben, die Reise würde dann in doppelter Beziehung gewinnreich für mich sein. Obgleich ich nun für meine speziellen dramatischen Geschäfte gerade keine historische Gelehrsamkeit brauche, vielmehr lediglich auf mein Herz, meinen Kopf und auf die reine Menschlichkeit angewiesen bin, so ist es doch niemals zu verachten, wenn man etwas lernen kann; auch habe ich ein sorgenfreies Jahr mehr vor mir, nebst der erfreulichen Aussicht auf eine Reise. Ich gab mich somit gefangen. Vorige Woche hat der Regierungsrat 800 Franken für den Heidelberger Aufenthalt ausgesetzt, nach Verfluß desselben wird das weitere vorgenommen werden, und so bin ich dahin gelangt, auf den 15. Oktober nach sechsjährigem Stillesitzen vorerst wieder nach dem seligen oder unseligen Deutschland, diesem armen Dornröschen, hinauszusteuern. Wenn Du dann auf einen Tag einen Trunk Wein, einen Bissen Brot und ein freundliches Gespräch für mich übrig hast, so werde ich bei Dir einkehren und so das Versprechen meines Besuches endlich erfüllen; zwar nur auf der Flucht, aber desto adäquater unsrem ganzen tollen Leben. Weiteres mündlich.

Dein Gottfr. Keller.

Baechtold berichtet

Den abenteuerlichen Plan einer Orientreise nahm er nicht ernst. Was wäre dabei herausgekommen? »Einige lausige Verse und eine schlechte Reisebeschreibung«, meinte er einmal. »Voraussichtlich jedoch wäre ich in der ersten östlichen Stadt bei liederlichen jungen Schweizern liegengeblieben.«

Heidelberg

1848 bis 1850

Gottfried Keller an die Mutter

Heidelberg, 31. Oktober 1848

Endlich komme ich dazu, Euch Nachricht von meiner Reise und von meiner Ankunft hieher zu geben. Ich verweilte einen Tag bei meinem Freunde Oberrichter [Eduard Dößekel] auf seinem Landgute bei Aarau, den andern Tag begleitete er mich nach Aarau, wo wir miteinander über Nacht blieben, denn er hat des Obergerichtes wegen ebenfalls eine Wohnung in der Stadt; man war in Aarau, wo ich in die Gesellschaft der Regierungshäupter geführt wurde, sehr artig und freundschaftlich gegen mich, es machte viel Aufsehen, daß es hieß, die Regierung wolle mich auf weite Reisen schicken, was mein Freund überall austrompetete, um sich selbst ein Ansehen zu geben.

In Basel traf ich wieder Bekannte, welche mich dermaßen aufhielten, daß ich die deutsche Eisenbahn, mit welcher ich noch am gleichen Tage nach Heidelberg gekommen wäre, verfehlte und daher mit der französischen nach Straßburg gehen mußte. Das kostete mich zwar ein Nachtlager mehr, reute mich aber nicht; denn ich sah einmal das lebhafte französische Leben, das adrette Militär, besonders aber den wunderbaren Münster, welcher einen so gewaltigen Eindruck auf mich machte als Dichter und Künstler, daß ich um vieles nicht wollte, daß ich ihn nicht gesehen hätte; der Turm ist gerade noch einmal so hoch als der Fraumünsterturm in Zürich; aber da ist kein rotes dummes Dach, sondern bis zu oberst hinauf ist alles steinernes Blumen- und Bildwerk, überall durchbrochen, wie wenn es gehäkelt wäre, so daß allenthalben der Himmel durchscheint. So ist die ganze ungeheure Kirche gebaut, kein Fuß breit ist, der nicht mit ausgehauenen Blumen und Bildern überdeckt wäre. Es sind aber auch 500 Jahre daran gebaut worden.

Am Sonntagmittag endlich, dem ersten nach meiner Abreise

aus Zürich, fuhr ich mit dem Dampf weiter nach Heidelberg, wo ich dann abends acht Uhr ankam. Ich blieb zwei Tage im Gasthause und machte meine Besuche. Die Professoren Pfeufer und Henle, welche früher in Zürich waren und jetzt Hofräte sind und zu den angesehensten Personen der Universität gehören, nahmen mich freundlich auf, führten mich in Gesellschaft und in ihrem Hause ein und gaben mir sonst guten Rat; man muß aber viel verschlucken, indem hier überall über die Schweiz geschimpft wird, und die Herren, welche früher sehr radikal waren, sind gewissermaßen alle konservativ geworden. Es ist ihnen indessen nicht zu verargen, denn wenn man die Radikalen und Republikaner hier sieht, besonders das gemeine Volk, so bekommt man gehörigen Respekt davor; unsere Kellenländer [Bewohner des Züricher Oberlandes] sind noch ansehnliche Männer dagegen. Mein Buchhändler Winter [der Verleger des Gedichtbandes], welchen ich auch besuchte, ist ein sonderbarer Kauz. Er war ganz artig und freundlich, erwähnte aber mit keiner Silbe meiner Gedichte, was er für Geschäfte damit gemacht hätte usf. Dagegen studiert hier ein Sohn meines Braunschweiger Buchhändlers, des Herrn Vieweg, welcher sagte, daß sein Vater in acht Tagen selbst hier durchreisen werde, was mir ganz gelegen kommt. [Vieweg in Braunschweig, der spätere Verleger des »Grünen Heinrich« und des ersten Novellenbandes.]

Über den Luxus des Zimmers, welches ich hier bezogen habe, könntest Du Dich nun nicht beklagen, wenn Du es sehen würdest, liebe Mutter; es gehört zu den einfachsten, welche hier aufzutreiben sind, bei armen Leuten; ein kleines Zimmer mit einem Schlafzimmerchen (wie es hier nicht anders zu haben ist) und kostet mich 30 Gulden das Halbjahr (ungefähr 27 Zürcher Gulden). Das Frühstück läßt man sich im Hause geben, Kaffee und ein Brötchen, des Mittags geht man in ein Gasthaus und ißt da für 20 Kreuzer (5 Batzen) sehr gut; des Nachts nimmt man gar nichts oder kauft beim Bratwurster für 6 Kreuzer (4 Schilling) etwas, nimmt's in den Sack und geht entweder ins Wirtshaus damit, wenn man ausgehen will, oder man geht heim und frißt's dort. Übrigens gehen nur die jungen Studenten abends in ihre Kneipen; gesetztere Leute hocken zu Hause oder besuchen Privatgesellschaften. Ich bin, seit ich hier bin, erst ein einziges Mal um elf Uhr heimgekommen, als ich in eine Gesellschaft geladen war ...

Wie sah nun Gottfried Kellers Studium aus? Bei dem erwähnten Professor Henle, dem Anatomen, hörte er im Wintersemester ein Kolleg über Anthropologie. Das Kapitel »Der borghesische Fechter« im »Grünen Heinrich« verlegt den Hörsaal nach München, aber es ist das Heidelberger Erlebnis: wie vor dem wissensdurstigen Hörer zum ersten Male das »Bild unserer Leiblichkeit und ihrer Lebensbedingungen« ersteht, wie ihn »alsobald die wunderbar scheinende Zweckmäßigkeit der Einzelheiten des tierischen Organismus« beschäftigt, als ob er »bisher eigentlich gar nichts gewußt hätte von der Erschaffung der Kreatur, dagegen jetzt mit der tiefsten Überzeugung wider jedermann das Dasein und die Weisheit des Schöpfers behaupten könne und wolle«, worauf denn freilich die »ausschweifenden Schöpfergedanken unvermerkt zurückkehrten und in den geschlossenen Kreis der Tatsachen gebannt wurden«. Übrigens hat die romantische Ehegeschichte Henles, dessen jung verstorbene Gattin Dienstmädchen im Hause eines befreundeten Chemieprofessors gewesen war, dem Dichter die ergreifende Erzählung »Regine« im »Sinngedicht« eingegeben.

Aufs lebhafteste angezogen fühlte sich Keller von Erscheinung, Wesen und Geistesart des hochbegabten jungen Privatdozenten Hermann Hettner, der sich 1847 in Heidelberg für Ästhetik, Kunst- und Literaturgeschichte habilitiert hatte. Hettner, aus Schlesien gebürtig und zwei Jahre jünger als Keller, ist später berühmt geworden durch seine »Literaturgeschichte des achtzehnten Jahrhunderts«, über allem Spezialwissen eine der monumentalen Leistungen des Fachs, immer vorbildlich durch Weite des Überblicks, Fülle der Anschauung, Unbefangenheit der humanistischen Wertung. Zu dem aufgeschlossenen jungen Gelehrten trat Keller bald in ein nahes persönliches Verhältnis, das sich durch Jahrzehnte in fruchtbarem brieflichen Gedankenaustausch fortsetzte. In Heidelberg hörte er seine Vorlesungen über Literaturgeschichte, über Ästhetik und über Spinoza.

Zu einem eigentlichen Studium der Geschichte dagegen, um dessentwillen er Heidelberg gewählt hatte, ist es nicht gekommen. Nachdem der Historiker Häusser seine Vorlesungen über »Deutsche Geschichte« auf den Vormittag verlegt hatte (»an diesem besuche ich keine Kollegien«, schreibt Keller), nahm er vorlieb mit etlichem Hospitieren bei dem alten Friedrich Christoph Schlosser, der über »Neuere Geschichte seit 1814« las. Auch in der rechtswissenschaftlichen Fakultät tat Keller zeitweilig sich um.

Unterdessen war die Arbeit am »Grünen Heinrich« über den Umriß des ursprünglich geplanten »traurigen kleinen Romans« hinausgewachsen und trat beherrschend vor alle sonstigen Bestrebungen, so wenig es Keller an theoretischen und praktischen Bemühungen um das Drama fehlen ließ, welches er immer noch für seine Aufgabe hielt. Der Jugendplan reckte und streckte sich in die Form des großen Entwicklungsromans: das ist der leidvolle künstlerische Prozeß der nächsten Jahre, und die Heidelberger Erfahrungen und Eindrücke bereiteten ihn vor.

Den entscheidendsten inneren Anstoß empfing Gottfried Keller indessen nicht in den Hörsälen der Universität. Denn der Philosoph Ludwig Feuerbach, der in Heidelberg in diesem Wintersemester 1848/49 dreimal wöchentlich über das »Wesen der Religion« Vorlesungen hielt, hatte längst sein Lehramt aufgeben müssen und sprach öffentlich im Rathaussaal »vor einem Publikum von Arbeitern, Studenten und Bürgern«. Die kühnen religions-philosophischen Gedankengänge Feuerbachs, die darin gipfelten, daß nicht die Religion den Menschen, sondern der Mensch die Religion mache, mußten auf Keller mit der Allgewalt einer jähen Erleuchtung wirken: denn um eben jene Fragen nach Gott und Unsterblichkeit ging es, die ihn seit seiner frühen Abkehr vom Kirchenglauben immer beunruhigt hatten. Wenn Kellers Lebensgefühl fortab unerschütterlich in einer weltfrommen Diesseitigkeit ruhte, so erfüllte sich das Gesetz, nach dem er angetreten: daß es ihm bewußt wurde, war dem Einfluß Feuerbachs zu verdanken, den zu preisen er nicht müde wurde. Der berühmte Verfasser des Buches »Das Wesen des Christentums«, Sohn des bekannten Strafrechtslehrers und Onkel des Malers Anselm Feuerbach, stand damals im vierundvierzigsten Lebensjahr; auch der persönliche Umgang mit dem wohlwollenden, bescheidenen, eher wortkargen Manne hat auf Kellers Menschen- und Weltauffassung wesentlich eingewirkt.

Aus Feuerbachs Heidelberger Vorlesungen 1848/49

Der Atheismus ist positiv, bejahend; er gibt der Natur und Menschheit die Bedeutung, die Würde wieder, die ihr der Theismus genommen; er belebt die Natur und Menschheit, welchen der Theismus die besten Kräfte ausgesogen ... Ebenso wie mit dem Atheismus ist es mit der von ihm unzertrennlichen Aufhebung des Jenseits. Wenn diese Aufhebung nichts weiter als eine leere inhalt- und erfolglose Verneinung wäre, so wäre es besser oder doch gleichgültig, ob man es stehen oder fallen ließe. Allein die Verneinung des Jenseits hat die Bejahung des Diesseits zur Folge. Die Aufhebung eines besseren Lebens im Himmel schließt die Forderung in sich: es soll, es muß besser werden auf der Erde; sie verwandelt die bessere Zukunft aus dem Gegenstand eines müßigen, tatlosen Glaubens in einen Gegenstand der Pflicht, der menschlichen Selbsttätigkeit ... Wir müssen an die Stelle der Gottesliebe die Menschenliebe als die einzige, wahre Religion setzen.

Gottfried Keller an Johann Salomon Hegi

Heidelberg, 28. Januar 1849

Hier in Heidelberg treibe ich hauptsächlich moderne Philosophie und Literaturgeschichte, auch Physiologie. Im Sommer werde ich, neben der Geschichte, auch etwas Physik studieren, da hier ein vortrefflicher Lehrer derselben ist. Du wirst denken, das rieche nicht sehr nach der orientalischen Reise, und hast auch recht. Ich habe nämlich nicht übel Lust, statt derselben noch ein Jahr in Berlin oder am Ende auch hier zuzubringen, denn ich bin jetzt im besten Zuge, mir diejenige allgemeine Bildung zu erwerben, die mir leider bisher noch abging. Dazu ermuntert mich die Leichtigkeit, mit welcher ich es tun kann bei den vortrefflichen mündlichen Vorträgen, welche man hier hat. Dazu kommt, daß ich in Deutschland eine Menge der wichtigsten Bekanntschaften schließen kann, ich bin auf dem eigentlichen Platze der Literatur, welcher ich mich einzuverleiben zur Lebensaufgabe machen muß. Schon jetzt habe ich mehrere Konnexionen angeknüpft, welche mir sehr förderlich sind, und ich werde in manchen Beziehungen etwas verändert zurückkehren, wenn das Wetter gut bleibt. Ist man erst etwas Rechtes geworden, so gibt sich dann eine große Reise, falls sie noch wünschbar ist, von selbst. Ich bereue nur bitterlich die Jahre, welche ich seit meiner Rückkehr aus München in Zürich verschlendert habe ...

Ich alter Narr habe noch immer meine Freude an dem Studentenvolk; auf dem Café, wo die Schweizer nach Tisch hingehen, sind auch die Vandalen (Hansestädter usw.), unter welchen es einige prächtige Gestalten gibt. Ich habe auch, um alles zu sehen einigen Duellen an der Hirschgasse zugeschaut. Es finden täglich welche statt, und man geht hin, wie man etwa an eine Gant [Versteigerung] geht, um zuzusehen. Ich hatte das Glück, die renommiertesten Schläger zu sehen; übrigens ist es eine greuliche Schinderei. Es trägt hier alles große Wasserstiefeln und Kapuzen von allen Farben über den Kopf gezogen, was zugleich sehr malerisch und praktisch ist. Übrigens herrscht unter den hiesigen Studenten bei weitem nicht der feine Ton, den ich vermutete. Allnächtlich wird beim Nachhausegehen auf den Straßen kontrahiert mit großem Lärm und Gebrüll und nicht selten geholzt. Aber auch unter den Hofräten und Professoren herrscht Streit und Zank; Du hast vielleicht von der gegenwärtigen Zänkerei gelesen, wo sie sich gegenseitig ausschimpfen wie die Mitglieder einer fahrenden Schauspielerbande. – Soeben erhalte ich per Post ein anonymes Gedicht, welches, ein wenig spät, meine Ankunft in Deutschland begrüßt. Die zwei letzten Verse lauten:

»Mir aber stille das Sehnen, die kleinste Gab' zu genießen,
Heidelberg, poste restante, unter der Chiffre A. B.«

Leider ist die Handschrift eine männliche. Ich bin indessen in diesen Gegenden mehr bekannt, als ich glaubte.

19. Februar 1849

Vorliegender Brief lag mit einer Schar andrer Briefe auf der faulen Haut, als ich Deinen erschrecklichen Brief erhielt. Über Deine Auswanderung (†††) hoffentlich mündlich [Hegi rüstete sich für eine Studienreise nach Mexiko]. Daß ich Dein Geld noch nicht schickte, kommt einfach daher, daß ich es noch nicht erhalten habe. Ich wurde nämlich veranlaßt, fast die Hälfte meines unglückseligen Buches [des »Grünen Heinrich«] wieder umzuarbeiten, und bei den schlechten Zeiten konnte ich keine Vorausbezahlung verlangen. Ich selbst habe mir seither nur kümmerlich beholfen mit einigen kleinen Sümmchen, welche ich für verschiedene Aufsätze und Gedichte eingenommen habe; denn mein züricherisches Geld war schon vor Neujahr zu Ende. Indes ist mir die Summe von 75 Louisdor ganz sicher, und das erste Geld, welches ich davon schneide, soll das Deinige sein . . .

An Eduard Dößekel

Heidelberg, 8. Februar 1849

Fast zufällig besuchte ich einmal Henles Vorlesung über Anthropologie; der klare, schöne Vortrag und die philosophische Auffassung fesselten mich, ich ging nun in alle Stunden und gewann zum erstenmal ein deutliches Bild des physischen Menschen, ziemlich von der Höhe des jetzigen wissenschaftlichen Standpunktes. Besonders das Nervensystem behandelte Henle so geistreich und tief und anregend, daß die gewonnenen Einsichten die beste Grundlage oder vielmehr Einleitung zu dem philosophischen Treiben abgeben. Ein aufgeweckter junger Dozent, Dr. Hettner, auch vorzüglicher Literaturhistoriker und Ästhetiker, las über Spinoza und die aus ihm hervorgegangene neue Philosophie bis auf heute. Endlich kam noch Ludwig Feuerbach nach Heidelberg und liest hier auf ergangene Einladung öffentlich über Religionsphilosophie. Bald kam ich persönlich mit Feuerbach zusammen, sein tüchtiges Wesen zog mich an und machte mich unbefangener für seine Lehre, und so wird es kommen, daß ich in gewissen Dingen verändert zurückkehren werde. Ich habe keine Lust, jetzt schon schriftlich eine Art von Rechenschaft abzulegen. Nur so viel: wenn es nicht töricht wäre, seinen geistigen Entwicklungsgang bereuen und nicht begreifen zu wollen, so würde ich tief beklagen, daß ich nicht schon vor Jahren auf ein geregeltes Denken und größere geistige Tätigkeit geführt und so vor vielem gedankenlosen Geschwätze bewahrt worden bin.

Für die poetische Tätigkeit aber glaube ich neue Aussichten und Grundlagen gewonnen zu haben, denn erst jetzt fange ich an, Natur und Mensch so recht zu packen und zu fühlen, und wenn Feuerbach weiter nichts getan hätte, als daß er uns von der Unpoesie der spekulativen Theologie und Philosophie erlöste, so wäre das schon ungeheuer viel. Übrigens bin ich noch mitten im Prozesse begriffen und fange bereits an, vieles für meine Individualität so auf meine Weise zu verarbeiten. Komisch ist es, daß ich kurz vor meiner Abreise aus der Schweiz noch über Feuerbach den Stab gebrochen hatte [in einer Rezension von Ruges Gesammelten Schriften], als ein oberflächlicher und unwissender Leser und Lümmel; so bin ich recht aus einem Saulus ein Paulus geworden. Indessen kann ich doch für die Zukunft noch nichts verschwören; es bleibt mir noch zu vieles durchzuarbeiten übrig; aber ich bin froh, endlich eine bestimmte und energische philosophische Anschauung zu haben. Nebenbei treibe ich noch Literaturgeschichte und arbeite an meinem unglückseligen Romane, welchen ich, da ich einen ganz andern Standpunkt und Abschluß meines bisherigen Lebens gewonnen habe, erst wieder zu zwei Dritteln umschmelzen muß. Wenn der Sommer schön wird in dieser schönen Landschaft, so werde ich ein Schauspiel darin schreiben, das mir durch den Kopf geht . . .

Ich habe mehrere ganz angenehme Bekanntschaften gemacht hier, worunter auch Künstler; einige hübsche und gescheite Mädchen stehen für den nahenden Frühling zu poetischen Ausflügen in Aussicht . . .

An Wilhelm Baumgartner

Heidelberg, 28. Januar 1849

Das Merkwürdigste, was mir hier passiert ist, besteht darin, daß ich nun mit Feuerbach, über welchen ich grober Weise vor nicht langer Zeit auch mit Dir Händel anfing, fast alle Abende zusammen bin, Bier trinke und auf seine Worte lausche. Er ist von hiesigen Studenten und Demokraten angegangen worden, diesen Winter hier zu lesen; er kam und hat etwa hundert eingeschriebene Zuhörer. Obgleich er eigentlich nicht zum Dozenten geschaffen ist und einen mühseligen schlechten Vortrag hat, so ist es doch höchst interessant, diese gegenwärtig weitaus wichtigste historische Person in der Philosophie selbst seine Religionsphilosophie vortragen zu hören . . . So viel steht fest: ich werde *tabula rasa* machen (oder es ist vielmehr schon geschehen) mit allen meinen bisherigen religiösen Vorstellungen, bis ich auf dem Feuerbachischen Niveau bin. Die Welt ist eine Republik, sagt er, und erträgt weder einen absoluten noch einen konstitutionellen Gott (Rationalisten). Ich kann einstweilen diesem Aufruf nicht widerstehen. Mein Gott war längst nur eine Art von Präsident oder erstem Konsul, welcher nicht viel Ansehen genoß, ich mußte ihn absetzen. Allein ich kann nicht schwören, daß meine Welt sich nicht wieder an einem schönen Morgen ein Reichsoberhaupt wähle. Die Unsterblichkeit geht in den Kauf. So schön und empfindungsreich der Gedanke ist – kehre die Hand auf die rechte Weise um, und das Gegenteil ist ebenso ergreifend und tief. Wenigstens für mich waren es sehr feierliche und nachdenkliche Stunden, als ich anfing, mich an den Gedanken des wahrhaften Todes zu gewöhnen. Ich kann Dich versichern, daß man sich zusammennimmt und nicht eben ein schlechterer Mensch wird.

Dies alles, lieber Baumgartner, hat sich in der Wirklichkeit nicht so leicht gemacht, als es hier aussieht. Ich ließ mir Schritt für Schritt das Terrain abgewinnen. Ich übte im Anfange sogar eine Kritik aus über Feuerbachs Vorlesungen. Obgleich ich den Scharfsinn seiner Gedanken zugab, führte ich doch stets eine Parallelreihe eigener Gedanken mit, ich glaubte im Anfange nur kleine Stifte und Federn anders drucken zu können, um seine ganze Maschine für mich selber zu gebrauchen. Das hörte aber mit der fünften oder sechsten Stunde allmählich auf, und endlich fing ich an, selbst für ihn zu arbeiten. Einwürfe, die ich hegte, wurden richtig von ihm selbst aufs Tapet gebracht und oft auf eine Weise beseitigt, wie ich es vorausahnend schon selbst halb und halb getan hatte. Ich habe aber auch noch keinen Menschen gesehen, der so frei von allem Schulstaub, von allem Schriftdünkel wäre wie dieser Feuerbach. Er hat nichts als die Natur und wieder die Natur, er ergreift sie mit allen seinen Fibern in ihrer ganzen Tiefe und läßt sich weder von Gott noch Teufel aus ihr herausreißen.

Für mich ist die Hauptfrage die: Wird die Welt, wird das Leben prosaischer und gemeiner nach Feuerbach? Bis jetzt muß ich des bestimmtesten antworten: Nein! im Gegenteil, es wird alles klarer, strenger, aber auch glühender und sinnlicher. – Das weitere muß ich der Zukunft überlassen, denn ich werde nie ein Fanatiker sein und die geheimnisvolle schöne Welt zu allem Möglichen fähig halten, wenn es mir irgend plausibel wird.

Dr. Hettner ist ein junger Privatdozent, welcher in Italien war und ein vortreffliches Buch zum Verständnis der antiken Kunst geschrieben hat. Er ist, sozusagen, eine vollkommene Blüte unserer modernen Geisteskultur; die Philosophie, Literatur und Kunst, letztere zwei besonders, sind der ausgebreitete Boden seiner Nahrung. Ich wünschte, daß dieser junge, rührige Mann unserer eidgenössischen Schule in *spe* [dem künftigen Züricher Polytechnikum] erworben werden könnte; denn hoffentlich wird doch etwas für diese Interessen auch geschehen. An den jetzigen schweizerischen Universitäten sind in diesen Fächern abgelebte und überlebte, impotente Kräfte oder Unkräfte vorhanden. Ich gehe oft zu Hettner und befinde mich sehr gut dabei . . .

Ästhetische Notiz. Ich wohnte jüngst einer Operation in hiesigem Spital bei. Einem alten Manne, welcher den Arm gebrochen hatte, mußten ein paar Stücke aus dem Ellenbogen gesägt werden. Der Mann wurde, ich weiß nicht aus welchem Grunde, nicht narkotisiert, so daß er dem ganzen Schmerze ausgesetzt war. Er fing ganz allmählich, wie man ihn in die Kur nahm, an zu klagen und stöhnen, und ich erwartete ein unartikuliertes, wildes Geschrei. Allein, als die Messer beiseite gelegt und die Säge ergriffen wurde und der Schmerz immer höher stieg bis ins anscheinend Unaushaltbare, da wurde der Mann freilich immer lauter, aber er wandte sich an seinen Gott und gab seine Pein in wohlausgesprochenen Worten und Anrufungen kund, welche immer schöner, ausgeprägter und ergreifender wurden, je tiefer die Säge drang, er wurde zuletzt eigentlich beredt und erging sich in den auffallendsten Äußerungen, welche, sowie der Schmerz abnahm, in wehmütige Betrachtungen übergingen, bis zuletzt alles verbunden war und er wieder still wurde. Der Mann sah eben nicht intelligent aus, und ich möchte fast behaupten, daß er noch nie in seinem Leben so gut und ausdrucksvoll, oder auch nur so klar bewußt gesprochen habe. Ich weiß nicht, ob sich alle Unglückliche, welche höchstem physischem Schmerze unterworfen werden, so benehmen: aber hier wenigstens habe ich gefunden, daß der höchste Schmerz zugleich sich in der schönsten Form äußern kann, was zwar eine alte Geschichte ist, aber für den Hausgebrauch durch eigene Anschauung vortrefflich aufgefrischt wird. Für Deine musikalischen Interessen habe ich bemerkt, daß der Rhythmus in den Schmerzäußerungen dieses Mannes ein durchaus gemessener, fast langsamer und gravitätischer war, aber äußerst fest und nachdrücklich . . .

21. Februar

Noch immer liegen die unglücklichen Briefe in meiner Tischtrucke, kommen aber hoffentlich heut oder morgen endlich auf die Post. Daher noch einen flüchtigen Gruß. Hegi hat mir geschrieben, daß er nach Amerika gehe, nun erwarte ich täglich die Nachricht, daß Du nach Afrika und ein dritter gar nach Australien wolle, so muß ich am Ende doch nach Asien ziehen, damit wir recht auseinander fahren! Da schlage doch der Teufel in die Welt! Ich werde fast mit jedem Tage europalustiger, da ich nun erst recht an die Revolution glaube, je schlechter es ihr geht. Aber ein Mensch, der nicht an die Freiheit glaubt, wie unser Hegi, der muß freilich auswandern, denn das, an was er glaubt, will sich noch viel weniger zeigen und Gestalt annehmen, und so bleibt ihm nichts übrig, als nach Mexiko zu gehen und dort den alten Vitzliputzli zu restaurieren ...

10. März

Unglückseliges Schifflein dieser Briefe! Es will nicht vom Lande stoßen; im Spätherbst planiert, zu Neujahr angefangen und im Frühling fertig – wenn's nun noch Sommer wird, bis er in Zürich ankommt, dann kann dieser Brief sagen, er sei durch alle Jahreszeiten gewachsen, bis er, wie eine reife Frucht, endlich vom Baume fiel ...

Nun geht es endlich mit Macht an meinen Roman, von Anfang bis zum Ende wird er umgeschrieben, und über die Ferien soll er fertig werden. Es geht mir aber auch an den Kragen, denn ich habe nur noch 200 Franken von der Regierung zu beziehen, um welche ich jetzt schreibe; wenn sie mir dieselben nur schnell schicken! Mein Honorar für das Buch bekomme ich erst, wenn das Ganze abgeschickt ist.

Die Mutter an Gottfried Keller

Zürich, 20. Januar 1849

Deine Jungfer Gotte [d. h. Patin] Ammann ist auch einmal bei mir gewesen, hat auch Dir nachgefragt und sich erkundigt wegen der Reise, welche Du noch vorhabest nach dem heiligen Lande! Sie würde Dir dies Vornehmen nicht raten können, indem sie nicht glaube, daß Deine Gesundung und Natur fest und stark genug wäre, jenes Klima auszuhalten. Sie erzählte mir von einem Basler, welcher auch von seiner Regierung dorthin geschickt wurde, als Naturforscher, allein auf der Rückreise sei er gestorben. So könnte es Dir auch gehen. Ich denke selbst, es sei klüger, wenn Du diese Reise zur Seite tun kannst; mir würde sie großen Kummer in meinem Alter verursachen.

Gottfried Keller an die Mutter

Heidelberg, 16. März 1849

Deinen Brief habe ich durch den Schustergesellen richtig erhalten. Es nimmt mich wirklich wunder, daß Du mir seither keinen Sturmbrief mehr geschickt hast, da mein Stillschweigen auch gar zu lang dauert ...

Mein Geld habe ich noch gar nicht bekommen, sonst hätte ich

schon lange geschickt. Doch bin ich diesmal selbst schuld, indem ich hier, durch andere Grundsätze und Ansichten veranlaßt, mein Buch noch einmal gänzlich umzuarbeiten anfing, und da ich daneben noch studieren muß, so ging es nicht so schnell vonstatten, und vom Buchhändler kann ich auch nicht verlangen, daß er mir das Geld schickt, eh' das Buch fertig ist ... Hier habe ich indessen ganz knapp aus ein paar kleinen Pöstlein gelebt, welche ich von verschiedenen Buchhändlern eingetrieben habe; auch wurde einiges Geld entlehnt. Jedoch habe ich, was Schulden betrifft, keinen Kreuzer mehr verbraucht, als was ich ganz bequem bezahlen kann. Gegenwärtig bin ich sehr auf dem Hund und nehme auch ein anderes Zimmer, da die Leute, wo ich bin, sehr unordentliches Volk sind. Gestern hat die Frau, ein altes Weib, der Magd, welche ihren Unterrock noch flicken wollte, befohlen, sie solle ins Bett gehen, denn sie brauche das Licht zum Flöhfangen, worauf die Magd schimpfte. Da nahm die Frau den Nachttopf und warf ihn der Magd an den Kopf, und diese hinwiederum packte die Frau und schmiß sie hinter den Ofen, worauf der Mann aus dem Bett sprang und auf beide zusammen loshieb. Solche Geschichten passieren alle Tage, und ich möchte daher nicht länger dableiben. Ich muß aber den Zins bezahlen und schreibe darum dem Regierungsrat Sulzer, daß er mir die übrigen 200 Franken schicken möchte.

... Ich habe hier schon Feuer- und Wassernot gehabt. Einmal, als ich lang in die Nacht aufblieb, geriet mein Sofa, wahrscheinlich durch die Pfeife, in Brand, was ich erst merkte, als ich schon zwei Stunden geschlafen hatte und der Rauch mich weckte. Ich sah eine große Glut und glaubte im Schrecken, der ganze Boden brenne. Ich erstickte beinahe und konnte des Rauches wegen die Türe nicht finden. So eilte ich zum Fenster und warf dasselbe, um Lärm zu machen, auf die Straße, schrie »Feuerjo!« und schmiß auch noch den Jalousieladen hinterdrein. Es war übrigens nur ein einziges Kissen verbrannt, was aber einen höllischen Rauch machte. Kurz darauf gab es eine Überschwemmung, so daß ich zwei Tage lang im Schiff vom und zum Haus fahren mußte. Für den Brand bekam ich eine Rechnung von 7 Gulden.

... Ich habe freilich keine Lust, die große Reise zu machen, weil ich lieber noch ein Jahr in Deutschland, etwa in Berlin, bleiben möchte, weil ich einmal am Studieren bin. Indessen wären die Besorgnisse meiner verehrlichen Jungfer Gotte auf mich nicht anzuwenden, weil ich kein Naturforscher bin, welcher in unbekannte Gegenden, allen Beschwerden und Entbehrungen ausgesetzt, dringen muß, um seine Entdeckungen zu machen; sondern ich könnte ganz gemächlich von einem bewohnten und zivilisierten Orte zum andern, und das auf guten Dampfschiffen, reisen, wo überall gute Handelshäuser mit guter Lebensart sind ...

11. April 1849

Letzthin habe ich die letzten 200 Franken von der Regierung erhalten; sie sind aber bereits fort, indem ich meine Hausrechnung bezahlt und das entlehnte Geld zurückgegeben habe; denn es ist nicht sehr angenehm, in dieser armen hungrigen Stadt Schulden zu haben. Wenn ich daher bis Mitte Mai 50 Gulden von Euch bekommen könnte, so wäre es mir sehr recht. Ich habe für den Sommer Kollegiengelder zu bezahlen und sollte mir auch einige teure Bücher anschaffen. Hier wüßte ich gegenwärtig bei niemanden zu entlehnen als bei meinem alten Verleger, welcher mir aber nicht sehr grün ist, weil ich ihm nichts mehr gebe. Es sieht zwar kurios aus, daß ich, anstatt Geld zu schicken, abermals Deine Hülfe in Anspruch nehme; sobald ich aber die Summe aus Braunschweig erhalten [von dem Verleger Vieweg, zu welchem jedoch noch gar keine direkte Beziehung angeknüpft war], so will ich sogleich 400 Gulden nach Zürich schicken, damit ich endlich einmal frische Luft bekomme.

... Ich lebe jetzt ziemlich wohlfeil. Es ist hier Sitte, daß man seine Besuche am Abend nach sieben Uhr macht, wo man dann mit den Leuten Tee trinkt und etwas Wurst oder Schinken ißt. Da ich in mehreren Häusern eingeführt bin und alle Wochen einmal hingehen muß, so habe ich mir dies gemerkt und studiere nun jeden Abend, wo ich hingehen wolle. Dabei unterhalte ich mich besser als im Wirtshaus. Als Dichter muß ich immer neben der Hausfrau sitzen; denn die Deutschen ästimieren diese Menschengattung viel mehr als die Schweizer.

An Eduard Dößekel

Heidelberg, Pfingsten 1849

Obgleich ich ein schlimmer Heide bin, so liebe ich doch die schöneren unter den christlichen Festtagen, wie Ostern und Pfingsten. Diesmal sind letztere besonders gut geraten, das schönste Wetter im Neckartal, alle Straßen voll revolutionären Volkes, welches Blumen und Waffen und rote Bänder an den Hüten trägt ...

Ich selbst habe mich für diesen Sommer von der hiesigen Gelehrsamkeit zurückgezogen, um ganz der poetischen Produktion zu leben. Es ist wirklich Zeit, daß ich wieder einmal etwas von mir hören lasse; denn mein erster schnatternder Trompetenstoß bedarf sehr einiger reineren Nachfolger, sonst geht er mir gänzlich flöten.

An Staatsrat Eduard Sulzer

Heidelberg, 23. Juli 1849

... Sie haben mich, hochzuverehrender Herr! im letzten Herbste mit dem Vorschlag zu einer orientalischen Reise auf das erfreulichste überrascht. Nun bin ich aber diesen Monat genau dreißig Jahre alt geworden, und ich fühle eine Art von Notwendigkeit, daß die nächsten Jahre nun die Zeit sind, wo rasch hintereinander gewirkt und produziert werden sollte. Eine solche freilich sehr anlockende Reise aber würde vielleicht in vier oder fünf Jahren wohltätiger sein, wenn ich im Leben noch mehr gereist und auf der anderen Seite eines Teils meiner Vorräte entledigt bin.

... Nach meiner Ansicht wäre es nun am nützlichsten für mich, wenn ich mich einige Zeit in Berlin aufhalten könnte, wo ich den Besuch des Theaters mit den nötigen historischen Studien verbinden könnte. Während eines solchen Aufenthaltes müßte dann ein dramatisches Produkt, als Probe, zuwege gebracht werden, welches vielleicht für ein weiteres selbständiges Fortgedeihen entscheidend würde, indem von allen literarischen Tätigkeiten diejenige des Dramatikers ihren Mann gegenwärtig noch am besten hält, wenn er sich einmal Beifall erworben hat ...

Die Mutter an Gottfried

Zürich, 16. April 1849

Nun schicke ich Dir die verlangte Summe, 50 Gulden. Ja, das schaut wirklich kurios aus! Als der Briefträger schellte, dachte ich: was gibt's da schon wieder? Gewiß kommt Geld. Aber wie bestürzt, als ich statt dessen wieder hergeben sollte! ...

Gottfried Keller an die Mutter

Heidelberg, 24. Juli 1849

... Im September gedenke ich heimzukommen. Die badische Revolution, welche im Mai ausbrach und bis im Juli gewährt hat, hat auch meine Finanzverhältnisse abermals verwirrt, denn der Verkehr gegen Norden ist die ganze Zeit über unterbrochen gewesen. In zwei Wochen werde ich etwa 200 Gulden für ein Heft Gedichte erhalten, welche ich herausgebe, und damit will ich dann, da ich sonst im Sinne hatte, von hier aus noch eine Tour zu machen, selbst mich auf den Weg verfügen und mein Geld einkassieren. Denn ich möchte in keinem Falle nach Zürich kommen, ohne meine Schulden bezahlen zu können. Ich weiß nicht mehr, ob ich Dir, liebe Mutter, den Empfang der 50 Gulden angezeigt habe? Wenn es nicht geschehen ist, so habe ich es über dem Kriegslärm vergessen, welcher sich lange um Heidelberg herumzog. Gegen die badischen Aufrührer waren vom Großherzog Bundestruppen zu Hilfe gerufen worden, die unter dem Befehl des Prinzen Wilhelm von Preußen standen. Es wurde in der Nähe von zwei Stunden kanoniert und gepülvert, und ein paarmal kamen die Feinde bis vor die Stadt, daß wir sie auf dem Berg herumlaufen sahen. Sie schossen in unsere Gassen herein, über 2000 Schritt weit, und ein Soldat fiel tot um, nicht weit von mir, auf der Brücke. Hierauf fanden wir, die nichts da zu tun hatten, für gut, uns ein wenig zurückzuziehen. Die Preußen haben halt auch Scharfschützen. Ich verfügte mich auf mein Zimmer, aber da war es noch ärger. Die Hausleute flüchteten ihre Habe, weil das Haus am Wasser steht, es waren Kanonen dicht unter meinem Fenster aufgefahren, welche über den Neckar den Feind abhalten sollten, welcher, im Fall er ernsthaft angegriffen hätte, wahrscheinlich diese Kanonen samt dem Haus, vor welchem sie standen, auch ein wenig berücksichtigt haben würde. Die badischen Soldaten mußten indes die Stadt verlassen, weil im Rücken eine Schlacht verloren war, und am andern Morgen rückten die Preußen vor Sonnenaufgang ein ...

An A. A. L. Follen

Heidelberg, Herbst 1849

Ich habe hier ein seltsames Jahr erlebt. Ich kann eben nicht sagen, daß ich sehr gelehrt worden bin; aber das wenige, was ich gelernt habe, hat so gut in die äußeren Erfahrungen eingegriffen, so viel Inneres mir aufgeschlossen, ich habe mein Selbst, welches in allerlei kleinen Passionen und Dingen von eitelm Geschmacke anfangen wollte zu verschwimmen, herausgerettet und sozusagen neu entdeckt und hergestellt, während ich doch meiner Natur nach der Alte geblieben bin, ich habe endlich meine sonderbare Jugend (ich bin diesen Sommer dreißig Jahre alt geworden) so rund abgeschlossen – daß ich dies Jahr nicht zu meinen schlechtesten zähle. Das klingt alles sehr pathetisch, aber die Ausdrücke sind auch meinen kleinen Zuständen insofern angemessen, als mir das Zurechtfinden bisher sehr schwer geworden ist. Mein Roman wird die letzte subjektive Äußerung sein, ich bin dieses nörgelnden Wesens müde und sehr froh, daß ich das Buch nicht früher fertig gemacht habe; fast könnte ich sagen, die Vorsehung habe es so lange hingehalten, bis es eine Protestation wider sie selbst geworden ist . . .

An Alfred Escher

Heidelberg, 30. Oktober 1849

Hochverehrter Herr Bürgermeister!

Sie haben wiederholt mir das gütige Wohlwollen erwiesen, von den Beschlüssen des hohen Erziehungs- und Regierungsrates mir freundlich Kenntnis geben zu wollen. Seither habe ich auch die amtliche Anzeige durch die Staatskanzlei, sowie die Summe für das bevorstehende Semester erhalten und bin dadurch in den Stand gesetzt, ferner auf freie und bequeme Art meiner literarischen Entwicklung nachleben zu können. Möchte es mir im Laufe dieses Jahres gelingen, einigermaßen zu beweisen, daß das Vaterland nicht umsonst sein Vertrauen in mein Talent und in meinen Fleiß gesetzt hat.

Sobald ich in Berlin angekommen und mich orientiert haben werde, will ich so frei sein, den einen oder andern verehrten Herren zu berichten.

An die Mutter

Heidelberg, Oktober 1849

Seid doch so gut und schickt meinen Paß in die Staatskanzlei, daß er wieder auf ein Jahr erneuert wird. Er muß vom preußischen Gesandten visiert werden. Es muß aber schnell gehen, denn in zehn Tagen reise ich von hier fort. Ich habe von der Regierung 1000 Franken bekommen für Berlin und die Hälfte davon bereits erhalten. Bürgermeister Escher und Eduard Sulzer haben mir beide geschrieben, besonders der letztere sehr artig. Ich werde auf meiner Reise Geld eintreiben, da ich auch über Braunschweig komme; auch in Frankfurt habe ich noch ein Buchhändlergeschäft. Ich brauche ziemlich Geld, weil ich hier noch einen schwarzen Frack und ditto Weste muß machen lassen, ebenso etwas Neues für meinen alten Mantel. Ich werde aber nur eine grobe haarige Kapuze kaufen für 14 Gulden. Dann habe ich für den Winter eine gestrickte wollene Binde gekauft, welche man über den Rock umlegt; sie geht mir zweimal um den Hals 'rum und dann erst bis auf die Füße herunter und ist weiß und rot; ich sehe sehr komisch aus darin; kostet 4 Gulden. Ich habe während des Jahres auch zwei weiße Westen machen lassen und ein graues Straplizierkleid. Nun muß ich noch einige Hämper [Hemden] haben. Da Du mir schreibst, Regula hätte welche gemacht, so kannst Du mir sie nun doch schicken, obgleich es mir leid tut, daß das Tuch alles für mich zerschnitten wird.

... Ich esse hier viel Trauben mit einer schönen und noblen Jungfer, welche mich in ihrem Garten und Weinberg herumführt.

Die »schöne und noble Jungfer« war Johanna Kapp, die Tochter des mit Feuerbach befreundeten Philosophieprofessors und Hofrats Christian Kapp, in dessen Hause Keller damals um so reger verkehrte, je mehr er zu spüren glaubte, daß die leidenschaftliche und geistvolle Fünfundzwanzigjährige seine Neigung erwidere. Kellers Werbebrief an Johanna vom Anfang November 1849 ist von der Empfängerin mit anderen Briefen seiner Hand vernichtet worden. In ihrer Antwort enthüllt sie ihm die Tragödie ihres Herzens. Sie liebte Ludwig Feuerbach, den Freund des elterlichen Hauses, und lebte einer Hoffnung, die sich nie erfüllen sollte: schon vor einigen Jahren hatte Feuerbach die ihm von seiner Frau freiwillig angebotene Trennung abgelehnt und den Verzicht gewählt.

Johanna Kapp an Gottfried Keller

Heidelberg, 7. November 1849

Lieber, lieber Freund! Ich bin so tief erschüttert, daß ich kaum weiß, wie ich Ihnen schreiben soll, und doch drängt mich's dazu. Ihr lieber Brief hat mich furchtbar traurig gemacht, obgleich Sie mir's verbieten. Ich möchte Ihnen danken und tu's auch aus vollem Herzen; aber es kommt mir schrecklich traurig vor, daß ich so viel Unheil anrichte. Es ist mir oft ganz unbegreiflich. In den letzten Tagen hab' ich wohl gefühlt, daß Sie mich gern hatten; aber ich hielt es für eine schöne menschliche Teilnahme und hätte mich auch gefürchtet, etwas mehr zu glauben. Nun aber liegt der Reichtum Ihres schönen Herzens plötzlich vor mir in neuem Glanze, und ich hab' tief aufseufzen müssen! Ich hab's Ihnen schon gestern gesagt, daß ich ebenso glücklich wie unglücklich, weil ich getrennt bin, aber geliebt! Als ich Ihnen vor acht Tagen meine Gedichte gab, da nahm ich mir innerlich vor, Ihnen nie den Namen dessen zu sagen, in dem mein Wesen aufgegangen. Es schien mir selbst Ihnen gegenüber eine Profanation. Aber heute fühl' ich anders; auch anders wie gestern, da ich es Ihnen gegönnt hätte, aber doch um keinen Preis hätte sagen können. Jetzt aber sind Sie's gewiß wert, und ich fühl's, ich bin's Ihnen schuldig, damit Sie mich ganz begreifen und auch verstehen, wie nach so bittern Herzensqualen mir doch noch ein Leben möglich blieb, das bisher nur auf kurze Zeiten mich mit meinem Geliebten vereinte. Es ist allerdings ein tief tragisches Glück, wenn Augenblicke lange Trennung aufwiegen müssen; aber selbst wenn meine letzte Hoffnung noch schwinden sollte, ein dauerndes Vereintsein zu erreichen, glaube ich dennoch Kraft zu behalten, um die kurzen Momente als Momente zu erfassen und zu genießen, die mein vielbewegtes Leben erhellen. Sie haben in Ihrem schönen Briefe den geliebten Namen selbst ausgesprochen. Der Mann, der Ihrem Kopfe ward, was Ihr edles Herz in mir fand, dieser herrliche Mann ist es, und der wundersame Zufall, der Sie uns beide zusammenstellen ließ, hat mich mit stürmischer Freude ergriffen. So mag Ihnen denn das Rätsel gelöst erscheinen, das meine in Schmerzen erblühte Liebe Ihnen sein mußte. Wie verwickelt dieses tragische Verhältnis ist, können Sie aber nicht ahnen; doch glaub' ich noch an eine Möglichkeit, die aber mit saurem Kampfe errungen werden muß und nach meinem Gefühl die einzige Versöhnung wäre für das herbe Leid, darunter viele leiden, am meisten die arme, edle Frau, deren Glück ich zerstören mußte.

Erstarren Sie nicht ob den Untiefen, die das Leben hinter anscheinend glücklichen Verhältnissen birgt, verkennen Sie weder mich noch ihn! Wo Sie nicht alles begreifen, glauben Sie das Gute doch, und lassen Sie mich für immer glauben, daß Sie nie irre an mir werden! Mein Herz ist unwandelbar; aber es ist nicht bloß dem Geliebten treu: es bewahrt auch seinen Freunden eine wahre Zuneigung mit Innigkeit. Ich werde Sie nie vergessen.

Die höchste Gabe, die der Mann einem Weibe bieten kann, ist seine Liebe, und für dies Geschenk muß ich Ihnen danken, so traurig mich's auch macht. Ich hab' Sie wirklich lieb und glaube Sie zu verstehen in der tiefen Innigkeit Ihres Wesens... Ich weiß, was Sie sind, und darum brauchen Sie mir nicht erst zu geloben, etwas Rechtes werden zu wollen... Ihr wunderschöner Brief hat mich tief ergriffen.

Am 7. Dezember reiste Johanna von Heidelberg ab; sie übersiedelte nach München, wo sie sich zur Landschaftsmalerin ausbilden wollte. Der folgende Brief, den Keller am gleichen Tage schrieb, ist nicht abgeschickt worden.

Gottfried Keller an Johanna Kapp

Heidelberg, 7. Dezember 1849

Trotz des leidenschaftlichen Lebens, welches ich seit einiger Zeit geführt habe, hätte ich doch nicht geglaubt, daß es mir noch so elend zu Mute sein könnte, als es mir vergangene Nacht und den Morgen darauf gewesen ist. Ich war die letzten Wochen hindurch sozusagen glücklich gewesen, ich kannte nichts Wünschenswertes mehr, als einige Stunden mit Ihnen zuzubringen, und war ich bei Ihnen, so dachte ich in glücklicher Vergessenheit weder an die Zukunft noch an die Vergangenheit, nicht an mich selbst und nicht einmal an Sie. Ich hatte von der ganzen Welt genug, wenn ich auf den Bergen hinter Ihnen oder neben Ihnen hergehend Ihre Stimme fortwährend hörte und manchmal in Ihr Gesicht sah oder im Zimmer auf Ihre Hände schauen konnte, wenn Sie etwas arbeiteten. Es war gerade kein rühmlicher Zustand, und es ist vielleicht unschicklich, daß ich Sie noch mit diesen Klagen in die Ferne verfolge, Sie, welche genug selbst zu tragen haben. Aber erstens kann ich den heutigen Tag nur dadurch erträglich zubringen, daß ich irgend etwas an Sie schreibe; und dann werden Sie auch, wenn Sie diese Zeilen erhalten, überzeugt sein können, daß es mir wieder frischer und besser zu Mut ist. Ich will Ihnen zukünftig nie mehr von meiner Liebe schreiben, sondern ganz vernünftig von Menschen und Dingen, die ich sehe, und mit tausend Freuden von Ihnen selbst und Ihrem Schicksale, wenn ich Ihnen auf Ihre Aufforderung irgend etwas Gutes oder Aufmunterndes sagen kann. Nur muß ich Sie bitten, immer und so lange zu leiden und zu glauben, daß mein Herz an Ihnen hängt, auch wenn ich nichts mehr davon sage, bis ich Ihnen selbst meinen Abfall verkündige; und ich werde fröhlichen Sinnes der erste sein, welcher die drückende Last von Ihnen und mir zugleich nimmt. Daß dies jedoch bald geschehen werde, daran zweifle ich selbst. Meine Jugend ist nun vorüber, und mit ihr wird auch das Bedürfnis nach einem jugendlich poetischen Glücke schwinden; vielleicht, wenn es mir in der Welt sonst gut geht, werde ich noch ein fröhlicher Mensch, der diesen oder jenen Winterschwank aufführt. Mein Herz aber einem liebenden Weibe noch als bare Münze anzubieten, dazu, dünkt mich, habe ich es nun schon zu sehr abgebraucht und werde es noch ferner abbrauchen, bis es nur von Ihnen frei ist ...

Ich hatte ganz fest geschlafen bis gegen Morgen; aber um halb drei Uhr erwachte ich, wie wenn ich selbst verreisen müßte. Während ich munter wurde, kam es mir nach und nach in den Sinn, worum es sich handelte. Ich ging ans Fenster und sah jenseits des Neckars Licht in Ihrem Zimmer; es strahlte hell und still durch die helle Winternacht und spiegelte sich so schön im Flusse, wie ich es noch nie gesehen. Obgleich von Schlaf keine Rede mehr war, so hätte ich doch um keinen Preis ein Licht angezündet, aus Furcht, Sie möchten es bemerken; und ich wollte Ihnen mein armseliges Bild nicht noch aufdrängen bei Ihrer sonstigen Aufregung. Nach einiger Zeit glaubte ich einen Wagen hinausfahren zu hören, und bald darauf rollte er zurück über die Brücke. Jetzt geht sie, dachte ich, drückte mein Gesicht in das Kissen und führte mich so schlecht auf wie ein Kind, dem man ein Stück Zuckerbrot genommen hat. Den ganzen Vormittag war ich dumpf und tot und sagte nur: diese Zeit wird auch vorübergehen! Ja, sonderbarer Weise mischte sich in meine Trauer ein Ärger über jene kahlen Jahre, wo ich, wie ich vorauszusehen glaubte, über meinen jetzigen Schmerz lächeln würde. Und gerade aus diesem Ärger lauschte eigentlich nur meine einzige Hoffnung, die Hoffnung auf jene Zeit der Ruhe und Unbefangenheit. Es war der altbekannte Strohhalm des Ertrinkenden.

Da brachte mir Max [Johannas Bruder] nach Tisch Ihr allerliebstes Briefchen, welches mir wie eine Sonne aufging. Ihre lieben Worte versetzten mich bald in die Normalstimmung, in welcher ich nun längere Zeit bleiben werde. Ich wurde so aufgeweckt, daß ich singend in meinen Papieren zu kramen anfing und Sie auf eine Viertelstunde rein vergaß! Darauf machte ich einen tüchtigen Spaziergang und wurde wieder traurig; und nun schreib' ich an Sie. Ich kann Ihnen nicht sagen, wie weich und lind mich Ihr Wunsch überkommen hat, daß ich Ihnen unter allen Lebensverhältnissen gut bleiben möchte! Das ist doch halbwegs das, was ich gewünscht habe, eine Heimat in einem edlen und verständnisreichen weiblichen Herzen, und mehr will ich jetzt nicht ...

11. Dezember

Ich weiß noch nicht, wenn dies Papier fortkommt, und will es noch voll schreiben. Ich war seit Ihrer Abreise schon zweimal in Ihrem elterlichen Hause, habe aber nur Ihre Mutter gesehen, indem Ihr Vater, von früheren Besuchen ermüdet, auf seinem Zimmer war, und ich ihn durchaus nicht stören mochte. Ihre Mutter spricht zu meinem großen Vergnügen sehr viel von Ihnen.

Bei Hettners habe ich letzthin schlechte Geschäfte gemacht. Ich traf Moleschotts dort. Herr Moleschott [Privatdozent für Physiologie und Anthropologie an der Heidelberger Universität] las einen Abschnitt aus einem diätetischen Werke vor, das er schreibt, das Kapitel über Hunger und Durst. Es kam darauf hinaus, daß man sterben müsse, wenn man nichts mehr esse und trinke, was mich sehr frappierte. Allerlei häßliche physiologische Ausdrücke trug er, um die Pille zu vergolden, mit einer Sorte von süßem Pathos vor, welche mir, trotz meines Elends, einen abscheulichen Lachkrampf verursachte, was mir fast übel bekam. Von Ihnen aber wurde kein Wort gesprochen, als einmal flüchtig, daß Sie nun in München sein werden; und als ich sagte, Sie seien erst heute fort, so bedauerten sie, nicht noch einen Besuch bei Ihnen gemacht zu haben. So mußte ich durstig wieder abziehen, und die guten Leute haben mich unbewußt am besten bestraft für meine geheime Feindseligkeit und für meinen Undank.

Für Ihre Veilchen danke ich herzlich; sie liegen in Ihrem Brieftäschchen, und wenn der Ort, wo dieses liegt, eine Ruhestätte genannt werden kann, so haben die Blumen allerdings eine solche gefunden. Ich hatte sie dazumal in einer melancholisch widerspenstigen Stimmung fast absichtlich auf Ihrem Fenstersims liegen lassen und es nachher sehr bereut; nun habe ich sie doch noch bekommen. Ich mache mir manchmal Vorwürfe, und ich weiß nicht, ob ich sie meinem ganzen Geschlecht machen soll, daß ich so wenig Geschick für einen unbefangen anmutigen Verkehr habe, daß ich erst durch bittere Schmerzen lernen mußte, mein Gefühl in Bande zu legen und mich in einer schönen Freundschaft froh zurechtzufinden, statt gleich Liebe zu begehren und geben zu wollen. Es kommt übrigens vielleicht von dem verhältnismäßig kleinen Begriff, welcher sich in Beziehung auf Freundschaft überhaupt nach und nach in mir ausgebildet hat. Ich muß wirklich offen gestehen, daß mir die Freundschaft keine große Lücke in meinem Leben ausfüllt. Es versteht sich bei mir von selbst, daß alle tüchtigen und offenherzigen Leute sich gegenseitig gut sind, daß die Gleichgesinnten zusammenwirken, daß man sich hilft, wo man kann, sich duldet und seine Meinungen liebevoll austauscht. Was aber hierbei für die tiefsten und innersten Herzensbedürfnisse Genügendes herauskommt, das seh' ich nicht recht ein. Man wird so oft getrennt; ich erwerbe mir neue Freunde, welche mir so lieb werden wie die früheren; diese ihrerseits tun das gleiche, und so entsteht ein großes Gewebe von guten und mannigfachen Charakteren, welche voneinander hören und oft eine gemeinschaftliche Sympathie haben. Aber gerade dadurch wird die Freundschaft mehr öffentlich, sozial und mich dünkt, das, was sie sein soll und am besten ist. Es mag eine Zeit gegeben haben, wo die großen leidenschaftlichen und idealen Freundschaften gerechtfertigt waren; jetzt aber, glaube ich, sind sie es nicht mehr. Unter den Männern wenigstens scheint es mir je länger je mehr unpassend zu werden, wenn zwei so etwas recht Besonderes und Exquisites unter sich haben wollen; es ist unbürgerlich und unpolitisch. Es ist schön, wenn sich Jugendfreunde ihr ganzes Leben durch so lang als möglich aufmerksam und treu bleiben, aber der innerste heiße Hunger des Herzens hat davon nichts, bei mir wenigstens nicht. In Beziehung auf Frauen ist es etwas anderes, aber auch da muß ich, wenn ich für eine einzelne eine recht hingebende Freundschaft bekommen soll, zuerst geliebt haben, oder vielmehr ich kenne hier keinen Unterschied zwischen beiden Neigungen, und das Wohlwollen, das ich für die Frauen im allgemeinen empfinde, ist durchaus keine Freundschaft, wenn sie mir auch noch so nah stehen, es ist nur Artigkeit. Zu meinem Nachteil vermisse ich leider eine gesellschaftliche Tugend, jenes unschuldige Kokettieren und Freundlichtun bei kaltem Blute, womit viele junge Leute sich sonst das Leben angenehm machen.

O je, was ist das für eine langweilige Predigt! Es ist, wie ich es überlese, doch nicht alles wahr! Aber ich kann mich jetzt nicht recht ausdrücken ...

Einige Jahre hindurch blieb Gottfried Keller mit Johanna Kapp in freundschaftlichem Briefverkehr. Wiedergesehen hat er sie nie. Aber 1856 heißt es in einem Brief an Hettner, Johanna Kapp sei ihm »fast unheimlich«, es sei, »als ob sie sich selbst verzehre, wenn sie nicht anderen Leuten die Köpfe verdrehen und Unheil anrichten kann«. Erst jetzt bereue er nicht die »direkten Grobheiten«, die er ihr gemacht habe. Keller ahnte nicht, welches dunkle Geschick in dieser verzehrenden Unrast seine Schatten vorauswarf. Johanna Kapp verfiel später, wie schon ihre Mutter und einer ihrer Brüder, in geistige Umnachtung. Gestorben ist sie 1883.

Das schönste der Gedichte, die in den letzten Heidelberger Monaten dem leidvollen Gedächtnis an Johanna Kapp gewidmet sind, hat Keller in keine der späteren Sammlungen aufgenommen:

Schöne Brücke, hast mich oft getragen
Wenn mein Herz erwartungsvoll geschlagen
Und mit dir den Strom ich überschritt.
Und mich dünkte, deine stolzen Bogen
Sind in kühnerm Schwunge mitgezogen,
Und sie fühlten meine Freude mit.

Weh der Täuschung, da ich jetzo sehe,
Wenn ich schweren Leids vorübergehe,
Daß der Last kein Joch sich fühlend biegt!
Soll ich einsam in die Berge gehen
Und nach einem schwachen Stege spähen,
Der sich meinem Kummer zitternd fügt?

Aber *sie* mit anderm Weh und Leiden
Und im Herzen andre Seligkeiten,
Trage leicht die blühende Gestalt!
Schöne Brücke, magst du ewig stehen:
Ewig aber wird es nie geschehen,
Daß ein beßres Weib hinüberwallt!

Unmittelbar nach der Abreise Johannas schrieb Keller seinen ersten Brief an den Verleger Eduard Vieweg in Braunschweig, in welchem er seine Absicht kundtat, »in etwa vierzehn Tagen« das Manuskript seines Romans zu übersenden, »entweder das Ganze oder einen Teil«. Eine erstaunliche Absicht, wenn man bedenkt, daß noch reichlich fünf Jahre bis zur Vollendung des »Grünen Heinrich« vergehen sollten. Im Februar kam eine Antwort des Verlags mit der Bitte um nähere Mitteilungen über den angebotenen Roman.

Gottfried Keller an Eduard Vieweg

Heidelberg, 28. Februar 1850

Indem ich Ihnen, hochgeehrter Herr, für Ihre gefällige Beantwortung vom 5. Februar verbindlichst danke, bin ich nun so frei, Ihnen den Anfang meines Romanes zu übersenden; es ist gerade so viel, als ich in den letzten Tagen ins Reine schreiben konnte, da mit letzterm Geschäft die letzte Ausfeilung und stilistische Reinigung des Buches zugleich inbegriffen ist. Das ganze Manuskript wird ziemlich genau 430–40 solche Seiten enthalten wie der übersandte Teil; ich habe für jetzt nur so viel geschickt, damit der Druck endlich bald beginnen kann, woran mir viel gelegen ist. Inzwischen kann ich wöchentlich eine solche Portion wie die anliegende, oder auch mehr, liefern.

Was den Inhalt des Buches betrifft, so wird derselbe im Verlaufe lebendiger und plastischer und gewinnt mehr Handlung, als in diesen ersten Kapiteln der Fall ist. Ob ich den Titel genau so lasse, weiß ich noch nicht, indessen wird derselbe, wenn ich mich nicht irre, ja erst zuletzt gedruckt.

Als Honorar bedinge ich mir die Summe von fünf und siebzig Louis d'ors. Sollte jedoch mein Manuskript durch eine unvorhergesehene Abänderung, welche mir noch einfallen könnte, unter 400 Seiten schließlich betragen, so müßte das Honorar verhältnismäßig herabgesetzt werden ...

Ein daraufhin erfolgtes Schreiben Viewegs vom 6. März hat Keller jedoch erst zwei Monate später, von Berlin aus, beantwortet.

Gottfried Keller an Ferdinand Freiligrath

Heidelberg, 4. März 1850

Ich muß einen Schuß ins Blaue tun, ohne zu wissen, ob ich treffe. [Keller hatte aus der Zeitung erfahren, daß der Dichter nach Köln übergesiedelt war.] Ich reise nämlich gegen Ende März nach Berlin, über Köln, und möchte, im Fall Du noch in letzterer Stadt bist, Dich natürlich gern sehen, sowie Deine verehrte Frau und Deine Kinder, deren Zahl mir dato unbekannt ist ... Sei so gut und sende mir Deine genaue Adresse, wenn Du wirklich noch in Köllen bist, damit ich mich nicht lang herumquälen muß, indem ich nur einen Tag dort zubringen kann.

Damit Du nicht etwa vermutest, ich reise als Royalist nach Berlin, um meinem Namensvetter und Landsmann [Fr. L. Keller aus Zürich, seit seiner Berufung als Rechtslehrer nach Berlin Monarchist], dem sauberen Patron, dort zu sekundieren, melde ich doch noch, daß ich des Theaters wegen hingehe, indem ich mich für einen der Messiasse halte, welche die deutsche Bühne vier Wochen lang verklären.

Ferdinand Freiligrath an Gottfried Keller

Köln, 6. März 1850

Dein Schuß ins Blaue hat gut getroffen. Das ist freilich kein Wunder, da ich täglich dicker werden soll und somit für Freund und Feind eine immer weniger zu fehlende Zielscheibe abgebe.

Ich freue mich von ganzer Seele auf unser Wiedersehen, lieber Keller! Wie Du siehst, lebe ich noch in Köln und daselbst (die Blinden in Genua kennen zwar meinen Tritt, doch sei es Dir unverhohlen) Johannisstraße Nr. 26. Nimm, wenn Du mit dem Dampfschiff ankommst, sofort eine Droschke nach meiner Wohnung und kehre nicht erst im Gasthofe ein! Das kostet Dir nicht nur schmähliches Geld, sondern raubt uns auch Stunden, die wir besser beieinander auf meiner Kneipe sitzen. Mein Schlafsofa ist süperb gepolstert und wird es sich angelegen sein lassen, Dich nach Würden zu empfangen? Aber warum willst Du nur einen Tag hier zubringen? Richte Dich doch auf längere Zeit, richte Dich doch wenigstens so ein, daß ich Dich auf einen Tag nach Düsseldorf führen ... und Dich mit einigen der jüngern Künstler bekannt machen kann ...

Nun Adieu, lieber Gottfried von Glattfelden! Schreib mir bald das Nähere über Deine Abreise und dann: Hand in Hand und Aug' in Auge! Ich hoffe, wir sind uns ganz die Alten geblieben. Es ist einem während der letzten zwei Jahre so manches in Trümmer gegangen, daß man Gott danken muß, wenn man sich wieder einmal einen ordentlichen Kerl aus der großen Flut herausfischen kann ...

Apropos – wie stehst Du jetzt mit dem lieben Gott?

Gottfried Keller an Ferdinand Freiligrath

Heidelberg, 4. April 1850

Ich bin nun doch froh, daß ich meinen Schuß probiert habe, da er mir ein so edles beleibtes Wild getroffen hat, und es bleibt also dabei, daß ich in einigen Tagen Dich aufsuche. Das Echo meines Schusses war mir eine ganz ungewohnte und liebliche Musik, und wie, wenn man einen fetten Auerhahn geschossen hat, wohl eine Weile nach dem Schuß und Fall etwa noch eine schöne Schwungfeder aus der Luft fällt, so traf darauf Deine »Venus« [»Venus und Adonis«, nach Shakespeare] nachklingend ein, gerade als ich mich mit den Gervinusschen Salbadereien über Shakespeare beschäftigte. Ein gedruckter Dank für wiederholte Gaben wird endlich hoffentlich im Laufe dieses Sommers erscheinen. So viel, was das Ausbleiben des »Grünen Henry« betrifft ... Obgleich ich mich auch freue auf ein vernünftiges Wort und einigen Unsinn mit den Kindern zwischen Deinen vier Wänden, so hoffe ich doch, der Weg nach dem Kölner Dom sei von Deiner Wohnung nicht so kurz, daß wir uns nicht etwa nach einem Ruhepunkt umschauen müßten. Wir wollen mit Interesse in der wackeren Ruine herumsteigen; wenn ich mich auch um den illusorischen Inhaber des Gebäudes nicht viel kümmere, so leide ich doch noch genugsam an Germanomanie, um mich an dem leeren Hause zu freuen. Ich habe schon so manche schöne Schale ohne Kern begafft, daß diese auch noch hingehen mag ...

Wie ich mit dem lieben Gott stehe? Gar nicht! Ludwig Feuerbach und die Konstitutionellen in Frankfurt nebst einigen groben physiologischen Kenntnissen haben mir alle luxuriösen Träume vertrieben. Die rationelle Monarchie ist mir in der Religion so widerlich geworden wie in der Politik ... Als ich Gott und Unsterblichkeit entsagte, glaubte ich zuerst, ich würde ein besserer und strengerer Mensch werden, ich bin aber weder besser noch schlechter geworden, sondern ganz, im Guten wie im Schlimmen, der Alte geblieben und also auch, falls Du mich so noch brauchen kannst, für Dich, lieber Freund, und gedenke es nächstens in Figura zu zeigen.

Die Lebensschule des Erzählers

In Berlin 1850 bis 1855

Ein Jahr wollte Gottfried Keller in Berlin bleiben. Fast sechs sind es geworden. Die Pläne des Dramatikers sollten hier reifen, wo in acht Theatern lebendige Bühnenpraxis gelehrt wurde. Nichts von dramatischen Entwürfen ist nach wiederholten Anläufen damals oder später ausgeführt worden. Aber die ersten Meisterschöpfungen des Erzählers erblickten in Berlin das Licht der Welt: der »Grüne Heinrich« und die »Leute von Seldwyla«. Auch das »Sinngedicht« und die »Sieben Legenden« wurden hier entworfen. Ungefähr das gesamte große erzählerische Werk Gottfried Kellers geht auf die Berliner Jahre zurück, mochte er auch nach seiner besonderen und zögernden Arbeitsweise noch ein volles Leben brauchen, um alles das auszutragen, was damals empfangen, geplant, erwogen und ausgedacht worden ist.

Wenn das Berlin der fünfziger Jahre, das Berlin Friedrich Wilhelms IV. und des reaktionären Ministeriums Manteuffel, das Berlin der vierhunderttausend Einwohner, der geschwätzigen »Salons« und der tuschelnden Literatencliquen sich dem schweizerischen Neuankömmling nicht eben anheimelnd präsentierte, so nahm es ihn in eine desto heilsamere Lebens- und Leidensschule. Gottfried Keller hat die Stadt gelegentlich seine »Korrektionsanstalt« genannt: das bedeutet bei aller Bitterkeit die Anerkennung jenes scharfen norddeutschen Lebensklimas, das zur rechten Zeit sein etwas bummliges Naturell in Zucht genommen hat.

Auch in einigen einflußreichen »Salons« hat Keller später verkehrt. So bei Varnhagen van Ense, dem ehemaligen Diplomaten und pensionierten preußischen Ministerresidenten, dem vielseitigen Schriftsteller und Biographen, dem seine Nichte das Haus führte, die körperlich kleine und unschöne, geistig exaltierte Ludmilla Assing aus Hamburg. Varnhagen, der bei den ungewöhnlichsten Gaben des Kopfes weder Überzeugung noch

Gewissen besaß, verbrachte seine Altersjahre damit, den kleinlichsten Klatsch über den Hof und die Gesellschaft, über Freunde und Feinde in Tagebüchern und Korrespondenzen anzuhäufen, die Ludmilla taktlos genug war, sogleich nach seinem Tode zu veröffentlichen. Ein Gefühl der Dankbarkeit mochte den Respekt Kellers vor der auf »Distinktion« haltenden gesellschaftlichen Kultur des Hauses Varnhagen nähren. Sein frühes Gedichtbuch war seinerzeit vom Verleger an Varnhagen geschickt worden, und der berühmte Mann hatte mit einem langen, wohlwollenden Brief an den jungen Dichter erwidert: das erste Echo aus der großen literarischen Welt. Im übrigen schadete es nichts, wenn Keller im Hause Varnhagen gesellige Lebensart lernte. Er blieb doch in seiner eigenen Haut. (Nach Varnhagens Urteil: »für die Welt etwas verschroben, nicht ganz brauchbar zugerichtet.«)

Schnell dagegen hatte Keller genug von der neununddreißigjährigen Fanny Lewald aus Königsberg, die in Berlin dem Tagesruhm ihrer sensationell aufgeputzten Romane lebte und im Sinne der dort verkündeten »Emanzipation« sich viel zugute tat auf ihren freien Liebesbund mit dem Allerweltsschriftsteller Adolf Stahr, wie sie auch von ihrer jüdischen Herkunft sich zu emanzipieren gesucht hatte. Das »vierbeinige Tintentier« hat Keller später die beiden genannt. Den Salon Fanny Lewalds öffnete ihm eine Empfehlung Hettners; er hat dem betriebsamen literarischen Klüngelwesen bald den Rücken gekehrt.

Ein eifriger Theaterbesucher ist Keller in Berlin von Anfang an gewesen. Kamen die Eindrücke auch nicht dem Dramatiker zugute, so wurden sie doch lebendige dramaturgische Einsicht. Welche überlegene geistige Bildung sich Keller in Heidelberg erworben hatte, erweisen seine Urteile über Drama und Theater in Briefen an Hettner. Dieser war mit Recht der Ansicht, daß dergleichen gar nicht besser gesagt werden könne: vieles übernahm er wörtlich in sein Buch über das moderne Drama. »Hier und da«, schreibt er bei Übersendung des Buches an Keller, »werden Sie die Benutzung Ihrer lieben Briefe finden, verzeihen Sie es! Ich mochte nicht mit Kupfer bezahlen, was Sie mir in Gold eingehändigt hatten.«

Gottfried Keller an Ferdinand Freiligrath

Berlin, 30. April 1850

... Die Lewald war den Abend vor meiner Ankunft verreist und wird erst im Oktober zurückkommen; ich konnte also durch sie nicht in die Pforten des hiesigen sozialen und literarischen Himmels eingehen, und bis jetzt habe ich noch keine literarische Laus hier gesehen. Werde nun aber doch den Harnwagen von Ense [Varnhagen] aufsuchen und mich bescheiden hinten aufsetzen, denn jemand muß man doch kennen ... Ich habe die Tage bis jetzt benutzt, die Stadt in ihren materiellen und räumlichen Eigenschaften zu studieren, wo und wie man am besten ißt, trinkt usw.; habe das Budget gemacht und mich ganz artig einlogiert ...

Die Düsseldorfer haben mich nach Deiner Abreise noch mit Maitrank getötet, und ich bin erst in Berlin wieder lebendig geworden. [Anfang April war Freiligrath auf drei Tage mit Keller von Köln nach Düsseldorf gefahren, wo dieser in fröhlicher Künstlergesellschaft u. a. den Arzt und Dichter Müller von Königswinter und den Maler Hasenclever kennen lernte.] Nun bin ich ein Muster von Nüchternheit und Melancholie, esse weltschmerzlichen Apfelkuchen neben lesenden Blaustrümpfen und gehe um neun Uhr ins Bett. Die Konstabler haben mich sehr auf dem Korn und halten mich für einen Wühler. Am ersten Tag kam ich im Fremdenblatt als Kunstmaler, und nachher, nachdem ich auf der Polizei weitläufig meine Tendenz und Existenz auseinandergesetzt hatte, als: Staatsstipendiat aus Zürich, was mir Spott und Hohn vonseiten meiner hiesigen Landsleute zuzog ...

An den Verleger Eduard Vieweg

Berlin, 3. Mai 1850

Ich muß vor allem aus dringendst um Entschuldigung bitten für die lange Verzögerung einer Beantwortung Ihres geehrten Schreibens vom 6. März, und ich ersuche Sie, die Gründe davon nicht in meiner Fahrlässigkeit, sondern in einem anfänglichen Unwohlsein und später in meiner Übersiedlung von Heidelberg nach Berlin suchen zu wollen ...

Die Moral meines Buches [des »Grünen Heinrich«] ist: daß derjenige, dem es nicht gelingt, die Verhältnisse seiner Person und seiner Familie im Gleichgewicht zu erhalten, auch unbefähigt sei, im staatlichen Leben eine wirksame und ehrenvolle Stellung einzunehmen. Die Schuld kann in vielen Fällen an der Gesellschaft liegen, und alsdann wäre freilich der Stoff derjenige eines sozialistischen Tendenzbuches. Im gegebenen Falle aber liegt sie größtenteils im Charakter und dem besondern Geschicke des Helden und bedingt hierdurch eine mehr ethische Bedeutung des Romans. Unternehmung und Ausführung desselben sind nun nicht etwa das Resultat eines bloß theoretischen tendenziösen Vorsatzes, sondern die Frucht eigener Anschauung und Erfahrung. Ich habe noch nie etwas produziert, was nicht den Anstoß dazu aus meinem innern oder äußern Leben empfangen hat, und werde es auch ferner so halten; daher kommt es, daß ich nur wenig schreibe, und weiß wirklich gegenwärtig nicht zu sagen, ob ich je wieder einen Roman schreiben werde oder nicht. Einige Novellen ausgenommen habe ich für die Zukunft nur dramatische Arbeiten im Auge.

Mein Held ist ein talent- und lebensvoller junger Mensch, welcher, für alles Gute und Schöne schwärmend, in die Welt hinauszieht, um sich sein künftiges Lebensglück zu begründen. Er sieht alles mit offenen klaren Augen an und gerät als ein liebenswürdiger lebensfroher Geselle unter allerlei Leute, schließt Freundschaften, welche seinem Charakterbilde zur Ergänzung dienen, und berechtigt zu großen Hoffnungen. Als aber die Zeit naht, wo er sich in ein festes, geregeltes Handeln, in praktische Tätigkeit und Selbstbeherrschung finden soll, da fehlt ihm dieses alles. Es bleibt bei den schönen Worten, einem abenteuerlichen Vegetieren, bei einem passiven ungeschickten Umhertreiben. Er bringt dadurch sich und seine Angehörigen in äußerstes Elend, während minder begabte, aber aufmerksame Naturen aus seiner Umgebung, welche unter ihm standen, reüssieren und ihm über den Kopf wachsen. Er gerät in die abenteuerlichste, traurigste Lage, abgeschnitten von aller Welt. Da wendet sich das Geschick plötzlich günstiger; er tritt in einen Kreis edler Menschen, erholt sich, erwirbt sich, gewarnt und gewitzigt, eine feste Haltung und betritt eine neue Lebensbahn, auf welcher ihm ein schönes Ziel winkt. So rafft er sich zusammen, eilt mit goldenen Hoffnungen in seine Heimat, um seine Mutter aufzusuchen, von welcher er seit geraumer Zeit nichts mehr gehört hat, so wenig als sie von ihm. Er stößt vor den Toren der Vaterstadt auf ihr Leichenbegängnis, mischt sich unter die Begleiter auf dem Kirchhof und hört mit an, wie der Pfarrer in seiner Leichenrede den Tod der verarmten und verlassenen Frau dem »ungeratenen« in der Ferne weilenden Sohne beimißt. – Da er im Grunde ein ehrenhafter und nobler Charakter ist, so wird es ihm nun unmöglich, auf den Trümmern des von ihm zerstörten Familienlebens eine glückliche, einflußreiche Stellung im öffentlichen gesellschaftlichen Leben einzunehmen. Das Band, welches ihn nach rückwärts an die Menschheit knüpft, scheint ihm blutig und gewaltsam abgeschnitten, und er kann deswegen auch das lose halbe Ende desselben, das nach vorwärts führt, nicht in die Hände fassen, und dies führt auch seinen Tod herbei. Dieser wird noch tragischer dadurch, daß ein gesundes schönes Liebesverhältnis, welches ihm nach früheren krankhaften Liebesgeschichten aufgegangen war, gebrochen und zerstört wird. – Ein Nebenzug in seinem Charakter ist eine gewisse aufgeklärte, rationelle Religiosität, eine nebulose Schwärmerei, welche darauf hinausläuft, daß in einem unberechtigten Vertrauen auf einen Gott, an den man nur halb glaubt, von demselben genialer Weise die Lösung aller Wirren und ein vom Himmel fallendes Glück erwartet wird. Nach dieser Seite hin ist die Moral des Buches das Sprichwort: Hilf dir selbst, so hilft dir Gott! und daß es gesunder sei, nichts zu hoffen und das Mögliche zu schaffen als zu schwärmen und nichts zu tun.

Die zweite Figur, oder vielmehr an Bedeutung auf der gleichen Linie stehend mit dem Helden, wenigstens in meiner Intention, ist die Mutter desselben. Eine einfache bürgerliche Frau von wenig Mitteln, hält sie es doch für ihren einzigen Beruf, die Hoffnungen ihres längst verstorbenen Gatten hinsichtlich dieses einzigen Kindes erfüllen zu helfen. Sie kann es aber nur dadurch, daß sie alles und sich selbst aufopfert, und tut dies im ungebrochenen Glauben an Vater und Sohn, ohne übrigens eine Einsicht in das Streben des letztern zu haben. Diese unbeschränkte Hingabe tritt um so stärker hervor, als sie sonst äußerst sparsam, ängstlich und fast beschränkt ist. In dieser Partie ist der Mutterliebe einer lebenden Frau ein Denkmal gesetzt, und sie wird die sentimentale Seite des Buches bilden.

Da, wie gesagt, der Roman ein Produkt der Erfahrung ist, ausgenommen die unglückliche Katastrophe am Schlusse, so glaube ich mir schmeicheln zu können, daß er kein fades Tendenzbuch sein wird. Es ist wohl keine Seite darin, welche nicht gelebt und empfunden worden ist.

In der angenehmen Hoffnung, daß die Angelegenheit dieses Buches, das mir schon viele Schmerzen gebracht hat und fast nicht auf die Welt kommen kann, endlich doch reifen werde, empfehle ich mich Ihnen, hochgeehrter Herr!

Eduard Vieweg an Gottfried Keller

Braunschweig, 7. Mai 1850

Es wird mich herzlich freuen, geehrter Herr, wenn ich durch den Verlag Ihres Romans in eine dauernde Verbindung mit Ihnen treten kann, denn ich gestehe, daß ich darauf einen wirklichen Wert lege ... Ihr Brief und der Plan Ihres Buches lassen mich ... erkennen, daß Sie Ihre Aufgabe in der schönen Literatur von einem höheren Standpunkte erfassen, und für die Förderung einer solchen wirke ich gern und freudig mit.

Gottfried Keller an Eduard Vieweg

Berlin, 11. Mai 1850

Ich habe Ihr geehrtes Schreiben vom 7. d. nebst der beigefügten Anweisung erhalten und lege für letztere einen Empfangsschein bei. Ich freue mich nun sehr, daß die Sache so weit gediehen ist ... Was die Zeit des Erscheinens betrifft, so wäre mir ein baldiges allerdings sehr wünschbar. Der Hauptgrund ist, daß ich das Bedürfnis fühle, besonders gegenüber meiner heimatlichen Regierung, welche mich schon seit zwei Jahren auf mein Talent hin reisen läßt, etwas von mir hören zu lassen, um denjenigen Herren, welche mich protegieren, die Möglichkeit zu verschaffen, ihren mehr prosaisch gestimmten Kollegen mit einer Anzeige der Augsburger Zeitung triumphierend entgegentreten zu können, als mit dem gewöhnlichen Ruhmesmesser für alle Philister ...

An Hermann Hettner

Berlin, 29. Mai 1850

Meine erste Tat in dieser Stadt war, daß ich für die Bekanntschaft der Fanny Lewald um einen Tag zu spät kam. Ich fand zwar noch eine Weibsperson vor, welche sagte, sie würde ihr Briefe nachschicken; ich gab derselbigen meinen Brief [Hettners Empfehlung] ab ... Man sagte, Fräulein Lewald werde bis zum Oktober wieder erscheinen. Ich hatte nun, wollte ich in Berlin in literarische Kreise kommen, keinen anderen Weg, als zu Varnhagen zu gehen und zu sehen, ob er sich meiner noch erinnerte. Bis jetzt bin ich aber – nicht gegangen, und es hat sich der Eigensinn in mir festgesetzt, den Sommer über ganz still und unbekannt zu bleiben; auch denke ich, Varnhagen werde nun ebenfalls verreist sein. So beschränkt sich also mein Umgang auf das abendliche Zusammensein mit studierenden Schweizern und – preußischen Leutnants!, nämlich in der Armee dienenden Neuenburgern höchst aristokratischen Aussehens, welche aber trotzdem gute Kinder, artige Gesellschafter und patriotische Landsleute sind. [Das ehemalige Fürstentum Neuenburg, seit 1814 Kanton der Eidgenossenschaft, war bis 1857 formell noch preußisch.] Sonst befinde ich mich insofern wohl hier, als man ungestört und anhaltend für sich sein und arbeiten kann, der großen Einsamkeit wegen in der großen Stadt; und ist man milde, so findet man, auch wenn man allein ist, außer dem Hause bald Zerstreuung. Ich wohne sehr angenehm in einem Eckhause der Mohrenstraße, dicht neben der Dreifaltigkeitskirche, auf welcher es im Anfange des Romans »Prinz Louis Ferdinand« [von Fanny Lewald] sieben Uhr schlägt. Gegen Osten ragt das Dach des Schauspielhauses über die Häuser empor, und das auf seinem westlichen Giebel stehende Flügelpferd, das mit dem Vorderfuße scharrt, scheint mir manchmal auf italienische Weise freundlich zuzuwinken; indessen kehrt mir Apollo, auf dem östlichen Giebel, den Rücken zu, und er hat doch den Kranz in Händen! Eine zweifelhafte Konstellation. Soll ich mich umquartieren und unter seinen Augen wohnen? Dann vernachlässige ich den Gaul, welcher mich einzuladen scheint, hinter dem Rücken des Gottes aufzusitzen. Ich will mich an Herrn Rötscher [den Dramaturgen] wenden.

Was das Theater betrifft, so bin ich erstaunt und erschreckt über die Art, wie das geschriebene Wort des Dichters in Berlin, nachdem die deutsche Kritik über ein halbes Jahrhundert gewütet hat, mißverstanden oder beliebig aufgefaßt wird, und wie an einer Anstalt, wie das hiesige Hoftheater, neben einigen routinierten, gut zu nennenden Personen die vollendetsten Stümper existieren können. Nur einige Beispiele. Im »Hamlet« werden gerade diejenigen Szenen gestrichen, welche seine Unentschlossenheit, Tatlosigkeit, kurz den eigentlichen Angelpunkt des Stückes am deutlichsten darstellen, z. B. wo Hamlet dem tatenfrohen Fortinbras gegenüber sich die erschütternden Vorwürfe macht. Der Schauspieler selbst gibt den Hamlet zu lebendig und unklar geräuschvoll, so daß man, alles zusammengenommen, gegen den Schluß das Pathos und Tragische gar nicht motiviert findet, wenn man das Stück nicht sonst studiert hat. In Hebbels »Maria Magdalena« spielt der Tischlermeister in seiner Art vortrefflich, aber für die Rolle viel zu bewegt und bunt, der Sohn Karl erscheint als ein roher Lump aus irgend einer Wienerposse, während man ihm doch deutlich den wenn auch leichtsinnigen Sohn aus einem guten Hause und besonders das Schoßkind einer guten vortrefflichen Hausfrau in Kleidung und Benehmen noch ansehen sollte.

Solche oberflächliche krasse Auffassung stört mich peinlich; zu was dienen die Hunderte von Theaterzeitungen, die Jahrbücher, die Monographien, all das endlose Gewäsche, wenn nicht einmal die einfachsten, wichtigsten Grundsätze und Typen unverletzlich festgestellt werden können? Und welch blindem Ungefähr ist das Schicksal eines Produktes preisgegeben! Um so ärgerlicher, wenn man bedenkt, daß die Schauspieler nur durch die wohlverstandenen schönen Worte des Dichters ihre Triumphe feiern können, und daß sie trotz des besten Spieles immer nur dann zum Beifallssturme hinreißen, wenigstens den großen Haufen, wenn der Text recht schön und imponierend ist. Indessen, um nicht ungerecht zu sein, liegt wieder ein großer Trost darin, daß vieles, was in trockener Laune geschrieben wurde, durch die lebendige Darstellung einen Eindruck macht, den man nie geahnt hätte. Diese meine Bemerkungen scheinen nach dichterischem Egoismus zu riechen, der die Schauspieler nur als ein Mittel betrachtet, wie es diese oft mit uns umgekehrt zu halten pflegen. Ich bin aber von dieser Schnödheit frei und möchte jedesmal den Kerlen, besonders aber den Damen, um den Hals fallen, wenn sie recht gut und verständig gespielt haben. Nur verlange ich, daß sie originell und ursprünglich seien und mir mein Werk in einem neuen Leben, gleichsam einer zweiten Natur wieder vorführen, damit ich in ihnen eine andere selbständige Kraft achten und ehren kann. Diejenigen aber, welche die Glanzstellen eines Stückes nur dazu benutzen, durch abgedroschene Mittel und Effektmacherei momentane wohlfeile Siege unter den Eseln zu erringen, sind mir zuwider wie schlechter Tabak. Es sind dieses alte Geschichten; ich muß aber alles neu und von vornherein erleben ...

Auerbachs »Hofer« [»Andre Hofer«, 1850] habe ich auf der Reise gekauft und gelesen. Wenn ein politischer Kretin eine dramatische Gestalt ist, so ist es dieser Hofer auf jeden Fall. Mißverstehen Sie mich nicht. Höchst dramatisch und tragisch *muß* der Konflikt sein zwischen dem sich opfernden betrogenen Volkshelden und der falschen elenden Dynastie, und auch gewiß bedeutungsvoll und zeitgemäß; in dieser Hinsicht ist Auerbachs Intention durchaus zu anerkennen und zu loben. Nur müßte der Held auch etwas sagen, etwas handeln, kurz uns ein wenig unterhalten. Ein Mensch aber, welcher nie das Maul auftut, als nur dann und wann zu sagen: »Mein Koaser!« und dann wieder still ist und sich zuletzt erschießen läßt, der ist in meinen Augen kein tauglicher Mitspieler in einer Haupt- und Staatsaktion. Meines Erachtens liegt die Schuld hierin an einem affektierten Haschen Auerbachs nach schlagender Lakonik, Naivetät oder weiß der Teufel was, und es ist schmählich mißlungen . . .

Meine wunderliche Tragödie [das unvollendet gebliebene Trauerspiel »Therese«] muß noch ein wenig theatralische Färbung bekommen; ich glaube nicht gegen die Natur eines Trauerspiels zu sündigen, wenn ich in den ersten Akten einige Heiterkeit hineinbringe, und halte mich manchen Kritikern zum Trotze an Shakespeare hierin. Wie der Humor oft auf dem dunklen Grunde der größten Trauer seine lieblichsten Blüten treibt, nach allbekannter Erfahrung, so darf, oder muß vielleicht sogar die Tragödie im ganzen und allgemeinen diesen Charakterzug beibehalten, und zwar nicht nur in humoristischen oder ironischen Auslassungen der einzelnen Personen, sondern an rechter Stelle in lustspielartiger Wendung ganzer Szenen. Doch genug hierüber! Weiß ich doch nicht bei meiner geringen Belesenheit, ob alles, was ich vorbringen kann, nicht schon besser und gründlicher besprochen ist.

Den versprochenen Aufsatz über die Berliner Ausstellung habe ich nicht geschrieben. Die Ausstellung ist ein solcher Ausdruck einer inneren geistigen Armut und Bettelhaftigkeit der jetzigen Staffeleikunst, daß nichts zu sagen war, als etwa über diese Armut selbst . . .

Ich war sehr lustig am Rhein, Freiligrath kam mit mir nach Düsseldorf, wo drei Tage lang schwer Maitrank getrunken wurde. Jetzt bin ich aber gänzlich ausgenüchtert, und die nordische Mäßigkeit ist mir sehr willkommen für meine Zwecke. Freiligrath ist ganz absorbiert durch politische Umgebung und Geschäfte und klagt über gänzliche Verlassenheit in literarischen

Dingen. Besonders tat er's, als wir zusammen Ihr Buch besprachen und ich sagte, daß ich das Vergnügen hätte, Sie näher zu kennen. Dabei nahm ich mir vor, Sie recht fest beim Rockzipfel zu halten, lieber Herr Doktor! Wollen Sie wohl die Güte haben, mir gelegentlich ein paar Zeilen zukommen zu lassen? ... Empfehlen Sie mich insbesondere Frau Hettner und bitten Sie wohl dieselbe, die Erinnerung an mich freundlicher sein zu lassen, als der Eindruck meiner kleinen struppigen Personnage sein mag.

An die Mutter

Berlin, 12. Juni 1850

Ihr wißt gewiß zu Hause nicht mehr, was Ihr von meinem langen Stillschweigen denken müßt, und mir selbst ist es unmöglich, länger ohne Nachricht von den Meinigen zu bleiben; es ist mir oft angst, dies oder jenes möchte in der Zeit vorgefallen sein, und ich denke immerwährend an Euch. Ich hatte mir vorgenommen, nicht mehr zu schreiben, bis ich zugleich Geld schicken könnte, weil ich es so oft versprochen habe; allein immer neue Hindernisse traten ein. Ich mußte noch den ganzen Winter in Heidelberg bleiben und bin erst im April nach Berlin gekommen. Mit den Buchhändlern habe ich die Teufelswut gehabt und wurde immer zum Narren gehalten, indem dieselben wohl meine Sachen drucken, aber bei der schlechten Zeit am Ende kein Geld hergeben wollten. Ich habe nun endlich mit dem Braunschweiger [Vieweg] eine feste Verbindung angeknüpft; er druckt alles von mir und wird mich ordentlich bezahlen. Ich habe auch schon 150 Gulden von ihm erhalten, dieselben aber selbst gebraucht, da ich von meinem Regierungsgeld nicht mehr viel nach Berlin gebracht habe. Er hat mir aber nun regelmäßige Zahlungen zu machen, einstweilen bis auf 800 bis 1000 Gulden, und für die Zukunft, wenigstens die nächsten Jahre, habe ich einen ordentlichen Verdienst in Aussicht ... Wenn Du nicht schon so alt wärest, so würde ich mich nicht viel kümmern, denn was die äußeren Umstände, die Existenz betrifft, so weiß ich gewiß, daß ich mich noch herausbeißen werde, und meine Schulden sind gar nicht wichtig. Aber es quält mich immer, daß Du in der Zeit Dich abkasteiest und alles entbehren mußt, besonders da ich weiß, daß Du noch unnötigerweise Dir alles schwer machst. Was Regula schon für mich getan und entbehrt hat, hoffe ich schon noch gut machen zu können. Doch hoffe ich, daß auch Deine gute Natur und Gesundheit noch lange sich bewähren. Wenn immer möglich, so komme ich im Herbst nach Hause, obgleich es für mich notwendig sein wird, daß ich nachher wieder für einige Zeit nach Deutschland zurückkehre. Ich habe das Heimweh nach unserm Hause, auch nach Glattfelden, sonst aber nach keinem Menschen in Zürich. Daß sie den alten Hinki-Sulzer [Eduard Sulzer] aus der Regierung geschmissen haben, ist eben nicht sehr schön und gescheit; und wenn ich nach Haus komme, so werde ich ihm doch meine Aufwartung machen, wenn er schon nicht mehr in der Regierung sitzt . . .

In Berlin ist es sehr teuer, aber man ißt und trinkt dafür weniger. Ich trinke nie mehr als zwei Glas schlechtes Bier oder ein Glas Zuckerwasser am Abend. Dies hat auch seinen Vorteil, weil man immer wohl und nüchtern ist; obgleich ich in Heidelberg nicht gelumpt habe, so gab es doch dann und wann einen kleinen Stüber, weil es ein Weinland ist. Doch ziehe ich mich immer mehr von allen Dummheiten zurück und möchte am liebsten in einer eigenen Häuslichkeit leben; wenn ich einmal wieder in Zürich bei Euch bin, wo man am Abend in seiner eigenen Familie sein kann, so werde ich wenig mehr ausgehen. Nur muß man sich auch gemütlich einzurichten wissen . . . Die Hemden sind etwas grob für den hiesigen Gebrauch, und ich muß mir feinere kaufen. Dafür werde ich sie aber besser schonen und länger daran haben; denn ich ästimiere sie doch mehr als die gekauften . . . Die Zimmer sind schändlich teuer, ich muß monatlich 8 preußische Taler oder 14 Gulden bezahlen.

An Eduard Vieweg

Berlin, 16. August 1850

Ihre beiden verehrlichen Schreiben habe ich erhalten, sehe mich aber leider in den Fall gesetzt, Sie wegen Übersendung von Manuskript noch die künftige Woche vertrösten zu müssen, wo es unfehlbar eintreffen wird. Einige Studien, welche mir mehr Zeit wegnahmen als ich glaubte und doch zu Ende geführt werden mußten, sodann breitere Ausführungen unsres Buches, welche mir die Einteilung in drei Bändchen veranlaßte (da ursprünglich das Ganze nur für Einen mäßigen Band berechnet war), verhinderten bisher die unmittelbare Fortsetzung der Reinschrift. Gegenwärtig beschäftige ich mich jedoch mit nichts anderem und werde es so halten, bis alles fertig ist . . .

Die neueren Gedichte liegen zu Ihrer Disposition da. Im Fall Sie dieselben mit dem Romane zugleich versenden wollen, so will ich sie Ihnen gleich schicken. Da das Büchlein von geringem Umfang ist und wohl nicht so bald etwas hinzukommen wird, so wäre dies vielleicht besser. Sonst kann man die Sache noch liegen lassen ...

An Hermann Hettner

Berlin, 16. September 1850

Ich komme soeben von einem Abendgang im Tiergarten zurück und weiß in meiner gottvergessenen Einsamkeit nicht, was ich anfangen will, da ich zum Schriftstellen nicht aufgelegt bin. Drei Referendare, welche neben mir wohnen und sich den ganzen Tag über gegenseitig Pandekten in den Kopf treiben, hämmern in diesem Augenblick auf einem Klavier herum, und das Echo, das ihre indiskreten Finger in den nur zu willfährigen Tasten finden, erweckt auch in mir die Lust, mich mitzuteilen, und da fällt es mir ein, daß ich ein wenig auf Ihrer Geduld Klavier spielen könnte, indem ich Ihnen einen Brief fabriziere, ohne erst eine konventionelle Antwort auf den jüngst abgesendeten erhalten zu haben. Da es mir rein selbstsüchtig ums Plaudern zu tun ist, so brauchen Sie das Geschreibsel nicht auf einmal zu lesen. Ich genieße endlich das Vergnügen, die Druckbogen des »Grünen Henri« zu korrigieren, welcher in drei Bänden, jeder von ungefähr sechzehn Bogen, erscheinen wird. Vieweg wird Ihnen den ersten Band zuschicken, sobald er gedruckt ist, damit Sie nach dem unendlichen Geschwätz endlich die Spur einer Tat sehen. Das »Werk« liegt wie ein Alp auf mir, und ich werde zu keinem frischen und raschen Vorwärtsschreiten kommen, bis es endlich ganz aus dem Hause gefegt ist.

Inzwischen treibe ich mich in den Theatern herum, was aber mit einer eigentümlichen Strapaze verbunden ist, indem die guten Berliner Bürgersfrauen und Jungfrauen, zwischen welche ich einsamer Fremdling im Parkett gewöhnlich zu sitzen komme, so stark von allen erdenklichen kostbaren Parfüms duften, daß ich manchmal ganz betäubt werde. Doch erhole ich mich wieder durch die Augen, und ich würde mir bald getrauen, einem ansehnlichen Putzmachergeschäft würdig vorzustehen vermittelst der genauen Studien, welche ich in den Zwischenakten an Häubchen und Halskrausen allerart vornehme.

Ich habe letzthin auch den »Tasso« gesehen, und er hat mir

sehr viel Vergnügen verursacht und viel dramatischer geschienen, als das handlungslose Stück mich vermuten ließ. Dies mag daher kommen, daß er sich jenen Charaktertypen der modernen Welt, wie wir sie im »Hamlet« und »Faust« besitzen und welche die alte Welt durchaus nicht kannte, zu ihrem Glücke, gelungen und meisterhaft anreiht. Diese Unzufriedenheit und Hypochondrie des Genies, sein persönliches Ringen nach unerreichbarem Lebensglücke und das ungeschickte Verfehlen desselben sind ebenfalls eine Spielart dieser modernen Tragik, welche Goethe hier in glücklichem Wurfe vervollständigt und damit manchem aus der Seele geredet hat. Übrigens ist der Berliner Tasso (ein vielbewunderter Herr Hendrichs) ein höchst trauriger Mensch. Die Rachel [Elisa Rachel Félix vom Théâtre Français zu Paris, geboren im Kanton Aargau, 1820–1858] habe ich einige Male gesehen ... sie hat viel Manier, ist aber trotzdem eine großartige Person und die oder vielmehr *der* größte Künstler, den ich kenne. Am besten hat sie mir in Racines »Athalie« gefallen, wo sie eine altorientalische, tyrannische und blutbefleckte Königin so darstellte, wie es nur ein Weib kann, die in der Wirklichkeit und in den gegebenen Verhältnissen das Original selbst gewesen wäre. Sie spielte nur den zweiten Akt und diesen fast ganz in einem Sessel sitzend, in einem prägnanten, glanzvollen Kostüm mit großen ergrauten Locken. Ihre Bewegungen waren so kolossal einfach, derb und fast männlich, und doch so majestätisch, wie man es sich von einem Königsweib aus der Pyramidenzeit nur denken kann; es lag auch so viel wilde Majestät und Größe in ihr, daß man für sie Partei nahm gegen die frommen, aber langweiligen Priester Jehovas, wenigstens ich. Dem deutschen Publikum hat sie freilich in dieser Rolle am wenigsten gefallen; man sah nur ein böses »Weib« und bewunderte sie hingegen als Virginia, wo sie als liebende Braut ihre Jungfräulichkeit gegen einen Tyrannen bewahren mußte. Diese Aufgabe ist nicht nur ihrer, sondern auch jeder tragischen Personnage unwürdig; wenigstens kann ich nicht umhin, einen feineren und für ein Weib weniger peinlichen Konflikt für eine tragische Situation auf der Bühne zu verlangen, als das angstvolle und tapfere Zusammenhalten ihrer Unterröcke ist ...

Während Rachels Aufenthalt haben eine Menge Literaten Veranlassung genommen, in alter Weise über das altfranzösische Theater zu salbadern, was mich sehr geärgert hat. Seit Lessing glaubt jeder Lump in Germania über Corneille und Racine schlechte Witze machen zu dürfen, ohne zu bedenken, daß Lessing die Aufgabe hatte, das französische Theater als ein *Hindernis* für eine nationale eigene Entwicklung wegzuräumen, und daß diese Aufgabe nun längst gelöst, also das Hindernis nicht mehr da und der Anerkennung wieder Raum zu lassen ist, wohl zu eigenem Frommen. Schiller hat selbst die »Phädra« übersetzt und Goethe sogar den »Mahomet«, wie überhaupt der wahre Meister jederzeit mehr Pietät für alles Tüchtige hat als der Pfuscher und Lauser. Die Franzosen seien Phrasenmacher, heißt es immer! Macht einmal solche Phrasen, die so durchgehend mit der Handlung verwebt sind, wenn ihr könnt! Wenn es in gleicher Mühe zugeht, so will ich doch lieber schöne Worte hören, als triviale! Sie hätten die Griechen schlecht nachgeahmt! Das ist nicht wahr, sie sind eben die Franzosen ihres Zeitalters geblieben, und die ganze Gesinnungsweise, Manier und Form ist originell. Erst jetzt, da wir sie nicht mehr nachzuahmen brauchen, sind sie auch für uns wieder schön geworden. Besonders wenn ich ihre Zeit und Umgebung betrachte, beneide ich sie doppelt um ihre edle Einfachheit und moralische Frische, um ihre kindliche und doch so männliche Naivität und hauptsächlich um ihre reine, wahre Tragik. Es wird auch bei uns der Tag erscheinen müssen, wo der junge Dramatiker nicht mehr glaubt, er dringe am sichersten durch, wenn er ein recht verzwicktes und verkünsteltes Motiv zu Markte führe.

Es sind diesen Sommer schon mehrere Wiener Komiker hier als Gäste aufgetreten, und ich gehe deswegen auch in das Friedrich-Wilhelmstädtische Theater und vergnüge mich alldort in allen möglichen Dummheiten der Wienerpossen. Wenn die tragische Schauspielkunst täglich mehr in Verfall gerät, so hat sich dafür in der sogenannten niedern Komik eine Virtuosität ausgebildet, welche man früher nicht kannte. Unabhängig vom Text der Stücke werden mit allen möglichen Organen Possen, Schlingeleien und Faxen ausgeführt, welche einen unendlichen Jubel erregen und alt und jung aufheitern; bald ist es ein Bein, bald der ganze Körper, bald nur das Gesicht oder gar ein einzelner Ton, gleich dem Krähen eines jungen Hahnes, was unser Lachen erregt. Diese Wienerpossen sind sehr bedeutsame und wichtige Vorboten einer neuen Komödie. Ich möchte sie fast den Zuständen des englischen Theaters vor Shakespeare vergleichen. Auch hier sind schon eine Menge traditioneller, sehr guter Witze und Situationen, Motive und Charaktere, und es fehlt nur die Hand, welche den Stoff reinigt und durch geniale Verarbeitung und Anwendung den großen Bühnen aufzwingt. Ein vortreffliches Element sind auch die Couplets, welche von den Hauptpersonen gesungen werden und gewöhnlich politische oder soziale Anspielungen enthalten. In halb wehmütiger, halb mutwilliger Melodie, begleitet von den wunderlichsten Gesten und Sprüngen, werden diese anzüglichen Verse gesungen, und es ist jedesmal ein befriedigender Moment, wenn während des rauschenden Beifalls, den das Volk reichlich spendet, zwei tolle Käuze zusammen als Refrain einen ergötzlichen Tanz aufführen und die zierlichen Waden auf die lächerlichste Art herumschlenkern. Der deutsche Michel, Belagerungszustand, deutsche Einheit usf. sind meistens der Gegenstand dieser Couplets und ziemlich erbärmlich zusammengereimt, und doch ist in alledem mehr aristophanischer Geist als in den Gymnasialexerzitien von Platen und Prutz. Die Schauspieler oder befreundete Literaten machen die Verse immer nach den Tagesbedürfnissen neu und wechseln damit ab in den Stücken; das Volk bekommt davon nie genug und fordert den Komiker jedesmal, wenn er endlich abtreten will, auf, noch mehr vorzutragen, worauf er mit komischen Verbeugungen zurückkehrt, während das Volk in lautloser Spannung wartet und denkt: nun kommt's. Der Schauspieler spielt endlich den letzten Trumpf aus und bleibt dann gewöhnlich entweder der Polizei oder eigenen Unvermögens wegen hinter den Erwartungen zurück; aber es ist rührend anzusehen, wie unverkennbar hier Volk und Kunst zusammen, unbewußt, nach einem neuen Inhalte und nach der Befreiung eines allmählich reif werdenden Ideales ringen ...

Mein namenloses Trauerspiel ist den Sommer über liegen geblieben, und obgleich ich nicht viel darauf gebe, will ich es doch nächstens fertigmachen und es Ihnen schicken, wenn Sie noch so freundlich sind, es lesen zu wollen.

Was ich denn eigentlich tue? Ich kann Ihnen nichts sagen, als daß ich immer allein bin, etwas schreibe, lese, spekuliere, tüftle oder träume und die Zeit abwarte, wo das rasche Fertigmachen endlich sich einstellen will; denn ich muß Ihnen statt aller andern Aufklärung sagen, daß ich, schon ehe ich nach Heidelberg kam, in einer großen und trübseligen Mauser begriffen war, herbeigeführt durch mehrere Verhältnisse. Dieser sonderbare Zustand ist endlich im Verschwinden. Statt der Federn, welche den Vögeln während der Mauser ausgehen, sind mir alte Freunde ausgegangen und neue haben sich bereits angesetzt, und im ganzen bin ich froh, daß ich dreißig Jahre alt geworden bin, ohne schon zehn Bände hinter mir zu haben, die ich nur widerrufen müßte ...

An Ferdinand Freiligrath

Berlin, 22. September 1850

Ich bleibe über Winter noch allhier, um im Frühjahr über Wien nach Hause zu reisen; wenn jedoch nicht meine Mutter in Gestalt einer alten müden Frau sehnlich auf mich warten würde, so bliebe ich noch lange in Deutschland, denn für den Augenblick zieht mich sonst nichts nach Zürich.

... Das zweite Heft Deiner politischen Gedichte ist nicht erschienen, obgleich ich es wünschte, weil ich, angeregt durch Dein »Zwischen den Garben«, der miserabeln Tageskritik ein wenig unter die Arme greifen und einen Aufsatz über Deine Sämtlichkeit fabrizieren möchte. Das einseitige und unbefugte Gewäsche hat mich neuerlich wieder bei Lenaus Tode geärgert; da hört man immer die gleichen, einmal angegebenen Phrasen und Schlagwörter, und von dem, was einen am meisten freut, über das man Gleichgesinntes vernehmen möchte, wird keine Silbe gesagt.

Lenaus Leichenbegängnis habe ich um so stiller und ernster in meinem Herzen gefeiert, als ich weder in irgend einem ästhetischen Kränzchen noch sonst mit einer literarischen Seele ein Wort darüber wechseln konnte, da ich in einer totalen Abgeschiedenheit lebe, stumm und nüchtern wie eine Schildkröte. »Bringen Sie Wasser herein! Die Speisekarte! Ich habe keine Kerzen mehr! Ich wünschte ein Dutzend Zigarren!« sind so ziemlich die einzigen Worte, welche manchmal wochenlang über meine Lippen kommen; ich spekuliere aber desto mehr innerlich und lache in die Faust, wenn meine Gönner glauben, ich sei eingeschlafen. Es wird ein schreckliches Erwachen sein für dieselben, wenn meine schwarzen Taten endlich das Licht erblicken. »Der grüne Heinz« ist endlich unter der Presse, und ich habe die ersten acht Bogen korrigiert. Er wird, höre und zittere! drei Bände stark werden, aus Rücksicht für – die Leihbibliotheken, welche übrigens damit angeschmiert sind; denn der Stil des Buches ist noch ziemlich breit und willkürlich und der Inhalt monoton und trübselig. Um so mehr freue ich mich auf ein forsches, lebensfrohes Schaffen, das nun beginnen soll, nachdem es allmählich in mir reif geworden ist. Das subjektive und eitle Geblümsel und Unsterblichkeitswesen, das pfuscherhafte Glücklichseinwollen und das impotente Poetenfieber haben mich lange genug befangen. Ich lobe nur mein Phlegma, welches mich nicht noch mehr Dummheiten begehen ließ, als ich schon begangen habe zum Gaudium der andern Esel.

Vieweg will nun aus freien Stücken doch noch meine Gedichte drucken, und ich bin deshalb in Verlegenheit; wenn ich nicht das Geld brauchte, so gäbe ich sie ihm nicht, da sie zum Teil auch noch stümperhaft sind. Es ist mit der Lyrik eine eigene Sache; sie duldet nur selten eine rivalisierende Tätigkeit neben sich und erfordert ein ganzes und ungeteiltes Leben, um aus dessen edelstem Blute als unvergängliche Blüte hervorgehen zu können. Jedes gute Lied kostet einen schrecklichen Aufwand an konsumierten Viktualien, Nervenverbrauch und manchmal Tränen, vom Lachen oder vom Weinen, gleichviel: und dann wird es einem bogenweise berechnet! Und die sechs Strophen füllen nicht einmal zwei Seiten – da geh' einer hin und werde Lyriker! An genugsamer Aufregung und Bewegung fehlt es mir zwar nicht, aber ich habe bei meiner wunderlichen Lebensart erst angefangen, kräftig und wahr zu empfinden, nachdem die erste und reichste Singlust schon verpufft und verkünstelt war. Ich muß erst jetzt lachen, wenn ich daran denke, wie sehr die guten Schulze, Eßlinger usf. jene gemachten und wässerlichen Liebeslieder protegierten und für bare Münze nahmen. Entweder verstanden sie sich nicht auf die Poesie oder nicht auf die Liebe, und beides ist in diesem Falle gleich schauerlich; doch will ich annehmen, und das zu ihrem Ruhme, das erstere sei der Fall. Doch hatte ich den Schaden davon, indem ich auf den mir unbefugterweise erteilten Lorbeerbohnen ausruhte, anstatt zu machen, daß ich etwas Ordentliches erlebte. Doch ich will weder undankbar noch lümmelhaft sein und entflamme deshalb in diesem Augenblicke die Friedenspeife in gutem türkischen Tabak und rauche sie allen guten Freunden zu. An die liebe Karoline [Schulz] denke ich oft und an ihren Hasenbraten; er kostet zwar in Berlin nur sechs Silbergroschen die Portion, ist aber nicht so gut gekocht, und die Tischgesellschaft ist abscheulich: lauter Referendare und Doktoren, welche Klavier spielen!

Auch Dichter gibt's eine Menge, an jedem Tische einen, welche überlaut vom Handwerk sprechen, ohne zu ahnen, daß in meiner Person ein gefährlicher und ehrgeiziger Nebenbuhler aus der gleichen Schüssel ißt. Sie essen ungeheuer viel, erscheinen jedoch unregelmäßig bei Tische, da sie oft geladen sind und es den Tag nachher erzählen: »Gestern bei Geheimerats« usw. Daher sieht man gegen ein Uhr eine Menge dieser Leute über die Gassen rennen, den wunderbaren Frack zugeknöpft, nur ein Endchen weißer Weste unten hervorragend, oft, wenn es warm ist, den Hut in der Hand tragend und die blonden Locken fliegen lassend. Als ich sie zum ersten Male sah, glaubte ich, es wären elegante Schneider, welche zu ihren Kunden gehen, merkte aber, daß es Kunden sind, welche zu ihrem Vorschneider gehen. Manchmal, wenn es noch nicht ganz die Stunde ist, treten sie schnell in eine Konditorei und durchfliegen geschwind die »Europa« oder das »Morgenblatt«, um etwas Stoff mitzunehmen; dazu essen sie ein zierliches Baiser und wechseln den unabänderlichen Taler, den sie immer bei sich führen. Ihr Lieblingsgetränke ist das sogenannte Bayrische Bier, eine abscheuliche Brühe, welche krank macht, und von welchem sich übrigens auch die hiesige Demokratie nährt. Ich habe es im Anfang auch getrunken, verspürte aber bald ein verdächtiges asiatisches Mouvement in meinen Eingeweiden und faste jetzt lieber so lange, bis der Betrag einer halben Flasche Rotwein erspart ist, wozu ich dann jedesmal aus der Privatschatulle meiner Liederlichkeit die andere Hälfte füge und still und vergnügt eine Ganze trinke. Dies gibt mir Veranlassung, bessere Gesellschaft zu sehen in den Weinstuben, wo vernünftige Weinländer mit dicken Bäuchen und jovialen Gesprächen zusammensitzen, denen ich gern zuhöre in einer Ecke, den heimatlichen Lauten besserer Zonen lauschend. Auf der Straße sieht man diese rheinischen Gestalten nur selten; ich glaube, die Racker sitzen am Ende den ganzen Tag in den Löchern, während ich zu Hause sitze und die Finger krumm schreibe.

Im nächsten Winter werde ich wieder etwas in die Schule gehen, wenn etwas Nützliches gelesen wird, und auch sonst unter die Leute kommen, da es doch einmal geschehen muß.

Berlin, 10. Oktober 1850

... Aus dem Titel »Kunstmaler« ersehe ich, daß Du das Gedächtnis für verworfene Hallunkereien noch nicht verloren hast. Mein Buchhändler tituliert mich auf seinen Briefen »Doktor«, andere schreiben »Literat«, andere »Studiosus«, dazu kommen täglich Korrekturbogen unter Kreuzband, welche man für verdächtige Druckschriften halten kann, so daß ich am Ende einer polizeilichen Inquisition und Ausweisung nicht entgehen werde, da die Konstabler mich meines Bartes wegen schon lang auf dem Korn haben und von der Seite anschielen.

Kellers Absicht, im Winter »wieder etwas in die Schule zu gehen«, bezieht sich auf ein gelegentliches Hospitieren an der Universität. So hörte er Wilhelm Grimm einmal über den »Iwein« lesen; Jakob Grimm im rostbraunen Rocke sah er fast alle Tage im Tiergarten auf seinen einsamen Gängen. Auch merkte er sich die Stunden an, in denen Ranke, Raumer und Lepsius ihre Vorlesungen zu halten pflegten.

Gottfried Keller an Eduard Vieweg

Berlin, 12. Oktober 1850

Es tut mir wirklich sehr leid, und ich selbst empfinde den Nachteil wohl nicht minder als Sie, daß der Druck unsres Buches eine so lange Unterbrechung erlitten hat. Ein heftiger Ruhranfall bannte mich vor einigen Wochen auf das Bett, und nachher stellten sich rheumatische Zahn- und Kopfschmerzen ein, denen ich seit einigen Jahren jeden Herbst unterworfen bin und die mich verdrießlich und zu einer anhaltenden Arbeit untauglich machen ... Seit gestern habe ich wieder angefangen und will Ihnen die Fortsetzung schicken, sobald ich so viel bei einander habe, daß ich bis zu deren Verbrauch wieder versehen sein kann.

In diesem Oktober erschien bei Keller mit Grüßen von Hettner der ungefähr gleichaltrige österreichische Dichter Johann Nepomuk Bachmayr, der in Berlin sein Volksdrama »Der Trank der Vergessenheit« auf die Bühne bringen wollte, doch durch zuviel Betriebsamkeit mehr verdarb als erreichte und Ende November unverrichteter Dinge wieder nach Wien zurückkehren mußte. Von dort schrieb er noch ein paar freundschaftlich besorgte Briefe an Keller. Da es ihm auch später nicht gelang, sich als

Dramatiker durchzusetzen, hat er 1864 Selbstmord begangen. Für den »Trank der Vergessenheit« ist Keller noch im Herbst 1851 mit einem Aufsatz in einer großen Berliner Zeitung eingetreten.

An Hermann Hettner

Berlin, 23. Oktober 1850

Auf Ihren Aufsatz über das französische Theater bin ich sehr begierig; hoffentlich wird er nicht so lange liegenbleiben, als es sonst oft der Fall ist.

Wenn Sie in Ihrer Schrift über das moderne Drama die Shakespearomanie besprechen, so werden Sie, wie ich denke, darauf aufmerksam machen, daß diese mehr an Äußerlichkeiten hängt, und werden dann darauf hinweisen, daß es mehr darauf ankomme, den Kern, die höchsten Aufgaben, welche Shakespeare sich stellte und welche er wiederholt mit Wohlgefallen zu lösen schien, mit ähnlichen Lieblingsaufgaben anderer Zeiten und Dichter zu vergleichen. Es gibt in Shakespeare gewisse einzelne gewaltige Szenen, welche, von aller Zeitkultur und ihrem Anhängsel entkleidet, nackt und erhaben an uns herantreten und zu uns sagen: »*Wir* sind die wahren Proben von seinem Herzblute, *uns* müßt ihr fassen und mit unsern Geschwistern im Sophokles, im Calderon, im Corneille, im Schiller vergleichen, wenn ihr den wahren Maßstab finden wollt.« Es handelt sich nicht sowohl um Ökonomie und Szenerie, um Sprache und Bilder, um Charaktere und Sitten, um Religion und Politik – dieses sind alles vergängliche Dinge (d. h. in Beziehung auf diese spezielle Vergleichung) – als um diese majestätisch hervortretenden einzelnen furchtbaren Situationen, für welche die Dichter alles andere nur gemacht zu haben scheinen und an welchen einzig man erkennen kann, *wie* sie sich voneinander unterscheiden würden, auch wenn alle zusammen leben würden ...

Kommen die Leute einmal dazu, die wahren Mittel zu erkennen, durch welche die großen Dichter wirkten (wenigstens diejenigen, welche nicht zu sehr durch die Grübelei einer kritischen Übergangszeit zersetzt waren), so werden sie auf größere Einfachheit und Klarheit geführt werden und damit das Intrigenwesen von selbst fallen lassen, und alle andern Mittel werden in bequemster Auswahl nur zur Erreichung jenes einen Zweckes angewandt werden.

Es kommt im Theater lediglich darauf an, daß man komisch

oder tragisch erschüttert werde, und das geschieht weit mehr als durch Überraschungen und künstliche Verwicklungen durch die vollständige Übersicht des Zuschauers über die Verhältnisse und Personen. Er sieht *mit* dem Dichter, wie alles kommt und kommen muß, er wird dadurch zu einem göttlichen Genusse, zu einer Art Vorsehung erhoben, daß er vollkommen klar die ergreifenden Gegensätze einer Situation durchschaut, welche den beteiligten Personen selbst noch verborgen sind, oder welche zu beachten sie im Drange der Handlung keine Zeit haben. Es sind dieses die edelsten und reinsten, die einzig dramatischen Erschütterungen, welche stufenweise vorher schon empfunden und vorausgesehen worden sind, und wer nach ihnen trachtet, wird unfehlbar auf der Bahn innerer Notwendigkeit wandeln. Damit aber so viele als immer möglich, damit das ganze Volk auf diesen hohen Standpunkt, zu diesem wahren Genusse gebracht werden könne, ist auch von selbst die größtmögliche Einfachheit, Ruhe und Klarheit bedungen, welche zur Klassizität führt und wieder führen wird, wenn die Herrschaften einmal wieder für einfache und starke Empfindungen empfänglich sind . . .

Dr. Bachmayr hat mich mit Ihren Grüßen sowohl, als mit seiner eigenen Person erfreut . . . Über seine Auspizien wird er Ihnen selbst berichten. Auf jeden Fall ist er nach dem, was ich bis jetzt weiß, ein bedeutendes Talent, wenn er auch nicht diejenige Ruhe und Unbefangenheit besitzt, welche ich an poetischen Talenten zu treffen wünsche. Doch mögen dies mehr Folgen lange erduldeter Hindernisse und Schikanen, als persönliche Eigenschaften sein, und der endliche Triumph wird ihm in mehr als einer Beziehung auf den Strumpf helfen. Wir kneipen viel miteinander herum, und ich habe dabei den Vorteil, die nötigen Umtriebe für die Aufführung eines Stückes vorläufig zu studieren.

Von meinem Roman wird leider nur der erste Band nächstens versendet werden können, welcher allein fast so stark ist, als das Ganze ursprünglich war. [In Wirklichkeit waren nur 136 Seiten des ersten Bandes gesetzt, dessen Schlußmanuskript erst im Juli des kommenden Jahres an den Verleger ging.] Vieweg dringt aber darauf, daß bald etwas versendet werden müsse wegen seiner merkantilischen Interessen. Das Trauerspiel [»Therese«] kann ich leicht fertig machen, sobald ich will; ich weiß aber nicht, ob es nicht zu einfach und zu wenig geräuschvoll ist für ein erstes Auftreten. Ich habe perfiderweise fast Lust, ein Stück expreß für Berlin zu berechnen, um den Anfang zu machen, und dabei alle einflußreichen Personen im Auge zu behalten. Fräulein Lewald werde ich dieser Tage aufsuchen; ich habe wirklich das Bedürfnis, unter die Leute zu kommen.

Berlin, 24. Oktober 1850

Ich wollte gestern das Paket [mit Büchern für Hettner] auf die Post tragen, oder trug es auch wirklich hin; wurde aber abgewiesen wegen mangelnder Formalitäten (Preußen ist ein konstitutioneller Staat), und so blieb es über Nacht noch hier. Anstatt aber sogleich nach Hause zu gehen und zu arbeiten, schlenderte ich den ganzen übrigen Tag mit Bachmayr herum, von Kneipe zu Kneipe, das Päckchen unter dem Arme, und glich hierin jenen die freie Luft liebenden Frauenbildern, welche, ihre zahlreichen Spaziergänge zu beschönigen, etwa ein leeres Körbchen oder einen Krug an den Arm hängen. Wer mich so dahineilen sah mit dem Paket, Straßen durchkreuzend und über Gassen hüpfend, der konnte mich für den eifrigsten Geschäftsmann und das Paket für eine Sammlung der wichtigsten Urkunden halten, während – fünf verlegene und abgegriffene Rötschersche Jahrbücher darin waren! Prinz Heinrich suchte in Falstaffs Futteral eine Pistole und fand eine Sektflasche. Die Kellnerinnen in den verschiedenen Schenken glaubten durchgängig, es enthalte ein seidenes Kleid, und betasteten es neugierig, was den Bachmayr so sehr beleidigte, daß er zu Repressalien schritt. Doch kamen wir endlich auf den Einfall, er könnte mir noch sein Drama vorlesen, was er dann in seiner Behausung mit solcher Energie tat, daß die Wände zitterten. Vom Lesen bekam er Durst, ich vom Hören Hunger, und wir sahen uns genötigt, noch einen jener sauren Gänge zu tun, und lasen dann hinter dem Schenketisch Ihren kritischen Brief [über Bachmayrs »Trank der Vergessenheit«].

Berlin, 17. Februar 1851

Die Berliner Theatermenschen werden bald toll vor Dummheit. Sie bringen eine erbärmlichere Novität nach der andern auf die Bühne. Doch befinde ich mich noch immer vortrefflich bei Shakespeare und Weißbier! . . .

Berlin, 4. März 1851

Zuerst muß ich Ihnen sagen, daß ich mit sehnlicher Erwartung dem fertigen Teile Ihrer dramaturgischen Studien entgegensehe, und das nicht sowohl, um Sie nachher eifrig mit meinem konfusen und empirischen Urteile bedienen zu können, als daran meine eigenen dramatischen Lebensgeister ein wenig zu wärmen und unterhalten, da sie durch andere Arbeitsrückstände und Konfusion der Geschäfte immer noch schlummern und brachliegen müssen. [Hettner an Keller 25. Februar 1851: »Diese Studien habe ich in Gedanken eigentlich an Sie geschrieben, mein teuerster Freund. Es ist kein Wort darin, bei dem ich mich nicht gefragt hätte, ob es wohl Ihre einsichtige Zustimmung erhalten würde.«]

... Ich, der ich mich einstweilen noch, bis auf weitere vielleicht eintreffende Enttäuschung, für einen Produzenten und Experimentator halten möchte, muß Ihnen offen gestehen, daß ich bisher noch keine dramaturgische Arbeit, sei es von Rötscher oder von immer wem, gelesen habe, ohne etwas daraus gelernt zu haben, wenn ich auch über den konkreten Fall nicht einig mit dem Philosophen war. Selbst in dem von Schiefheiten wimmelnden dicken Buche des Herrn Gervinus [»Shakespeare«] habe ich eine reichliche Ausbeute an Anregungen zum Weiterspinnen gemacht. Um wieviel mehr darf sich also die Klasse der Lernbegierigen und Lebensfrohen, welche ich mit repräsentiere, von *Ihnen* versprechen, der Sie ja unsern unerkannten Bedürfnissen und Grundsätzen, sowie dem Leben der Gegenwart und den Hoffnungen der Zukunft unendlich näher stehen, als alle jene Herren. Doch abgesehen von allen Eventualitäten, sage ich Ihnen mit aufrichtigem Ernste, daß Ihr Buch nach dem, was ich von *Ihnen* weiß und von *anderen* täglich lese, das Beste und Bedeutendste sein wird, was in unserer Zeit geschrieben wurde ...

Bei aller inneren Wahrheit reichen für unser jetziges Bedürfnis, für den heutigen Gesichtskreis, unsere alten klassischen Dokumente nicht mehr aus ... es ist der wunderliche Fall eingetreten, wo wir jene klassischen Muster auch nicht annähernd erreicht oder glücklich nachgeahmt haben und doch nicht mehr *nach ihnen zurück*, sondern nach dem unbekannten Neuen streben müssen, das uns so viele Geburtsschmerzen macht. Daß es so lange (? laßt doch der Natur ein wenig Ruhe!) ausbleibt, berechtigt uns zu keinem Pessimismus; sobald der rechte Mann geboren wird, der erste, beste, wird es da sein ... So sehe ich wenigstens die Sache an und begrüße daher jeden Lichtblick mit Freuden, welcher die gegenwärtige Dämmerung durchblitzt. Was ewig gleich bleiben muß, ist das Streben nach Humanität, in welchem uns jene Sterne, wie diejenigen früherer Zeiten, vorleuchten. *Was* aber diese Humanität jederzeit umfassen solle: dieses zu bestimmen, hängt nicht von dem Talente und dem Streben ab, sondern von der Zeit und der Geschichte.

Was die künftige politische Komödie und ihr wahrscheinliches Hervorgehen aus der jetzigen Lokalposse betrifft, so glaube ich Ihnen schon im vergangenen Jahre etwas darüber gemeldet zu haben. Ich weiß daher nicht, ob ich mich jetzt wiederhole, wenn ich Ihnen meine Ansichten und Vermutungen unmaßgeblich mitteile. [Hier folgen Ausführungen, die Hettner in seinem »Modernen Drama« S. 177–180 abgedruckt hat.] Es ist eine Lüge, was die literarischen Schlafmützen behaupten, daß die Angelegenheiten des Tages keinen poetischen und bleibenden Wert hätten ...

Nun noch einige Worte über den *»Henri vert«*. Ich habe bei diesem Unglücklichen das gewagte Manöver gemacht, daß ich meine eigene Jugendgeschichte zum Inhalt des ersten Teiles machte, um dann darauf den weiteren Verlauf des Romanes zu gründen, und zwar so, wie er mir selbst auch hätte passieren können, wenn ich mich nicht zusammengenommen hätte ... Ich hatte nicht die Intention, aus eitler Subjektivität diese Jugendgeschichte einzufügen, *weil* sie die meinige ist, sondern *obgleich* sie es ist, und stellte mir dabei einfach die Aufgabe, mich selbst mir objektiv zu machen und ein Exempel zu statuieren. Desnahen ließ ich auch alles weg, was nicht charakteristisch für den Endzweck des Buches ist ... Doch habe ich eine jämmerliche Angst, das Buch aus den Händen zu lassen, da es mir viel verderben kann und ich, nach dem langen Zaudern und Sprechen davon, mich schämen muß, wenn es durchfällt. Meine Hauptstütze ist die Hoffnung, daß das spezifische Geplauder und Geschwätz des Buches für stillere und feinere Leute, welche nicht auf großen Eklat sehen, angenehm und unterhaltend sein möchte. Und dies wäre mir am Ende genug; denn ich hätte wenigstens den Beweis, daß ich schreiben kann, und könnte diese edle Kunst dann später besser anwenden ...

Mißlich blieb auch in Berlin Kellers wirtschaftliche Lage. Das zweite Reisestipendium war längst verbraucht, und seitdem war es bei einem zweimaligen Vorschuß von je hundertfünfzig Talern auf den »Grünen Heinrich« geblieben, wozu Anfang Februar 1851 noch das Honorar für den neuen Gedichtband kam. Im März bewilligte die Züricher Regierung ein nochmaliges Stipendium von fünfhundert Franken.

Gottfried Keller an Wilhelm Baumgartner

Berlin, 27. März 1851

Ich hatte Escher bloß angefragt, ob er meine, daß ich den Staat noch einmal anpumpen könne, und erwartete erst eine Antwort hierüber. Statt dessen stellte er aber sogleich den Antrag und realisierte die Sache. Es fängt aber doch an, mich zu genieren, da ich einen alten und seltsamen Stipendiaten vorstelle und es bei unseren kleinen und knappen Verhältnissen noch nie vorkam, daß man einen im Alter schon vorgerückten Kunstmenschen reisen ließ ...

Sehr gefreut hat mich die Art, wie Du meinen Anschluß an Feuerbach aufgenommen hast, und ich ersehe daraus, daß Du die Sache im rechten Lichte ansiehst. Wie trivial erscheint mir gegenwärtig die Meinung, daß mit dem Aufgeben der sogenannten religiösen Ideen alle Poesie und erhöhte Stimmung aus der Welt verschwinde! Im Gegenteil! Die Welt ist mir unendlich schöner und tiefer geworden, das Leben ist wertvoller und intensiver, der Tod ernster, bedenklicher und fordert mich nun erst mit aller Macht auf, meine Aufgabe zu erfüllen und mein Bewußtsein zu reinigen und zu befriedigen, da ich keine Aussicht habe, das Versäumte in irgend einem Winkel der Welt nachzuholen. Es kommt nur darauf an, wie man die Sache auffaßt; man kann für den sogenannten Atheismus ebenso schöne und sentimentale Reden führen, wem dies einmal Bedürfnis ist, als für die Unsterblichkeit usf., und diejenigen Tröpfe, welche immer von höheren Gefühlen sprechen und unter Atheismus nichts weiter als rohen Materialismus zu verstehen imstande sind, würden freilich auch als Atheisten die gleichen grobsinnlichen und eigensüchtigen Bengel bleiben, die sie als »höhere« Deisten schon sind. Ich kenne solche Herren! Indessen bin ich weit entfernt, intolerant zu sein und jeden, der an Gott und Unsterblichkeit glaubt, für einen kompletten Esel zu halten, wie es die Deutschen gewöhnlich tun, sobald sie über dem Rubikon sind ... Nur für die Kunst und Poesie ist von nun an kein Heil mehr ohne vollkommene geistige Freiheit und ganzes glühendes Erfassen der Natur ohne alle Neben- und Hintergedanken, und ich bin fest überzeugt, daß kein Künstler mehr eine Zukunft hat, der nicht ganz und ausschließlich sterblicher Mensch sein will ...

September 1851

Endlich, nach halbjährigem Unterbruch, will ich doch an die Beendigung dieses Briefes gehen und das alte Blatt beibehalten, obgleich der Inhalt desselben nun teilweise überlebt ist ... Roman und Gedichte, beide schwach und für mich schon überlebt, werden im Oktober verschickt werden. [Erst zu Weihnachten 1853 kamen die ersten drei Bände des »Grünen Heinrich« heraus; bis zur Vollendung des Schlußmanuskripts verging dann noch eineinviertel Jahr.] Wenn ich nicht das Honorar so notwendig gebraucht hätte, so würde ich dieselben ganz zurückbehalten haben. Doch mögen sie zur anderen verlorenen und mit Dummheiten zugebrachten Zeit zum Teufel gehen, ich schaue nur nach vorwärts und bin einzig bedacht, mit mehr Verstand aus dem Stückchen Leben, das noch bleibt, herauszuschlagen, was möglich ist, und einen guten Namen aus der jämmerlichen Staubwolke herauszusalvieren.

Wenn ich in Berlin mit einem Stücke reüssiere, so bin ich für einige Zeit geborgen, da dies für die meisten kleineren Theater maßgebend ist. Doch habe ich noch eine kritische Zeit bis dahin durchzuwaten, besonders da das eingangs dieses Briefes empfangene Stipendium nun glücklich aufgebraucht ist. Doch tut dies nichts zur Sache; bin ich einmal aus dem Druck heraus, so werde ich mich freuen, eine gute Zeit an Wind und Wetter gestanden zu haben. Denn meine Maxime ist geworden: wer keine bitteren Erfahrungen und kein Leid kennt, der hat keine Malice, und wer keine Malice hat, bekommt nicht den Teufel in den Leib, und wer diesen nicht hat, der kann nichts Kernhaftes arbeiten. An sonstigen leidenschaftlichen Erregungen hat es mir auch nicht gefehlt, und dies alles hat mich vor dem geistigen Philistertum bewahrt, welches manchem näher sitzt, als er glaubt, und mich wenigstens schon ganz artig umsponnen hatte ...

Im Winter frequentierte ich einige Zirkel, z. B. den der Fanny Lewald, fand aber das Treiben und Gebaren der Leute so unangenehm und trivial, daß ich bald wieder wegblieb. Hingegen gibt es treffliche Leute, die im Stillen leben und nicht viel Geräusch machen, sowie auch überhaupt hier einem immer etwas anfliegt, was man in den kleinen Städten Deutschlands nicht hat ...

Da die versprochenen Manuskriptsendungen zum »Grünen Heinrich« teils verspätet, teils überhaupt nicht eintrafen, die Termine immer wieder verschleppt wurden, hatte Vieweg endlich mit begreiflicher Ungeduld die Gewissensfrage gestellt. Gottfried Keller entschloß sich zu einer »unumwundenen Erklärung« über seine Lage.

Gottfried Keller an Eduard Vieweg

Berlin, 16. Juli 1851

... Ohnehin von Hause aus ganz mittellos und arm, wurde ich in den letzten Jahren noch durch trübe Erfahrungen in meinen ökonomischen Zuständen zurückgebracht, so daß ich seit meiner Ankunft in Berlin alle erhältlichen Geldmittel fast immer zur Tilgung früherer Schulden verwenden mußte und dadurch in dem Augenblicke, wo ich gehofft hatte, mich mit Ruhe an die Arbeit setzen zu können, mich wieder in die prekärste Lage versetzt sah, welche mich zwang, für den Augenblick allerlei kleinliche Arbeiten, wie Aufsätze u. dgl., sogar Zeichnungen zu verfertigen, um von einem Tag zum andern kleine Geldsummen zu erwerben. Darüber vergingen Wochen, Monate, und wenn ich mich endlich eine kurze Zeit an den Roman setzen konnte, ging die Geschichte von neuem an, oder ich war in einer so düsteren Stimmung, durch ein auch anderweitig bewegtes Leben hervorgerufen, daß ich nicht am Schreibtische sitzen konnte und mich entweder ins Freie, in die Hörsäle, in die öffentlichen Bauten oder zu den Büchern flüchtete, um mich zu erholen. So ging ein seltsames Jahr vorüber, und wenn dasselbe in den Augen eines großen Geschäftsmannes vielleicht bedenklich erscheinen möchte, so muß ich Ihnen dagegen bemerken, daß ich, abgesehen von der schiefen Stellung, in die ich dadurch zu Ihnen geriet, dasselbe doch nicht für verloren erachte; denn ich erachte es für einen Gewinn, wenn poet. Autoren, anstatt in ihrem dreißigsten Jahre schon eine Bibliothek von zwanzig Bänden aufgestellt zu haben, wieder einmal vorher etwas erleben und selbst bewegt werden, ehe sie eine anhaltende Schriftstellerei beginnen. Ich weiß, was ich will, und gedenke in dem Strome erträglich mitzuschwimmen, wenn ich einmal alle Schwierigkeiten überwunden habe, und wenn Sie alsdann noch geneigt sind, meine Sachen zu verlegen, so werden Sie sehen, daß mein bisheriges Verhalten ein zufällig von äußeren Umständen bedingtes und vorübergehendes war.

Eine Episode aus dieser Zeit der wieder einmal drückenden Geldmisere hat Keller in den siebziger Jahren brieflich ausgeplaudert:

Ich war schon dreißig und ein oder zwei Jahre alt, als ich dort [in Berlin] in der Mohrenstraße in einem schönen Hause wohnte. Ich war in guter Gesellschaft eingeführt, aber wenig bekannt, geriet in Geldverlegenheit und konnte nicht mehr studentisch verfahren, verstand nicht einmal, auf gute Art ein Mittagessen zu borgen. So hatte ich mich mit wenig Münze hinausgeschwindelt, um die endliche Geldankunft zu erharren, die nicht mehr lange ausbleiben konnte. So besaß ich eines Abends noch fünf Silbergroschen, als mich ein Bildhauer in die Wagnersche Bierkneipe abholte, wo verschiedene damalige Notabeln saßen, unter andern der verstorbene Melchior Meyr, die nicht recht wußten, was sie aus mir machen sollten und unter sich sagten: Was ist denn das für ein Schweizer? Was tut der hier usw.? Ich trug nur Sorge, daß ich noch *einen* Groschen übrig behielt, indem ich dachte, du kannst morgen mittags noch ein Brötchen dafür kaufen, so geht der Tag hin! Richtig, am andern Mittag überzeuge ich mich, daß das Luder noch da sei, gehe in einen großen Bäckerladen in der Nachbarschaft und nehme einen Groschenweck, gebe den Groschen. Die lange, etwas verdrießliche, aber elegante und angesehene Bäckerstochter, die mich gewiß alle Tage vorübergehen sah, besieht den Groschen; die Kellnerin vom vorigen Abend hatte mir einen ungültigen, verrufenen Gröschling irgendeines deutschen Raubstaates gegeben, was ich nicht wußte und verstand. Die Bäckerin sagte: »Der wird nicht genommen, es ist ein falscher!« Ich habe keinen anderen und muß das Brot wieder aus der Hand geben und mich aus dem Laden drücken mit meiner Eßlust, während die Person mich vom Kopf bis zum Fuße betrachtet. Ich fühlte mich zwiefach beschimpft, von der betrügerischen Kellnerin, wie von der bornierten Bäckerin, der es nicht einfiel, an eine Notlage zu denken, und nur froh war, nicht das Opfer eines listigen Kumpans geworden zu sein. Ich brachte den Tag richtig ungegessen zu und mußte am andern Morgen dann doch Geld borgen, was viel leichter von statten ging, als ich geglaubt hatte.

Aus seiner Abgeschlossenheit hatte sich Keller allmählich doch hervorgewagt: er empfand, daß vor allem gesellschaftlicher Umgang nötig sei, wenn er in der Schule der »pfiffigen Weltstadt« weiterkommen wollte. Unter den literarischen Bekanntschaften, die er machte, ist erwähnenswert der fünfzigjährige Pommer Christian Friedrich Scherenberg, Verfasser der preußisch-vaterländischen Vers-Epen »Ligny«, »Waterloo« und »Leuthen«; nach Theodor Fontanes Charakteristik eine nachgeborene Jean Paulsche Figur, nicht ohne Originalitätshascherei, auch nicht ohne Halbheit und Zweizüngigkeit; mit manchen Unharmlosigkeiten doch eine freundlich vornehme und harmlose Natur. In dürftigsten Lebensverhältnissen hatte sich Scherenberg, der Keller herzlich entgegenkam, immer als Mann erwiesen, und auch seine plötzliche vaterländische Berühmtheit bei Hofgesellschaft und Generalität war ihm nicht zu Kopfe gestiegen. Die Schätzung für seine Person verführte Keller zu gelegentlicher Überschätzung seiner poetischen Künste. Durch ihn wurde er auch in den bekannten Dichterzirkel des »Tunnels über der Spree« eingeführt, wo er sich jedoch nur einmal sehen ließ.

Gottfried Keller an Hermann Hettner

Berlin, 29. August 1851

Aus verschiedenen Rücksichten ist es mir unmöglich, Ihrem lockenden Vorschlage einer Thüringerreise zu entsprechen; hauptsächlich verhindert mich die Arbeit. [Hettner war inzwischen einer Berufung als außerordentlicher Professor für Kunst- und Literaturgeschichte nach Jena gefolgt.] ... Diesen Herbst soll es endlich mit mir vorwärts gehen. Ich kann fast nicht mehr atmen in der alten verdorbenen Atmosphäre der Vergangenheit und freue mich auf ein wohlgemutes, rasches und anspruchsloses Produzieren von Lust-, Trauer- und allen möglichen Spielen; denn es ist meine Überzeugung, daß man durch harmlose und nicht grüblerische Arbeit, mit welcher man nicht den Himmel stürmen soll, endlich zu etwas Gesundem und Glücklichem gelangt.

Ich lebe jetzt in einem angenehmen Kreise einiger geistreichen Leute, einiger Kaufleute, Beamte und Privatgelehrte, ruhige und solide Männer von freier Gesinnung, obgleich sie nicht mit einer Partei gehen. Die Hauptbekanntschaft ist jedoch der Dichter Scherenberg, welcher das Epos »Waterloo« gemacht hat und nun ein großes Epos über Friedrich den Großen macht. Er ist ein ganzer und voller Dichter, fast fünfzig Jahr alt, aber von jungem Herzen. Er hat sich nach vielen Schicksalen erst jetzt Bahn gebrochen ... Wrangel und andere Generale besuchen ihn in seiner einfachen Wohnung, aber er geht nirgends hin und lebt ganz frei und still für sich ... Er hat viel dramatische Einsicht und Erfahrung, und wahrscheinlich werden wir einige Zeit zusammen halten und arbeiten, wobei es noch zu statten kommt daß ihm hier die Türen offen stehen. So geht es in der Welt!

18. September 1851

Ich habe auch einige Erzählungen und Novellen ausgeheckt, welche farbenreich und sinnlich, und reinlich und bedächtig geschrieben, in einem Bändchen vereinigt, den schlechten Eindruck verwischen sollen, den mein formloser und ungeheuerlicher Roman auf den großen Haufen machen wird.

Während eines Briefes an die Mutter, nachdem ich anderthalb Jahre nicht geschrieben

Den 28. Dezember 1851

Ich schmiede Verse, schreibe Bücher,
Ich schreibe Wochen, Monden lang,
Lass' Helden große Worte sprechen,
Stets gibt die Schelle ihren Klang.

Ich schreibe an gelehrte Freunde,
An zier- und geistbegabte Frau'n,
An lebensfrohe Witzgenossen,
Weiß alle leichtlich zu erbau'n.

Nur wenn ich an die ungelehrte
Und arme Mutter schreiben will,

Steht meiner Torheit fert'ge Feder
Auf dem Papiere zagend still.

Da gilt es erstlich, groß zu schreiben
Und deutlich für das Mutterauge,
Daß für das alternd' tränenblöde
Des Söhnleins Schrift zum Lesen tauge.

Und dann – o welche schmerzenvolle
Und schwere Kunst! – das Wort zu wählen,
Das schlichte Wort, das Hoffnung spendet
Und wahr ist mitten im Verhehlen!

Hemmt euren Lauf, geschwätz'ge Reime,
Die ihr mich meiner Pflicht entzieht! –
Bald lern' ich nun gefühlvoll dichten!
In Tränen schrieb ich dieses Lied.

Trotz diesen Versen, die sich in Kellers Nachlaß gefunden haben, vergingen noch sieben Wochen, bis der Brief wirklich geschrieben wurde. Aus einer Anzeige in der »Eidgenössischen Zeitung« erfuhr indessen die Mutter von dem Erscheinen des Bändchens »Neuere Gedichte«, das Vieweg Mitte Dezember versandt hatte. »Gott Lob und Dank, dachte ich, daß doch wieder etwas ins Leben getreten ist. Es ging mir wieder einmal ein Licht zur Ermunterung auf«, schreibt sie an den Sohn.

Gottfried Keller an die Mutter

18. Februar 1852

Dein Brief hat mir aus einer großen Verlegenheit geholfen, indem er mir einen guten Anlaß gab, endlich einmal Nachrichten von mir zu geben. Ich befürchtete nämlich, daß es schlimmer bei Euch stünde wegen meines langen Ausbleibens und meiner hinterlassenen Verwirrungen, und ich wußte nicht, was ich schreiben sollte. Nun sehe ich aber, daß Ihr Euch, dank dem treulichen Ausharren Regulas, noch so leidlich durchgeholfen bis dahin, auch sehe ich an dem Briefe, daß Du noch nicht gealtert und alle Munterkeit des Geistes beibehalten hast, was schon aus der Handschrift hervorgeht. So fällt es mir also etwas leichter, endlich zu schreiben. Ich habe öfters große Briefe an Leute nach

Zürich geschickt, die mir weit ferner stehen; aber dort hatte ich gut schreiben.

Mein langer Aufenthalt in Berlin hatte zum Zweck, mich am Theater bekannt zu machen, dasselbe zu studieren und alles zu lernen, was nötig ist, gute Schauspiele zu schreiben. Ich werde damit schließen, ein Stück auf ein großes Berliner Theater zu bringen, weil ich dadurch, wenn es gelingt, für alle die hundert andern Theater in Deutschland den Zutritt habe, welche mir die Sachen abkaufen müssen, die ich alsdann in Zürich machen und versenden kann ...

Es tut mir sehr leid, daß Du nicht nur immer Sorgen wegen meiner Schulden hast, sondern auch noch einen unangenehmen Briefwechsel zu führen ... Den Kutscher Guland in Heidelberg, bei welchem ich gewohnt habe, bezahlte ich absichtlich nicht, und er wird auch nichts bekommen, bis ich durch Heidelberg nach Hause reise. Er soll für seinen Schneider büßen, seinen Freund, den er mir zur Arbeit empfohlen hat. Dieser Kujon, nachdem er mir verschiedenes gut gemacht hatte, fand es bei meiner Abreise für zweckdienlich, mich noch ein wenig zu bemogeln. Ich ließ einen schwarzen Frack bei ihm machen und wählte in der Musterkarte, die er mir vorlegte, Tuch zu zwei Krontalern die Elle. Der Frack erschien und sah sehr fein aus; als er aber in Berlin anfing abgetragen zu werden, da ich ihn oft trug, so stellte es sich heraus, daß der Hallunk Halbtuch oder sogenannten Zephir genommen hatte, und ich entdeckte nun erst, warum ich an kühlen Frühlingsabenden so sehr gefroren hatte in dem Frack. Ich werde es dem Herrn und der Madame Guland freundschaftlich erklären, daß sie das lange Warten ihrem Hausfreund zu danken haben. Doch soll nun all dies Elend bald ein Ende nehmen.

Wenn Ihr das Haus verkaufen könnt zu einem ordentlichen Preise, so wäre dies allerdings gut; nur müßte der Käufer nicht etwa ein Schlufi [Schubiak] sein, dem man die Baracke nach einem Jahre, nach verlorenen Zinsen wieder abnehmen müßte; denn da Du das gewonnene Kapital wahrscheinlich auf dem Hause müßtest stehen lassen, so wärst Du die letzte Kreditorin und müßtest es ziehen. Ein Grund gegen den Verkauf wäre allenfalls, wenn Regula sich mit einem Professionisten verheiraten würde, welcher das Haus brauchen könnte. Doch weiß ich nicht, was sie jetzt für Projekte hat, und will mich weiter nicht hineinmischen. Mein einziger Wunsch ist, daß sie sich bald von ihrer zehnjährigen Arbeit zur Ruhe setzen, oder vielmehr von ihrem langen Sitzen auf die Beine machen kann. Was ich in diesem Saunest jährlich brauche, dafür könnten wir in Zürich alle drei herrlich leben, und so viel hoffe ich auch ferner zu verdienen.

... Mit den Hemden bin ich in Verlegenheit, ich habe mir schon ein paarmal einige baumwollene gekauft, da die leinenen, welche ich von Haus habe, teils des Schnittes, teils der Grobheit wegen in der Gesellschaft nicht zu tragen sind; denn es wird hier mit der Wäsche ein schändlicher Luxus getrieben. Feine leinene mochte ich nicht anschaffen, da die Hausfrau, welche mir wäscht, alles zusammenreißt und doch nicht schön wäscht; sie läßt um den Teufel keine fremde Wäscherin ins Haus, welche die Sachen doch weiß und glatt machen fürs Geld, wenn sie dieselben schon auch zerreißen. Einzig das Hemd, welches eine breite Brust ohne Falten hat, trage ich auch, wenn ich wohin eingeladen bin, da es wegen seines wunderbaren Schnittes Aufsehen erregt. Als mich ein Frauenzimmer befragte, ob man in der Schweiz solche Hemden trage, sagte ich, ja, es sei ein schweizerisches Nationalhemd, und als solches darf ich es in den vornehmsten Gesellschaften tragen, da das Fremdländische immer nobel ist.

Inliegende Briefe bitte ich in den Briefeinwurf zu tun. Ich weiß noch nicht, ob ich fankieren werde, da ich gegenwärtig nicht sehr viel Geld habe. Ich will mich über Nacht noch besinnen ...

Noch einmal wandte Keller sich an die heimatliche Regierung, und ein weiteres Stipendium von sechshundert Franken wurde ihm bewilligt. Allerdings hätte die Behörde gern etwas von den versprochenen Werken gesehen. »Es will dem Erziehungsrat überhaupt scheinen«, heißt es im Briefe des Bürgermeisters Escher, »daß Sie sich eher zu wenig als zu viel zutrauen. Wenn dies auch Ihrer Bescheidenheit alle Ehre macht, so dürfen Sie auf der anderen Seite nicht aus dem Auge verlieren, daß, wenn Ihre Erzeugnisse vor dem strengen Gerichte Ihrer selbst nicht vollständig bestehen, sie vielleicht dessenungeachtet bei anderen viel mehr Gunst zu erwerben geeignet sind.«

Gottfried Keller an die Mutter

12. Juni 1852

Mein Freund Baumgartner, welcher mir kürzlich geschrieben, bemerkte mir in seinem Briefe, daß Du mich nun täglich zu Hause erwartest und deshalb nicht auf das Land gehest. So sehr ich mich wieder einmal nach unserer alten Stube zurücksehne, so muß ich doch leider noch einmal absagen und melden, daß Du immerhin nach Glattfelden oder Eglisau oder wohin Du eingeladen bist, gehen sollst, denn meine Heimkehr ist noch nicht möglich, indem meine Affären noch nicht so stehen, daß ich zu Hause meine Schulden bezahlen und etwas in die Haushaltung liefern könnte. Ohne dieses könnte ich freilich jeden Augenblick nach Hause kommen; aber das will ich einmal nicht. Damit es aber leichter kleckt, habe ich bei der Regierung noch ein letztes Viatikum nachgesucht. Die Herren haben zwar saure Gesichter gemacht, sind aber doch noch mit 600 Franken neues Geld ausgerückt und haben mir dabei verdeutet, daß bis jetzt noch keine Person so viel vom Staate bezogen habe. Ich bin daher nun auch von dieser Seite gedrängt, bald etwas von mir hören zu lassen und mich hervorzutun, denn für die 3000 Franken, die ich im ganzen bezogen habe, will man endlich etwas geleistet sehen. Übrigens werde ich dies auch nach meinen Kräften tun, wenn ich einmal erst anhaltende Ruhe habe und nicht immer zu gleicher Zeit an das Essen denken, spekulieren, lernen und arbeiten muß, und die Leute, welche etwa glauben (wie mir zu Ohren gekommen), ich sei eingeschlafen oder versimpelt, werden sich sehr getäuscht finden. Ich beneide diejenigen nicht, welche auf der Schnellbleiche ihr bißchen Weisheit und Erfahrung oder vielmehr ohne Erfahrung zusammenstoppeln, gleich etwas Geld verdienen, heiraten und sogenannte wohlgeratene Herren sind, um nach einigen Jahren erst unzufrieden und unruhig zu werden und erst im vierzigsten Jahre noch aus Unzufriedenheit und erfahrungsloser Dummheit plötzlich sich als verspätete liederliche Käuze darzustellen oder sonst verrückt zu werden, wie dies schon öfter vorgekommen ist, wo dann kein Mensch das Wunder begreifen kann. Ich hoffe noch ein' und andern, der jetzt ein wichtiges Gesicht macht und mich für einen Schlufi hält, der zu nichts kommt, zu überdauern. Freilich fällt es mir schwer aufs Herz, wenn ich denke, daß Du und Regula zugleich darunter leiden, und daß Euch beiden darüber die Jahre vergehen. Allein ich kann meine Natur nicht ändern, und wenn ich einst mir einige Ehre erwerbe, so habt Ihr den größten Anteil daran durch Euere stille Geduld ...

16. Februar 1852

Es ist gut, daß das Haus nun verkauft ist, obgleich ich gern noch einmal darin geschlafen hätte. Auf der Platte [Haus zur Sommerau auf der Platte in Fluntern] ist es hübsch zu wohnen. Das Zimmer muß jedenfalls leer gehalten werden. Stelle meine Sachen hinein, welche *alle* mit müssen, damit mir nichts verloren geht, was ich etwa noch brauche, sogar der große Rahmen mit der Zeichnung darauf; denn ich verliere nicht gern die wenigen Sachen, die ich noch von meiner Malerzeit habe, da ich schon in München um das meiste gekommen bin. Ich werde kommen, sobald als möglich und vielleicht unverhofft ... Es wird übrigens komisch aussehen, wenn Ihr mit der Menge meiner Goldrahmen und dem alten Hausrat ausrückt, was gar nicht im Verhältnis steht zusammen ...

Von Vieweg hatte Keller noch ein paarmal kleinere Vorschüsse erhalten, doch kam es wegen der Manuskriptsendungen immer wieder zu einem verdrießlichen brieflichen Hin und Her. Im Februar 1852 hatte er schließlich dem Verleger sein Ehrenwort gegeben, »keinerlei andere Arbeit oder Studium von diesem Augenblick an zu unternehmen und den Roman in möglichst kurzer Frist Ihnen zustellen zu wollen«. Im Dezember folgte die Schlußsendung zum zweiten Band, worauf der einsichtige Vieweg zu einem weiteren Vorschuß von zweihundert Talern bereit war.

Eduard Vieweg an Gottfried Keller

Braunschweig, 12. Januar 1853

Ich halte Ihren Roman für ein Meisterwerk – ob ihn die Kritik dafür hält und ob ihn das Publikum kauft, werden wir sehen – und rate Ihnen sehr, kürzen Sie jetzt, nachdem Sie einmal den Stoff so verarbeitet haben, nicht mit Hast und mit ängstlicher Rücksicht auf den Raum. Das Buch könnte sehr dadurch verlieren, und das wünschte ich um alles nicht. Geben Sie lieber noch einen vierten Band, wenn Sie nicht nach ruhiger Erwägung und nach bester Überzeugung glauben, der Raum im dritten Bande genüge Ihnen ...

Gottfried Keller an Eduard Vieweg

Berlin, 28. April 1853

Die Hinzufügung oder Ausdehnung in einen vierten Band ließ mich leider meinem gegebenen Worte nicht nachkommen, das Ganze bis Ende Januar abzuliefern, und ich hielt mich für zum Teil entschuldigt durch Ihre eigene Aufforderung, einen vierten Band zu geben. Es ist mir nun selbst nicht lieb, daß Sie die zwei ersten Bände allein versenden wollen. Indessen denke ich, wenn diese einmal im Publikum sind, stehe der sofortigen Nachlieferung des Schlusses nichts entgegen. Der dritte Band ist soeben beinahe abgeschlossen und der vierte wird bald zusammengestellt sein.

Ein Bändchen Novellen kann ich nach Schluß des Romanes, in vier Wochen liefern. Ich habe einstweilen für zwei Bändchen ausreichenden Stoff, durchgehend heiterer Natur, gleichmäßiger Stimmung und ohne Ärgernis erregende Elemente. Ich denke mir auf solche Weise nach und nach eine gemütliche Sammlung anzulegen, in welcher alles guter Dinge ist und die man jedermann in die Hände geben kann. Wenn diese Sache sich gut anläßt, so habe ich im Sinn, mir dadurch für die nächsten paar Jahre ein geregeltes mäßiges Auskommen zu verschaffen, um, ohne zu Hause ein Amt suchen zu müssen, dort doch einen Teil meiner Zeit dem Drama widmen zu können ...

Immer wieder aus allem Drang und Druck der Ausblick auf eine heimatliche Existenz. Von wachsender Berlin-Unlust zeugen auch die damals geschriebenen Verse »Frühjahr 1853«, die dem gesunden Zorn über allerlei spiritistischen Unfug in der Berliner Gesellschaft entstammten:

Welch schauriger Lenz, der Sonne beraubt,
Um Pfingsten die Bäume noch nicht belaubt!
Der Eisbär sperrte den Rachen auf,
Propheten hemmten der Erde Lauf;
Die Hochgebildeten und Geweihten
Knieten vor Tischen, die prophezeiten!
Es war eine stechende Maienlust,
Das Säulein schrie in der Menschenbrust.

An Hermann Hettner

Berlin, 16. Juli 1853

Ich kann es nun nicht länger anstehen lassen, so schwer es mir auch fällt, durch einen leeren Brief ein Lebenszeichen von mir zu geben. Ich habe vor anderthalb Jahren eine Summe von Ihnen geliehen, und diese unglückliche Tat droht unser Verhältnis gänzlich zugrunde zu richten. Ihren letzten Brief, worin Sie mir mitteilen, daß Sie das Geld brauchten, habe ich ein Jahr lang unbeantwortet gelassen, weil ich mich schämte, einen leeren Brief zu schicken, und lieber alles drauf ankommen ließ, bis ich imstande wäre, mich durch die Tat zu rechtfertigen. Leider ist mir dies auch jetzt noch nicht möglich, während es mich peinigt, fast die Gewißheit zu haben, daß sich indessen eine üble Meinung von meinem Charakter bei Ihnen ausgebildet hat. Und dennoch, obgleich hievon die Schuld ganz an mir läge, würden Sie mir unrecht tun. Wenn ich Ihnen verschiedentlich versprach, meine Verpflichtung bald zu lösen, so glaubte ich selbst aufrichtig daran, und nur ein dämonisches Ungeschick in wie außer mir hinderte mich ... Das verworrene Netz von Geldmangel, kleinen Sorgen, tausend Verlegenheiten, in welches ich mich unvorsichtigerweise mit meinem Eintritt in Deutschland verwickelte, wirft mich immer wieder zur Untätigkeit zurück; die Mühe, wenigstens der täglichen Umgebung anständig und ehrlich zu erscheinen, drängt die Sorge für die Entfernteren immer zurück, und die fortwährende Aufregung, die man verbergen muß, diese tausend Nadelstiche absorbieren alle äußere Produktivität, während freilich das Gefühl und die Kenntnis des Menschlichen an Tiefe und Intensität gewinnen. Ich würde mir diese drei letzten Jahre später nicht abkaufen lassen. So rückten meine Sachen mit fabelhafter Langsamkeit vorwärts, welche Sie, als rühriger und fleißiger Mann, nur begreifen können, wenn Sie einst das Detail kennen. Alles dies wird nun bald ein Ende nehmen; denn es ist nun Zeit ...

Hermann Hettner an Gottfried Keller

Jena, 18. Juli 1853

Ich habe hundertmal jenen unseligen Augenblick verwünscht, da ich mir beikommen ließ, Sie um die Rücksendung der bewußten Summe zu bitten. Ich war aber damals in großer Verlegenheit. Jetzt ist diese Verlegenheit längst vorüber, und mir war aus derselben keine andere Spur zurückgeblieben als das drückende Bewußtsein, mir durch dieselbe leichtfertig einen wahren und wackeren Freund verscherzt zu haben . . .

Gottfried Keller an Hermann Hettner

Berlin, 3. August 1853

Ich danke Ihnen für Ihre freundliche Erwiderung und Absolution. Ich war keinen Augenblick der Meinung, daß nicht ein einziges Wort und jedenfalls mein schließliches Verhalten unser Verhältnis wieder in Gang bringe . . .

. . . Das Lewaldsche Ehepaar hat, glaub' ich, keinen einzigen aufrichtigen Freund mehr. Überall, soviel ich höre, erregen sie Anstoß, nicht nur durch die Ostentation, mit welcher sie ihr Verhältnis produzieren, sondern auch durch die Anmaßung, mit welcher sie in literarischen Gesprächen zusammen gegen ganze Gesellschaften Front machen. Kurz ehe Stahr seine arrogante und ungeschickte Epistel an die Sand drucken ließ, verhandelten sie den gleichen Gegenstand in einer Gesellschaft und machten die George Sand herunter, wie man eine unbequeme Konkurrentin heruntermacht. Ein bescheidener und stiller Professor wagte etwas über den neuesten Roman der Sand zu sagen, als die Fanny sich großartig vom Sofa erhob und verkündete: »Ich dächte, mein Herr, ich hätte hier auch ein Wort mitzusprechen!«

. . . In meinem Roman kann ich mich rühmen, daß ich die Menge von Knabengeschichten, die in letzter Zeit erschienen und also an der Zeit zu liegen scheinen, antizipiert und, ohne etwas Besonderliches zu wollen, weit wesentlicher und objektiver aufgefaßt habe, als alle die berühmten Herren, so wie der ganze Roman zwar alter Textur, aber neuen Stoffes sein dürfte. Könnte ich das Buch noch einmal umschreiben, so wollte ich jetzt etwas Dauerhaftes und durchaus Tüchtiges daraus machen. Es sind eine Menge unerträglicher Geziert- und Flachheiten, auch große Formfehler darin; dies alles schon vor dem Erscheinen einzusehen, mit diesem gemischten Bewußtsein noch daran schreiben zu müssen, während gedruckte Bände lange vorlagen, war ein Fegefeuer, welches nicht jedem zugute kommen dürfte heutzutage. Ich habe aber fortwährend mein inneres Auge offen und schlürfe alle Bitterkeit mit ruhiger und voller Besonnenheit und schmecke jeden Tropfen mit der Kenntnis seines Nutzens. Es geht mir etwas im Kopfe herum, daß ich einmal irgend etwas machen werde, welches durchaus notwendig, berechtigt und aus Einem Gusse ist, und ich lasse diesen Augenblick ruhig herankommen; denn er wird alsdann ein ganzes Leben in sich tragen.

An die Mutter

Berlin, 24. Dezember 1853

Leider bin ich immer noch nicht so weit, daß ich heimkommen kann; indessen steht die Sache nicht so übel, als Ihr vielleicht denkt. Meine Bücher sind noch nicht ausgegeben; der Grund ist, weil ich mit dem Buchhändler in Unterhandlung stehe wegen der Zukunft; wenn er sie nun ausgibt und dieselben etwa ein für mich günstiges Aufsehen erregten, so würden meine Forderungen dadurch unterstützt, und er sucht deswegen die Sache hinzuhalten. Indessen werde ich ihn ruhig machen lassen; ich finde jetzt Verleger genug und habe für meine Arbeiten für die nächste Zeit wenigstens 2000 Franken (um in Eurem Geld zu rechnen) in Aussicht. Dies sind keine Redensarten, sondern es verhält sich so. Freilich habe ich ebensoviel alte und neue Schulden. Damit es nun nicht zu lange geht, sind in Zürich einige junge Leute, teils von der Regierung, teils andere, zusammengetreten und haben, nachdem sie einen Überschlag meiner Schulden verlangt, die ganze Summe zusammengelegt, welche mir nächstens geschickt wird, so daß ich endlich einmal meinen Verdienst in der Hand behalten kann. Von dieser Sache sagt Ihr aber niemand etwas ...

Keller hatte seine Notlage einem in Berlin lebenden Landsmann anvertraut, dem Arzte Christian Heußer, der im Herbst 1853 nach Zürich heimkehrte. Die Summe, die Heußer unter tätiger Mithilfe des Züricher Nationalrats Dr. Jakob Dubs aufbrachte (bei guten Bekannten wurden sechs Aktien zu je dreihundert Franken vertrieben), traf erst Ende Mai 1854 ein und reichte knapp zur Tilgung der Schulden. Übrigens hat Keller das Darlehen, das gar nicht als solches gemeint war, später zurückerstattet. Vieweg, der noch wiederholt durch Zahlungen geholfen hatte, beobachtete dem schwierigen Autor gegenüber seit Herbst 1853 ein volles Jahr hindurch die pädagogische Maßnahme, keine seiner Zuschriften zu beantworten. Auch auf die Zusendung einiger Novellenanfänge für einen geplanten Band »Galatea«, denen der erste Teil des satirischen Gedichts »Der Apotheker von Cha-

mounix« beigefügt war, reagierte er nicht. Doch wurden zu Weihnachten 1853 die ersten drei Bände des Romans versandt. Damit war Keller, was immer das Schicksal des vierten Bandes sein mochte, vor der Öffentlichkeit in die Reihe der großen deutschen Erzähler getreten. Als erstes Echo aus der Heimat kam ein gewichtiges Angebot.

Nationalrat Jakob Dubs an Gottfried Keller

Sitzung der Bundesversammlung. Bern, 7. Februar 1854

Du hast wahrscheinlich in den Zeitungen von unserm Versuch, eine schweizerische Universität zu gründen, gelesen. Diese wurde zwar verworfen; hingegen wurde mit gestern erfolgter Zustimmung beider Räte ein Polytechnikum beschlossen, an das eine Art philosophischer Fakultät angeknüpft wird. Unter den hier zu lehrenden Fächern ist Literatur- und Kunstgeschichte besonders herausgehoben, und es scheint mir nun, Du wärest der Mann, diese Fächer gehörig zu repräsentieren. Wärest Du damit einverstanden, so würde ich sofort Schritte tun. Wenn die Stellung vielleicht anfänglich auch nicht glänzend dotiert würde, so ließe sich doch möglicherweise eine etwas höhere Summe aussetzen unter dem Titel von Übersiedlungskosten. Das Polytechnikum wird mutmaßlich auf Herbst 1854 eröffnet.

Gottfried Keller an Hermann Hettner

Berlin, 11. Februar 1854

... Es ist nun ein Polytechnikum in Zürich beliebt worden, verbunden mit einer Fakultät für exakte Wissenschaft und Humaniora. Gestern erhielt ich einen Brief aus Bern, worin ich gefragt werde, ob ich Lust habe, eine Stelle für Literaturgeschichte, Kunst usw. anzunehmen. Man gab mir zugleich zu verstehen, daß dies die letzte Gelegenheit sein dürfte, auf anständige Art unterzukommen und eine feste Stellung zu gewinnen. Bis zum Herbst dieses Jahres wird das Institut wahrscheinlich errichtet.

Dieser Brief hat mich in die größte Verlegenheit gesetzt. Hätten wir monarchische Zustände, wo es mehr darauf ankäme, einen à la Geibel oder Redwitz in eine bequeme Lage zu versetzen, so würde ich mich keinen Augenblick besinnen, indem ich das, was jene Herren etwa vorbringen, auch vorzubringen wüßte. Da aber an der projektierten Anstalt für den ausgesetzten Lohn wacker gepaukt werden muß, so liegt die Frage anders.

Von Kunstgeschichte dürfte die ersten paar Jahre keine Rede sein, da mir alle archäologischen Kenntnisse abgehen. Mit zusammengeschwindelten Heften zu hantieren, wäre mir unmöglich und dürfte mir schlecht bekommen, besonders gegenüber von jungen Technikern, Architekten usf.

Deutsche Literatur hingegen würde ich mir vorzutragen getrauen samt den nötigen Episoden englischer, französischer und anderer Einflüsse, d. h. wenn ich das Gesamtmaterial durchlesen habe, was zum erstenmal in meinem Leben geschehen würde.

Es ist mit dem Dozieren von Dichtern im eigentlichen Sinne des Wortes nie weit her gewesen, und wenn ich auf die Sache eingehe, so kann es nur in dem Sinne geschehen, daß ich mir die Verhältnisse allmählich nach meiner Individualität gestalte und zwinge, indem ich später nur dann lesen würde, wenn ich der schweizerischen Jugend etwas von innen Herausgekommenes zu sagen habe und zu sagen wünsche, sei es in einzelnen ethischen oder kritischen Monographien, oder durch das stehende Thema der Literaturgeschichte ...

Es ist mir aber vor allem aus nötig zu wissen, und hierüber wünsche ich, bester Freund, Ihren aufrichtigen Rat: ob es mir überhaupt möglich sein würde, allfällig im nächsten Winter schon auch nur ein Kollegium über Literaturgeschichte zu halten? Ob es nicht die ganze Zeit absorbieren würde, sich dazu vorzubereiten? Ob man etwa die Hälfte des Vorzutragenden noch während des Semesters selbst ausarbeiten kann und dabei doch noch etwas anderes tun? Sie kennen meine ungefähre Auffassungskraft und das Niveau meines Urteils oder vielmehr die Beweglichkeit desselben, und bitte Sie hiernach mir Ihre Meinung zu sagen, auch dabei zu bedenken, daß es nicht meine Bestimmung sein kann, aus einem erträglichen Poeten ein schlechter Lehrer zu werden, daß ich aber in einigen Jahren die Sache immer wieder an den Nagel hängen könnte, nachdem ich, was der beste Witz dabei wäre, doch etwas Ordentliches dabei *gelernt* hätte!

Hermann Hettner an Gottfried Keller

Jena, 12. Februar 1854

Ich rate Ihnen zur festen Annahme und gratuliere Ihnen zu dieser Stelle ganz aufrichtig ... Wenn Sie Bedenken tragen, der

Aufgabe gewachsen zu sein, so sind Sie in der Tat zu bescheiden. Ich glaube nicht nur, daß Sie vortreffliche Vorträge halten werden, sondern freue mich schon im voraus auf die feinen Sachen, die sich bei diesen Professoralstudien Ihnen unter der Hand ergeben werden; ich weiß nur allzu sehr, wie gerade die feinsten Bemerkungen in meiner dramaturgischen Schrift Ihnen entstammen.

Darauf war Keller geneigt zuzusagen, obwohl ihn der Entschluß, wie er an Hettner schreibt, »auf eine verteufelt unangenehme Weise prickle«. Schließlich entschied er sich doch für eine Absage – wozu in seiner Lage eine gehörige Portion moralischer Tapferkeit, sich selbst gegenüber, gehörte. Er ziehe es vor, schreibt er an Dubs, erst einige Zeit in Zürich zu leben, seine »ungerecht beurteilte Persönlichkeit« dort herzustellen und dann nach und nach seine Nutzbarkeit zum Lehrfach zu prüfen und auszubilden, »oder aber, wenn es nötig sein sollte, vielleicht eine bescheidene Stelle in der Staatsverwaltung zu versehen«. Unterdessen hatte Hettner die drei Bände des »Grünen Heinrich« gelesen.

Hermann Hettner an Gottfried Keller

Jena, 12. Februar 1854

Ich wünsche Ihnen zu Ihrer Schöpfung aufrichtig Glück. Sie sichert Ihnen unzweifelhaft in unserer Literatur für immer eine hervorragende Stellung.

Was uns in Ihrem Roman so tief und nachhaltig anspricht, das ist das Gefühl, daß wir es hier mit einem notwendig gewordenen, nicht willkürlich gemachten Werke zu tun haben. Man fühlt überall die Wärme des Erlebten hindurch; wir haben hier im höchsten Sinne Dichtung und Wahrheit. Jeder, der selbst ein innerliches Bildungsleben geführt hat, findet sein eigenstes Wesen hier wieder, nur klarer und tiefer, als er selbst es darzustellen vermocht hätte. Ich bin gewiß, daß jeder sinnige Leser gern immer wieder zu Ihrem Buche zurückkehren wird; immer wird er sich an der Anschauung der reichen und kräftigen Natur des hier dargestellten Helden trösten, erbauen und fördern können.

Und dies um so mehr, als in der Tat die einzelnen Schilderungen von der wunderbarsten Frische und Poesie durchhaucht sind. Namentlich die idyllischen Sommer auf dem Lande, die Familie des Pastors, der Schulmeister, die lieblich seelenhafte Anna und die gesund sinnliche Judith, sowie der Held selbst, wie er naiv und doch immer klar und taktvoll durch alle diese mannichfachen Situationen und Verwicklungen hindurchschreitet, sind von unübertrefflicher Meisterschaft der Situationsmalerei sowohl wie der Charakteristik. Dazu die klare, einfache, im edelsten Sinne Goethesche Sprache, die doch nur wieder der naturnotwendige Ausdruck der maßvollen Klarheit der Konzeption ist. Ich sage Ihnen in Wahrheit, diese Jugendgeschichte ist ein Juwel; und ich bin stolz darauf, den Helden und Dichter derselben meinen Freund nennen zu dürfen.

Die Mutter an Gottfried Keller

Zürich, 11. März 1854

Sie [die drei Bände des »Grünen Heinrich«] haben uns beide sehr angesprochen, besonders da der Hauptinhalt meistens Dein Jugendleben, Deine Buben- und Schulgeschichten betrifft. Obschon alles in anderen Gestaltungen und fremdartigen Umwandlungen dargestellt ist, so können die Personen, welche diese Erlebnisse am besten wissen, auch das *Wahre* herausnehmen! Mit besonderem Wohlgefallen las ich die Erinnerungen und die Gedenkzeichen Deines teuren unvergeßlichen Vaters. Regula wurde zwar empfindlich, daß nirgends keine Erwähnung von einer Schwester sich findet: man könnte daraus schließen, als würdest Du Dich schämen, sie als Deine Schwester zu betrachten. »Solch ein Grund wird es hoffentlich nicht sein«, sagte ich. »Es ist im ganzen ein Roman, und wir wollen die Beurteilung darüber anderen Leuten überlassen.«

Gottfried Keller an die Mutter

Berlin, 10. April 1854

... Es ist eine originelle Idee von Regula, daß sie glaubt, ich schäme mich ihrer und hätte deshalb ihrer in dem Buche nicht gedacht. Ich glaubte doch, über einen solchen Argwohn hinweg zu sein in meinem Alter und mit meinen Erfahrungen. Ich habe mit dem Roman einen ganz bestimmten Zweck, welcher sich erst im vierten Band zeigt, und nach welchem ich keine Schwester brauchen konnte. Überhaupt ist lange nicht alles darin, was ich erlebt, sowie vieles auch gar nicht wahr ist, wie z. B. die Liebesgeschichten ...

Ende März teilte Gottfried Keller dem immer noch in Schweigen sich hüllenden Verleger Vieweg seine neue Adresse mit: »Bauhof Nr. 2 bei Schmidt.« Dort hielt er dann bis zum Ende seiner Berliner Tage aus. In der stillen Bauhofstraße, die sich vom Hegelplatz zum Kupfergraben zieht, ist 1929 am Hause Nr. 2 eine Gedenktafel angebracht worden: »In diesem Hause wohnte in den Jahren 1854/55 der Dichter Gottfried Keller. Seinem Andenken die Stadt Berlin.« Erst 1941 hat Felix Hasselberg in der Zeitschrift des Vereins für die Geschichte Berlins nachgewiesen, daß Gottfried Keller hier niemals gewohnt hat. Die Bauhofstraße ist mit dem 1872 verschwundenen »Bauhof« verwechselt worden, einer kurzen Verbindung zwischen Dorotheenstraße und Bauhofstraße, dort, wo heute der Hegelplatz mit der großen Platane über dem Hegeldenkmal liegt. Übrigens steht auch das Haus in der Mohrenstraße nicht mehr, in welchem Keller bis 1854 wohnte.

Im Dezember 1851 hatte Keller an Varnhagen sein neues Gedichtbuch geschickt, worauf er zu einem Besuch aufgefordert wurde, den er am 4. März 1852 abstattete. Erst zwei Jahre später, am 31. März 1854, betrat er wieder die »literarhistorischen Räume« im ersten Stockwerk Mauerstraße 36. Der Verfasser des »Grünen Heinrich« – die drei Bände waren in Varnhagens Hand – durfte seiner selbst schon sicherer sein; und nun folgten häufige Einladungen zu den nachmittäglichen Kaffeestunden.

Gottfried Keller an Hermann Hettner

Berlin, 6. Mai 1854

Ich komme jetzt öfter in die Kaffeekränzchen, die sich bei Varnhagen zusammenfinden. Von Literaten ist nicht viel Erhebliches da; Ring, Vehse usf. sind die Hauptdichter; dagegen sind einige wohlgebildete Damen und allerlei vornehme Herren da, wie z. B. der General Pfuel [der einstige Jugendfreund Heinrichs von Kleist und spätere preußische Ministerpräsident], wodurch man wenigstens Gelegenheit hat, sich etwas abzuschleifen und einen beweglicheren Ton zu erwerben zu verschiedenen nützlichen Zwecken. Die Nichte Ludmilla [die siebenundzwanzigjährige Ludmilla Assing; vgl. den einleitenden Abschnitt dieses Kapitels] hat sich höllisch für mich erklärt und mich, da sie in Pastell malt, schon abkonterfeit. Diese Ehre teile ich indes mit Herrn von Sternberg, mit Vehse, mit Ring usw., welche alle an

Ludmillas Wand hängen, und die bessere Hälfte dieser gemalten Gesellschaft sind einige hübsche Mädchengesichter.

Berlin, 26. Juni 1854

Ihr Schriftchen über den »Robinson« hat mich seither vielfach beschäftigt. Ich wollte, ich hätte es vor dem Schreiben des »Grünen Heinrich« gekannt, indem ich dadurch auf manches aufmerksam wurde. Ich lese jetzt die Bekenntnisse des heiligen Augustinus, welche auch nichts anderes sind als eine geistige Robinsonade, nämlich insofern man zuschaut, wie sich ein Individuum alles neu erwerben, aneignen und sich einrichten muß. In diesem Vorgange liegt der Reiz, ob die Entdeckungen und Findungen dann neue Früchte, Tiere und bequeme Talschluchten oder moralische Gegenden und Gegenstände betreffen. Ich lese auch den Rabelais zum ersten Male und bin frappiert, wie viele literarische Motive und Manieren, welche man so gewöhnlich für nagelneu oder von einer gewissen Schule herstammend ansieht, schon seit Jahrhunderten vorhanden sind, ja wie man eigentlich sagen kann, alle wirklich guten Genres seien von jeher dagewesen und nichts Neues unter der Sonne ... Es bringt nun zwar mancher ein Motiv oder eine Manier aufs Tapet, welches er wirklich nirgends gelesen hat, und das doch schon alt ist. Die Sache verhält sich aber alsdann so:

Viele Witze und Motive, Fabeln, Anekdoten usf. werden von den Volksgeschichten gepflegt und gehandhabt, kommen in die Mode in Bauern- wie Studentenkneipen, Werkstätten und Marktplätzen, verschwinden hier und tauchen dort wieder auf und schwimmen in der Luft umher. Nun kommt so ein Originalgenie und glaubt wunder was zu tun, wenn er unmittelbar an der Mutterbrust der Natur liege, aus der »lauteren Volksquelle« schöpfe, und wie die Ausdrücke alle heißen, wenn er hinuntertauche in die Tiefe des immer neuen Volksgemütes und Stoff da sammle, wo die »Salonmenschen« nicht hinkommen. Er schreibt sich also derlei Witze hinter das Ohr und bringt sie als nagelneu und urkräftig glücklich zum Drucke, während dieselben schon vor Jahrtausenden vielleicht längst in klassischen Gedichten aufgeschrieben wurden. So gibt es Dinge der verschiedensten Art, welche sich das Volk immer wieder erzählt, z. B. erotische Anekdoten, die Boccaccio klassisch geformt, aber nicht erfunden hat, welche vielmehr schon in Indien gang und gäbe waren. So eine

Menge Belustigungen, Scherze, Dialoge, Fabeln usf. Und das Ganze des poetischen Stoffes befindet sich in einem merkwürdigen oder vielmehr sehr natürlichen fortwährenden Kreislaufe. Es wäre der Mühe wert, einmal eine Art Statistik des poetischen Stoffes zu machen und nachzuweisen, wie alles wirklich Gute und Dauerhafte eigentlich von Anfang an schon da war und gebraucht wurde, sobald nur gedichtet und geschrieben wurde. Nicht einmal der lyrische Weltschmerz, den man immer modern nennt, ist neu; er ist, sofern er schön ist, schon vollkommen in chinesischen Liedern ausgedrückt, mit allem heutigen Apparate: landschaftlichen Stimmungen, kleinen netten Pointen u. dgl. Welcher Reichtum an konkreten plastischen und drastischen Einfällen und Bildern, mit denen man sich heute so abquält, in der indischen und andern orientalischen Poesie liegt, ist bekannt. Mit einem Worte: es gibt keine individuelle souveräne Originalität und Neuheit im Sinne der Willkürgenies und eingebildeten Subjektivisten (Beweis Hebbel, der genial ist, aber, eben weil er durchaus neusüchtig ist, so überaus schlechte Fabeln erfindet). Neu in einem guten Sinne ist nur, was aus der Dialektik der Kulturbewegung hervorgeht. So war Cervantes neu in der Auffassung des Don Quichotte (ich weiß nicht einmal, ob durchaus), aber nicht in der Ausführung und in den einzelnen poetischen Dingen. Und dies ist der beste Fingerzeig, wonach ein Dichter streben und in was seine Ehre setzen soll.

Berlin, 21. Oktober 1854

Was mich betrifft, so sitze ich immer noch Bauhof 2 in Berlin, und zwar, um es nur zu gestehen, schändlicherweise aus dem einzigen Grunde, weil ich den vierten Band noch nicht fertig habe! Es ist eine skandalöse Geschichte mit diesem verfluchten Alp von Roman! Ich darf nichts anders schreiben, bis er abgeliefert ist, und doch mag ich ihn zeitweise gar nicht ansehen, und die Buchhändler, Vieweg wie andere, verderben einem die Laune noch ganz! Was ich denn tue? Ich mache Sachen fertig im *Gedächtnis,* da ich nicht daran schreiben darf, und fabriziere mit dem größten Pläsier Dramen, Novellen, Gedichte, Aufsätze und alles mögliche, was ich alles schreiben werde, der Reihe nach. Daneben fülle ich meine Leselücken aus. So habe ich die alte Daciersche französische Übersetzung des Plutarch durchgelesen und kann nun gar nicht begreifen, wie man, ohne Plutarch zu kennen, habe existieren können! So geht es mit dieser verfluchten Autodidakterei.

An Ferdinand Freiligrath (in London)

Berlin, Ende 1854

Ich hatte das Buch noch in der subjektiven und unwissenden Lümmelzeit angefangen und den Druck beginnen lassen, ohne zu bedenken, was ein Roman eigentlich ist. Ich blieb bald stecken, von andern Dingen angeregt, und gab doch dem Verleger mein Wort, vor der Beendigung nichts anderes zu beginnen. So kam ich in die seltsame Situation, alle Zwecke, Projekte und guten Dinge unterdrücken zu müssen, während es mir ganze Vierteljahre unmöglich war, den verfluchten Strickstrumpf auch nur anzurühren. Durch alles dies geriet ich in allerlei bedenkliche Zustände, welche nun endlich bald abgewickelt sind, und ich lebte hier wie in einer Büßerzeit und Verbannung, welche um so tieffressender war, als sie nicht etwa die Folge meiner Taten, sondern vielmehr Untaten war. Es gibt aber auch keinen besseren Bußort und Korrektionsanstalt als Berlin, und es hat mir vollkommen den Dienst eines pennsylvanischen Zellengefängnisses geleistet, so daß ich in mich ging und mich während dieser ausgesucht hundsföttischen Jahre zu bessern Dingen würdig machte; denn wer dergleichen anstrebt oder sonst kein Esel ist, der befindet sich hier vollkommen ungestört und sich selbst überlassen ...

Trotzdem sehne ich mich sehr nach Hause und nach frischer Luft, da nicht zu leugnen ist, wie sehr der Mensch von dergleichen abhängt, und wenn man schlechte Luft atmet, so kann man trotz aller Einsicht doch keine gute Figur machen. Aber dies zu fühlen und gründlich auszuhalten, nenne ich meine fruchtbringende Leidensschule und eine endliche Abreise den fröhlichen glückhaften Schluß derselben, welcher aber wohlbegründet und abgerundet sein muß, gleichwie Adolf Stahr und Fanny Lewald ihre noch immer behinderte Heirat den Abschluß des Kunstwerkes ihres Lebens und Liebens nennen.

Von den vom König von Bavarien angestellten Poeten ist Paul Heyse ein wirkliches und schönes Talent, welches aber noch gar keinen rechten Animus hat, da er unter lauter Eseln aufgewachsen ist und noch mit ihnen graset. Auch Scherenberg, mit dem ich eine Zeitlang verkehrt, ist ein Genie, aber ein alter unwissender Hanswurst, der den Mangel an Selbstbeaufsichtigungs- und Bildungsfähigkeit durch allerhand Scharlatanerie zu verdecken sucht ... Überhaupt sind die Leute in Nordgermanien dermalen von schrecklich kurzem Gedärm, großer Konfusion und Gedankenlosigkeit, und jeder, Alte und Junge, ist Aktionär in der allgemeinen Pfuscherei ...

An Hermann Hettner

Berlin, Januar 1855

Ich stehe jetzt täglich um fünf oder sechs Uhr auf und gehe um zwölf zu Bett und verbrenne wöchentlich für zweiundzwanzig Silbergroschen Öl.

An Eduard Vieweg

Berlin, 2. April 1855

Ich habe gestern endlich den Schluß meines Buches an Sie abgesandt und will mir nun noch einen Brief an Sie erlauben über diese Sache, gewärtigend, ob noch ein besseres Auskommen zwischen uns möglich ist oder nicht. Ich hatte Ihnen mein Ehrenwort gegeben, vor Vollendung dieser Arbeit nichts anderes zu arbeiten, und habe dies, wie es meine Sache war, gehalten, so daß dies Wort wenigstens besteht. Mit diesem gleichen Ehrenwort versichere ich Sie, hochgeehrter Herr, daß ich selbst nur unter den größten Leiden aller Art das Buch fertig gebracht habe und durch dasselbe, das ich zugleich erlebte, indem ich es schrieb, in jeder Weise gebannt war. Doch das ist nun vorbei, und mit dem heutigen Tage beginnt eine neue Zeit bei mir ...

An Hermann Hettner

Berlin, 9. Mai 1855

... Ich habe erst vor sechs Wochen das letzte Kapitel meines Romanes und zwar am Palmsonntag buchstäblich unter Tränen geschmiert und werde diesen Tag nie vergessen. Nachdem mich nun Vieweg vorher fast gefressen um das Manuskript, läßt er den vierten Band ruhig liegen und vorenthält mir jede Antwort und billige Abrechnung ... Dazu kommt, daß ich gegenwärtig etwas erlebe, was einem heitern und schönen Sterne zu gleichen scheint und mir vielleicht nur durch diese Misere und Verbitterung verloren geht ...

Es nimmt mich wunder, wie Sie in Dresden [wohin Hettner

als Direktor der königlichen Antikensammlung übersiedelt war] leben, und was Ihre verehrte Frau und Ihre Kinder machen. Wenn Sie also immer können oder aufgelegt sind, so seien Sie so gut, mir ein paar Zeilen zukommen zu lassen!

Der »schöne Stern« war Keller im Hause des Verlagsbuchhändlers Franz Duncker aufgegangen. Ein Baedeker damaliger Berliner Geselligkeit müßte diesem Hause auch sonst den Stern bewilligen. In der Johannisstraße beim Oranienburger Tor lag zwischen Hof und Garten der einstöckige Rokokobau, stilvoller Rahmen der berühmten Dunckerschen Abendgesellschaften, wo man bei Musik, Tanz und festlicher Bewirtung auf anregende geistige Umgangsformen hielt. Durch Scherenberg eingeführt, den Autor des Dunckerschen Verlages, war Keller hier seit Oktober 1853 häufiger Gast. Zu der klugen und natürlich empfindenden Frau Lina Duncker, Tochter eines rheinischen Gutsbesitzers, fand er bald ein unbefangenes Freundschaftsverhältnis; und deren Schwester, die dreiundzwanzigjährige Betty Tendering, war es eben, die ihn in neuen Herzenswirrnissen verstrickt hielt. Das schwarzlockige Mädchen, dessen auffallende Schönheit von Zeitgenossen gepriesen, entsprach nicht nur durch Anmut und geistige Beweglichkeit, sondern auch als hochgewachsene »Heroinengestalt« dem weiblichen Idealbild Gottfried Kellers, der für seine Person an Haupt und Herz soviel mächtiger denn an Gestalt geraten war. Zu einer schriftlichen Erklärung hat er diesmal nicht mehr den Mut gefunden, und im Umgang blieb es bei jenem versteckten Geplänkel, das von seiner Seite gelegentlich durch ein unwirsches Auftrumpfen gewürzt wurde. Aber mehr als irgendein Erlebnis zuvor hat ihm diese »ungefüge Leidenschaft« zu schaffen gemacht. Davon zeugen zwei Schreibunterlagen aus damaliger Zeit. In allen möglichen Schriftarten, in endlosen Reihen kehren hier der Name Betty und der Buchstabe B wieder; dazwischen Zeichnungen und Klangspielereien (»Rheinländerin – Tin Tang Tendering«) nebst hohnischen Apostrophierungen der eigenen Person (»Der Tränenmeier – Herr Gottfried Tränensimpel«); und quer über ganzen Kolonnen des Wörtchens »nein« der Satz: »Resignatio ist keine schöne Gegend.«

Am Ende hat Keller sich doch in diese unschöne Gegend gerettet, wo er sich fest zu machen suchte durch den Entschluß, Betty für eine gefallsüchtige Kokette zu halten. Darauf ist auch ein Brief nach Hause abgestimmt, nachdem Fräulein Tendering auf der Durchreise durch Zürich bei seiner Mutter hatte vorsprechen wollen (die inzwischen nach Hottingen, in die nächste Nachbarschaft von Wilhelm Schulz, verzogen war).

Gottfried Keller an die Mutter

Berlin, 17. Oktober 1855

... Vergangenen Sommer wollte ein junges Frauenzimmer Dich aufsuchen, welche eine Schweizerreise machte, und ich gab ihr einen Brief an Schulzens mit, damit diese mit ihr herüberkämen, weil es ein vornehm aussehendes und hübsches Stück Weibsbild ist, welche die Leute verblüfft macht; ich weiß nicht, wie ich dazu kam, sie nicht direkt an Dich zu weisen; ich glaube, ich befürchtete, Du möchtest etwa sonderliche Gedanken fassen und nicht wissen, was Du zu der Person sagen solltest. Wie ich aber aus einem Schulzischen Briefe sah, hätten diese vielleicht noch größere Dummheiten gemacht, was mich geärgert hätte, und so ist es gut, daß sie gar niemand getroffen hat; denn sie hatte gar nichts bei Euch zu tun.

Daß sie meine Mutter aufsuchen wollte, war einerseits eine gewöhnliche Artigkeit, da ich die Dame in einem befreundeten Hause öfters sehe und sie tat, als ob sie viel auf mir hielte; andrerseits aber sollte es auch eine Schufterei sein, damit ich mir etwa einbilde weiß Gott was; denn sie hat mir eine ganze Reihe solcher Geschichten gemacht, und es kam ihr nicht darauf an, nach Hottingen hinauszulaufen, wozu ich viel Vergnügen wünsche! Ich hockte inzwischen lang gut in Berlin. Es ist übrigens ein reiches, schönes und großes Mädchen, welches weder Vater noch Mutter mehr hat, nicht weiß, was sie will, und besonders nicht leiden kann, wenn ihr nicht alle Welt den Hof macht.

Übrigens behaltet diese Dinge für Euch ...

Auch das Ehepaar Schulz, das gerade sonntäglich ausgeflogen war, bekam damals den noblen Besuch nicht zu Gesicht und mußte sich an die glühende Schilderung der Nachbarsleute halten. Sehr zum Mißvergnügen Kellers hatte Wilhelm Schulz in einem brieflichen Bericht vom 28. Juli an das Ereignis die folgenden Mutmaßungen geknüpft:

Wir argumentierten übereinstimmend wie folgt: ein in einem offenen Schreiben als »beifolgende junge Dame« signalisiertes Frauenzimmer von so guter »Gattig« steht unzweifelhaft mit dem Schreiber des Schreibens auf sehr vertrautem Fuße. Es ist also nach den jetzigen schlechten sozialen Einrichtungen, Sitten und Gebräuchen nichts anderes möglich, als daß das besagte Frauenzimmer entweder selbst die Braut des Schreibers ist, oder daß dasselbe im schlimmsten Falle doch wenigstens die Schwester der Braut des Schreibers ist. Überdies geht aus der lebhaften Charakterschilderung des Herrn und der Frau Kunz aufs deutlichste hervor, daß die benannte Betty Tendering die unverkennbarste Ähnlichkeit mit dem Dortchen Schönfund hat, und daß sie dermalen an keine andere Unsterblichkeit glaubt, als an die des Dichters Gottfried Keller. [Betty ist in der Tat das Urbild des Dortchen Schönfund im »Grünen Heinrich«.] Darum ist nur das eine zu wünschen, daß es dieser Gottfried Keller nicht ebenso mache, wie sein grüner Heinrich bei dem Dortchen Schönfund, sondern daß er gegenüber der Betty Tendering beizeiten das Maul auftue, was er indessen – nach seinem offenen Schreiben zu schließen – mit vollständiger Offenherzigkeit vielleicht schon wirklich vollzogen hat. Dies sind in der Hauptsache die Mutmaßungen, wie sie gegenwärtig über Dein Verhältnis zu schönen Berlinerinnen oder Rheinländerinnen in allen Tee- und Kaffeevisiten der Stadt Zürich in Umlauf gekommen.

Auf einen offenbar energischen Rüffel aus Berlin (Kellers Brief ist nicht erhalten) antwortete Schulz am 31. Oktober begütigend:

Glaube doch nicht, daß es Klatschereien gegeben hat. Nur im Kreise Deiner allernächsten Bekannten eine stille, aber innige Mitfreude über die angenehmen Bekanntschaften, die Du in Berlin gemacht hast, und darüber, daß Du mit einer solchen Phönixin auf so genial vertraulichem Fuße lebst. Aber sehr tief muß sich doch die Tingtang in Dein Dichterherz hineingestichelt haben . . .

Aus Zürich berichtet Keller noch im März des nächsten Jahres an Lina Duncker:

Hier in Zürich hat sie [Betty] mir auch einen schönen Handel angerichtet, als sie vorigen Sommer die artige Laune hatte, meine Mutter aufsuchen zu wollen. Sie geriet nämlich an ein paar alte stupide mürrische Leute, die mit aller Welt im Zerfall leben und mit keinem Nachbaren ein Wort sprechen. Diese verleugneten aus Dummheit oder Verstocktheit meine arme Mutter; kaum war aber die »Erscheinung« wieder verschwunden, so tauten sie auf, der alte Mann und die alte sonst finstere Frau, und erhoben einen solchen Lärm von der Schönheit und Pracht und Leutseligkeit des fremden Fräuleins, daß es unter allen meinen Bekannten wie ein Lauffeuer herumging, und ich schon damals in Briefen und bei meiner Heimkehr mündlich eine Neugierde und ein Klatschwesen auszustehen hatte, die über das Bohnenlied hinausgingen, so daß ich mit entschiedener Grobheit dazwischen fahren mußte, und ich kann mir aufrichtig das Lob geben, daß ich mich ritterlich für das Fräulein gewehrt habe, damit sie in keinen falschen Verdacht komme. Wie ich denn überhaupt im Punkte der Artigkeit gegen dasselbe ein vollkommen gutes Gewissen habe und selbst am besten weiß, daß ich von jeher höflich und respektvoll gegen Ihre Schwester gesinnt war. Dies genügt mir, um den Schein kümmere ich mich nichts. Wenn Sie Hochderselben etwa meinen demütigsten Dank für ihr gestrenges Grüßen vermelden wollen, so fügen Sie dies hinzu, daß jene wiederholten Vorwürfe mich gar nicht treffen. Nebenbei gestehe ich allerdings ein, daß ich den Schein sehr gegen mich haben mochte; allein es trafen gleich von Anfang an, als Ihrer Schwester hohe Gestalt am Horizonte Berlins heraufschritt, so verrückte und verhexte und verdrehte Umstände zusammen, und zuweilen herrschte in Ihrem Hause selbst ein so schnurriger Ton, daß ich, als ein argloser Mensch an dergleichen nicht gewöhnt, eben alle Unbefangenheit verlor und mich in den Mantel meiner Tugend hüllte.

Und noch im folgenden Jahr über die Art, wie er seinen Liebeskummer nach erprobtem Rezept damals zu kurieren unternahm:

Bei dieser Gelegenheit muß ich Ihnen noch nachträglich gestehen, daß jenes blaue Auge, mit welchem ich einst bei Ihnen erschien, obgleich ich es abgeleugnet, dennoch von Prügeln herrührte. Ich hatte nämlich nicht nur den Schlivian [einen Berliner Literaten] geprügelt, sondern in der folgenden Nacht wieder einen, wegen dessen ich verklagt und von der Polizei um fünf Taler gebüßt wurde. In der dritten Nacht zog ich wieder aus, fand aber endlich meinen Meister in einem Hausknecht, der mich mit dem Hausschlüssel bediente, worauf ich endlich in mich ging. Es war eine Donnerstags-, Freitags- und Sonnabendsnacht, wo ich so mit gebrochenem Herzen mich umtrieb und anderen Leuten mir zur Erleichterung an den Köpfen kratzte. Aber es war doch eine hübsche Zeit, und jetzt geht gar nichts Rechtes mehr vor.

Gottfried Keller an Ferdinand Freiligrath

Berlin, im Oktober 1855

... Es sind seither allerlei Leiden und Leidenschaften über mich ergangen, habe mich aber so männlich aufrecht gehalten, daß ich doch vor einiger Zeit imstande war, verschiedene Leute zu prügeln, wofür ich um fünf Taler gebüßt wurde. Dies war in einer schönen Sommernacht. Einer davon war mir unbekannterweise ein Schriftsteller, wie er sich nennt, welcher seine Schande selbst in die »gute« Gesellschaft trug und bekannt machte, was ich für ein Zeisig sei; seither halte ich mich wieder so still und steif in meinem schwarzen Fräcklein, als ob nichts geschehen wäre, und die Leute sagen, ich müßte vermutlich den Rappel gehabt haben ...

An Hermann Hettner

Berlin, 2. November 1855

... Ich hätte mich auch diese letzten Monate unfehlbar nachgeholt, wenn mir der Teufel, nach fünfjähriger guter Ruhe, nicht eine ungefüge Leidenschaft auf den Hals geschickt hätte, die ich ganz allein seit dreiviertel Jahren auf meiner Stube verarbeiten muß und die mich alten Esel neben dem übrigen Ärger, Zorn und mit den Schulden um die Wette zwickt und quält. Ich sage Ihnen, das größte Übel und die wunderlichste Komposition, die einem Menschen passieren kann, ist hochfahrend, bettelarm und verliebt zu gleicher Zeit zu sein und zwar in eine elegante Personnage. Doch behalten Sie ums Himmelswillen diese Dinge für sich!

Mitte Mai hatte Vieweg den Schlußband des »Grünen Heinrich« versandt. Eine enttäuschende Honorarabrechnung folgte: nur noch dreiundvierzig Taler standen für Keller offen. Als Gesamt-

honorar ergab sich danach für die vier Bände (107 Bogen) der Betrag von $133\frac{1}{3}$ *Louisdors (rund 2500 Mark). Dabei ist es geblieben – trotz Kellers höflichem Protest, der sich auf die ursprüngliche Vereinbarung berief, auf einen nicht sowohl formellen als moralischen Anspruch. Auch seine Hoffnung auf eine baldige zweite Auflage hat sich nicht erfüllt. Noch in den siebziger Jahren waren von den tausend Exemplaren der ersten Auflage rund hundert vorhanden, die Keller vom Verlag zurückkaufte, um damit den Ofen seiner Dichterstube zu heizen.*

Aus dem Vorwort zum »Grünen Heinrich« (Urfassung)

Die ersten Bogen dieses Romanes datieren noch aus dem Jahr 1847, die letzten entstanden in diesen Tagen, und die Entstehungsweise des Ganzen gleicht derjenigen eines ausführlichen und langen Briefes, welchen man über eine vertrauliche Angelegenheit schreibt, oft unterbrochen durch den Wechsel und Drang des Lebens. Man läßt den Brief ganze Zeiträume hindurch liegen, man wird vielfältig ein anderer; aber wenn man das Geschriebene wieder zur Hand nimmt, fährt man genau da fort, wo man aufgehört hatte, und wenn sich auch in dem, was man betont oder verschweigt, der Wechsel des Lebens kund tut, findet sich doch, daß man gegen den, an welchen der Brief gerichtet, und in dieser Sache der Alte geblieben ist. Man hat den Brief mit einer gewissen redseligen Breite begonnen, welche eher von Bescheidenheit zeugt, indem man sich kaum Stoffes genug zutraute, um den ganzen schönen Bogen zu füllen. Bald aber wird die Sache ernster; das Mitzuteilende macht sich geltend und verdrängt die gemütlich ausgeschmückte Gesprächigkeit, und endlich zwingt sich von selbst, und noch gedrängt durch die äußeren Ereignisse und Schicksale, nicht eine theoretische, sondern im Augenblick praktische Ökonomie in die in der Eile besonnene Feder, so daß nur das Wesentliche sich lösen darf aus dem Fluge der Gedanken, um sich gegen den Schluß des Briefes hin wenigstens so viel Raum zu erkämpfen, als nötig ist, mit der warmen Liebe des Anfangs zu endigen. So entsteht freilich nicht ein streng gegliedertes Kunstwerk, aber vielleicht ein um so treuerer Ausdruck dessen, was man war und wollte mit dem Briefe. Eine andere Frage aber ist es nun, ob das Gleichnis hinreiche, eine gewisse Unförmlichkeit vorliegenden Romanes zu entschuldigen oder zu beschönigen. Ich bin weit entfernt, dies versuchen zu wollen; einzig und allein möchte ich durch das Gleichnis die Hoffnung andeuten, der geneigte Leser werde wenigstens, wenn auch nicht den Genuß eines reinen und meisterhaften Kunstwerkes, so doch den Eindruck einer wahr empfundenen und mannigfach bewegten Mitteilung davongetragen.

Hermann Hettner an Gottfried Keller

Dresden, 11. Juni 1855

Nun zunächst meinen herzlichsten Dank für den hohen Genuß, den Sie mir mit Ihrer schönen, mild-heiteren, gedankenklaren Dichtung gemacht haben. [Keller hatte ihm am 18. Mai den vierten Band übersandt.] Die ruhige Plastik des Stils ist wahrhaft goethisch, die Gesamtwirkung eine so rein dichterische, wie man sie wenigen Dichterwerken der neueren Zeit nachrühmen kann. Das Idyllion auf dem Schlosse des Grafen ist ein Meisterstück, so zart und innig empfunden und so durchaus lebensfrisch und gesund, daß alle neuen Poeten samt und sonders bei Ihnen in die Schule gehen können. Wie fein ist namentlich die Steigerung dieser rein harmonischen Liebe, verglichen mit der ätherischen Liebe zu Agnes und der sinnlichen zu Judith! So gewahrt man am besten, was für Früchte sich der Held inzwischen aus seinen Irrfahrten gewonnen. Sie sprechen in Ihrem lieben Briefe die Furcht aus, daß die Partie über die anthropologischen Studien ein wenig zu doktrinär sei. Diese Furcht teile ich durchaus nicht. Dagegen könnte es meiner Ansicht nach nicht schaden, wenn Sie die Erzählung von den Heimatträumen des Helden kürzer gehalten hätten. Doch werden sie lieblich durchbrochen von der vortrefflichen, äußerst lebhaft gezeichneten Gestalt des alten Kunsttrödlers. Bedenken hatte ich anfangs gegen den Schluß. Warum, fragte ich mich, lassen Sie Ihren Helden sterben? Fast dünkt es mir, Sie predigen das »In der Beschränkung zeigt sich erst der Meister« etwas allzu eindringlich, wenn der Held seine strebsamen Bildungswirren mit dem Tod büßt. Ist er nicht schon genugsam gestraft, wenn er sich sagt, daß er das kümmerliche Alter und das gramvolle Absterben seiner treuen Mutter verschuldet? Jedoch haben sich mir diese Bedenken allmählich gemildert, indem ich mir sage, daß der Ernst der Bildungstragödie nur um so durchschlagender auftritt. Es wäre mir lieb, wenn Sie mir hierüber etwas schrieben.

Gottfried Keller an Hermann Hettner

Berlin, 25. Juni 1855

Ihre Bedenken wegen des Todes des grünen Heinrich stoßen wahrscheinlich vielen Leuten auf; wenigstens haben mir ganz schlichte und ungeschulte Leser gesagt, daß sie diesen Tod nicht erbaulich fänden. Das rührt daher, weil das letzte Kapitel nicht ausgeführt ist, und die Moral eigentlich nur zwischen den Zeilen gelesen werden kann, was hoffentlich mit der Zeit geschehen wird, wenn das Buch überhaupt so lang die Aufmerksamkeit zu fesseln imstande ist. Dies Schlußkapitel sollte eigentlich ursprünglich etwa drei Kapitel stark werden und eine förmliche Elegie über den Tod bilden, indem hauptsächlich das aufgegebene Bewußtsein der persönlichen Unsterblichkeit dem Heinrich das Gewissen und Weiterleben schwer macht, da die Mutter dies einzige, einmalige und unersetzliche Leben für ihn verloren. Dies wäre ein Hauptgesichtspunkt gewesen und ist gerade ganz weggefallen, da es mir teils zuwider wurde, nochmals über diesen Gegenstand breit zu werden, teils ich aber auch nicht mehr Zeit dazu hatte, indem es dazu eines tiefen und wohlüberlegten Ausdruckes oder Stils bedurfte ... Allein die Sache oder das Buch mußte doch ein Ende nehmen, und ich glaube, dieser Schluß hat mehr Bedeutung bei aller bloßen Andeutung, als ein summarisches Heiratskapitel gehabt hätte.

Vielleicht das erstaunlichste Ereignis der Berliner Zeit bleibt indessen die Entstehung des ersten Bandes der »Leute von Seldwyla«. Doppelt erstaunlich, weil es von Keller gar nicht als entscheidende Etappe seines künstlerischen Weges angesehen, vielmehr in seinen Briefen nur so nebenbei registriert wird. Gleich nach Abschluß des Romans macht er sich an die Niederschrift der Novellen, und gerade in den Krisenmonaten des Betty-Erlebnisses, Frühherbst 1855, wird das druckfertige Manuskript vollendet. Bereits am 6. Oktober ist es in Viewegs Händen, mit dem Keller nun doch wieder den Vertrag schließt (in dem Wunsche, »mir für die Zukunft an Ihrer geehrten Firma einen soliden Verlag zu sichern«).

Unbegreiflich wie das leichte und heitere Produzieren aus so bedrängtem Herzen ist die künstlerische Vollkommenheit des Produkts. Man bedenke nur den Inhalt des Bandes: »Pankraz, der Schmoller«; »Romeo und Julia auf dem Dorfe«; »Frau

Regel Amrain«; »Die drei gerechten Kammacher«; »Spiegel, das Kätzchen«. Es sind die Titel, die dem Dichter ein für allemal den Meisterrang unter den deutschen Erzählern des neunzehnten Jahrhunderts zugewiesen haben. So herrliche neue Jahresringe Gottfried Kellers Novellenkunst noch ansetzen wird: in diesem ersten Wurf zeigt sie schon ihren vollen Wuchs. Und unverwechselbar von nun ab das goldflimmernde Naturweben einer erzählerischen Prosa, die doch dem feinsten und reinsten Kunstinstinkt gehorcht, aus allem holden und unholden Spuk der Menschenwelt strahlende Lebenswunder zaubert und jeden Einfall zu einem Geniestreich sprachlicher Gestaltung macht.

So wenig Gottfried Keller von dem Novellenband spricht, als den organischen Abschluß seiner Berliner Zeit scheint er ihn doch empfunden zu haben. Erst jetzt fallen alle Gründe und Scheingründe für ein weiteres Verbleiben.

Die Mutter an Gottfried

Zürich, 7. November 1855

Fürwahr ein großes Unheil, daß Du immer mit Deinen Rechnungen und Aussichten zu kurz kommst. Ich kann nicht böse auf Dich sein, im Gegenteil, ich muß Dich herzlich bedauern über die Schwierigkeiten und das Mißgeschick, welches Dich stets verfolgt. Wir beide wären ja gerne geneigt gewesen, ein Kapitalbriefchen aufzubrechen, für Dir nach Hause zu verhelfen, was ich Dir schon einmal geschrieben.

Gottfried Keller an die Mutter

Berlin, 11. November 1855

Ich habe mich nun entschlossen, womöglich diesen Monat noch nach Hause zu kommen; denn ich kann es in Berlin nicht mehr aushalten. Mein Mißgeschick liegt eigentlich mehr in mir selbst. Ich könnte genug verdienen und tue es auch; wenn ich nur einmal ruhig und ohne Sorgen arbeiten könnte. Als ich den Roman fertig hatte, glaubte ich, diese Zeit sei herangekommen, und war auf dem besten Wege. Da schlug mir der Teufel eine andere Geschichte dazwischen, offen gesagt, aber nicht zum Weitersagen, eine traurige Affäre mit jenem Frauenzimmer, welche diesen Sommer Dich besuchen wollte. Ich habe davon so viel Kummer und Verdruß gehabt, daß ich fast nichts tun konnte und wieder rückwärts kam; und es gibt in dieser Sache keinen anderen Ausweg, als daß ich von hier weggehe. Ich muß durchaus einmal meine Schulden auf einen Schlag bezahlen und gänzlich reinen Tisch machen, zu Hause sein und mich wohl befinden; dann kann ich erst vorwärts kommen.

... Um von hier wegzukommen und alles bezahlen, brauche ich geradezu 600 Taler, welches ungefähr 1000 Gulden sind. Diese würde ich in einem halben Jahre leicht verdient haben mit den angefangenen und bereits verakkordierten Arbeiten; aber ich kann hier nichts mehr tun, sondern ich werde krank, wenn ich noch länger hier bleiben muß. Was ich also jetzt nach reiflicher Erwägung von Euch verlange, ist nicht ein Opfer oder ein Verlust, sondern eine Verbesserung unserer Lage, und da ich es einmal tue, so müßt Ihr ohne Grübeln und Bedenken es sogleich tun. Ihr müßt nämlich sogleich von Euren Briefgeschichten, die Ihr da habt, tausend Gulden aufbrechen und mir die schicken, damit ich sicher diesen Monat noch von hier fort kann ... Ich muß durchaus fort, und je eher, je lieber; nur dadurch wird es sich auch entscheiden, was an jener Geschichte Gutes oder Böses ist; und zu diesem Ende hin darf kein Schuldenmakel auf mir haften, wenn ich von hier weg bin ...

Noch blieb, als letztes Berliner Geschäft, die Bereinigung eines Mißverhältnisses, in das Keller durch eigenes Verschulden zum Hause Duncker geraten war.

Gottfried Keller an Lina Duncker

Berlin, 17. November 1855

Ich bin in den letzten Monaten etwas verbittert und verbohrt gewesen, da allerhand tolles Zeug über mich ergangen ist und ich gezwungen war, so lange in Berlin zu bleiben. Da ich aber nun in acht Tagen endlich abreise, so bin ich so zufrieden und vergnügt, daß alles mir in einem vernünftigeren Lichte erscheint, und muß vornehmlich Ihnen ein großes Unrecht abbitten, das ich gegen Sie begangen habe. Als ich nämlich jüngst bei Wagner war, verleitete mich der Dr. Frese [der Publizist Julius Frese] durch sein ewiges Fragen zu großem Zorne, daß ich mich gänzlich vergaß und ohne Rücksicht auf den Ort und die Gesellschaft über Sie räsonierte. Auf seine Frage nämlich, die er mir an allen öffentlichen Orten immer zuruft, ob die Novellen [die geplanten Galatea-Novellen, über die Keller mit Duncker einen Vertrag abgeschlossen hatte] fertig wären, sagte ich, nein: ich hätte sie beiseite gelegt, auf die Frage: warum? weil ich die Lust verloren hätte, für Sie zu arbeiten! und auf die Frage: warum dies? weil Sie mich ungezogen behandeln, da Sie mich nicht ein einziges Mal mehr rufen ließen und ich gar nicht wüßte, woher diese Ausschließung käme, nachdem Herr Duncker einen Kontrakt mit mir abgeschlossen, und ich ließe mich nicht wie eine Strohpuppe behandeln, die man nach Laune in ein Haus ziehen und wieder hinauswerfen könne.

Hierauf hielt mir Frese eine grobe Predigt, daß ich Sie besuchen müsse usf. Vom Standpunkte eines höflichen Gesellschaftsmenschen aus und mit dem Verständnis eines solchen, worauf ich anfing, ihm auseinanderzusetzen, daß ich ohnehin nicht mehr zu Ihnen kommen könne, weil ich Ihnen mehrmals meine Meinung von Dr. Vehse [Eduard Vehse, Kompilator einer auf achtundvierzig Bände erstreckten »Geschichte der deutschen Höfe«] gesagt, Sie aber seither diesen fortwährend bei sich sähen, während ich seit Monaten gänzlich ignoriert werde; ich verbreitete mich über diesen Gegenstand mit einiger Heftigkeit. In der Sache selbst bin ich noch der Meinung, und wenn ich länger in Berlin bleiben würde, so würde ich überhaupt in kein Haus mehr gehen, in welchem der Dr. Vehse Zutritt hat.

Aber es war unrecht von mir, mich so zu vergessen und diese Dinge in einer Bierkneipe zur Sprache zu bringen; ich habe das nächste Mal, wo ich hinkam, erklärt, daß ich es bereue und daß ich unrecht getan hätte, und bitte hiemit nun auch Sie herzlichst um Verzeihung, indem ich alles als ungesprochen zu betrachten bitte, was ich in dieser Materie dort gesagt. Da ich von den hiesigen sozialen Übelständen nun befreit bin, so wünschte ich wenigstens da, wo ich eine Zeitlang gern hingegangen bin, mit äußerlichem Frieden und Anstand abzuziehen, zumal mich nun diese sämtlichen Dinge nichts mehr angehen. Obgleich ich weiß, daß Sie, Frau Duncker, ein Taugenichts sind, so kann ich Ihnen doch nicht ernstlich böse sein und muß Sie schließlich immer wieder gern haben, und hiemit können Sie auch ein wenig zufrieden sein; denn diejenigen, welche ich gründlich hasse und verachte, sind nicht zu beneiden.

... Leben Sie wohl, wenn Sie diesen Abschied wohl aufnehmen mögen, und bessern Sie sich auch ein bißchen nach meinem Beispiel.

Lina Duncker an Gottfried Keller

Berlin, November 1855

Sie könnten mir getan haben, was Sie wollten, es wäre nicht allein vergessen, nach so ein paar lieben derben Worten, nein, mit vollem Vertrauen und mit der herzlichsten Meinung würde ich Ihnen die Hand geben und wünschen, daß wir gute Freunde würden ... Gegen Sie, mein bester Keller, bin ich mir übrigens keines Fehlers, keines Hinterhalts, keiner Vernachlässigung bewußt, ich habe Sie oft nicht geschont, wenn ich Sie gebeten habe, zu uns zu kommen, ich glaubte, als ich von unserer Reise zurückkam, mich Ihren Wünschen und Neigungen anzuschließen und Ihnen entgegenzukommen, wenn ich Sie nicht eingeladen habe. Sie haben nichts getan, mich zu belehren, daß ich im Unrecht sei, oder daß ich Ihnen weh täte – bis heute. Glauben Sie sonst, was Sie wollen, glauben Sie aber wenigstens vorab, daß ich wirklich auch ein ehrliches Menschenkind bin, und daß ich hier keine leeren Entschuldigungen suche, sondern wirklich Ihnen den einzigen wahren Grund sage, warum ich nicht mehr zu Ihnen geschickt habe. Der Grund ist, daß ich Ihnen nicht lästig sein wollte, daß ich Sie nicht mit Bitten genieren wollte, die Sie aus Gutmütigkeit oder eines mit unserm Geschäft eingegangenen Verhältnisses wegen erfüllt haben möchten, ohne Neigung, Vergnügungen oder Befriedigung ... Hoffentlich werden aus den acht Tagen, die Sie noch hier bleiben wollen, noch Monate, damit ich Ihnen beweisen kann, daß ich keine Flausen mache, damit Sie mir beweisen können, wie Sie heute so nett angefangen, daß Sie wirklich mir ein bißchen gut sein müssen. Das Müssen ist das beste in solchen Dingen, das Wollen ist Torheit. Ich nehme daher Ihren Abschied so freudig und warm auf, als wäre er ein Willkommen, ich will mich gerne bessern nach *Ihrem Beispiel*, nur sagen Sie mir, womit soll ich anfangen? Alle meine kleinen und großen Sünden gegen die Menschen gut zu machen, dazu brauche ich ja ein ganzes Leben, denn andere Vergehen als gegen *Menschen* kenne ich nicht, und die Glocken der Matthäikirche, die eben läuten, die rühren mich nicht.

Dazu ein echt Kellerscher Refrain, wobei man an den Stadthexenmeister Pineiß (in »Spiegel, das Kätzchen«) denken muß, der »auch den rechtlichen Dingen, ehe er sie aus seiner Hand entließ, schnell noch ein unrechtliches Schwänzchen anhing, so klein wie die Schwänzchen der jungen Frösche, gleichsam nur der Possierlichkeit wegen«:

An Lina Duncker

Berlin, Ende November 1855

... Ich habe mich wieder sehr schlecht aufgeführt bei Ihnen; aber ich kann nicht dafür und führe mich jetzt fast überall schlecht auf und habe auch gewissermaßen ein Recht dazu. Grüßen Sie auch das Fräulein Tendering noch von mir, wenn Sie ihr schreiben ...

Ende November reiste Keller ab; in Dresden blieb er einige Tage bei dem Freunde Hettner, der ihn mit Gutzkow und Auerbach zusammenbrachte, und Mitte Dezember langte er in Zürich an. Im Schlußsatz des autobiographischen Rückblicks von 1876 sieht das Résumé dieser Heimkehr (wiederum mit Unterschlagung der Seldwyler Novellen) so aus:

Wenn auch ein schlechter, so war ich bei der Dicke des Buches [des »Grünen Heinrich«] nun doch ein Schriftsteller und begab mich mit dieser letzten verspäteten Jugendstudie wieder über den Rhein zurück.

Wieder in Zürich

Bis zur Staatsschreiberschaft (1855 bis 1861)

Nicht als gelernter Dramatiker, wie es im ursprünglichen Plan gelegen hatte, doch mit wohlgefülltem Schulsack war Keller von seiner zweiten Ausfahrt ins Reich heimgekehrt. Was er in den Heidelberger und Berliner Jahren an innerer und äußerer Welt sich erworben, blieb unverlierbar. Dichterisch war mit dem »Grünen Heinrich« und den »Leuten von Seldwyla« der entscheidende Durchbruch vollzogen. Fortab stand Keller fest in seinen eigenen Schuhen. Mochte das Barometer seiner Schaffenslaune steigen oder fallen: die Zeit der Gefährdungen, der krisenhaften Erschütterungen war vorbei.

Als ein anderer kehrte der Sechsunddreißigjährige heim, und ein neues Gesicht zeigte ihm die Heimat. Zürich hatte den Anschluß an den industriellen Aufschwung im Zeitalter bürgerlicher »Prosperität« nicht verpaßt. Die Seiden-, Baumwoll- und Maschinenindustrie des Kantons begann auf dem Weltmarkt eine Rolle zu spielen; neue Eisenbahnlinien entstanden, Handel und Wandel fuhren mit Dampf. Was an dieser Blüte Scheinblüte war und schon im Gefolge der Weltwirtschaftskrise von 1857 zu einem betriebsamen Spekulantenwesen entartete, konnte einem Manne wie Keller nicht verborgen bleiben. Er hat hier ein kräftiges Wort der Kritik so wenig je gescheut, wie er stets bereit war, der historischen Entwicklung zu vertrauen.

Durchaus erfreulich hatte der geistige Horizont der Stadt sich erweitert. Unter den neuen Männern des Eidgenössischen Polytechnikums und der Universität waren es namentlich die Professoren Semper und Vischer, denen Keller bald nähertrat. Gottfried Semper aus Hamburg, der später als Baumeister eine europäische Berühmtheit wurde, damals zweiundfünfzigjährig, verstand sich mit dem anderen, jüngeren Gottfried sowohl in der Vorliebe für ausdauernde Wirtshaushockerei wie in der Abneigung gegen überflüssiges Wortemachen. Im Umgang mit Friedrich Theodor Vischer, dem streitbaren schwäbischen Ästhetiker und Literarhistoriker, erfuhr Keller die entschiedenste geistige Förderung; noch zum achtzigsten Geburtstag, 1887, hat er Vischer als den großen »Repetenten deutscher Nation« öffentlich gepriesen. Daß Vischer, ähnlich launenhaften Temperaments wie Keller, für die Persönlichkeit des Dichters nicht minder empfänglich war als für sein Werk, beweist in der Pfahldorfgeschichte seines Romans »Auch Einer« die Figur des Barden Guffrud Kullur: ein Keller-Porträt in den zünftigen Humorfarben echter Sympathie. Kunstgeschichte lehrte am Polytechnikum der siebenunddreißigjährige Jakob Burckhardt, der allerdings schon nach fünf Semestern, 1858, als Professor der Geschichte an die Universität seiner Vaterstadt Basel zurückberufen wurde. Von Keller wie von Burckhardt ist bezeugt, daß die fast gleichaltrigen Junggesellen aneinander ungetrübtes Gefallen fanden.

Der Kreis um Follen war zerstoben, Follen selbst vor Jahresfrist in Bern gestorben. Zwar lebte Wilhelm Schulz noch und ließ es an betulichen Freundschaftsbeweisen nicht fehlen, aber geistig hauste er in einem immer platteren Mittelstandsbehagen, das Keller gelegentlich in die Wolle brachte. Ohne solche Verkehrsstörungen erneuerte sich das herzliche Verhältnis zu dem Komponisten Wilhelm Baumgartner und zu Dr. Jakob Dubs, der soeben als Nachfolger Alfred Eschers Regierungspräsident und Erziehungsdirektor geworden war.

Gleich in seinem ersten Brief aus der Heimat spricht Keller von dem Hause Wesendonck, dessen berühmtester Gast bekanntlich Richard Wagner gewesen ist. In dem glänzenden geselligen Kreis, den mit mäzenatischem Ehrgeiz der niederrheinische Großkaufmann Otto Wesendonck und seine junge Frau Mathilde um sich versammelten, hat Keller jahrelang gern verkehrt. Mit Richard Wagner war er schon durch Baumgartner bekannt geworden.

Gottfried Keller an Lina Duncker

Zürich-Hottingen, 13. Januar 1856

Da ich das Buch für Herrn Duncker [die »Galatea«-Novellen] noch nicht fertig habe, so will ich einstweilen noch an Sie schreiben und zu Handen Ihres werten Hauses Ihnen anzeigen, daß ich mich schon seit vier Wochen zu Hause befinde und meine liebe Mutter und Schwester wohl und munter angetroffen habe. Erstere ist sehr dauerhaft und hat sich in den sieben Jahren fast gar nicht verändert, sie macht alles selbst und läßt niemand dreinreden; auch klettert sie auf alle Kommoden und Schränke hinauf, um Schachteln herunterzuholen und Ofenklappen zuzumachen. Ich mußte mir eine Serviette zum Essen förmlich erkämpfen, und da gab sie mir endlich ein ungeheures Eßtuch aus den neunziger Jahren, von dem sie behauptete, daß es wenigstens vierzehn Tage ausreichen müsse! Ich kann es wie einen Pudermantel um mich herumschlagen beim Essen. Meine Schwester ist eine vortreffliche Person und viel besser als ich; als ich eines Tages wieder melancholisch war und die Mutter in der Zerstreuung etwas anfuhr, ohne zu wissen, rückte mir Regula auf das Zimmer und hielt mir eine so scharfe Predigt, daß ich ganz kleinlaut und verblüfft wurde. Beide hatten große Freude, als ich kam, aber ich habe ihnen auch nicht im mindesten imponiert!

In Dresden bin ich acht Tage gewesen, und es ist mir allda gut ergangen. Ich sah dort alle schrecklichen Leute, Auerbach war sehr zutulich gegen mich, und ich sah ihn alle Tage, Gutzkow aber verhielt sich gemessen und diplomatisch, weil er mit Auerbach gespannt ist und ich zufällig zuerst zu diesem gegangen war . . .

Hier in Zürich geht es mir bis dato gut, ich habe die beste Gesellschaft und sehe vielerlei Leute, wie sie in Berlin nicht so hübsch beisammen sind. Auch eine rheinische Familie Wesendonck ist hier, ursprünglich aus Düsseldorf, die aber eine Zeitlang in Neu York waren. Sie ist eine sehr hübsche Frau, namens Mathilde Luckemeier, und machen diese Leute ein elegantes Haus, bauen auch eine prächtige Villa in der Nähe der Stadt, diese haben mich freundlich aufgenommen. Dann gibt es bei einem eleganten Regierungsrat Dr. J. J. Sulzer feine Soupers, wo Richard Wagner, Semper, der das Dresdner Theater und Museum baute, der Tübinger Vischer und einige Züricher zusammenkommen und wo man morgens zwei Uhr nach genugsamem Schwelgen eine Tasse heißen Tee und eine Havannazigarre bekommt. Wagner selbst verabreicht zuweilen einen soliden Mittagstisch, wo tapfer pokuliert wird, so daß ich, der ich glaubte, aus dem Berliner Materialismus heraus zu sein, vom Regen in die Traufe gekommen bin. An diversen zürcherischen Zweckessen bin ich auch schon gewesen; man kocht sehr gut hier, und an Raffiniertheiten ist durchaus kein Mangel, so daß es hohe Zeit war, daß ich heimkehrte, um meinen Landsleuten Moral und Mäßigung zu predigen, zu welchem Zweck ich aber erst alles aufmerksam durchkosten muß, um den Gegenstand recht kennen zu lernen, den ich befehden will ...

Wir wohnen parterre in einem Garten, am Fuß eines Berges, der von Gärten und Gehölzen bedeckt ist, so daß der Frühling wieder einmal sehr schön für mich werden wird, es ist aber auch Zeit dazu ...

An Hermann Hettner

Zürich, 21. Februar 1856

Ich komme nur alle acht Tage mit Vischer zusammen in einem kleinen Wirtshausklübchen: er ist ein sehr liebenswürdiger und frischer Mensch als Person, hat sich aber ganz zu dem Universitätsvolk geschlagen. Die Verhältnisse des Polytechnikums lassen sich sachlich sehr gut an; es sind zum Beginn über Erwarten zahlreiche Schüler eingetroffen; allein der Professoren- und Stellenbesetzungshader grassiert auch da und übt nicht den wohltätigsten Einfluß. Dies wird wohl eine Weile noch so fortwähren, bis die Herren einsehen, daß nichts dabei herauskommt ...

Sonst ist ein schrecklich reges Leben hier. Alle Donnerstag sind akademische Vorlesungen à la Singakademie in Berlin, im größten Saal der Stadt, wohin sich die Weiblein und Männlein vielhundertweise drängen und gegen zwei Stunden unentwegt aushalten. Semper hat einen allerliebsten und tiefsinnigen Vortrag gehalten über das Wesen des Schmuckes. Vischer wird den Beschluß machen mit dem »Macbeth«. Daneben sind eine Menge besonderer Zyklen der einzelnen Größen, so daß man alle Abend die Dienstmädchen mit den großen Visitenlaternen herumlaufen sieht, um den innerlich erleuchteten Damen auch äußerlich heimzuleuchten. Freilich munkelt man auch, daß die spröden und bigotten Züricherinnen in diesen Vorlesungen ein sehr ehrbares und unschuldiges Rendezvous-System entdeckt hätten und daß die Gedanken nicht immer auf den Vortrag konzentriert seien.

Ich gehe jetzt oft mit Richard Wagner um, welcher jedenfalls ein hochbegabter Mensch ist und sehr liebenswürdig. Auch ist er sicher ein Poet, denn seine Nibelungentrilogie enthält einen Schatz ursprünglicher nationaler Poesie im Text. Auch Semper sehe ich, dieser ist ein ebenso gelehrter und theoretisch gebildeter

Mann, als er genialer Künstler ist, und persönlich ein wahrer Typus der einfachen und gediegenen Künstlernatur. Er sagte, er habe den letzten Strich am Dresdner Museum noch fertiggemacht, als eben der Generalmarsch geschlagen wurde, und ist nun bekümmert, daß die kleine achteckige Kuppel oben dennoch nicht nach seiner Angabe fertig gemacht wurde. [Wegen seiner Beteiligung am Aufstand 1849 hatte Semper, damals Direktor der Dresdner Bauakademie, fliehen müssen.]

An Lina Duncker

Zürich, 6. März 1856

Was Ihre in Aussicht stehende Frühlingseinsamkeit betrifft, so kann ich kein rechtes Mitleid mit Ihnen haben; Sie wollen auch gar alles miteinander genießen: im Herbst Kavalkaden mit Kavalieren und Scheibenschießen, Jagd und Spektakel, im Winter Schauspiel, Bälle im Opernhaus und allen möglichen Salonkrempel, im Sommer Reisen durch die Welt mit breitem Hut und interessantem Kostüm und im Frühling, siehe da! ein aufgefrischtes Idyllchen mit dem guten Fränzchen hinter dem Haus im Gärtchen! Ei, ei! Wenn es Ihnen ernsthaft zumut ist mit Ihrem hübschen Herzenswesen, so mag es hingehen; allein ich glaube nicht mehr an all dieses, und meine sämtliche Frömmigkeit und Rechtgläubigkeit im Punkte der Frauen ist auf den Kopf gestellt, und ich kann einzig nur noch ihre wirklich guten Qualitäten als Mütter zugeben; und daran sind sie auch nicht schuld, sondern die allgemeine Mutter Natur. Ich habe zuviel schlechten Hohn und abgeschmackte Hänselei bei den nobelsten Frauensleuten sehen müssen, als daß ich noch viel auf ihre Empfindungen gäbe. Wer einer tiefen und ernsten Empfindung fähig ist, der macht nur gute Späße und keine schlechten. Doch werden Sie mir nicht gram um dieser allgemeinen Bemerkungen willen, sie fallen mir soeben in die Feder, vermöge meiner schlechten menschlichen Natur, die nicht bei der Stange bleiben kann, sondern immer nach jener Seite hin ausreißt, wo sie der eigene Schuh drückt. Ich lasse, um den Ärger gutzumachen, Ihre guten Kinderchen um so herzlicher grüßen; an Mitteln zur Beschreibung dessen, der sie grüßen läßt, fehlt es Ihnen ja nicht, da ich die Ehre habe, mich von Ihnen dargestellt zu sehen! Wenn ich übrigens je vernehme, daß Sie mich zu arg karikiert haben, so werde ich zur Rache eine eigene lächerliche Novelle schreiben mit dem Titel »Die böse

Line!« und selbige in den Verlag Ihres eigenen Mannes einschmuggeln. Es soll dann eine Art Struwelpeter für die großen Kinder in seidenen Kleidern sein . . .

Heinrich Simon [Jurist aus Breslau und vormals einer der fünf »Reichsregenten« des Stuttgarter Parlaments] hat für den Sommer schon das vierbeinige zweigeschlechtige Tintentier: Stahr-Lewald angekündigt! Sie sehen, daß Sie auch kommen müssen, um den übeln Eindruck dieser Berliner zu verwischen und unsern Himmel wieder aufzuheitern. Sie dürfen sich so närrisch aufführen, als Sie wollen, und alles wird sich gut ausnehmen. Schon seit zehn Tagen ist hier nichts als blauer Himmel und warmer Sonnenschein. Ich laufe alle Abend auf die Höhen, recke den Hals nach allen Winden und suche Anemönchen; aber es hilft nichts, immer muß ich wieder hinunter und an meinem Buche schreiben. Übrigens ist es wundervoll hier und ein ganz goldenes Land; in den Leuten dagegen, wie überall, die leidenschaftlichste Geld- und Gewinnsucht: alles drängt und hängt am Golde. Gott besser's!

Schrieb Keller wirklich so eifrig an den Galatea-Novellen? In seinem Vertrag mit Duncker hatte er für den Fall fahrlässiger Manuskriptverschleppung über sich selbst einen bedrohlichen Bußparagraphen verhängt: jeder Monat, um den er den Ablieferungstermin überschreiten würde, sollte ihn fünfundzwanzig Taler Konventionalstrafe kosten. Dieselbe Verpflichtung ging er im Dezember 1856 mit Vieweg über den zweiten Band »Seldwyla« ein. Ablieferungstermin: 1. April 1857. Weder ahnte Keller, noch konnten sein Vertragspartner ahnen, auf welche abenteuerliche Weise sich dieser Akt von selbstmörderischer Autorendisziplin ad absurdum führen würde. Erst nach mehr als fünfundzwanzig Jahren wurde das Manuskript der Galatea-Novellen abgeschlossen, und nicht unter dem Titel »Galatea« und nicht bei Duncker erschien das Buch. Etwas früher kam in zwei Teilen die Fortsetzung der Seldwyler Geschichten: 1873 und 1874, gleichfalls bei einem anderen Verleger.

Der Fall beweist erstens, wie rührend Keller bestrebt war, sein etwas launenhaftes Arbeitstemperament durch selbstgeschaffenen Zwang in Zucht zu nehmen. Er beweist aber zweitens, daß sich die Poesie nicht kommandieren und schon gar nicht in der Schlinge geschäftlicher Vorkehrungen fangen läßt. Wenn Kellers erzählerischer Weg vom leicht sprudelnden Einfall zur reiflich erwogenen Vollendung selten kurz und oft länger als erlaubt war: das Werk fragt nach keiner anderen Erlaubnis als der, fertig zu werden auf seine Art.

Lina Duncker an Gottfried Keller

Berlin, 2. September 1856

Mein Mann ist sehr stolz darauf, Ihnen sagen zu können, daß er Ihnen noch nie einen Geschäftsbrief geschrieben habe; ob der Stolz begründet ist, scheint mir noch zweifelhaft. Herr Vieweg schrieb Ihnen viele Geschäftsbriefe, und Sie ließen ihn Jahr und Tag auf Manuskript warten, sich beklagend, daß man Sie dränge und belästige. Herr Duncker quält Sie nicht, beeilt Sie nicht, schreibt Ihnen nicht, und Sie lassen ihn ebenfalls warten ... »Schreibe ihm« – sagte mein ergrautes Oberhaupt – »daß er bekanntlich schon 250 Tlr. für die Novellen erhalten, diese aber nach Kontrakt beinahe an den Verleger zurückzuzahlen habe, da seit November 1855 ein monatlicher Abzug von 25 Tlr. vom Autor bewilligt sei, wenn solcher nicht bis 1. Nov. 1855 Manuskript geliefert habe.« Da besagter Autor obige Bedingung, zu eigenem Nutz und Frommen wahrscheinlich, selbst diktierte, so wird er dieselbe auch nicht vergessen, sondern am 1. Sept. in sein Hauptbuch eingetragen haben, daß er von Herrn Duncker für versprochene Novellen erstens an barem Geld 250 Tlr. erhalten habe und die für selbiges Manuskript noch zugesagten weitern 250 Tlr. durch zehnmonatlichen Aufschub der Novellensendung ebenfalls bereits erhalten; zu notieren würde jeden ferneren Monat, wo hier kein Manuskript einläuft, sein, daß Sie Herrn Duncker 25 Tlr. schulden. Sie scheinen mir auf diese Weise recht gute Geschäfte zu machen! ...

Gottfried Keller an Lina Duncker

Zürich, 8. September 1856

... Schon zweimal sah ich dicht vor der Nase die Leute Heu machen, sah das Korn reif werden und abschneiden, alles wuchs und war fleißig und alle Menschen rührten sich, nur ich tat seufzend gar nischt! Ich habe wochenlang nicht nur kein Wort geschrieben, sondern auch keines gesprochen, denn der Mensch denkt und Gott lenkt, und man kann sein inneres Geschick oder Ungeschick nicht zum voraus bestimmen, wie einen Fakturzettel.

Aber meine Mittel erlauben mir das! Ich habe jene 25-Taler-Bestimmung in einer düstern Vorahnung selbst verfügt, wenn etwa nicht alles am Schnürchen gehen sollte, damit ich für *mein* Geld meine persönliche Freiheit behalte zum Allotriatreiben und Melancholischsein, ohne gerüffelt zu werden. Wenn ich dabei auch schlechte Geschäfte mache, so werden schließlich doch wenigstens gute Bücher daraus. Indessen habe ich doch nicht Lust, diesmal noch viel bares Geld zuzulegen, und bis Weihnachten soll das Buch sicher herauskommen . . .

Zum ersten Male äußert Keller sich mit einem gewissen auftrumpfenden Optimismus über sein dichterisches Schaffen: gewiß unter dem Eindruck der begeisterten Besprechungen, die über den ersten Band »Seldwyla« seither erschienen waren. Besonderes Aufsehen hatte in der »Augsburger Allgemeinen Zeitung« eine ausführliche Rezension Auerbachs gemacht, welcher damals von der jüdischen Emanzipationsliteratur seiner Anfänge schon zur vielbändigen Berühmtheit jener Schwarzwälder Dorfgeschichten aufgestiegen war, deren Popularität er einer banalen liberalen Tendenz im bürgerlichen Zeitgeschmack verdankte. Das Urteil des weit und breit gelesenen Mannes hatte hohen literarischen Kurswert, und auf Kellers Erzählungen fiel ein voller Ruhmesstrahl. (Um den praktischen Erfolg des Seldwyla-Bandes stand es allerdings so, daß die Auflage von fünfhundert Stück kaum in zwanzig Jahren verkauft wurde.)

Hermann Hettner an Gottfried Keller

Dresden, 12. April 1856

Ich bin jetzt in der traurigsten Lage. Seit acht Wochen wankt meine Frau mit unsäglichen Leiden ihrer unrettbaren Auslösung entgegen. Meine Stimmung ist trostlos . . .

In dieser Zeit hat mich Ihre vortreffliche Dichtung erhoben und erquickt in einer Weise, wie es nur die vollendetste Schönheit vermag . . . Namentlich Ihre »Frau Regula« und Ihr »Romeo und Julie« wird leben, so lange die deutsche Zunge lebt . . . Auerbach hat gestern eine sehr ausführliche Anzeige an die ›Allg. Zeitung‹ geschickt, die Ihnen hoffentlich Freude machen wird.

Gottfried Keller an Hermann Hettner

Zürich, 16. April 1856

Obgleich Sie mir schon in Ihrem letzten Briefe von der neuen Krankheit der Frau Hettner schrieben, so war ich doch im mindesten nicht auf Ihre jetzige traurige Mitteilung gefaßt. Wenn ich je eine solche Lage aufrichtig mitgefühlt habe, so ist es gewiß die Ihrige, wo es der lieben guten Frau so schlimm ergehen soll und bei solcher Jugend. Allerdings haben Sie nun einen leidvollen Frühling; fast aber möchte ich blasphemischer Weise behaupten, das Mißgeschick in Gestalt des unverhohlenen Todes sei zu dieser Zeit zu beneiden gegenüber der elenden Unzufriedenheit und Verkommenheit der Gemüter. Doch sei ferne von mir, daß ich Sie jetzt mit Worten belästige. Im Anblick der guten hübschen Kinder muß sich Trost und Leid auf eine seltsame Weise vermischen und bekämpfen.

Es ist freundlich von Ihnen, daß Sie meine einfachen Geschichten so wohl aufnehmen mögen. Für »Romeo und Julie« war ich am meisten bange und hätte es beinah weggelassen; indessen ich mir auf die beiden letzten Schnurren [»Die drei gerechten Kammacher« und »Spiegel, das Kätzchen«] am meisten einbildete, was wohl daran liegt, daß sie formell am fertigsten und reifsten sind von allem dem wenigen, was ich bis jetzo zustande gebracht. Auerbach ist ja außerordentlich wohlgesinnt; ich will ihm gewiß dieser Tage schreiben, obgleich ich, unter uns gesagt, ein wenig dabei heucheln muß ...

Ich komme durch diesen Frühling wirklich seit vielen Jahren zum erstenmal wieder ganz zu mir selbst, indem ich auf den wunderschönen Höhen unserer Gegend alle Abend herumstreiche und das ganze naive Vergnügen der Jugendzeit empfinde. Ich wohne vor der Stadt mitten in Gärten, parterre, so daß die Reben, Apfelbäumchen und Rosen mir dicht vor dem Fenster unter die Nase sprossen, und in fünf Minuten bin ich auf dem Berge, der mit grünen Wiesen, Gärten und Gehölzen bedeckt ist. Dabei mache ich meine Novellen, welche ein artiger kleiner Dekameron werden sollten, wenn es möglich ist. Trotz alledem bin ich auch mehr traurig als vergnügt ...

Wenn das Leben der armen lieben Frau Hettner wirklich ohne Hoffnung sein sollte, so wünsche ich nur, daß Sie beide diese Zeit überstehen, so leicht und tröstlich es möglich ist, aber auch für jede einzelne Stunde wünsche ich Licht und Linderung. Da überall nur Trennung, Scheiden und Entsagen ist, wo noch wahres Leben vorhanden, so weiß man wirklich nicht, ob man überhaupt nach diesem Lose streben soll, und ob es nicht besser ist, man bleibt von vornherein allein ...

An Ludmilla Assing

Zürich, 21. April 1856

... Möchte es mir in der Zukunft gelingen, die starken Lobsprüche einigermaßen zu rechtfertigen, welche mir so unvorsichtig gespendet werden! Die ungehobelten Stellen werden dann auch von selbst wegbleiben, da ich von vornherein edlere Stoffe haben werde. In der Welt dieser Erzählungen freilich konnte ich ihrer nicht ganz entbehren, da jedes Kunstwerklein seine eigenen Regeln hat; auch glaube ich, man sieht es den Grobheiten und Ungezogenheiten an, daß sie absichtlich hingesetzt sind, und dies ist beste Verteidigung: »Merke man die Absicht und sei verstimmt!« Dies macht mir das größte Vergnügen. Doch, wie gesagt, mit dem fürnehmeren Stoffe wird auch eine ehrbarlichere Sprache kommen. Indessen beuge ich mich in aller Demut dem Ausspruche jener geistreichen unbekannten Dame, welche mir behufs anmutigerer Schreibart eine Frau zuerkennt [was Ludmilla Assing in ihrer Besprechung der »Leute von Seldwyla« getan hatte] ...

An Berthold Auerbach

Zürich, 3. Juni 1856

Die Dankbarkeit ist eine so schwierige Hantierung, daß ich bis heute daran herummorxe, diesen Brief zustande zu bringen! Sie haben des Guten mehr als zu viel an mir getan ... An allen Ecken wurde mir förmlich gratuliert, Leute, die mir ferner stehen, zogen vor mir den Hut ab, überall wurde ich angehalten und beschnarcht, als ob ich das große Los gewonnen oder mich kürzlich verlobt hätte, so daß ich bald ausgerufen hätte: Hol' der Teufel den Auerbach! Ich habe scheint's gar nichts getaugt, eh' dieser Eichmeister mich in der »Allgemeinen« geeicht hat! ...

Im Juli erschienen Varnhagen nebst Nichte zu kurzem Besuch in Zürich. Offenbar hat es dort unter den geistigen Notabeln einige Aufregung um den berühmten Berliner Gast gegeben. Ein ironischer Reflex davon findet sich in einem Briefe Kellers vom 12. August an Ludmilla Assing:

Professor Vischer läßt sich Herrn Varnhagen sehr empfehlen und bedauert unendlich, daß er abgehalten war durch unvorhergesehene Umstände, denselben im Hotel aufzusuchen; dagegen nahm er die mir aufgetragene Entschuldigung des Herrn Geheimerats von Varnhagen nicht an, in dem Sinne nämlich, daß er nie würde zugeben können, daß der Herr Geheimerat ihn, den Professor Vischer, aufsuchen; sondern das Gegenteil müsse und würde unzweifelhaft stattfinden, je und sobald die beiden benannten Mächte wieder zusammenstoßen sollten. Ich bevollmächtige Ew. Hochwohlgeboren, diese Note dem verehrten Herrn Geheimerat vorzulesen, sie aber nachher wieder einzupacken und an sich zu nehmen.

Begeistert mitgefeiert hat Keller das große schweizerische »Kadettenfest«, das in diesem Herbst in Zürich stattfand, wie er zeitlebens an der naiven Hochstimmung echter Volksfeste seine Freude hatte. Stellt man neben seinen brieflichen Bericht über das Kadettenfest die vier Jahre später entstandene Erzählung »Das Fähnlein der sieben Aufrechten«, so ist es der bezauberndste Einklang von Erlebnis und künstlerischer Gestaltung. Der Bericht (an Lina Duncker) lautet:

Jüngst habe ich mich wieder gründlich gesund gemacht, indem ich mich unter fast viertausend bewaffnete Jüngelchens oder Kadetten stürzte, die wir in Zürich aus der halben Schweiz zusammengetrieben hatten, um ihnen ein viertägiges Fest zu geben. Ich habe noch nie eine solche Freude gesehen, oder selbst gehabt, und habe mir alle Grillen aus dem Kopf geschlagen. Es war ein eigentliches Kindermeer, worunter übrigens schon ziemlich große und kräftige Bursche, aber auch ganz Bataillons ganz kleiner Stücke von zehn bis zwölf Jahren, die ihre fünfzig Patronen aber so gut und regelrecht verschossen, wie die Größeren. Diese kleine Armee mit ihren vielen Fahnen sah aus wie ein wandelnder Blumengarten, und eine unendliche Menge der Alten, Mann und Weib, reich und arm umkoste und umdrängte die Tage über die bimmelnden, trommelnden, trompetenden und singenden Kleinode der Zukunft, und man sah bei dieser Gelegenheit, wieviel Liebe und rechtes Gefühl doch noch in der Welt ist, denn viele Leute hatten öfter Tränen in den Augen, sogar ich selbst gegen das Ende, nachdem ich die andern ausgelacht. Als sie einmarschierten, wurden einige Hundert von Leuten gestohlen, die sich für die auf den Quartierbilletts Bezeichneten ausgaben, so daß die eingeschriebenen Quartiergeber wie brüllende Löwen umherliefen, die ihre Jungen suchten. Item: es war hübsch.

Ich hatte zwei Lieder zum Singen machen müssen, ein ernsthaftes und ein lustiges. Letzteres nahmen die jungen Herren sehr gnädig auf, so daß sie es überall sangen. Beim Festessen, nach dem Hauptmanöver, wo die ganze Klerisei in einer unabsehbaren Halle an hundertfünfundsiebzig Tischen untergebracht war, wurde es von allen zusammen gesungen. Vier Taktschläger hielten die Masse zusammen, so daß mein Opuskulum aus den Tausenden von Knabenkehlen und im größten Jubel erklang. Ich hatte auch einen Tisch unter mir und war eben beschäftigt, aufzupassen, daß die kleinen Teufel genug Brot bekämen und nicht zu schnell tränken, als es anfing, mit Gläsern um mich her zu drängen und zu rufen: Herr Keller lebe hoch! Denn man hatte ihnen gesagt, ich habe das Lied gemacht und sie sollten mit mir anstoßen gehen; so kam die ganze Nachbarschaft herbei und ich war von den Burschen umringt, die mir ihre Gläser emporhielten und schrien wie besessen! Meine eigene Tischfamilie war sehr erstaunt, zu sehen, welch einen Vorsteher sie hatten, und tat sich was darauf zugut! Sie sehen also, daß Sie mit Ihrem einzelnen Säugling nicht aufkommen können gegen meine nationalen Vaterfreuden von 3500 Säuglingen, die dazu noch alle Flintchen mit Bajonetts tragen! Adolf Stahr und Fanny Lewald haben alles mitgemacht und schwimmen im Entzücken darüber, so wie sie überhaupt gut auf unser Land zu sprechen sind. Dies hat mich ganz versöhnt mit dem wunderlichen Paar, denn wer mein Land lobt und rühmt, dem kann ich nicht bös sein!

Wie hier, so ist Keller seinen Landsleuten noch oft poetisch gefällig gewesen, zu Sänger- und Schützenfesten, zu Jubelfeiern der Universität und anderen Gelegenheiten. Ein gewichtigerer Anlaß, in öffentlicher Sache das Wort zu nehmen, war gegen Ende 1856 der sogenannte Neuenburger Handel, der Konflikt zwischen der Schweiz und Preußen wegen des Kantons Neuenburg. Man dachte ernstlich an Krieg, und in der »Eidgenössischen Zeitung« veröffentlichte Keller einen Aufruf an die in Bern tagende Bundesversammlung. Schließlich wählte Friedrich Wilhelm IV. doch den Weg diplomatischer Verständigung.

Gottfried Keller an Ludmilla Assing

Zürich, 27. Februar 1857

... Der Kriegsspektakel war übrigens sehr schön und feierlich hierzulande, und es war uns dummen Kerlen sehr ernst damit. Indessen hat er uns um vieles vorwärts gebracht in unsern inneren Verhältnissen, und wenn Sie Seiner Majestät begegnen, so danken Sie doch Allerhöchstderselben dafür in meinem Namen! Ich bin aber ein paar Monate lange ganz aus allem Arbeiten herausgekommen, denn ich habe Leitartikel geschrieben, in die Scheibe geschossen, in den Kaffeehäusern gekannegießert und lauter solches Teufelszeug getrieben. Meine Schwester strickte Strümpfe für die Soldaten, kam damit zu spät und jammerte sehr. »Da ist leicht zu helfen«, sagte ich, »ich zieh' die Strümpfe schon an!« Allein ich mußte ihr die Barauslagen für die Wolle ersetzen! Auch ein Schwesterstücklein, wie Sie sehen! ...

An Lina Duncker

Zürich, 8. März 1857

Ich muß an Ihren Herren, den Buchhändler, schreiben und wünsche, daß in erster Linie, wenn er nicht zur Hand sein sollte, nicht die Kommis mein zartbesaitetes Geschäftsbriefchen mit roher Hand berühren. Daher gelangen Sie selbst zu einem Briefe, in welchen ich jenen einwickele, in der Hoffnung, daß Ihre bisherige Gewogenheit sich seit den letzten Briefen nicht allzusehr vermindert habe. Im Brief an Herrn Duncker steht übrigens nichts Absonderliches, und wenn er wieder in England sein sollte, so dürfen Sie ihn aufmachen und selbst lesen. Ich habe gehört, daß Sie diesen Winter wieder eine saubere Aufführung gehabt, für den »Narziß« und Brachvogel [Brachvogels »Narziß« war 1856 die Sensation des Berliner Hoftheaters] geschwärmt, auf allen Subkriptionsbällen gewesen, auf dem Jungen-Künstler-Ball Knüffe ausgeteilt, im Galopp die Linden entlang geritten usw. Gott bessere Sie!

Gestern ist mein alter Oheim [Doktor Scheuchzer in Glattfelden] gestorben auf dem Lande, der im »Grünen Heinrich« figuriert. Er lebte zuletzt ganz allein mit einem Knecht und einer Magd, die den ganzen Tag heimlich Eierkuchen backt, in dem zerfallenden Hause. Seine Kinder sind zerstreut und meistens vollkommene Philister und verbauert, und bei dem Leichenbegängnis am nächsten Dienstag werde ich wahrscheinlich mit ansehen, daß in dem Hause, wo vor Jahren so viel Gesang und Gelächter war, nun rücksichtslos um die Erbschaft gestritten wird. Doch mir ist's Wurst; ich seh' alles mit an.

Die Bildungssucht in Zürich grassiert immer fort, alle Woche wenigstens zwei Vorlesungen vor Damen und Herren. Die Norddeutschen und die Süddeutschen bekriegen sich dabei wegen der Aussprache. So hält Vischer sehr hübsche Vorträge über Shakespeare, die Sachsen und Preußen mokieren sich aber über sein Schwäbeln, worüber er wütend wird. Neulich, als er aus einem norddeutschen Vortrag kam, sagte er: »Des soll nun des richtige Deitsch soin, wenn so a Kerle sagt statt ›verloren‹ ›vochlochen‹! und statt ›Liebe‹ ›Lübhe‹!« Ich mußte sehr lachen und hinterbrachte es stracks den Nördlichen . . .

Letzten Herbst war Liszt mit seiner Wittgensteinin und jener jüngeren Prinzessin hier [der damals fünfundvierzigjährige Komponist Franz Liszt mit seiner Freundin, der Fürstin Karoline von Sayn-Wittgenstein, und deren Tochter] . . . Richard Wagner ist durch die Anwesenheit Liszts, der seinetwegen kam, wieder sehr rappelköpfisch und eigensüchtig geworden, denn jener bestärkt ihn in allen Torheiten. Die Ferschtin Wittgenstein hat mit allen gelehrten Notabeln Zürichs Freundschaft geschlossen, schreibt lange Briefe an sie und schenkt ihnen ungeheure Gipsmedaillons Liszts, Frau Köchly [eine Jugendfreundin Lina Dunckers, Gattin des Altphilologen Köchly] hat auch eins bekommen, ist aber *jalouse* auf Frau Herwegh, die dasjenige der Fürstin mitbekam. Übrigens ist letztere eine gescheite Frau; denn alle die gelehrten Eisenfresser und Brutusse rühmen sie. Ich allein bin dunkel vor ihren Augen geblieben und habe weder Brief noch Medaillon, worüber ich mich nicht zu fassen weiß. Ist die Fräulein Betty [Tendering] richtig wieder nach Neapel gebummelt, oder wo ist sie jetzt? . . .

Am schlimmsten ist es durch den Frieden Ihrem Schwager, Herrn Alexander [Inhaber des Verlages Duncker u. Humblot], gegangen, da er gewiß einige brillante neue Verlagsartikel gewonnen hätte, wenigstens in der ersten Hälfte des Feldzuges; denn was die zweite Hälfte betrifft, so waren wir fest entschlossen, die Preußen mit Mann und Maus aufzufressen! Denken Sie sich z. B. mich kleinen Kerl mit einem langen Leutnant vom ersten Garderegiment im Rachen! Ein Glück, daß jeder solcher Braten wenigstens gleich den Zahnstocher auf dem Kopf mitbringt.

Den 16.

Ich bin in meinem herrlichen Brief unterbrochen worden; das Leichenbegängnis meines Oheims hat indessen stattgefunden, und ich war einige Tage auf dem Dorfe und habe als Andenken eine ausgestopfte Eule, eine alte Chronik und einen alten Degen mitgebracht. Ich bummelte auf den Höhen am Rhein herum, indessen meine Vettern und Basen um das Erbe diplomatisierten. Zwei Brüder zankten sich um das Pferd des Verstorbenen und machten mich zum Schiedsrichter, welcher es eher gebrauchen könne? Ich sagte, sie sollten sich beide drauf setzen samt ihren Frauen, wie die vier Haimonskinder. Zwei Basen, welche guter Hoffnung sind, haben mir schon angekündigt, daß ich Pate sein müsse. Wahrscheinlich wurden sie durch meinen majestätischen Berliner Frack, den ich bei der Leiche produzierte, dazu aufgemuntert. Dieser Frack hat mich in meiner Heimat überhaupt in den Ruf großer Solidität gesetzt; denn eh' ich in Berlin war, hat man dergleichen nicht an mir gesehen ...

Der »Narziß« hat mir im ganzen nicht übel gefallen, was die Arbeit im Äußern betrifft, es ist eine hübsche Reminiszenz an allerlei Dagewesenes, das Hauptmotiv aber geht nicht wohl an. Indessen mag es gerade dieses sein, welches das Glück des Stückes gemacht hat, indem die Weiber, die den Ton angeben, sich geschmeichelt fühlen, daß ein dramatischer Held zugrund geht aus Anhänglichkeit an seine Frau, obgleich die gleichen Weiber sich wohl hüten würden, einen solch anhänglichen Held zu heiraten. Ein oder zwei wegen einer Dame ruinierte Jahre mögen allenfalls angehen; aber ein ganzes Leben – darf nicht geschnupft werden und ist weder dramatisch gut noch sonst ersprießlich.

Meine Mutter bringt mir den Kaffee und ist ganz munter, da ich durch das Kaffeetrinken zu Haus einen heuchlerischen häuslichen Anstrich gewonnen habe. Allein das Wetter dürfte plötzlich wieder umschlagen ...

An Ferdinand Freiligrath

Zürich, 30. April 1857

Lieber Freund! So darf ich Dich noch anreden, denn Du schickst mir »Hiawatha«, »Athenäum« und schriftstellerst zu meinem Nutzen in Alt-England, wofür ich in allem meinen schuldigen Dank abstatte. Schön wäre es freilich, wenn Du direkt gegen mich wieder mal etwas briefstellern wolltest, Du brauchst Dich nicht zu genieren wegen des Stils, weil ich etwa ein dickbändiger Prosaist geworden bin – Du weißt ja, ich bin für alte Freunde immer der Alte, man kann bei mir noch immer tun wie zu Hause.

... Ich bin also seit anderthalb Jahren wieder in Zürich und habe mich von den Berliner Strapazen erholt und viel schönes Schweizerisches erlebt, aber bereits auch wieder so verbauert, daß ich meistens allein zu Hause hocke und arbeite oder lese, was am Ende am besten bekommt. Ich muß jetzt noch einige Bände novellistische Sachen fertig machen, welche angelegt sind, und dann werde ich endlich, wahrscheinlich etwa um das vierzigste Jahr herum, auf die dramatische See auslaufen, nachdem ich es vor sieben Jahren tendiert ... Hier in Zürich habe ich eine Unmasse Deutsche vorgefunden, nicht nur Flüchtlinge, sondern auch allerhand Familien, die aus freien Stücken hierhergezogen sind und die Geschäfte treiben ... Auch gibt es eine förmliche Literatenkaste seit 49 hier, wie auch an andern Schweizerorten, nicht nur Feuilletonisten und Zeitungskorrespondenten, nein, auch Romanschreiber, Dichter, kurz die ganze Grundsuppe großstädtischer Verhältnisse ... Ich werde schändlich dick, und als ich in Dresden war, jubelte Auerbach: nun sei noch ein kleinerer da als er, was aber gelogen war! Denn er ist nicht größer als ich. Gutzkow ist eine Ratte. Ich hab' ihn auch gesehen. Er mißgönnte mir sogleich mein bißchen Schmiererei und das winzige Erfölgelchen und suchte es durch förmliche wissentliche Entstellung zu paralysieren ...

An Lina Duncker

Zürich, 4. Juli 1857

Da Sie und Ihr Herr Gemahl mich noch immer nicht aufgeben oder auch nur anschnarchen wollen, so muß ich wohl oder übel auch noch bei dem freundschaftlichen Tone verharren trotz meiner altjüngferlichen Isolier- und Keifsucht ...

Dieser Tage war Eduard Devrient [der berühmte Schauspieler] hier und wohnte bei Wagner. Es wurde im Shakespeare und »Faust« gelesen und aus Wagners großem Nibelungenwerk musiziert, worin es sehr hoch und poetisch zugeht. Hübsche Damen waren fleißig im schönen Dasitzen und meine Wenigkeit ganz emsig in stillem Unschönsein!

... Was hat denn Ihre Fräulein Schwester [Betty Tendering] gesündigt, daß Sie derselben in Ihrem Familienrapport gar nicht erwähnen? Ich kann nicht leiden, wenn ich von Bekannten nicht weiß, wo sie derzeit sind und ob sie noch leben. Ihren Dr. H. kenne ich nicht, kann mich wenigstens nicht erinnern; da er aber für die »Kammacher« eingenommen ist, so ist er jedenfalls ein sehr gebildeter Mann und viel gescheiter als Prutz und Gutzkow, welche jene Schnurre für schlechte Späße erklärt haben ... Meine Mutter läßt sich unbekannterweise auch empfehlen; bisher habe ich Ihre freundlichen Grüße immer unterschlagen, weil ich dachte, es komme doch nichts dabei heraus; da Sie aber nun in die Schweiz kommen, so muß ich das Versäumte gut machen ... Paul Heyse war gestern auch einen Tag hier und ist ein allerliebstes Kerlchen. Wir waren sehr gemütlich.

Die Bekanntschaft mit dem damals siebenundzwanzigjährigen Paul Heyse, der auf einer Schweizerreise in Zürich Station machte, wurde durch Jakob Burckhardt vermittelt. Wie Kellers Biograph Ermatinger berichtet, verbrachten die drei einen gemütlichen Kneipabend auf dem Muggenbühl, und in der Nacht wurde der Gast in sein Hotel zurückbegleitet. Unter der Tür erklärte Heyse, er könne nicht anders, er müsse Keller einen Kuß geben. Es sei gewesen, erzählte Keller später, wie wenn ein Jüngferchen ihn geküßt hätte. Burckhardt schreibt über den Besuch in einem Brief an Heyses Schwiegervater, den Berliner Kunsthistoriker und Dichter Franz Kugler: »Der Tag, welchen Paul mir hier schenkte, war überaus erfreulich; er hätte nur länger bleiben oder wiederkommen sollen. Gottfried Keller, der sonst sehr schwer zu inflammieren ist, spricht von ihm mit Begeisterung.« In der Tat bildete sich zwischen Keller und Heyse bald ein herzliches Verhältnis aus, das als dreißigjährige Brieffreundschaft dauerte und den reisefreudigen Paul Heyse noch oft in Zürich einkehren ließ. Dem dichterischen Werk des allzu fruchtbaren Autors gegenüber hat Keller eine gewisse Reserve selten aufgegeben, wie noch seinen klüglich dosierten brieflichen Lobsprüchen anzumerken ist.

Gottfried Keller an Franz Duncker

Zürich, 4. Juli 1857

... Sie müssen jedenfalls nach Zürich kommen, denn es ist jetzt ein ordentlicher *Platz* hier, jeden Sommer schießen da deutsche Verleger herum, wie die Bremsen, Vieweg hat wenigstens ein halbes Dutzend Autoren hier an der Schnur und kommt von Zeit zu Zeit, sie zu inspizieren, die geringeren läßt er herrisch in den Gasthof kommen, die dickeren sucht er im Hause auf ...

An Ludmilla Assing

Zürich, 5. Juli 1857

Daß Ihre alten Herren, die Varnhagen, Fürst Pücklers und General Pfuels, liebenswürdiger sind als die jungen, ist keine große Kunst. Wenn man die Welt in der Tasche hat wie solche Größen und sich dergestalt unbezweifelt in die Mitte gestellt sieht, der kann sich doch gewiß leichter bewegen und hervorkehren, als der erst noch alles zu tun und zu hoffen hat, abgesehen, daß den Jungen durch die Gegenwart der Alten von selbst Zurückhaltung geboten ist. Das wäre doch schön, wenn die grauen Helden sich amüsieren, und die jungen Schlucker wollten es ihnen zuvortun und ihnen jeden Augenblick dazwischenpfuschen!

Ludmilla Assing an Gottfried Keller

Berlin, 12. August 1857

... In einigen Tagen verheiratet sich hier Fräulein Cosima Liszt [Tochter Franz Liszts und der französischen Gräfin d'Agoult; sie wurde 1868 Richard Wagners zweite Frau] mit dem Pianisten Hans von Bülow; sie wollen gleich nach der Hochzeit abreisen und denken einige Zeit in Zürich zuzubringen. Sollten sie Ihnen dort begegnen, so empfehle ich sie Ihrer freundlichen Aufmerksamkeit.

Gottfried Keller an Ludmilla Assing

Zürich, 26. August 1857

Die letzten Wochen waren auch deutsche Freunde [Franz und Lina Duncker] hier, mit denen ich in der Nähe herumzog und dabei selbst so schöne Winkel und Striche entdeckte, daß ich eines eigenen Reischens überhoben war. Um Zürich zu schätzen, müssen die Fremden wirklich einige Zeit hier weilen und sich recht herumführen lassen. Auch erscheinen öfter allerlei interessante Gesellen, so jüngst der Otto Müller [Redakteur und Erzähler] und der Hallesche Liederkompositeur Robert Franz, welche mich sehr anschwärmten, so daß ich ganz aufgeblasen wurde.

Das Bülowsche Ehepärchen wird bei Richard Wagner schon lang erwartet. Wenn ich etwa gnädigst zugezogen werde zu diesen Episödchen des Zukunftskultus, so werde ich ehrlich Ihr Lob der Cosima zu bestätigen trachten.

Der Komponist Robert Franz war Gottfried Keller durch Richard Wagner zugeführt worden.

Richard Wagner an Gottfried Keller

Herrn Gottfried Keller, Stadthexenmeister in Hottingen

Sonntag nachmittag

Lieber Freund: Robert Franz aus Halle – ein bedeutender Komponist –, der Ihnen diesen Gruß von mir überbringt, ist ein großer Verehrer Ihrer Dichtungen und wünscht, Sie kennen zu lernen. Ich schlage Ihnen vor, mich heute abend zu besuchen – da sind wir hübsch beisammen.

Ihr Rich. Wagner

Gottfried Keller an Ludmilla Assing

Zürich, 25. November 1857

Grüßen Sie doch von mir die zierlichen Bülowsleute. Ihr Lob der Cosima hat sich glänzend bewährt, und diese vortreffliche und eigentümliche junge Frau hat mir so wohl und ungeteilt gefallen, wie seit langer Zeit kein Frauenzimmer. Man muß ihr wirklich alles Gute wünschen, und möge sie bleiben, wie sie ist, in der renommistisch verschrobenen heutigen Welt ...

Die vergnüglichste Tour machte ich vor vierzehn Tagen nach meinem Dorfe [Glattfelden], wo ich Gevatter stehen mußte. Ich ging, da es das herrlichste Frühlingswetter war, zu Fuß hinaus, und schon unterwegs fand ich in einem alten Städtchen, wo ich einkehrte, um ein Schöpplein zu trinken, ein junges Landbäschen vor, das da mit seinem Bräutigam Einkäufe für die Hochzeitskleider gemacht hatte. Ich setzte mich mit ihnen auf ihr Gefährt und fuhr vollends mit hinaus. Das Bäschen, welches in bloßen Armen war und in der Herbstdämmerung anfing zu frieren, zog meinen Überzieher an, und der Bräutigam sang himmlisch schön, während ich den Pack mit seinen und seiner Braut Hochzeitskleiderstoffen auf den Knien hielt, was mir auch warm gab. Am Sonntag mußte ich den ganzen Tag neben der Patin, einem wohlgezogenen Bauernmädchen, figurieren, das einfach schwarz gekleidet war in wollenem Zeug, aber mit einer schönen goldenen Kette. In der hellen, freundlichen kleinen Kirche mußten wir am Taufstein zierliche Knickse machen und nachher beim Mahle vom Mittag bis in die Nacht oben am Tische sitzen. Hier bemerkte ich etwas sehr Artiges. Als nämlich die Gäste lustig wurden und begannen, die üblichen Schwänke vorzutragen, wobei keiner zurückbleiben wollte, geschah es, daß der eine oder andere sich etwas ungeschickt anließ, übernahm oder gänzlich verunglückte. Nun war meine ländliche Nebenpatin die höchste Instanz am Tisch, vermöge ihres Geschlechtes, ihres heutigen Amtes und ihres »Ranges« im Dorfe, denn ihr Papa hat zwanzig Kühe im Stall. So war es an ihr, mit dem Lachen über einen Schwank das Signal zu geben, und sie übte dies Amt mit solcher Liebenswürdigkeit und Menschenfreundlichkeit, daß keiner um das rettende Gelächter kam. Nicht Einen armen Teufel ließ sie stecken, und wenn man glaubte, der oder jener gar zu Plumpe fiele nun gewiß durch, so erhob sie doch noch rechtzeitig die wohllautende Stimme, als ob sie sich königlich amüsierte, und wir lachten alle aufs heiterste mit, wie wenn der feinste Witz gefallen wäre. Dergleichen habe ich nun in einem Salon noch nie gesehen. (Pardon!) All dies junge Volk waren in meiner früheren Zeit, wo ich auf dem Dorfe mich umtrieb, ganz kleine Kinderchen, die ich in der Wiege gesehen habe.

Ob ich diesen Winter nach Berlin komme, ist wieder ungewiß. Jüngst erhielt ich [durch die Vermittlung Hettners] das närrische Anerbieten, als Sekretär des Kölnischen Kunstvereins nach Köln zu kommen mit fünfhundert Taler Gehalt und einer täglichen Stunde Beschäftigung. Da ich spaßhafterweise mir den Anschein gab, als ob es mir nicht übel deuchte, entstand in Zürich ein Laufen, damit ich hier bliebe, und es wurde der alte Plan fertig gemacht und mir um die Kehle geschlungen, daß ich ein Professorlein werden solle, so gut es Gott geraten läßt. Obgleich ich nun selbst nichts weiß, so will ich es dennoch riskieren, erstens um während einiger Jahre den bürgerlichen Begriffen genugzutun und mittels der Eselsbrücke von Amt und Einkommen über die kritische Zeit hinwegzugehen, und zweitens weil ich durch die Studien, welche solche Sache erfordert, vor dem geistigen Einfrieren bewahrt werde und vor dem Versinken in ein vages Belletristentum. Ich werde jedoch nur wenig Stunden zu lesen haben und in der Wahl des Vorzutragenden ganz frei sein. Ich werde auch nie das Gleiche zweimal vorbringen, sondern mir einige Gegenstände ausarbeiten, und wenn diese abgespielt sind, mich wieder bedanken, da ich inzwischen dann schon wieder ein anderes Terrain werde erobert haben. Denn als ein Schnurrpfeifer von Schulmeister möchte ich nicht sterben.

... Ich halte mich schon sehr würdig und gehe nur in solche Gesellschaften, wo die Rektoren und alten Ordinariusse sitzen, und bereits ziehen drei oder vier Studenten auf der Straße die Mützen ...

Zürich, 2. Januar 1858

... Unsere Straßen sind heute ganz mit geputzten Kindern bedeckt, welche von Mägden und Bedienten herumgeführt werden. Auf Neujahr geben nämlich die gelehrten, künstlerischen, militärischen, wohltätigen und andere Gesellschaften sogenannte Neujahrsstücke heraus, welche Biographien verdienter Mitbürger, lokalgeschichtliche Monographien u. dgl. enthalten nebst Porträts und Kupfern aller Art, je nach dem Gebiet der Gesellschaft, zur Belehrung und Ergötzung der Jugend. Diese Hefte läßt man am 2. Januar durch die festlich geputzten Kinder auf den Gesellschaftslokalen abholen, wo einige wohlwollende freundliche Herren sitzen und aus langen neuen Tonpfeifen Tabak rauchen, der auf einem silbernen Teller liegt. Die Kinder überbringen in ein Papier gewickelt ein Geldgeschenk für die Gesellschaftskasse (die sämtlichen Päckchen tragen sie in einem niedlichen Körbchen) und erhalten dafür das Neujahrsstück, werden mit Tee, Muskateller und Konfekt bewirtet und dürfen die etwaigen Sammlungen und Raritäten der Gesellschaft besichtigen. So geht's von Haus zu Haus, und die geöffneten Heiligtümer der alten Stadt sind von einer jubelnden Kinderwelt angefüllt. Seit ein paar Jahrhunderten besteht der Brauch, da einige Gesellschaften ebenso alt sind wie die Musikgesellschaft, die Gesellschaft der Stadtbibliothek und die Feuerwerkergesellschaft, welche letztere in ihren Neujahrsstücken stets martialische Kriegsgegenstände abhandelt, zum Vergnügen der Knaben, auch bekommen diese den alten Waffensaal zu sehen mit der ehrwürdigen Kriegsbeute aus den früheren Jahrhunderten, während auf dem Musiksaale die kleinen Mädchen kokett ein Morgenkonzert anhören und ihre Mütter nachahmen. Wer keine eigenen Kinder hat, beglückt fremde Kinder, die keine oder unvermögliche Eltern haben, mit der Sendung. Einzig die derbe Schützengesellschaft (vierhundert Jahre alt) ist so unliterarisch geblieben, daß sie statt Schrift und Bild ein Pack Kuchen verabreicht und überdies im Geruche steht, die Jungens mit kleinen Räuschen zu versehen, indem sie dieselben aus ihren alten Ehrenpokalen trinken läßt.

Zürich, 21. April 1858

... Soeben habe ich mir mit einem Schluck heißer Bouillon die Zunge verbrannt, es geht eben alles über mich! Vor einigen Wochen an einem städtischen Frühlingsfeste geriet ich um Mitternacht in einen großen Saal, wo eine Menge junger Männer, zum größten Teil kostümiert, zechten und tobten. Plötzlich spielt die Musik eine Mazurka, ein junges Bürschchen, in irgend eine Weibertracht gehüllt, fordert mich zum Tanz auf, ich lasse mich fortreißen, der ich niemals getanzt, und liege nach wenigen Sprüngen auf der Nase, und die ganze nachfolgende Gesellschaft purzelt auf einen Haufen über mich her. Als ich mich wieder hervorentwickelte, sah meine Nase dergestalt aus, daß ich acht Tage ein Pflaster tragen und zu Hause bleiben mußte! Ich verlor darüber ein elegantes Konzert, welches eine Familie Wesendonck hier in ihrer Villa gab. Richard Wagner hatte eine Anzahl Musiker zusammengewürfelt und in kurzer Zeit so gut geschult, daß sie eine Auswahl Beethovenscher Sätze ganz vortrefflich sollen gespielt haben. Es waren einige dreißig Musici und etwa doppelt so viel eingeladene Gesellschaft, was für eine Privatgeschichte in Zürich ganz unerhört war. Ein Streichquartett war das Höchste, was bisher vorkam. In öffentlichen Konzerten hat Klara Schumann mehrmals letzten Winter hier gespielt.

Unsicher blieb Kellers Lage. Zu einer Professur konnte er sich am Ende doch nicht entschließen, jetzt so wenig wie vor vier Jahren. Seit Vieweg 1856 auf den zweiten Band »Seldwyla« zweihundert Taler im voraus gezahlt hatte, stand kein größeres Honorar mehr in Aussicht. Und immer noch stockte die Produktion. Zwar waren im vorigen Jahre für den Galatea-Band einige jener Legenden entstanden, die als die köstlichste Siebenzahl Kellerscher Erzählungskunst sich selbständig machen sollten.

Aber der rechte Arbeitsfluß war es nicht. Zwei Verszeilen, die er damals aufschreibt, lauten:

Sonnen um Sonnen erstehn und führen die blühenden Tage
Mir aus der müßigen Hand strahlenden Ganges hinweg.

Den noch nicht Vierzigjährigen, den Mann ohne Amt und Sicherheit, beschleicht ein resigniertes Gefühl des verrinnenden Lebens, des nahenden Alters. (Ein paar Jahre später wird es ein männliches Erwachen geben.) Er sei »bereits ein alter Mensch, der in der Neujahrsvornacht am Fenster steht«, heißt es schon Juli 1857 in einem Brief an Franz Duncker. Plötzlich ist Keller nicht mehr in der Stimmung, das humoristische Briefgeplänkel mit Frau Duncker über seine versäumten Autorenpflichten fortzusetzen. Er macht einen energischen Strich darunter. Und auch den bevorstehenden zweiten Besuch des Ehepaares quittiert er nicht eben liebenswürdig.

Gottfried Keller an Lina Duncker

Zürich, 23. Juni 1858

Ich habe heut mit Überraschung Ihren Brief vorgefunden und beeile mich, Ihnen zu berichten, daß ich zu Hause bin und noch in der alten Wohnung sitze, 156 an der Gemeindegasse in Hottingen, etwa zehn Minuten vom Mittelpunkte der Stadt... Indessen ist es das Bequemste, Sie zeigen mir durch einen Lohnbedienten oder durch die Stadtpost Ihre Ankunft und den Gasthof an, so werde ich Sie unverweilt aufsuchen.

Ich habe Ihnen nicht mehr geschrieben, weil Sie mir die Antwort auf meinen letzten Brief schuldig geblieben sind. Da die Erinnerung an Berlin, wo ich ein ziemlich anregungs- und freudeleeres Leben geführt habe, angefangen hat bei mir zu verblassen, so werde ich auch weniger an meine Korrespondentenpflicht gemahnt als früher...

Meine Wortbrüchigkeit wegen meiner Novellen macht mir nicht viel zu schaffen. Ich weiß, daß durch dieselbe niemand zu Schaden kommt, und kenne mich überdies selbst, was mir genügt. Wer in wichtigeren Dingen noch ehrlich und naiv zu sein vermag, darf sich in dergleichen Schnurrpfeifereien schon noch etwas erlauben. Man muß sich nur nicht darauf etwas zu gut tun.

Die Novellen sind hauptsächlich stecken geblieben, weil sie

dem Plane nach ausschließlich aus Liebesgeschichten bestehen und mir die leichte Stimmung für dergleichen einstweilen abhanden gekommen ist, während ich durch mein hiesiges Leben für festere und löblichere Dinge angeregt wurde.

Die Schweiz werden Sie schwerlich im besseren Sinne kennenlernen. Dazu gehört ein vernünftiges Mitleben an geeignetem Platze, wie es z. B. die Stahrs vor zwei Jahren gemacht haben. Die tolle hastige Touristenjagd auf der Heerstraße über die Berge, dieser schnatternde wilde Entenzug ohne Behagen und ohne Ruh, erregt bei den Festgesessenen, während man sich den Geldgewinn gefallen läßt, nur Gelächter. Denn man sieht es dem ganzen Haufen am Gesichte an, daß er das Land lediglich nach dem guten oder schlechten Wetter, nach den Gasthofrechnungen, nach den Kellnern und Schuhputzern, kurz nach Dingen beurteilt, welche sich überall gleich bleiben . . .

Ich bin von zwei bis vier Uhr nachmittags meistens in der Stadt, die übrige Zeit hingegen, mit Ausnahme des späteren Abends, zu Hause und gewärtige also mit Vergnügen, Sie und Herrn Duncker wiederzusehen.

An Ludmilla Assing

Zürich, 22. Oktober 1858

Auf eine mehr als ernste Weise sehe ich mich veranlaßt, endlich wieder von mir hören zu lassen. Es ist das so unerwartet hereingebrochene und – jeder wird sagen – noch allzu frühe Hinscheiden Ihres hochverehrten und teuren Oheimes, wovon die Nachricht mich dieser Tage ereilte, als ich beinah eher an meinen eigenen Tod gedacht hätte. [Varnhagen war am 10. Oktober gestorben.]

Ich bedaure sehr, daß ich ihn nicht mehr habe sehen können. Ich habe die Nachricht erst abends spät vernommen, da ich den ganzen Tag zu Hause gesessen hatte und keine Zeitung zu Gesicht bekam. Am Morgen darauf, als es noch dunkel war, wachte ich ungewohnterweise beim Klange der Frühglocke auf und dachte gleich: Also Varnhagen ist tot! Ich fühlte in dieser Morgenstille, welch ein Zeitabschnitt und welche Welt mit ihm dahin ging. Ich fühlte es um so tiefer, als der Verewigte beinahe der einzige große Zeuge jener Jahre [des Goetheschen Zeitalters] war, mit welchem ich noch in einige freundliche Berührung kommen durfte.

Ihnen, verehrtes Fräulein Assing, spreche ich noch den Dank aus, den ich dem freundlichen Wohlwollen des Seligen schuldig bin. Ich denke, Sie werden durch das Ereignis mehr in ein erneutes bedeutendes Leben, als in eine hilflose Trauer hingeführt werden, und so will ich getrost Sie den Eindrücken überlassen, welche das allgewaltige Schicksal allen Sterblichen zuteil werden läßt.

9. Februar 1859

Bettina ist also nun auch hinunter zu den übrigen Schatten, und während die Weltlage wieder dahin zu geraten scheint, wo sie vor mehr als einem halben Jahrhundert steckte, sind nun die letzten hinweggegangen, welche dazumal jung waren und das Geistige gerettet und uns überliefert haben. [Bettina, geborene Brentano, die Witwe des Dichters Achim von Arnim, war am 19. Januar gestorben.]

Es ist wieder eine abscheulich barbarische und unheimliche Zeit, wo alles in Frage gestellt wird und die ganze Welt das Maul aufsperrt und an den tückischen Worten eines einzigen Mannes hängt, und dazu eines Abenteurers [Napoleons III.]. Es scheint, die Herrschaften können sich immer noch nicht dazu entschließen, nobel und entschlossen zu sein zur rechten Stunde, um sich nachheriges Elend zu ersparen. Ich bin sehr ärgerlich über diese Geschichten und fange an zu fühlen, wie das Unsichere der öffentlichen Welt auch den Einzelnen und Verborgenen beunruhigt und hindert. Sonst bin ich jetzt in einen ziemlichen Fleiß eingewöhnt und hoffe, nicht so bald wieder daraus hinauszugeraten, was mir nötig zu werden beginnt ...

Man ist im Süden sehr begierig, ob Preußen nicht den Franzosen ein Halt zurufen und den Frieden erzwingen wird? Das ganze deutsche Volk würde ja hinter ihm stehen und auch noch andere Leute! Aber wahrscheinlich wird man das Pferd abermals beim Schwanz aufzäumen ...

Zürich, 15. Mai 1859

... Es ist sehr kalt heute, das Gärtchen vor dem Fenster schlottert vor Kühle, siebenhundertzweiundsechzig Rosenknospen kriechen beinahe in die Zweige zurück. Der Hausbesitzer, ein ältlicher Professor der Philologie, hat sich neulich plötzlich noch eine Braut angeschafft und baut sich nun dicht vor meinem Fenster eine kleine Schattenlaube, worin der unverschämte Hund wahrscheinlich, mir vor der Nase, seine Flitterwochen vergirren will! Er hat einen alten lahmen Zimmermann angestellt, der schon die ganze Woche an dem verfänglichen Werke herumbäschelt und hämmert, heut ein Brettchen und morgen ein Brettchen; ein schlau aussehender Klempner sucht aus einer alten Badewanne von Blech ein Dach zuzuschneiden, welches so viel Wonne bedecken soll; ein Tüncher steht ungeduldig bereit mit eingetauchtem Pinsel, ein halb toller Gärtnergreis kommt alle Stunden und zankt, daß er seine Sträucher und Schlingpflanzen noch nicht hinsetzen könne, kurz es ist eine Aufregung und ein Treiben, als ob die Gärten der Semiramis gebaut werden sollen. Und der beglückte Bauherr steht hinten und vorn dabei und daneben und drum herum und mißt mit dem Zollstock und klettert auf das Dach, und nur die Braut tut verschämt und läßt sich nicht sehen auf der famosen Baustelle.

Berlin hat nun ja auch seinen Humboldt begraben [Alexander von Humboldt war am 6. Mai 1859 gestorben] und wird mit diesem Beisetzen seiner goldenen Zeit noch eine kleine Weile fortfahren und endlich damit fertig werden . . .

Auch in der Schweiz stand das Jahr 1859 im Zeichen von Schillers hundertstem Geburtstag, der eine Flut von Schillerfeiern heraufbeschwor. Für die Berner Musikgesellschaft schrieb Keller ein Prolog in Jamben. In Zürich hatte man Herwegh mit dem Prolog und Vischer mit der Festrede betraut, doch gehörte Keller dem Festkomitee an und hielt beim Festbankett eine Ansprache auf den Dichter der Freiheit (worin er auch eine Zentenarfeier der Französischen Revolution anregte).

Gottfried Keller an Paul Heyse

Zürich, 3. November 1859

Lieber Freund! Professor Vischer hat mir Ihr neues Novellenbuch freundlich überbracht und mir gleich meinen Namen vorgewiesen, mit welchem Sie Ihr gutes Werk verunziert haben in anmutiger Laune des Wohlwollens. [Heyse hatte seinen »Vier neuen Novellen« die gedruckte Widmung vorangestellt: »Gottfried Keller in freundschaftlicher Gesinnung«.]

. . . Der Schiller macht uns hier ordentlichen Kummer, weil das Heer der Philister sich in zwei Lager geschieden hat, in einen feindlichen Muckerhaufen und einen hohlen Enthusiastenhaufen, der durch übertriebene und unzweckmäßige Forderungen dem ersten in die Hände arbeitet, so daß wir »Committierte«, welche das Schifflein der Schillerfeier ehrenthalber durchschleppen müssen, den Tag verwünschen, wo wir es bestiegen. Glücklicherweise hat das Schifflein eine gute Kajütenschenke, d. h. wir halten die Sitzungen in einem Wirtshause, wo wir einen trüblich karneolfarbigen Weinmost trinken, alle Tage frisch vom Lande hereinkommend.

Burckhardt hat uns, wie Sie wissen, böslich verlassen, und schickt nur zuweilen einen Gruß. Ich hätte fast Lust, ihm ein recht mutwilliges und frivoles Buch zu dedizieren, um ihm in seinem frommen Basel eine rechte Unannehmlichkeit zu bereiten, mit einer Anrede, in welcher von nichts als den Wirtshäusern in der Umgebung Zürichs die Rede ist und etwa noch von einigen fingierten Schenkmädchen. Allein er dauerte mich doch zu sehr ...

An Ludmilla Assing

Zürich, 30. November 1859

Wir in Zürich haben von unserer kleinen Schillerfeier einen lustigen Nachgeschmack. Professor Vischer hielt nämlich eine sehr schöne Festrede, und Herwegh sprach einen schönen Prolog. Nun sind beide Herren uralte Feinde, die sich auf tausend Schritte ausweichen; um so mehr fühlen sie sich geniert, seit dem Tage immer zusammen genannt zu werden. Jeder hat seinen Anhang oder Chor, wie die Brüder in der »Braut von Messina«; Herwegh wildere rötliche Demokraten, Vischer hingegen gesetzte Gothaer [Anhänger der Mehrheitspartei des ehemaligen Frankfurter Parlaments, die im Juni 1849 in Gotha tagte] und ernste ordentliche Professoren. Rühmt man nun bei Herweghs Gefolge die Vischersche Festrede, so riskiert man, niedergehauen zu werden; lobt man in Vischers würdigem Kreise der Graubärte den Herweghsprolog, so ruft man ein grollendes mürrisches Schweigen hervor. Beide Häupter aber halten sich still und straff und stehen nur schweigend an der Spitze ihrer Reisigen, ohne daß der helle Stern des 10. November sie zu versöhnen vermag.

Nach so viel Begeisterungs-, Prolog- und Redebetrieb mit der Nachwirkung eines sich bessernden Stimmungsbarometers ging nun auch in der erzählerischen Produktion des Dichters ein heller

Stern auf: für Auerbachs »Volkskalender« schrieb Keller das »Fähnlein der sieben Aufrechten« (wie der von Auerbach endgültig geformte Titel lautet, nachdem der Autor »Die Fahne der Freundschaft« oder »Die Fahne der sieben Freunde« oder »Das Freundschaftsfähnlein« vorgeschlagen hatte). Gerade diese strahlende Erzählung von echtem schweizerischen Nationalgehalt war ein Protest gegen die lärmende Betriebsamkeit, mit der damals von einem gewissen Dr. Eckardt, Flüchtling aus Wien, eine sogenannte schweizerische »Nationalliteratur« auf den Schild gehoben wurde. Keller hat sich immer als Angehöriger der großen deutschen Sprachgemeinschaft gefühlt und jeden Partikularismus geistiger Sonderbundsbestrebungen abgelehnt. Deutsche Dichtung in der Schweiz war nicht schweizerische Nationalliteratur, sondern deutsche, was sie nicht an der kräftigen Entfaltung ihres Stammescharakters zu hindern brauchte. Und schon im ersten Bande des »Grünen Heinrich« wird dem »Alpenglühen und der Alpenrosenpoesie« mißtraut.

Gottfried Keller an Hermann Hettner

Zürich, 31. Januar 1860

... Ein ärgerliches Gelächter haben mir dieser Tage einige Hefte der Zeitschrift »Teut« erregt, worin ein Rudel Schwachköpfe die Stiftung einer neuen »Sturm- und Drangperiode« verkünden, aus deren Gärung die potenzierten künftigen Goethe und Schiller hervorgehen sollen. An sittlicher Haltung und an allgemeinem Verstand ist man seit hundert Jahren im ganzen nicht viel vorwärtsgekommen, sonst wären dergleichen Kindereien nicht möglich. Auch in der Schweiz hat Dr. Eckardt, ein vollendeter Marktschreier und falscher Prophet, der zudem gar keine Kenntnisse besitzt, einen ästhetischen und dilettantischen Schreibeschwindel entfacht unter dem Stichwort »nationale Kunst und Literatur«, wie man ihn hier früher nie gekannt hat. Ein ganzes Bataillon von drucksüchtigen Pfaffen, Gerichtsschreibern, Sekretärs, Kellnern und Handelskommis hat die Kanaille auf die Füße gebracht, fordert sie auf, ihm »nationale Dramen« zu liefern, »Volksgedichte«, »Volksromane« usw. und belobt ihren Fleiß. Es ist eine völlige Sündflut, die der Bursche losgelassen hat... Vor dem Ausland geriert er sich als geistiger Reformer der Schweiz und wird von dortigen Wasserköpfen als solcher begrüßt.

An Berthold Auerbach

Zürich, 25. Februar 1860

... Namentlich ein Wiener Flüchtling, Dr. Eckardt in Bern, betreibt eine so hyperpatriotische und überschweizerische philiströse Ruhmrednerei und Duselei, daß unsereins sich ob solchem wahrhaft helotischen Gebahren schämen muß ... Die Freude am Lande mit einer heilsamen Kritik zu verbinden, habe ich in den »Leuten von Seldwyla« angefangen und setze es soeben in zwei weiteren Bänden fort, was eine ganz lustige Arbeit ist, und ich denke nach und nach damit klar und deutlich zu werden.

An Ludmilla Assing

Zürich, 22. April 1860

... Ich bin fortwährend herrlich fleißig und habe alle Finger voll Tintenkleckse. Dabei fühle ich ein Vergnügen, fast wie als ich zwanzig Jahr alt war und das Schreiben heimlich als Pflichtverletzung betrieb.

Ferdinand Freiligrath an Gottfried Keller

London, 22. November 1859

Lieber Keller, einen herzlichen Gruß durch die liebenswürdige Bringerin, Fräulein Mathilde Blind von hier! Möge ihre Fürsprache Deinen Zorn entwaffnen, wenn Du meinem langen Schweigen wirklich zürnen solltest! Ich folge Deinem Gange mit dem treusten und liebevollsten Anteil und habe erst kürzlich noch mit Freude und Bewunderung Deinen trefflichen Schiller-Prolog gelesen. Also Gruß und Glück auf, mein teurer Freund! Auch meine Frau grüßt Dich aufs allerschönste. Ohne Wandel

Dein F. Freiligrath

Gottfried Keller an Ferdinand Freiligrath

Zürich, März 1860

Ich habe dieser Tage einen Anlauf genommen, einiger alter Freundschaft mit papierenen Stützen beizuspringen und ein paar Briefe angefangen, deren glückliche Beendigung und Absendung die Sterne in Obhut nehmen mögen; denn ich als Mensch bin fortwährend schwach und unbeträchtlich in Ausführung meiner Absichten.

Ich danke Dir für Deine freundlichen Zeilen und die Grüße auch für diejenigen der Frau Freiligrath und besonders auch für die elegante Postanstalt, welche alles überbrachte und mich in meinen unwirtlichen vier Wänden in Verwirrung setzte. Es hat sich aber ein tragisches Verhältnis daraus entwickelt. Da ich vergaß zu fragen, ob Fräulein Blind überhaupt in Zürich bleibe und bei wem sie wohne, so wurde ein zierlicher Gegenbesuch verzögert und zuletzt, wie man denn so ist, ganz aufgegeben. Meine Kurzsichtigkeit ferner veranlaßt, daß ich auf der Straße, wenn die Schöne darauf wandelt, unsicher und oft verspätet im Grüßen bin, daher ein ungnädiges Wegblicken derselben und eine nicht mehr zu versöhnende bedenkliche Spannung. Indessen spielt das Fräulein, wie ich höre, in der deutschen Gesellschaft eine imposante Rolle und wird besonders vom alten Sempergottfried angebetet, so daß sie für den Kellergottfried übermäßig entschädigt ist.

Jetzt aber zu der Hauptsache, wegen der ich eigentlich und endlich die Feder ergreife, nämlich nicht etwa, um Dich als schweizerischen Bankmagnaten [Freiligrath war damals Direktor der Schweizerbank in London] anzupumpen, sondern um von dem unerwarteten Abdefilieren unseres armen Schulz zu reden. Er hat eine organische Wassersucht bekommen und konnte wirklich nichts mehr genießen, so daß er still erloschen ist, wie ein Lichtchen. Er hat es aber nicht gern getan und starb namentlich ungern vor Louis Napoleons Katastrophe, wenn er überhaupt eine bekommt. Frau Schulz war sehr betrübt. Sie hat ihn musterhaft gepflegt und ist jetzt vereinsamt; denn sie waren immer beisammen und spazierten nie ohne einander in der Welt umher ...

Schulz war immer der gleiche und von unverlierbarer Freundlichkeit. Vor einigen Jahren, als er eine Streitschrift gegen Vogt in Sachen des Materialismus geschrieben, die mir nicht gefiel, führte ich mich in seinem Hause schlecht auf mit Schimpfen und Tadeln und wurde so saugrob, daß die Frau Schulz sogar einige Tränchen vergoß vor Zorn. Nun gab es einige Wochen des Schmollens; allein wer zuerst wieder zu mir kam, war der gute alte Schulz, so daß die feurigen Kohlen mir fast ein Loch durch den Schädel brannten. Ich nahm sie aber herunter, und da sie einmal da waren, so streute ich einige Wacholderbeeren darauf und räucherte meine Stube. Meine Mutter glaubte beinahe, ich fange an ökonomisch zu werden.

... Spuken tut Schulz bis dato noch nicht, wenigstens nicht in der Hottingergegend. Vielleicht spukt er in Darmstadt; es nimmt mich wunder, ob es ihn wunder genommen hat, nicht wieder zu erwachen, oder ob er sein Selbstbewußtsein glücklich wieder eingefangen hat. Aber wenn er mir unsichtbar jetzt in den Brief guckt und kein Leibliches mehr hat, so kann er ja nicht einmal lachen. Möge es ihm wohl ergehen in der Ewigkeit und uns in der Zeitlichkeit.

Deinen brillanten antiken Schillergesang –

22. April 1860

So weit hatte ich vor zirka vier Wochen geschrieben, als ich richtig stecken blieb. Ich fahre fort: habe ich aufrichtig bewundert. Der für die Amerikaner gefiel mir nicht ganz so gut wie der Londoner. Dieser ist aber wieder aus dem bekannten FF. Mein Prologchen ist leider sehr hausbacken ausgefallen. Die Schauspieler hatten gewünscht, ungereimte Jamben zu bekommen, während ich nachher zu meinem Schrecken gewahrte, daß alle Welt in den künstlichsten gereimten Formen sang.

[Nach Erwähnung eines jungen Porträtmalers aus Graubünden, den Freiligrath an Keller empfohlen hatte:] Ich lebe so zurückgezogen und entfernt von allen Wohlhabenden und Bankiers, die sich heutzutage noch in Öl malen lassen, daß ich der ungeeignetste Mensch der Welt bin, einem Künstler Kunden zu verschaffen. Alles, was ich tun kann, ist, dem jungen Mann bei Ausstellung seiner Proben und mit Zeitungsartikeln an die Hand zu gehen, und indem ich ihn da oder dort anrühme (wenn er wirklich was kann), so vor mich hin, in den Bart murmelnd, damit die Leute glauben, es sei mir geheimnisvoll und ernst zumute.

Dieser Tage werde ich endlich ein Gedicht wegschicken, das mir seit sieben Jahren herumliegt. Es ist in ungereimten Trochäen etwa acht bis neun Bogen lang und hat den Titel: »Der Apotheker von Chamounix oder der kleine Romanzero.« Es ist eine Art Grabgesang für die Heinesche Willkür und Polissonnerie, indem bei dergleichen, mit Sentimentalität gespickt, für uns Deutsche nichts herauskomme, welche klar, wahr und naiv sein sollten, ohne deswegen Esel zu sein.

Es ist nun aber keine metrische Rezension, sondern eine wirkliche Romanze, allenthalben plastisch. Dennoch bin ich tragisch gestellt, indem ich die Verspätung und Unzeitgemäßheit wohl fühle, aber zu bettelhaft bin, um fertige Manuskripte ungedruckt liegen lassen zu können! O Tugend der Entsagung und der Selbstentäußerung, wo bist du hingegangen? Wäre es erlaubt, die Gläubiger zu prügeln, anstatt sie zu bezahlen, so würde ich das verfluchte Gedicht mit tausend Freuden verbrennen. So aber muß ich es mit sehenden Augen ins Unglück senden, ich weiß nicht einmal, ob das Ganze nicht eine Trivialität und Dummheit ist!

Ferner sind nächstens fertig die Fortsetzung der »Leute von Seldwyla« und zwei Bändchen Novellen mit dem Titel: »Die Galatee«. Einer liest Logaus Distichon: »Wie willst du weiße Lilien zu roten Rosen machen? Küß eine weiße Galatee, sie wird errötend lachen!« und reiset aus, das Ding zu probieren, bis es am Ende des zweiten Bandes gelingt. In diesen Novellen sind unter anderen sieben christliche Legenden eingeflochten. Ich fand nämlich eine Legendensammlung von Kosegarten in einem läppisch frömmelnden und einfältiglichen Stile erzählt (von einem norddeutschen Protestanten doppelt lächerlich) in Prosa und Versen. Ich nahm sieben oder acht Stück aus dem vergessenen Schmöker, fing sie mit den süßlichen und heiligen Worten Kosegärtchens an und machte dann eine erotisch-weltliche Historie daraus, in welcher die Jungfrau Maria die Schutzpatronin der Heiratslustigen ist . . .

Wie weit die Galatea-Novellen (»Das Sinngedicht«) und der zweite Band »Seldwyla« davon entfernt waren, nächstens fertig zu werden, ist schon gesagt worden. Jedoch ging an Auerbach das Manuskript des »Fähnleins der sieben Aufrechten« ab. Der Autor tendenzfroher Dorfgeschichten äußerte sich alsbald begeistert, nach Kellers Gefühl mit zuviel Begeisterung, insoweit Auerbach das schweizerische Element der Erzählung in der Art seines eigenen, zugleich sentimentalen und optimistisch flachen Volksbegriffs mißzuverstehen schien.

Gottfried Keller an Berthold Auerbach

Zürich, 25. Juni 1860

. . . Wir haben in der Schweiz allerdings manche gute Anlagen und, was den öffentlichen Charakter betrifft, offenbar jetzt ein ehrliches Bestreben, es zu einer anständigen und erfreulichen Lebensform zu bringen, und das Volk zeigt sich plastisch und frohgesinnt und -gestimmt; aber noch ist lange nicht alles Gold, was glänzt; dagegen halte ich es für Pflicht eines Poeten, nicht nur das Vergangene zu verklären, sondern das Gegenwärtige, die Keime der Zukunft so weit zu verstärken und zu verschönern, daß die Leute noch glauben können, ja, so seien sie, und so gehe es zu! Tut man dies mit einiger wohlwollenden Ironie, die dem Zeuge das falsche Pathos nimmt, so glaube ich, daß das Volk das, was es sich gutmütig einbildet zu sein und der innerlichen Anlage nach auch schon ist, zuletzt in der Tat und auch äußerlich wird. Kurz, man muß, wie man schwangeren Frauen etwa schöne Bildwerke vorhält, dem allezeit trächtigen Nationalgrundstock stets etwas Besseres zeigen, als er schon ist; dafür kann man ihn auch um so kecker tadeln, wo er es verdient ...

Doch warum ich schreibe, ist, daß ich Sie bitten wollte, bei der Korrektur einen Namen abzuändern. Schaufelberger, der Schreiner, ist nämlich der einzige von den Kerls, den ich, weil mir der Name gefiel, kenntlich gemacht habe; da es zudem ein schnurriger Kerl ist, der nichts übelnimmt. Nun ist mir aber seither eingefallen, und verschiedene Anzeichen führten mich darauf, daß man aus diesem auf die andern schließen dürfte, und das Publikum der guten Stadt Zürich die Meinung bekommen könnte, ich sei ein Aufpasser und Pasquillant. Die liebenswürdigen und ehrenhaften Charaktere schlecken sie ganz friedlich hinein und finden alles ganz in der Ordnung, wenn sie auch nicht so gut sind; das weniger Liebliche aber wird mit Feindseligkeit und peinlicher Nachforschung gedeutet und erweckt Mißtrauen und Ängstlichkeit ...

Daß Sie die Kindergeschichten streichen müssen [in die Buchausgabe sind sie wieder aufgenommen], begreife ich jetzt vollkommen, obgleich ich an die Unzulässigkeit erotischer Episoden dachte; aber wunderlicherweise glaubte ich gerade dadurch, daß ich sie in die Kinderschuhe steckte, die Sache unschuldig zu machen ... Wir verlieren damit etwas novellistische Petersilie, welche zur Ausschmückung des didaktischen Knochens nötig ist; doch ist's nun einmal so ...

Groß war der Widerhall, den die Erzählung bei ihrem Erscheinen fand. Unter anderem trug sie Keller einen schmeichelhaften Brief des einflußreichen Verlegers Georg von Cotta ein, der mit den Worten schloß: »Jede geschäftliche Verbindung zwischen

Ihnen und der Cottaschen Buchhandlung wird mir stets willkommen sein.« Für Cottas »Augsburger Allgemeine Zeitung« berichtete Keller im Herbst 1860 über die gemeinsame Schillerfeier der drei Urkantone Uri, Schwyz und Unterwalden. Dem kurzen Bericht folgte im nächsten Jahr der große Aufsatz »Am Mythenstein« für das »Morgenblatt«, der mit folgenden Sätzen schloß:

Eine einseitige Festvirtuosität ohne dazu gehörendes Lebensgeschick wäre kein Heil. Wer vom Nationalfeste in die Unzufriedenheit des bürgerlichen Elendes zurückkehren muß, dem ist es nur eine niedrige Betäubung, oft die Quelle neuer Bitterkeit und Schmach. Auch pflegen die Feste die Folge wohl vollbrachter Kämpfe zu sein, »saure Wochen, frohe Feste«, und nicht ihnen voranzugehen. Freilich könnte die Weltgeschichte das Ding auch einmal umkehren und sie zu Müttern des Kampfes machen.

Als Keller diese Sätze schrieb, stand er mitten im politischen Kampf, der damals durch Napoleons III. *Griff nach Savoyen in der Schweiz entfesselt worden war. »Wir sind jetzt in großer Schwulität mit der Kanaille zu Paris«, heißt es in einem Briefe. »Es ist leider kaum zu zweifeln, daß er unser Gebiet wird beschneiden wollen. Das Schweizervolk ist durchaus der naiven Meinung, sich mit den Franzosen zu schlagen, wenn es so weit kommt; und es kann der Schweiz eine schöne und ehrenvolle Aufgabe gestellt sein.« Gegen die Friedenspartei in der Bundesversammlung, gerade die Partei seiner alten Gönner Jakob Dubs und Alfred Escher, schrieb Keller im Berner »Bund« eine Reihe temperamentvoller Aufsätze. Der Kampf spielte auf Züricher Gebiet herüber, als Opposition gegen die zürcherische Vertretung im Nationalrat. Keller gehörte dem Agitationskomitee an, verfaßte ein Manifest und führte eine scharfe publizistische Klinge auch gegen allerlei soziale Übelstände.*

Gottfried Keller an Ludmilla Assing

Zürich, 9. November 1860

... Ich habe letzthin auch politisiert, indem ich mich in eine Wahlbewegung hinein verführen ließ, um einige schlaffe und kriegsscheue Gesellen aus dem Nationalrat hinauszuwählen. Die Zürcher öffentliche Welt nahm unseren Scherz aber als einen

Angriff auf sie selbst auf und entbot alle ihre Kräfte, so daß wir ziemlich aufs Haupt geschlagen wurden. Ich hatte den Manifestschreiber dabei gemacht und mir dadurch das »Bedauern« der Hochmächtigen zugezogen. Das Bedauern ärgerte mich, und ich verwandelte es durch eine Reihe von Zeitungsartikeln in etwas Solideres, nämlich in Haß und Zorn, der sich wohl wieder legen wird. Indessen habe ich bei dem kleinen Strauße einige gute Erfahrungen und Beobachtungen für mein Handwerk gemacht, sowie einige angenehme kleine Reisen an schönen Herbsttagen, um mit den Wühlern anderer Orte zusammenzutreffen. Ich verlebte auch einige angenehme Sonnentage in Luzern, wo ich mit alten Freunden, die ich lange nicht sah, im Freien unter den gelben Bäumen etliche Flaschen gelben Weines trank, doch ohne Gefährde. Es war sehr gemütlich, da alle Touristen verschwunden sind, leider auch die Touristinnen (um mich noch rechtzeitig der Galanterie zu befleißigen).

Himmelfahrtstag 1861

... Ich bin eben diese Zeit her etwas korrespondenzmüde, da ich meine Gedanken für andere Dinge zusammengenommen habe, und da ich finde, man soll sich zu nichts zwingen und auch hierin sich gehen lassen können, ohne zu heucheln oder sich zu entschuldigen.

Indessen danke ich Ihnen doppelt für Ihre neue Zusendung und Vermehrung meiner Freundschaftsbibliothek. Die Briefe Rahel-Veit sind mir sehr interessant und kurzweilig, obgleich mich die übertriebene Haarspalterei im Wahrsein, Gegenseitig-Verstehen, im Denken, Wissen usw. chokiert. Ich glaube, diese Art Luxus in tugendhaftem Scharfsinn oder scharfsinniger Tugendhaftigkeit, so breit ausgehängt, ist jüdisch und hat die gleiche Quelle, wie bei den ordinären Juden der Luxus mit Schmuck und schreienden Farben. Wobei natürlich anerkannt werden muß, daß, wie diese letztern das Geld, so die ersten den nötigen Geist zu ihrem Luxus haben. Aber *»bon ton«* ist's nicht, um mit den jungen Leuten zu sprechen ...

Die große Wende in Kellers Leben brachte der Spätsommer 1861. Eins der vornehmsten und bestbesoldeten Staatsämter, der Posten des Ersten Staatsschreibers, war frei geworden, und auf das Betreiben tatkräftiger Freunde, des Finanzdirektors Hagenbuch vor allem, bewarb sich Keller um das Amt.

Gottfried Kellers Bewerbungsschreiben an den Züricher Regierungsrat

Zürich, 11. September 1861

Hiemit erlaubt sich der ehrerbietigst Unterzeichnete, sich um die am 28. August ausgeschriebene Stelle eines ersten Staatsschreibers zu bewerben und sich dafür zu melden.

Am 14. September 1861 wurde Keller mit fünf gegen drei Stimmen gewählt, und bereits am 23. September hatte er sein Amt anzutreten. Es geschah nicht ohne ein tragikomisches Vorspiel, das besorgte Moralgemüter als warnendes Zeichen deuten mochten.

Baechtold berichtet

Den Abend vor dem 23. September – so erzählte Keller einst – war er in eine große Gesellschaft nach dem »Schwan« am Mühlebach geladen. Er fand da viel extravagantes Volk versammelt. Der große sozialistische Agitator Ferdinand Lassalle war der Gefeierte. An seiner Seite erschien die Gräfin Hatzfeld in roter Bluse und weißer Krinoline. Herwegh, der einige Wochen später einen Ruf auf den Lehrstuhl für Literaturgeschichte nach Neapel erhielt, seine Frau und sein Sohn u. a. waren anwesend. Oberst Rüstow trug als Garibaldianer ebenfalls die rote Bluse. Auf dem Sofa lag eine russische Nihilistin, der die Herren eifrig den Hof machten. Ludmilla Assing [die sich damals in Zürich aufhielt] sollte den neuen Herrn Staatsschreiber unter ihre Fittiche nehmen. Nach dem Tee begann ein Gelage, das bis in den hellen Morgen hinein dauerte, wobei die Frauen dem Champagner nicht lässig zusprachen und dicke Havannazigarren rauchten. Keller fühlte sich aufs äußerste angewidert, verhielt sich indessen stumm. Als jedoch in vorgerückter Stunde Lassalle seine Kunststücke als Magnetiseur und Tischrücker in schauspielerischer Weise zum besten gab und eben seinen Hokuspokus über dem Haupte Georg Herweghs machte, um denselben einzuschläfern, fuhr Gottfried Keller wütend auf, schrie: »Jetzt ist's mir zu dicke, Ihr Lumpenpack, Ihr Gauner!«, ergriff einen Stuhl und drang mit dieser Waffe auf Lassalle ein. Eine unbeschreibliche Verwirrung entstand. Die Frauen brachen in heftiges Weinen aus, die Männer schimpften, und der Unhold wurde an die frische

Luft gebracht. Um acht Uhr morgens hätte er in der Kanzlei antreten sollen. Um zehn Uhr war er noch nicht da, der nächtliche Vorfall dagegen bereits ruchbar geworden. Da eilte Regierungsrat Hagenbuch nach der Wohnung seines Schützlings, den Schläfer zu wecken. Ein ernstlicher Verweis wurde dem Säumigen nicht erspart. Es war der erste und letzte, den Keller entgegenzunehmen hatte. Seitdem war er die Pünktlichkeit und Pflichttreue selbst.

Der Staatsschreiber

1861 bis 1876

Mit Baechtolds letztem Satz ist bereits vorweggenommen, was später in einem Urteil des eidgenössischen Kanzlers Schieß noch rühmlicher klingt: Keller sei der beste und zuverlässigste Staatsschreiber der ganzen Schweiz gewesen. Welche Widerstände er anfangs zu überwinden hatte, lassen die Pressestimmen nach der Wahl erkennen.

Eidgenössische Zeitung vom 17. September 1861

Die Wahl hat ungeachtet der ausgezeichneten anderweitigen Vorzüge des Bewählten allgemein ein staunendes Kopfschütteln erregt, zumal neben ihm Herr Nationalrat B. unter den Kandidaten erschien. In den Augen der Politiker ist bei dieser Erscheinung weniger der Übertritt des Herrn Keller in den Staatsdienst als der Beginn einer politischen Karriere dieses Mannes von Bedeutung.

Neue Züricher Zeitung vom 21. September

Eine prinzipielle Bedeutung hätte die Wahl gehabt, wenn sie mit Rücksicht auf die oppositionelle Stellung des Gewählten getroffen worden wäre. Eine solche Spekulation, deren Moralität wir hier nicht näher bezeichnen wollen, hielten wir aber nicht nur unter der Würde der Regierung, sondern gemäß deren Zusammensetzung gar nicht für möglich. Herr Keller wurde nicht *parce que*, sondern *quoi que* gewählt, einzelne seiner Landsleute hat es schon lange gedrückt, daß ein schönes Talent im eigenen Vaterland sich nicht Bahn brechen konnte, und dieses Gefühl hat sehr wahrscheinlich einen großen Einfluß auf die Wahl geübt ... Trotzdem bot aber die Wahl noch Grund genug zur Überraschung, und man hat wirklich selbst Leute überrascht gesehen, die sonst recht gut wissen, was es in Zürich geschlagen hat.

Zürcherische Freitagszeitung vom 20. September

Am Vorabende vor dem Bettag hat unsere Regierung noch einen Geniestreich begangen, wegen dessen gewiß viele sich veranlaßt gesehen haben werden, am Bettag selbst noch extra für sie in der Kirche zu beten. Sie wählte zu ihrem ersten Staatsschreiber den Dichter Gottfried Keller. Ein unverständiges Volk nahm diese Wahl mit kopfschüttelndem Bedenken auf und wollte kaum daran glauben, setzte sich dann aber leicht über das Seltsame derselben hinweg, sich damit beruhigend, daß es am Ende Sache der Regierung sei, was sie für einen Staatsschreiber haben wolle und brauchen könne.

Auf viele andere macht aber diese Wahl ein tief entmutigenden und schwer demoralisierenden Eindruck ... Herr Keller ist, wenn man will, ein genialer Mensch, ein guter Dichter, ein geistreicher Novellenschreiber, ein witziger Zeitungskorrespondent. Aber alles Genie, alle Poesie, aller Geist und aller Witz ersetzen positive Fachkenntnisse nicht. Wir sagen also, es muß tief entmutigen alle, welche wissenschaftliche Fachstudien gemacht haben oder machen wollen, und alle, welche durch praktische Tätigkeit sich in die Administration hineingearbeitet haben, wenn sie sehen, daß weder Wissenschaft noch praktische Erfahrung nötig ist, um mit Einem Sprunge die Stelle einzunehmen, von der man bisher geglaubt hatte, sie vor allen erfordere tiefere Einsicht.

Die Wahl wird aber auch politisch demoralisierend auf viele wirken. Herr Gottfried Keller ist dem Volke des Kantons Zürich weniger von seinen guten Seiten bekannt; es wurde wohl erst auf ihn aufmerksam, als es vernahm, daß er das Manifest der Opposition vor den letzten Nationalratswahlen redigiert habe, und wie er in demselben und nachher in verschiedenen, dem in Zürich herrschenden System feindseligen Blättern seine scharfe Lauge des Spottes über unsere Regenten und die leitenden Männer ergoß ...

Immerhin wissen die, welche so gern der Regierung sowohl, als Herrn Gottfried Keller die ihnen gebührende Achtung nicht vorenthalten wollen, nicht recht, wie sie es reimen müssen, daß die Regierungsmänner einen ihrer Verhöhner, der zudem gar durch keine geleisteten Beweise sich als befähigt auswies, berechtigten und befähigten Anhängern vorzogen.

Der Landbote vom 24. September

Wie, für die Schildhalter der zürcherischen Politik soll man beten, weil sie einen Geniestreich, zu deutsch eine Dummheit gemacht? ...

Was ist denn ein Dichter? Etwa nur der Duft von einer Blume, das Bukett des Weines, der Gesang eines Vogels, das Rauschen des Waldes, das Brausen des Windes? Ist ein Dichter nicht etwas Handgreifliches und Reales wie Ihr? ... Ist der Dichter Keller umsonst vierzig Jahre alt geworden, umsonst in München, Heidelberg, Berlin usw. gewesen? Hat er umsonst studiert, weil er nicht gerade Jurisprudenz studierte? Reißt die Tempel der allgemeinen Bildung ein, wenn für Spezielles auch nur Spezial-Studien genügen! Fort mit dem Namen Athen, denn die Athener machten ihre Dichter sogar zu Feldherren! ...

Und weil Keller zur Opposition gehört, soll entweder er oder die Regierung ihre Grundsätze verleugnen? ...

Das Werk lobt den Meister und ein Narr schimpft die Suppe versalzen, bevor sie gekocht ist. Laßt den alten Gottfried an der Sonne, und seid ferner zufrieden mit Eurem Handel und Euerer Industrie!

Zürcherische Freitagszeitung vom 1. November

Die »Freitagszeitung« hat seiner Zeit die Wahl des Herrn Keller zum ersten Staatsschreiber nicht gar freundlich beurteilt; die Ehrenhaftigkeit verlangt daher von uns, daß wir öffentlich es aussprechen, daß die allgemeine Meinung sich in Gottfried Keller gar gewaltig getäuscht hat; nach allem, was man hört, ist er jetzt schon seinem Posten ordentlich gewachsen, und wenn er so fortfährt, dürfte aus ihm noch einer der tüchtigsten Staatsschreiber werden, den Zürich je besessen hat – das ist die Kraft des Genies, welche wir nicht geniale Menschenkinder in Berechnung zu ziehen vergaßen, als wir die Wahl Gottfried Kellers zu tadeln uns herausnahmen ...

Baechtold erzählt

Als der Herr Staatsschreiber zur ersten Sitzung ins Rathaus ging, mußte der dort aufgepflanzte Landjägerposten übungsgemäß das Gewehr präsentieren. Ein hämischer Nachbar hatte sich beizeiten eingestellt, den feierlichen Augenblick nicht zu verpassen.

Adolf Frey, der 1920 verstorbene schweizerische Erzähler und Lyriker, als Literaturhistoriker der Nachfolger Baechtolds an der Züricher Universität, zählt in seinen 1892 erschienenen »Erinnerungen an Gottfried Keller« die Amtspflichten des Ersten Staatsschreibers auf. Dazu gehörten: die Oberleitung der Staatskanzlei und ihres Rechnungswesens, die Führung der Protokolle über die Sitzungen des Regierungsrats, der Schriftverkehr mit dem Bundesrat und den Kantonsregierungen, die Redaktion aller Verwaltungsberichte, das Sekretariat der politischen Angelegenheiten; ferner die Stilisierung von Verordnungen und Gesetzesentwürfen, die Unterzeichnung von Pässen, Wanderbüchern und Heimatscheinen, von Apothekerpatenten, Wasserrechten usw. »Es gibt wohl keinen Dichter«, meint Frey, »der seinen Namen so oft unterzeichnete wie Keller: annähernd zweimalhunderttausendmal wird er es getan haben; auch dürfte keiner je soviel Manuskripte angefertigt haben: allermindestens zweihundert Bände, im Format seiner Werke gerechnet, liegen noch in den Archiven.« Anschaulich schildert Frey das Amtsmilieu und Amtsgebaren des Staatsschreibers Keller:

Die Staatskanzlei befand sich damals oben an der Kirchgasse: im Erdgeschoß war ein Teil des Archivs geborgen, im ersten Stock hausten die Kanzlisten und der zweite Staatsschreiber, darüber lag die Amtswohnung und das Bureau des ersten. Hier standen vom anbrechenden Sommer bis zu den Herbststürmen immer Rosen auf dem Schreibtisch, die er in dem zur Staatsschreiberei gehörigen Garten zog, und neben der bevorzugten Blume fehlte auch das Lieblingstier nicht, die Katze. Sie lagerte mit Vorliebe auf den Papieren des Herrn Staatsschreibers, und ließ sie sich gerade auf einem für ihn unbequemen Fleck nieder, so mußte schon etwas Dringliches vorliegen, bis er sich entschloß, sie zu vertreiben. Einmal übergab er einem Kanzlisten lachend einen

Bogen zur Neuschrift, der beim Wochenbettchen der geliebten Gesellschafterin nicht ganz heil davongekommen war.

Hinter den mitunter wolkigen oder rauhen Stimmungen des Vorgesetzten witterten die Untergebenen unschwer das Wohlwollen, das ihn antrieb, wo er Not sah, aus eigenen Mitteln zu helfen ... Anläßlich eines Festes erschien er eines Nachmittags und jagte die Kanzlisten in drolliger Weise mit der Aufforderung fort, das schöne Wetter zu genießen und etlichen Flaschen den Hals zu brechen, zu welchem Behufe er ein Goldstück spendierte. Nur das wollte sie bedünken, der Hagestolz halte, wenn Überschüsse zu verteilen waren, infolge unzureichender Schätzung dessen, was ein armer Kanzlist mit seiner Familie brauche, sein Absehen zu sehr auf den Vorteil der Staatskasse gerichtet.

Gottfried Keller über das Schreiberamt

Die Zeit ist lange dahin, da der Schreiber, das Tintenfaß am Gürtel, bei schönem Wetter Hexen und Ketzer verbrannte, einen Ratsschmaus einrichtete, mit Herold und Trompeter durch die Stadt ritt, die Frühlingsmesse auszurufen, oder gar mit dem Banner ausrückte, um als Feldschreiber die glorreiche Züchtigung der Widersächer an den Rat zu berichten. Von alledem ist nicht mehr die Rede. Jahraus und -ein sitzt man am stillen Schreibtisch und kämmt zerzauste Eisenbahnkonzessionen aus, oder paragraphiert Gesetzentwürfe, wie sie aus den Zusätzen und Abstimmungen von einem oder zwanzig Dutzenden turbulenter Köpfe hervorgegangen sind, vielleicht in einem kurzen Jahrzehend zum zweiten- und drittenmal über denselben Gegenstand. Indem man in dem abgegriffenen Handexemplar der Gesetzsammlung, das schon von den Randglossen entschlafener Vorgänger bedeckt ist, wieder Seite um Seite aufgehobener Bestimmungen durchstreicht, die man vor wenig Jahren vielleicht selbst in diesem papiernen Tempel aufgehangen hat, empfindet man nicht immer den rechten Respekt vor dem frischen Wehen des Lebens, dem stürmischen Vorschritt des Volkes, der solchen Wechsel bedingt. Der Schreiber fühlt sich nur als Danaide mit dem Wassersieb in der Hand, er sieht nur die Vergänglichkeit der Dinge, hört nur das Abschnarren eines Uhrwerkes, aus welchem die Hemmung weggenommen ist. Für seine Person wäre er friedlich und genügsam; es bedürfte nicht so vieler Änderungen, um mit seinen Nebenmenschen auszukommen, und so sehr er Freiheit und Recht liebt, so wenig liegt ihm an einem bißchen mehr oder weniger Detail, an der ewigen Topfguckerei ...

Gewiß war Keller völlig mit sich im reinen über das Für und Wider einer Amtstätigkeit, die er so ernst wie möglich zu nehmen gesonnen war. Auf der Plusseite stand die im dreiundvierzigsten Lebensjahr endlich errungene wirtschaftliche Sicherheit. Etwa sechstausend Franken betrug einschließlich der Sporteln das für damalige Verhältnisse stattliche Jahreseinkommen, wozu freie Wohnung, Heizung und Beleuchtung kamen. Schon in den ersten vier Amtsjahren konnte er sich endgültig von allem Schuldenballast befreien, der durch die wechselnden Zeiten mitgeschleppt worden war. Auf der Minusseite stand der Zwang, alle dichterischen Pläne zunächst einmal zurückzustellen. Bei acht- bis zehnstündiger täglicher Amtsarbeit hatte die Poesie das Nachsehen, und auch die Lust am behaglichen Briefplaudern verkümmerte. Nicht einmal einen Urlaub hat Keller in den ersten zehn Amtsjahren genommen.

Auch dieses Minus verwandelt sich in ein Plus, wenn man Kellers Naturell in Anschlag bringt, in das er selber genügend Einsicht besaß. Jene entscheidende Probe, die er auf der Mittagshöhe seiner Jahre mit soviel männlicher Entschlossenheit bestand, war die Bewährungsprobe seiner staatsbürgerlichen wie seiner schöpferischen Existenz. Die Kräfte, die der Staatsschreiber an sein Amt gab, wurden dem Manne und Dichter als Kraft zurückgegeben. Zu regelmäßigem Leistungspensum hat Keller die Poesie nie anhalten können: so bestünde gewiß kein Grund, die fünfzehnjährige Staatsschreiberschaft als Regelwidrigkeit in Meister Gottfrieds poetischem Haus zu beklagen. Aber es war gar keine schöpferische Muße, nur eine schöpferische Pause, und es wird sich zeigen, welches künstlerische Wachstum unversehens mit Blüte und Frucht zwischen den Rosenstöcken des staatsschreiberlichen Gartens hervorbrach.

Jedenfalls hatte Gottfried Keller im Dezember 1861 Grund genug, das Hochgefühl zu teilen, mit welchem Mutter und Schwester zum Umzug ins stattliche Haus der Staatskanzlei rüsteten. Frau Keller hatte gerade den vierundsiebzigsten Geburtstag hinter sich, und noch zwei gute Jahre waren ihr beschieden, um recht in die neuen stolzen Lebensumstände des Sohnes einzuwohnen.

Schon im folgenden Frühjahr mußte Keller zu allem übrigen als Aktuar einer Eisenbahnkommission amtieren, und im Mai wurde seine Wahl zum Sekretär des Großen Rats nachgeholt. Die Dienstgeschäfte häuften sich. Aus den Jahren 1862 bis 1864 sind nicht mehr als sieben Briefe erhalten, darunter karge Mitteilungen von drei, vier Zeilen.

Gottfried Keller an Berthold Auerbach

Zürich, 6. Juni 1862

Ich kann mich nicht entschließen, die Erzählung umgehend übers Knie abzubrechen [»Verschiedene Freiheitskämpfer«, erschienen in Auerbachs Volkskalender auf 1863, wieder abgedruckt erst aus dem Nachlaß], muß vielmehr, wie ich mir vorgenommen, noch die beiden Pfingsttage, an welchen ich gänzliche Ruhe habe (mit Ausnahme der täglichen Besprechung mit dem Regierungspräsidenten, welche auch an Sonntagen fortläuft) zum Schluß verwenden. Das vertrackte Geschäftsleben ist so genaturt, daß es einen immer mit unerwarteten Güssen überfällt, so daß man nach der früher gehabten und mißbrauchten Muße zurückschnappt. Wir wollen den Zauberbesen aber mit der Zeit schon bändigen.

An Hermann Hettner

Zürich, 10. März 1863

Ich habe jetzt die Hoffnung, bald einige Produkte endlich abschließen zu können, da ich für mein Amtsgeschäfte nunmehr ziemlich routiniert bin ...

Diese Zeilen schreib' ich in feierlicher Ratsversammlung im schwarzen Fräcklein, als Sekretär derselben.

Am eidgenössischen Buß-, Bet- und Danktag wurde in Zürich von allen Kanzeln eine Ansprache der Regierung verlesen, das sogenannte Bettagsmandat. Nicht selten wurde der Staatskanzlei die Abfassung dieser Bettagsmandate übertragen: wenn keines der Regierungsmitglieder »die Lust verspürte, seinen Stil an der besagten Kundgebung zu versuchen«. Keller als Mandatsverfasser hatte von vornherein mit dem entschiedensten Widerstand eines Teils der Züricher Geistlichkeit zu rechnen, wie er denn in einer späteren Polemik gegen den Züricher Pfarrer Heinrich Lang sich dazu bekannte, die »streng konfessionelle Sprache« nebst den »diesfälligen Gemeinplätzen« aus den Entwürfen verbannt zu haben. So wurde gleich sein erstes Bettagsmandat 1862 vom Regierungsrat nicht genehmigt. Viermal, in den Jahre 1863, 1867, 1871 und 1872, ist sein Wort dann doch von der Kanzel herab verkündigt worden.

In seiner Lebensführung ließ Gottfried Keller sich im übrigen von den Würden des Amtes kaum drücken. Er blieb ein eifriger Wirtshausgänger, und daß sein Temperament in vorgerückter Stunde dazu neigte, sich mit Krakeel und Gepolter Luft zu machen, ist in Zeiten politischer Hochspannung von seinen Gegnern weidlich ausgeschlachtet worden. Wenn Baechtold aus den Jahren vorher von einem verspäteten Studententreiben nebst Strafen wegen nächtlicher Ruhestörung berichtet, so fügt er hinzu, daß selbst der Herr Staatsschreiber sich dergleichen Bußzettel, offenbar zu mahnendem und quälendem Angedenken, aufgehoben habe.

Im Wirtshaus saß Gottfried Keller auch, als am 5. Februar 1864 gegen Mitternacht seine Mutter starb. Sie war nicht eigentlich krank gewesen, der Tod kam unerwartet. Daß sie ohne Abschied von ihm gehen mußte, blieb dem Sohn eine der bittersten Erinnerungen.

Doch eine letzte tragische Erfahrung hatte ihm das Schicksal noch aufgespart. Im Frühjahr 1866 verlobte sich der Siebenundvierzigjährige mit einer Dreiundzwanzigjährigen. Im Hause ihres Oheims hatte er die verwaiste Arzttochter aus dem Kanton Bern kennengelernt. Luise Scheidegger, eine Erscheinung von sanftem Liebreiz, den frühe Schwermut verdunkelte, hatte nur zögernd ihr Jawort gegeben. Gerade damals tobte in Zürich der politische Kampf um eine Verfassung mit vermehrten Volksrechten. Dem neuen Radikalismus war Keller nicht radikal genug, und zu den Waffen, mit denen man ihn öffentlich attackierte, gehörte die gut gespielte moralische Entrüstung über seine Wirtshausskandälchen. Was davon in der Verzerrung des Gerüchts zu dem zartbesaiteten Mädchen drang, genügte offenbar. In der Frühe des 13. Juli 1866 hat sich Luise Scheidegger bei Verwandten in Herzogenbuchsee im Gartenteich ertränkt.

Nie hat Keller über dieses furchtbare Erlebnis gesprochen. Sein Briefwechsel mit Luise Scheidegger wurde von den Verwal-

tern des Kellerschen Nachlasses verbrannt. Unveröffentlicht blieben die folgenden Verse, geschrieben am 8. August 1866:

Du solltest ruhen und ich störe dich,
Ich störe deine Ruhe, süße Tote,
Ich wecke dich im kühlen Morgenrote,
Und wecke dich, wenn Schlaf die Welt beschlich.

Die in der Morgenfrüh' in leisen Schuhen
Die Ruh' gesucht und mir die Unruh' gab,
Nicht eine Feste ist dein zartes Grab,
Drin du geborgen kannst und sicher ruhen!

Entschwundnes Gut, o Herz voll seltner Güte,
Steh auf und schüttle nur dein nasses Haar!
Tu auf die lieben Äuglein treu und klar,
Gebrochen in des Lenzes reinster Blüte!

Du mußt mit meinem Grame schmerzlich kosten,
Solang er wach, das ist die meiste Zeit.
Erst wenn der Tod mir selber Ruh' verleiht,
Magst kehren du zu ruhn im Wesenlosen.

In den politischen Händeln, die auch sonst die Privatsphäre nicht schonten, hat Keller selbst sich immer sachlich und maßvoll verhalten. So schrieb er für das »Berner Sonntagsblatt« eine Reihe von Artikeln, worin er die Züricher Verfassung mit liebevollem Kennerblick auf Wurzel und Stamm prüfte. Gegen eine radikale Änderung führte er nicht sowohl politische Gründe als die Geschichte ins Treffen:

Eine Verfassung ist keine stilistische Examenarbeit. Die sogenannten logischen, schönen, philosophischen Verfassungen haben sich nie eines langen Lebens erfreut. Wäre mit solchen geholfen, so würden die überlebten Republiken noch da sein, welche sich einst bei Rousseau Verfassungen bestellten, weil sie kein Volk hatten, in welchem die wahren Verfassungen latent sind bis zum letzten Augenblick. Uns scheinen jene Verfassungen die schönsten zu sein, in welchen, ohne Rücksicht auf Stil und Symmetrie, ein Konkretum, ein errungenes Recht neben dem andern liegt, wie die harten, glänzenden Körner im Granit, und welche zugleich die klarste Geschichte ihrer selbst sind.

Im Frühjahr 1867 starb Wilhelm Baumgartner, der Musiker und treue Weggefährte. Ihm hat Gottfried Keller eins seiner schönsten und männlichsten Lieder ins Grab nachgesungen. Fast scheint es, als wollten diese Verse mit ihrem hellen Trommelklang trotz Tod und Tränen auch jenen andern, dunkleren Schatten bannen vom Sommer zuvor. »Lebt und singt, doch singet fein und gut«:

Mancherlei sind unsers Volkes Gaben;
Denn auch mancherlei hat es zu tun,
Und beim harten Ringen, wie zum Ruhn
Muß es einen guten Spielmann haben,
Der, wenn Sichel, Schwert und Hammer klingt,
Stets dazu die rechte Weise singt.

Unser Spielmann war er treu und klug,
Meister Wilhelm mit der rechten Weise,
Und sein Sinn wie froher Fahnenflug,
Und sein Herz ertönte laut und leise!
Lenz – und sommerlang, sein Spiel zur Hand,
Ging er treulich mit dem Vaterland.

Mit dem Vaterland und allen Freien
Ging er stets dem goldnen Licht entgegen;
Freiheit, Licht und Wohlklang, diesen dreien
Galt der Takt von seines Herzens Schlägen.
Was er tat, das tat er recht mit Fleiß,
Und beim Schmieden war sein Eisen heiß.

Neulich sahen wir in Sommerstunden,
Wie der Schnee auf grünen Linden lag,
Von der Last das Ährenfeld gebunden
Niedersank vor seinem Erntetag;
Schlimmes Jahr! So sank der Sänger nieder –
Hier sein Schatten noch und seine Lieder!

Ein Gedenken noch und seine Lieder,
Alles, was uns bleibt, und doch genug!
Fröhlich heben wir die Fahnen wieder,
Und es ruft aus ihrer Falten Flug
Seine Stimme wie in Abendglut:
Lebt und singt, doch singet fein und gut!

Noch zwei Jahre zogen sich die Züricher Verfassungshändel hin, verdrießlich für den Staatsschreiber auch durch ein aufgeblähtes Kommissions- und Protokollwesen, bei dem viel leeres Stroh zu dreschen war. Endlich, am 18. April 1869, wurde die neue Verfassung sanktioniert, womit die bisherige Regierung gestürzt war. Nicht jedoch, zu seiner eigenen Überraschung, der bisherige Staatsschreiber. Vor mehr als einem Vierteljahrhundert hatte Gottfried Keller in München die Verszeilen geschrieben: »Hin geht die Zeit – her kommt der Tod: – so groß ist keine Erdennot – sie muß sich endlich wenden.« Jetzt schreibt er, vergnügt variierend, in sein Handprotokoll vom 14. Juni 1869:

Schlußsitzung der alten Regierung

Her kommt der Tod, die Zeit geht hin,
Mich wundert, daß ich so fröhlich bin.

Das war die letzte Sitzung der sogenannten dreißiger Regierung nach Untergang der Verfassung von 1831.

Gottfried Keller an Ludmilla Assing

Zürich, 12. Juni 1868

So muß ich mich endlich auch wieder rühren, insonderlich da ich mit nächstem Jahr wahrscheinlich meinem öffentlichen Amte werde Valet sagen und mich meinem Poetentum hingeben müssen

Wir haben nämlich in unserm Kanton eine trockene Revolution mittelst einer ganz friedlichen, aber sehr malitiösen Volksabstimmung gehabt, wie Sie sonst werden vernommen haben, in deren Folge jetzt unsere Verfassung total abgeändert wird. Das bisherige Repräsentativsystem soll in die neue und absolute Demokratie umgewandelt und damit unser Staatsgebäude in allen Teilen niedergerissen und neu aufgebaut werden. Da ich zu denen gehöre, die nicht von der Zweckmäßigkeit und Heilsamkeit der Sache überzeugt sind, so werde ich ganz resigniert abspazieren, ohne dem Volke zu grollen, das sich schon wieder zurechtfinden wird . . .

An Johann Salomon Hegi

Zürich, 12. Mai 1869

Ich führe allerdings ein etwas vegetatives Leben, das aus Essen und Schlafen besteht, mit Einschaltung von acht- bis zehnstündiger Amtsarbeit täglich. Daß dabei die Lust zum Briefschreiben klein wird, besonders, wenn man sich noch ein Stündchen für die Privatlektüre oder Kramen in alten Papieren retten will, dürfte begreiflich sein.

Vermutlich wird das demnächst ein Ende nehmen und werde ich beim Antritt der neuen Regierung als ein »Zopf« oder »Reaktionär« wieder in meine Poetenfreiheit zurückgelangen und dann Zeit genug für die Abfassung von großen gedruckten oder kleinen gereimten Briefen an alle meine unzähligen Freunde und Bewunderer finden, welche eine wahrhaft unsichtbare Kirche zusammen bilden. »Ich sehe viele meiner geehrten Herren Zuhörer, die nicht da sind!« sagte jener Professor.

An Ludmilla Assing

Zürich, 8. Juni 1870

In einer langweiligen Regierungssitzung, in welcher stundenlang debattiert wird, finde ich endlich die Gelegenheit, meiner Sünden zu denken, und da fällt mir vor allem meine bald zweijährige Briefschuld aufs Gewissen, die mich Ihnen gegenüber drückt. Wie Sie an diesem Eingang sowie am Papier [Quartbogen mit Aufdruck »Staatskanzlei des eidgenössischen Standes Zürich«] wahrnehmen können, befinde ich mich ungeachtet der vorübergegangenen Staatsveränderung unseres Republikwesens immer noch in meinem Amte; ich sitze zur Stunde an meinem alten Platz auf dem Rathause; aber seit einem Jahre sieben neue Regierungsmänner um mich her, da alle Alten, meine Freunde, durch Volkswahl beseitigt wurden. Unsere neue Verfassung ist im Gange, und die Wogen haben sich so weit gelegt, daß sie da und dort bereits zu ebben beginnen und die Reihe des Ängstlichwerdens schon an manche der Bewegungsleute kommt. Ich hoffe die ganze Geschichte bei guter Muße in einem artigen historischpolitischen Traktätlein beschreiben zu können, um auch etwas Derartiges zu hinterlassen. [Was mit der Novelle »Das verlorene Lachen« im zweiten Band der »Leute von Seldwyla« geschehen ist.]

Nicht unbemerkt war indessen der 19. Juli 1869 vorübergegangen. Mit Fackelzug und Kommers wurde Gottfried Kellers fünfzigster Geburtstag als ein wahres Volksfest gefeiert, dessen Begeisterungswoge keinewegs auf die beteiligten Kreise der Universität, des Polytechnikums und der großen Sängergesellschaften beschränkt blieb. Der Dichter erfuhr von dem Plane erst, als er nicht mehr rückgängig zu machen war, und hat mit heiterer Würde dem Trubel standgehalten.

Baechtold berichtet

In der schönen Sommernacht kurz vor neun Uhr sammelten sich die Studenten, die Fackelträger, die Freunde und Bekannten Kellers nebst einer großen Volksmenge auf dem Bahnhofplatze. Der Zug, an seiner Spitze acht Banner, berittene Chargierte und ein Musikkorps, bewegte sich den Limmatquai entlang über die Münsterbrücke vor das Hotel Baur (Stadt). Die Sängerchöre stimmten das Keller-Baumgartnersche »O mein Heimatland« an, worauf der Redner der Studentenschaft in begeisterter Ansprache den Gefeierten pries.

Gottfried Keller, zwischen den hohen Säulen des Balkons stehend, antwortete allen verständlich auf den weiten, mit einer dichten Menge gefüllten, vom Fackelschein erhellten Platz hinaus. Das Unternehmen, seinen fünfzigsten Geburtstag ans Licht zu ziehen, habe in ihm das beschämende Gefühl einer unverdienten Ehrung erregt, und er befürchte, man könnte, wenn in dieser Weise so hell in das dunkle Kämmerlein des Poeten hineingeleuchtet werde, nichts finden, als ein altes verlassenes Frauenzimmer, die Muse früherer Tage. Möglich, daß dieser Schein sie früher wecke, als sie selber gedacht, daß sie sich dann aber auch sogleich unnütz machen möchte. Ältere Frauenzimmer könnten zwar interessant, dagegen ebenso schwatzhaft und bösartig sein. Sollte so etwas bei ihm vorkommen, hätten es die Veranstalter dieses Festes auf dem Gewissen. Wenn bessere Leute als er bei derartigen Anlässen zu sagen pflegen, daß sie die Ehrenbezeigung auf die Sache bezögen, welcher sie hätten dienen wollen, so sei dies bei ihm doppelt und dreifach der Fall. Dann erging sich der Redner im Preise seines allzu früh geschiedenen Freundes Wilhelm Baumgartner und endigte mit dem Wunsche, daß die ihn heute über Verdienst feiernde Jugend dereinst ihren eigenen fünfzigsten Jahrestag mit demselben heitern Sinne, mit dem nämlichen Wohlwollen, mit unveränderter Freundlichkeit des Herzens und der gleichen Liebe und Freude am Vaterland und am Liede begehen möge.

In vierspänniger Kutsche wurde der Jubilar darauf in die Tonhalle geführt, wo sich fröhliches Treiben erhob. Den Kommers eröffnete der Dekan der philosophischen Fakultät, Professor Georg von Wyß, welcher die Glückwünsche der Hochschule, sowie das jubelnd aufgenommene Diplom eines Ehrendoktors dem Dichter überreichte. Erziehungsdirektor Sieber sprach dem jungen Doktor den Dank der Volksschullehrer und des Erziehungsrates dafür aus, daß Keller in seinen Dichtungen, namentlich in der »Frau Regel Amrain«, einen so tiefen Blick in die Bedürfnisse der nationalen Erziehung getan habe. Nachher ergriffen die Professoren Johannes Scherr, Gusserow, Bursian, Gottfried Kinkel, Geiser u. a. das Wort. »Geben Sie«, rief Kinkel aus, »unserm Dichter den Erfolg, der ihn auffordere, mit den Schöpfungen herauszutreten, die neben den Akten der Staatskanzlei in seinem Pulte liegen, und des Neuen froh zu werden, das, vielleicht unter der Anregung des heutigen Abends, seinem reichen Geiste noch entblüht!«

Nun betrat der graduierte Gottfried Keller die Bühne und hielt, ein illustriertes Schweizeralbum aus der Tasche ziehend, erst einen Monolog über die Schönheit seiner Heimat, der es nie an Dichtern fehlen könne. Dann gab's ein lustiges Brillantfeuer von Humor, Laune, Satire, Ernst, Gedankenblitzen. Was der Herr Staatsschreiber in den Bart murmelte, war freilich nur wenigen von den hundert andächtig Lauschenden vernehmlich. Aber gesprächiger als sonst eröffnete er einen Einblick in sein verschlossenes Seelenleben, legte die künstlerischen Ziele, denen er gefolgt, dar, geißelte namentlich den phrasenhaft-hohlen Ton eines sich breit machenden unwahren Patriotismus und zeigte, was die Schweiz, der sein Hoch galt, auf dem Gebiete der Kunst Rechtes zu leisten berufen und befähigt sei.

Dann lösten Musik, Gesang, Vortrag Kellerscher Gedichte

(»Die Schifferin auf dem Neckar«, »Der alte Bettler«) sich ab. In freundlicher Mitteilsamkeit schritt Herr Doktor Gottfried die langen Tische entlang, den einzelnen für ihre Teilnahme dankend.

Der beste menschliche Gewinn dieser Festnacht war die Bekanntschaft mit dem achtundzwanzigjährigen Adolf Exner, der im Jahr vorher als ordentlicher Professor für Römisches Recht aus Wien nach Zürich berufen worden war. Der ungewöhnlich kultivierte, auf eine erfrischende Art weltmännische junge Jurist hat auf Keller sogleich Eindruck gemacht. Seine Schwester Marie, die im Sommer 1872 nach Zürich kam, erwies sich als nicht minder anziehend, wovon noch die Rede sein wird.

Nach wie vor vollzog sich Kellers geselliger Verkehr außerhalb der eigenen Häuslichkeit, in der die treusorgende Schwester Regula zwar den frischgewaschenen Hauch aller haushälterischen Tugenden, doch nicht eben Behagen verbreitete. Gern saß er, so wird berichtet, in den alten gemütlichen Zunfthäusern, auf der »Saffran«, der »Zimmerleuten«, später der »Meise«. Wer ihm begegnen wollte, suchte ihn beim Abendschoppen auf, falls man sich nicht im Wesendonckschen Hause traf oder bei dem Doktor François Wille. Dieser ehemalige jungdeutsche Journalist von markanter politischer Vergangenheit, zu dessen Göttinger Kommilitonen Bismarck gehört hatte, gebürtiger Hamburger, Sohn eines Welschschweizers und einer Hanseatin, hielt mit seiner Gattin auf dem schönen Landsitz Mariafeld bei Meilen offenes Haus für Künstler und Gelehrte. Richard Wagner hat 1864 monatelang dort gewohnt, später gehörte vor allem Conrad Ferdinand Meyer zu den Vertrauten des Hauses.

François Wille erzählt

Einst verweilte Keller bei mir hier in Mariafeld in lebhafter Unterhaltung beim Glase. Ich ließ ihn nachts nicht mehr fort, sondern führte ihn in unser Gastgemach drüben im Nebenhause, versorgte ihn und bat, rasch zu Bette zu gehen. Nach einer, nach zwei Stunden sah ich vom Zimmer aus in dem seinigen noch Licht brennen. Ich ging nach ihm sehen. Da saß er betrübt, noch angezogen, wie betäubt, auf dem Bettrande, sah mich verworren an und sagte: »Sind Sie's? Bin ich bei Ihnen? Mir war, ich sei in der ›Sonne‹ zu Küßnacht und sollte gerade hinausgeworfen (›usegheit‹) werden.«

Gottfried Keller an Ludmilla Assing

Zürich, 8. Juni 1870

In neuerer Zeit lebe ich endlich wieder einmal mehr für meine Person, lese viel und schreibe allmählich wieder. Ich durchgehe alte Manuskripte, mache sogar Verse, kurz, ich übe mich vorsichtig, aber behaglich ein, heut oder morgen wieder ein freier Schriftbeflissener zu werden, da mich die Jahre doch zu dauern anfangen, die so dahingehen.

Mit den Wesendoncks kam es im Sommer 1870 zum Bruch, weil Gottfried Keller über ein Dramenmanuskript Frau Mathildes, das sie ihm zur Beurteilung gesandt hatte, ungünstig sich äußerte. Als die gekränkte Autorin schroff erwiderte, versuchte er's mit vergeblicher Diplomatie:

Gottfried Keller an Mathilde Wesendonck

Zürich, 19. Juli 1870

... Nur eines will ich zum Schluß noch auftrumpfen: es gilt unter den rechten Schriftstellern, Künstlern usw. nicht für Beleidigung, wenn das verlangte konfidentielle (nicht gedruckte) Urteil da oder dort nicht zustimmend ausfällt oder wenn sogar diese oder jene schwächere Stelle mit wohlgemeinter Ironie hervorgehoben wird, um deren Vermeidung zu veranlassen.

Endlich gilt es sonst nirgends für Schimpf und Beleidigung, wenn jemand eingesteht oder erraten läßt, daß er in einem schöngeistigen Werke irgend einer Art nicht diejenige höhere Begabung habe finden können, welche dazu erforderlich ist.

Allerendlichst aber ist Irren menschlich und kann auch ich mich irren. Halten Sie daher meine Bemerkungen für unrichtig, dann stecken Sie dieselben einfach in den Papierkorb, wohin sie ohnehin gehören, und halten Sie sich an leichtblütigere und »frohmütigere« Bursche, wie die Zürcher sagen.

An Paul Heyse

Zürich, 2. April 1871

Schon letzten Winter hat mir die Lampe fleißig gebrannt und ich bin fast fertig mit einem zweiten Bande von den Leuten von

Seldwyla. Auch habe ich eine Anzahl Novellchen ohne Lokalfärbung liegen, die ich alle anderthalb Jahr einmal besehe und ihnen die Nägel beschneide, so daß sie zuletzt ganz putzig aussehen werden . . .

Die Franzosen, die mit ihren roten Hosen unsern feineren und gröberen Pöbel toll gemacht haben, sind wir nun los. Das Geheimnis der dicken Freundschaft liegt darin, daß leider ein Teil unsres Volkes sich selber für solche Teufelskerle hält, wie die Franzosen seien, und zwar weil sie ahnen, daß es leichter ist, denselben zu gleichen, als den Preußen. Die Zeit muß da das ihrige tun und *ad oculos* demonstrieren. Meinerseits gedenke ich, auch poetisch-schriftstellerisch vorzugehen und den Patriotismus einmal in Tadel statt in Lob zu exerzieren, und will sehen, ob mir die Bestien auch die Fenster einwerfen werden.

Die Franzosen, die wir nun los sind: die im Deutsch-Französischen Krieg auf Schweizer Gebiet übergetretene und dort internierte Armee Bourbakis. Unter deren Einwirkung kam es (worauf die Bemerkung vom Fenstereinwerfen anspielt) am 9. März 1871 beim Friedensfest der Züricher deutschen Kolonie zu lärmenden Kundgebungen des Pöbels. Eidgenössische Truppen mußten in den nächsten Tagen die Ruhe wieder herstellen. Gottfried Keller, der dem Fest mit anderen deutschfreundlichen Schweizern beigewohnt hatte, machte auch sonst aus seiner Sympathie für die deutsche Sache kein Hehl. Daß der Bankrotteur Louis Napoleon endgültig von der Szene verschwand, freute ihn ebenso, wie er die deutsche Einigung als politischen Fortschritt mit stammesverwandten Gefühlen begrüßte.

Unterdessen waren die »Sieben Legenden« so weit gediehen, daß an die Veröffentlichung gedacht werden konnte. Ein bedeutsames Verlagsangebot lag vor, und weiteren Rat versprach sich Keller von der Erfahrung des alten Freundes Vischer, der seit 1866 wieder in Stuttgart wirkte.

Gottfried Keller an Friedrich Theodor Vischer

Zürich, 1. Oktober 1871

Herr Ferd. Weibert, Inhaber der Goeschenschen Verlagshandlung in Stuttgart, hat mich auf außerordentlich freundliche und schmeichelhafte Weise aufgefordert, ihm etwas in den Verlag zu liefern. Das hat mich nun wirklich auf den Gedanken gebracht, nachzusehen und dem Herrn ein kleines Werklein anzuvertrauen, das nur einer korrigierenden Abschrift bedarf ... Das Büchlein, um das es sich handelt, würden jene ironisch reproduzierten sieben Legenden sein, von denen Sie, wenn ich nicht irre, mich vor Jahren auch haben vorlesen hören bei Wesendoncks. Als Titel dächte ich mir, auf alte Heiligenbilder anspielend, zu setzen: »Auf Goldgrund, sieben Legenden von N. N.« Hielten Sie diesen Titel für affektiert oder irreführend oder läppisch usw.? ...

Friedrich Theodor Vischer an Gottfried Keller

Stuttgart, 18. Oktober 1871

»Auf Goldgrund«? Ich wäre nicht dafür. 1. Weil ich gegen die Titel bin, die aus Satzteilen bestehen. Sie sind unbequem. »Haben Sie ›Auf Goldgrund‹ gelesen?« – »Was sagen Sie über ›Auf Goldgrund‹?« oder »Gottfried Keller schrieb hierauf Legenden – auf Goldgrund – oder ›Auf Goldgrund‹.« 2. Es klingt ironisch. Nun werden freilich die Legenden selbst Ironie auf die Legenden sein, aber nicht so, wie plumpe Köpfe es verstehen, sondern eine gemütliche Ironie, eine Ironie, die den wirklichen Goldgrund der Liebe hat. Die scharfe Kürze eines Titels aber könnte den Schein einer Ironie ohne solche schöne Grundlage mit sich führen, könnte zu sagen scheinen: Gebt einmal acht, was das für ein Goldgrund sein wird. Man könnte zwar sagen: wenn Sie einfach setzen: »Sieben Legenden von Gottfried Keller«, – so klingt das eben auch recht ironisch – wohl, aber es ist nicht so zugespitzt markierend wie: »Auf Goldgrund«! Es gibt gleich zu denken, so daß man sich fragt: was, Donnerwetter, mögen das für Legenden sein von Gottfried Keller! Aber es enthält diesen Anreiz doch nur in der stillen Form objektiv gehaltenen Titelstils. Kurz: »Auf Goldgrund« klingt mir zu subjektiv, zu erregt und erregend, auffordernd.

Gottfried Keller an Friedrich Theodor Vischer

Zürich, 22. März 1872

Endlich bin ich imstande, Ihnen auf Ihre in Zürich mir geschenkten vielfachen reichen Geistesgaben wenigstens anfangsweise mit einem kleinen Kümmerling zu antworten, den ich heut unter Band an Sie abgeschickt habe. Ich habe aber jetzt Angst, daß das kleine Wesen als eine Narrheit oder Kinderei werde aufgefaßt werden in seiner Isolierung und Plötzlichkeit. Hoffentlich kann ich bald ein dickeres Buch drucken lassen, um die Scharte dieser lückenbüßerischen Legenden auszuwetzen.

In einem anderen Brief nennt Keller die Legenden »ein kleines Zwischengericht, ein lächerliches Schälchen eingemachter Pflaumen«. Nicht nur die Nachwelt, schon die Mitwelt hat anders geurteilt, und zum ersten Mal stellte sich hier neben dem literarischen sogleich der buchhändlerische Erfolg ein: bereits nach wenigen Monaten konnte der Verleger an eine neue Auflage denken. Feineres erzählerisches Filigran hat Gottfried Keller niemals gesponnen als in diesen altmeisterlich-ziervollen Gebilden, die auf dem unversehrten Goldgrund der Legende mit aller Lust des sinnlichen Einfalls blühen. Die echte Naivität und Frömmigkeit der alten Geschichten und die Herzensheiterkeit des entdeckungsfrohen Erzählers durchdringen und steigern einander, necken einander, verschlingen sich in barocken Schnörkelwesen, schweben auf als zauberhafter Einklang von sinnendem Ernst und funkelnder Laune. Je williger die gestaltende Phantasie noch dem drastischsten Einfall nachgibt, um so reiner und durchsichtiger spielt die Form in allen Farbenwundern der Schöpfung. Anmutiger hat deutsche Prosa niemals musiziert.

Gottfried Keller an Friedrich Theodor Vischer

Zürich, 19. Mai 1872

... Ich bin Ihnen auch noch meinen Dank schuldig für die freundliche Entgegennahme der Legendchen. Wenn Sie mir die Ehre erweisen wollen, einmal ein wenig ins Gericht zu gehen mit meinen Sachen [Vischer hatte von der Absicht eines größeren Aufsatzes über Kellers Schaffen geschrieben], so ist es mir sehr lieb, wenn Sie noch einiges abwarten wollen: der zweite Band »Seldwyla« soll bis zum Herbst erscheinen. Auch ist noch einiges andere da, womit ich bei günstigen Zeitläuften gelegentlich abschließen kann. Glauben Sie alsdann eine bestimmte Figur von mir zu haben, so wird es mir allerdings zu großer Freude gereichen, gleichweit von unmotivierter günstiger Voreingenommenheit sogenannter Talententdecker und von der malitiösen Kühle Fernstehender entfernt, einmal sachlich behandelt zu werden und dabei zu lernen.

Den schon erwähnten Züricher Besuch der damals achtundzwanzigjährigen Marie Exner brachte der Sommer 1872. Unbefangen stimmte die lebensfrohe und lebenskluge Wienerin in den heiteren Freundschaftston ein, der sich zwischen ihrem Bruder und Gottfried Keller herausgebildet hatte. Wie wenige verstand sie es, den oft so stachligen und nicht selten von grämlichen Anwandlungen heimgesuchten Mann aus sich herauszulocken. Als Adolf Exner, der einem Ruf an die Wiener Universität folgte, im Herbst mit der Schwester entschwand, war der Bund besiegelt. In den letzten beiden Lebensjahrzehnten Gottfried Kellers glänzt die Freundschaft mit der »Exnerei« als das hellste Licht. Zur Züricher Zeit war noch der junge Archäologe Karl Dilthey mit von der Partie, ein Bruder des bekannten Philosophen.

Gottfried Keller an Marie Exner

Zürich, 16. Dezember 1872

Höflichen und herzlichen Dank für die zwei Bilder, die mir Herr Dilthey gestern abend gab. Bis zu diesem Augenblick, das heißt seit Monaten, hatte ich in Zucht und Ehren gelebt. Gestern tranken wir zwei nun folgendes:

8 Glas Bier
2 Schoppen Wein
2 Flaschen Wein
2 Gläser Grog
2 Wiener Schnitzel (Dilthey)
1 Blumenkohl (idem)
1 Hasenbraten (ich)
2 Brot (beide)
1 Kartoffelsalat (ich)
1 Käs (Dilthey)
1 Butter (id.)
1 Brot (id.)

macht 24 Einheiten, die wir zusammen verschlangen.

Als Dilthey meinen schönen Hasenbraten sah, wollte er auch welchen haben; es war aber keiner mehr da, ich bot ihm den meinigen an gegen Abtretung der Wiener Schnitzel. Da wurde er mißtrauisch und behielt sie.

Heut hab' ich etwas Katzenjammer; als ich um neun Uhr aufstand und die Photographien besah, machte ich ein zwinkerndes

Gesicht, wie eine alte Eule, die an einem hellen Morgen aufs Meer hinausschaut. Ich grübelte einen Augenblick, was wohl für ein Herrgöttle in der kleinen Monstranz stecke, die Sie am Halse tragen. Wahrscheinlich die kaiserliche Familie, dachte ich und war froh über diesen Ausweg, da das Kopfweh mir das Denken schwer machte.

Wenn Sie etwa Herrn Semper [Gottfried Semper, der Architekt, der 1871 mit achtundsechzig Jahren noch einem Ruf nach Wien gefolgt war] sehen, so bitte ich ihn zu grüßen. Das gute arme Mädchen Lina in der »Bollerei« schreibe ihm eine Schachtel mit Handschuhen zu, die sie anonym durch die Post erhalten habe, und möchte ihm gern dafür danken. Es sei immer noch ein braves liebenswürdiges Kind, das des Nachts wegen des wiedergekehrten Hustens nicht mehr schlafen könne und sich doch den ganzen Tag durch plage und dabei blaß und mager geworden sei. Ich schenke ihr zuweilen auch was, da sie keine Eltern mehr hat, allein in der Fremde sein muß und kaum alt wird. Neulich kaufte ich ihr ein Ringlein, das sie mit einem von Semper geschenkten am kleinen Finger trägt, so daß sie beide Narren schön vereinigt mit sich führt. Sagen Sie das aber Semper nur, wenn er guter Laune ist, sonst wird er wütend!

Dilthey ließ ich gestern nachts beim Heimgehen immer drei Schritte voraus marschieren, damit er mir nichts Böses nachsagen könne bezüglich meines Wandels; tut er es nun dennoch, so glauben Sie es nicht.

An Adolf und Marie Exner

Zürich, 6. Januar 1873

Hochgeehrtes Exnertum!

Das Freßsäcklein hat unter bitterem Tränenvergießen über die arge Verkennung seines transzendentalen Wesens das Freßkörblein [eine Weihnachtsgabe der Wiener Freunde] ausgefressen, umgekehrt und ausgeklopft und auch die kleinen Giftphiölchen ausgeschleckt, die Finger abgeleckt und aufs neue weinend betrachtet, als sie endlich leer waren.

Nun habe ich endlich die moralische Kraft zur Ausübung der Dankespflicht gesammelt und komme sie zu erfüllen; ich hätte das gute zierliche Körbchen mit Züri-Leckerli zurücksenden können, wenn ich einen so stattlichen Studententräger gehabt hätte wie eine verehrliche Exnerschaft. So aber muß ich mich mit Worten begnügen und tue dies so herzlich dankend als ich kann für das freundliche Gedenken. Wie ich so herumkrame, finde ich einige vergilbte Blätter von der Hand Uhlands, die derselbe als Student 1808 in Tübingen geschrieben. Ich habe diese Autographen von dem in Zürich verstorbenen Professor Breslau bekommen, dessen Vater, der selige königliche Leibarzt Breslau in München, mit Uhland studiert und die Blätter aufbewahrt hatte. Ich habe seit den zehn Jahren, da ich sie besitze, noch nicht einmal nachgesehen, ob sie alle gedruckt sind. Vielleicht habt Ihr ein Mäppchen für derlei Schnurrpfeifereien und steckt alsdann das sehr bescheidene Gegengrüßchen dort hinein.

Bei mir würden sie doch einmal verunglücken.

Mit Freund Dylthei oder Dilthey, der grüßen läßt, habe ich am Berchtoldstag (2. Januar) bei der antiquarischen Gesellschaft Mittag gegessen und nachher sind wir ohne allen Grund noch bis Mitternacht herumgestiegen. Es nimmt mich nur wunder, daß er sich nicht schämt ...

Marie Exner an Gottfried Keller

Wien, 10. Januar 1873

Hochverehrter Herr Staatsschreiber!

Sie sind ja ein wahres Freßungetümchen! Das Freßkörblein war auf Sie samt Ihren Zechbruder Freund Dilthey gemünzt, und Sie haben es allein ausgeschleckt? Ist das erhört? Wenn Sie nur keinen Rausch bekommen haben! Wir sind wahrhaft in Sorge. Nun wäre wieder eine wunderschöne Gelegenheit, Ihnen irgend einen Kramladen ins Haus zu setzen ... Denn es ist gar so gustios, Ihnen was zu schenken, auch hätte ich etwas: ein Schnapsfläschchen steht vor mir, kann allerlei Stückchen, hat einen Stöpsel, der zugleich Trinkglas ist, singt wie eine Nachtigall etc. etc., aber ich traue mich nicht, ich fürchte schon, Sie zu langweilen, man muß einen Spaß nicht tothetzen, und so behalte ich das Wundertier zu eigener Herzstärkung, schicke Ihnen nur meine brühwärmsten Grüße und den herzlichsten Dank für die interessanten Blätter, die Ihrem (nicht minder interessanten!) Briefe beigeschlossen waren ...

Gottfried Keller an Karl Dilthey

Zürich, 13. Januar 1873

Als ich den Exnerschen für das bewußte Freßkörbchen dankte, hatte ich aus Dummheit geschrieben, ich hätte es sofort ganz ausgefressen. Diese Renommage hat mir heute beiligende Episteln eingetragen, aus welchen Sie ersehen, daß Sie nächstens einmal zu mir kommen müssen. Gott sei Dank, ewiglich, daß ich mich wenigstens bald reinwaschen kann. Ich denke mir die Sache so, daß wir uns mittelst Einnehmens des kalten Imbisses und etwa zwei Flaschen Weins einen schönen Bierdurst anschaffen und alsdann in den »Gambrinus« oder so wohin gehen, um denselben zu löschen.

An einer späteren Bewirtung von mehreren Köpfen studiere ich auch herum.

Karl Dilthey an Marie Exner

Zürich, Januar 1873

Sie hätten ihn sehen sollen, wie er ging und kam und auftrug und die Teller wischte. Wie viel oder wenig freilich von den guten Sachen aus Wien gekommen, ist mir ganz unklar. Jedenfalls, nachdem Sie ihn beim Ohr genommen, machte er sich auf, der arme Sünder, in seinem weiten langen Paletot mit den großen Taschen, und schleppte einen ganzen Tag lang feine Dinge zusammen, Festes und Flüssiges, um das Loch zuzustopfen, da er hineingetilgt, geräucherte Gänsebrust, Süßigkeiten, Früchte, Bordeaux, Schnäpse und mehr dergleichen! Als er die erste Ladung abgesetzt hatte und mit der zweiten heimkam, schickte sich eben seine Schwester an, die Gänsebrust zu braten, weil sie gar so roh war, und aus dem Kaviar eine Sauce zu machen. Von diesem Kaviar verschwor er sich übrigens hoch und teuer, daß er aus Wien stamme; es war nicht mehr sehr viel, aber sehr gut. Eine Blechkapsel mit ausgezeichnetem Hummer sah unverdächtig aus und war auch unversehrt bis auf einige Spuren vergeblicher Bohrversuche; mit vereinigten Anstrengungen drangen wir, nicht ohne Mühe, zum süßen Kern durch. Einige Tannen- oder Fichtenzweige, die er übrig gelassen, da sie nicht aus Zucker oder Schnaps waren, sind gewiß unverfälscht gewesen.

Gottfried Keller an Adolf Exner

Zürich, 31. Januar 1873

Verehrter Herr Professor!

Ich habe nun Ihre »Kritik des Pfandbegriffes« durchgelesen und komme, Ihnen meinen pflichtschuldigen und eifrigen Dank abzustatten für die freundliche Zusendung. Aufs neue hab' ich die Weisheit Gottes bewundert, der alles so schön und mannigfaltig geschaffen und die verschiedensten Dinge in die Welt gesetzt hat, an denen sich die guten Gaben der Menschen, Scharfsinn, Fleiß, logisches Ingenium usw. erproben können. Über die wissenschaftliche Seite Ihres Werkes will ich mich an anderer Stelle aussprechen, in einer gelehrten Abhandlung oder Rezension. Dazu bin ich folgendermaßen gekommen: Als ich mich eines Abends nicht von dem Buche trennen konnte, nahm ich es mit ins Wirtshaus und las dort fort mit solcher Begeisterung, daß ich unversehens eine ungeheure Zeche und zu wenig Geld hatte; da verpfändete ich dem Wirt Ihren »Pfandbegriff« und das Honorar eines Aufsatzes, den ich darüber zu schreiben versprach. Weil er aber zu der Größe dieses Honorars kein rechtes Vertrauen besaß, der Barbar, so mußte ich eventuell noch den Ertrag der ersten, dritten, fünften usw. Auflage des zu veranstaltenden Separatdruckes verschreiben, während die zweite, vierte, sechste usf. Auflage mir, resp. meinen Erben zu gut kommen sollen, zu billiger Alimentation.

Punkt Alimentation: Es war nicht so gefährlich mit dem Freßkörbchen, und Ihr habt meiner Prahlhanserei zu leicht geglaubt; auch ich hatte Dilthey in guter Vorahnung schon vorher eingeladen, mit zu helfen, und er ist dann auch gekommen, hat aber nicht der Mühe wert verzehrt. Jene Krebsbüchse ist jetzt noch nicht aufgegessen, so viel steckt darin. Ihre beinahe geschenkte singende Flasche, Fräulein Marie, hat mich sehr gefreut. Das ist eine allerliebste Art zu schenken und unterhält die Freundschaft. Ich will's auch gleich erwidern, und ich schenk' Ihnen in gleicher Weise:

a) Ein paar hundertjährige Ohrenringe meiner Großmutter, die ich auf meinem Schreibtisch liegen habe und mit denen ich beim Novellenschreiben spiele, damit die Finger gelenk werden nach dem Aktenschreiben; sehr zierlich.

b) Ein Quart von meiner zu erwartenden ewigen Seligkeit, das um so größer sein wird, je mehr Seelenmessen Sie für mich lesen lassen.

c) 30 Photographien der Rottmannschen Landschaften in den Arkaden zu München, die ich neulich gekauft; kosten 120 Franks.

d) Eine große Rembrandtsche Radierung, der Tod Marias, gilt auf Auktionen über 100 Gulden, habe vor dreißig Jahren geschenkt bekommen.

e) Ein Exemplar des Trauerspiels »Savonarola« von Gottfried Keller, auf Pergament gedruckt, aus seiner, des Verfassers, eigener Haut. Das können Sie natürlich erst nach meinem Tode bekommen.

Doch will ich für heute innehalten, damit mir ein anderes Mal noch was zu schenken bleibt.

Im März dieses Jahres löste Keller sich endgültig von Vieweg, seinem alten Verleger. Nicht mehr mit Eduard Vieweg, der 1859 gestorben war, sondern mit dem Sohne Heinrich gingen die Verhandlungen über den zweiten Band »Seldwyla«. Der Verlag war unklug genug, Bedingungen zu stellen, die der Autor mit Recht als »veraltete Verlagsherrenmaximen« ablehnte. Keller schlug die Lösung des Vertragsverhältnisses vor, worauf Vieweg gegen Rückzahlung des alten Vorschusses von zweihundert Taler zuzüglich zweihundert Taler Zinsen auch einging. Nun konnte Keller über beide Bände verfügen, den alten und den werdenden neuen; er bot sie dem Verleger der »Sieben Legenden« an. Ferdinand Weibert vom Göschenschen Verlag griff um so lieber zu, als ihm noch kürzlich von hoher poetischer Instanz die Bedeutung seines neuen Verlagsautors bestätigt worden war, worüber er an Keller schrieb: »Eduard Mörike, dessen Kritik ich aus langjährigem Verkehr am höchsten stelle, sagte: einen größeren Genuß als diese Lektüre [die »Sieben Legenden«] hätte er seit lange nicht gehabt und eine vollendetere Darstellung wüßte er an keinem neueren Buche zu rühmen.«

Gottfried Keller an Adolf Exner

Zürich, 18. März 1873

Für die neuen Seldwyler bekomme ich 4000 Fränklein, die ich im Geiste schon herumtrage wie der Hund einen gestohlenen Knochen. Wahrscheinlich werde ich noch ein Geizhals. Ich studiere daher neuerdings Ihren »Pfandbegriff«, der ein Stolz meines Büchertisches ist.

Nachdem Gottfried Keller schon im letzten Herbst seinen ersten Urlaub vom Amte genommen und zu einer Fahrt nach München benutzt hatte, war er nun durch den Umgang mit der »Exnerei« hinlänglich aufgemöbelt, um sich sogar zu dem weitläufigen Unternehmen einer Reise ins Salzburgische zu entschließen. Über Salzburg ging es nach See am Mondsee, wo die Exners (außer Adolf und Marie noch die Brüder Siegmund und Karl) vergnügte Sommerfrische hielten.

Gottfried Keller an seine Schwester

See, 16. September 1873

Liebe Schwester!

Nachdem ich zwei Tage in Salzburg gewesen, bin ich seit gestern an einem abgelegenen kleinen Bergsee, welcher der Mondsee genannt wird, und wo ein Rudel Wiener, Herren und Frauenzimmer, in Bauernwirtschaften leben. Wenn es etwa zum Schreiben geben sollte, so ist meine Adresse: G. Keller in See bei Unterach in Oberösterreich.

Heute regnet es unausgesetzt. Du mußt doch sehen, daß Du Äpfel kaufst; wenn sie auch 20 oder mehr Franken kosten, so ist es doch besser, man macht diese Ausgabe, als daß man bis zum nächsten Herbst gar nichts dergleichen hat.

Mit besten Grüßen Dein Bruder

G. Keller

An Marie Exner

Zürich, 19. Oktober 1873

Ich bin ein bißchen von langer Weile geplagt, und da fällt mir ein, daß mich dummen Kerl eigentlich nichts hindert, mich durch Anfertigung eines Briefes an entfernte Kurzweilige etwas zu zerstreuen. Weil aber der Herr Professor nie antwortet, so mach' ich Sie zum Chef der Firma und schicke das Geschreibsel Ihnen. Vorerst habe ich meine glückliche Ankunft in meiner Heimat zu melden, die schon vor einer Ewigkeit erfolgt ist. In München war ich zwei Tage geblieben, ohne eine bekannte Seele zu treffen. Ich hockte den ganzen Tag in den Sammlungen und abends im Theater, in »Was Ihr wollt« und dem »Figaro«. Die Schacksche Bildergalerie ist wieder um eine Anzahl interessanter Bilder reicher, dagegen baut dieser sonst so geschmack- und talentvolle Baron das verrückteste Haus, das jetzt existiert, ungefähr so:

Aber ich wollte Euch eigentlich noch vielmals danken für die gute neckische Behandlung und alle Freundlichkeit, was hiemit geschieht. Auf Weihnachten will ich Ihnen die Ohrringe meiner Großmutter schicken für den Fall, daß Sie sich nächste Fastnacht wieder in Rokoko kleiden wollen. Sie dürfen sie schon annehmen, da sie nicht viel Wert haben.

Gestern war ich mit einer alten Herrengesellschaft am Rheinfall zu einem Herbstvergnügen mit neuem Wein und altem Champagner; ich habe erbärmliche Reden gehalten; nun bin ich voll Reue, und es ist mir Kopf und Herz schwer ...

Bei dem Maskenfest, das am Mondsee zu Kellers Abschied veranstaltet worden war, hatte ihn eine Münchener Dame, Henriette Eller, ein bißchen als »älteren Herrn« behandelt.

Gottfried Keller an Henriette Eller

Zürich, 15. November 1873

Fräulein Exner ist so gut gewesen, mir Nachricht aus Wien zu geben und hat mich hiebei aufgestiftet, auch einmal an Sie zu schreiben. Wenn ich Ihnen damit lästig falle, so halten Sie sich an die schlimme Urheberin des Attentats. Ich habe auch Ihnen für erfahrene Freundlichkeit angelegentlich und herzlich zu danken und bitte auch die Fräulein Marie, meine siegreiche Rivalin im Kegelschieben, bestens zu grüßen. Ich habe die schöne schwarze Geldbörse, die sie mir geschenkt, sorglich aufbewahrt; das undeutliche Lorbeerkränzchen entspricht immer köstlicher der Undeutlichkeit meines Renommee; kurz, alles ist in bester Ordnung.

Aber wie geht es Ihnen? Haben Sie den Winter wohl und wacker angetreten? Hoffentlich! wie wir als vernünftige ältere Leute tun wollen.

Was mich betrifft, so habe ich mich reichlich mit guten Flanellsachen versehen, auch ein Paar dicke Pelzhausstiefel machen lassen und huste und geifere bis jetzt nur mäßig. Ein schönes schweres Schwein ist geschlachtet, auch ein hinlängliches Sauerkraut eingetan, so daß ich auf Weihnachten die Schar meiner Enkelkinder mutig erwarten kann.

Ist so das Leibliche nach Umständen leidlich bestellt, so fehlt es auch dem moralischen Dasein, nach Maßgabe der Jahre und unwürdigen Verdienstes, nicht an mancherlei aufmunternder Förderung. Es ist mir die Präsidentschaft des Schutzaufsichtsvereins für entlassene Sträflinge übertragen worden; ferner habe ich das Quästorat des Vereins gegen Tierquälerei übernommen, fürchte aber, ich werde die Kosten selbst tragen müssen bei der Nachlässigkeit der Mitglieder; und doch sollte gerade dieser Verein seine Wirksamkeit nicht aufgeben namentlich im Hinblick auf das um sich greifende unverantwortliche Schinden wehrloser Esel. Aber nicht nur Vorsteher, sondern auch Gegenstand der Tätigkeit rühmlicher Vereine bin ich geworden. Nachdem ich der Gesellschaft für Belohnung alter treuer Dienstboten den seligen Hinschied meiner Herrschaft, der Leidenschaft, angezeigt, bin ich für vierundfünfzigjährige treue Knechtesdienste mit einer silbernen Tabatiere prämiiert worden, mit welcher ich mich jetzt in die Beschaulichkeit zurückziehe. Ich habe auch bereits ein gutes Schnupftabakrezept, welches ich Ihnen mitteile: zwei Dritteile Makuba, ein Drittel *rapé double fin de Versailles* und drei frische Kakaobohnen (aber nicht mehr!) dazwischen gelegt, ich sag' Ihnen! Den Tabakvorrat konserviert man jetzt nicht mehr in alten Bierkrügen, sondern in hermetischen englischen Teebüchsen, und man stellt diese am besten in einem kühlen Zimmer hinter das Fenster, ja nicht in den Keller. Statt der Kakaobohnen können Sie auch ein bißchen Vanille nehmen als Dame, aber mit höchster Vorsicht ...

An Marie Exner

Zürich, 20. Dezember 1873

Sie verschanzen sich ja, hochzuverehrende Fräulein Marie Exner, so heftig gegen die Ohrringe, als ob sie von der Großmutter eines gewissen andern Herren kämen, statt von der meinigen. Damit sind Sie meine kleinen onkelhaften Wohlgesinntheiten aber noch nicht losgeworden; denn ich habe sofort ein anderes

Projekt gemacht und einen jener Wege abgebildet, die ich am Mondsee habe wackeln und patschen müssen, und schicke Ihnen hiemit das Produkt als Weihnachtsgeschenklein mit herzlichen Neujahrsgrüßen. Damit ich indessen die Schmiererei (ich habe seit länger als zwölf Jahren nicht mehr gewasserfärbelt) jederzeit ausleugnen kann, so habe ich diese Ihnen in die Schuhe geschoben; wenn Sie eine gute Lupe nehmen, so können Sie das rechts oben in der Ecke bemerken. Ein zweites Bildchen, der Holzweg nach Unterach mit dem Höllengebirge, ist nicht mehr fertig geworden und wird später gesendet. Ich erhalte dadurch das Vergnügen, Sie zweimal mit meinen schreckhaften Paketen ängstigen zu können, was ich mir lebhaft und boshaft vorstelle ...

Der Frau Eller habe ich wirklich geschrieben, und zwar aus Rache dafür, daß sie mich bei jenem gloriosen Maskenfest am Mondsee als »ältere Leut« vor der Zeit ins Bett spedieren wollte, als Alter an eine Alte, und habe sie mir im Alter dabei gleichgestellt und von Sauerkraut, Schnupftabak u. dgl. geplaudert. Allein ich fürchte, solche Bummelspäße liebt sie nicht, und am Ende hat sie es jenes Mal noch gut mit mir gemeint. Ich will ihr dafür gelegentlich einen ätherischen hochgestimmten Brief schreiben. Schicken Sie ihr aber diesen gegenwärtigen Brief nicht wieder; dergleichen kann einem leicht abhanden kommen und als Autograph usw. unter fremden Menschen herumgeboten werden, und hierfür schreibt man nicht an gute Freunde. Sie kennen die böse Welt noch nicht.

An den Mondsee hatte Keller das Manuskript einer seit Jahren unvollendeten Novelle mitgenommen, die er dort in glücklichen Arbeitsstunden zu Ende schrieb. Adolf Exner bemängelte den Titel »Leben und Tod«, der »ein wenig altfränkisch-sentimental« klinge: »Ich liebe (mit Lessing, der sich in der Dramaturgie irgendwo darüber ausläßt) die einfachen, gar nicht sinnigen Titel, welche nur da sind, um die Geschichte von einer andern zu unterscheiden.«

Gottfried Keller an Adolf Exner

Zürich, 20. Dezember 1873

Wegen des Novellentitels haben Sie recht gehabt, er lag mir schon lang im Magen, und habe nun einfach »Dietegen« gesetzt.

Die letzte Geschichte [»Das verlorene Lachen«] wird wohl nächstens gesetzt sein. Die ganze neue Sammlung [des zweiten Bandes »Seldwyla«] kam mir nämlich so leicht und trostlos vor, daß ich wenigstens mit dem Schluß noch etwas in die Tiefe gehen wollte und mich nochmals dahinter machte. Ich bin froh, daß ich dies skurrile Genre, das ich der Zeit nach längst hinter mir habe, nun endlich auch äußerlich absolviert habe. Ich hoffe mich mit den Dunckernovellen *(lucus a non lucendo)* etwas herauszubeißen [Galatea-Sinngedicht].

An Marie Exner

Zürich, 3. Januar 1874

Grundgütiges Fräulein und Komp.!

Die Schachtel mit den zum Teil christlich-germanischen, zum Teil griechischen Geschenken ist glücklich angekommen und hat mich ganz verblüfft, Ihr Geldausgeber! Das Xenion des Herrn Adolphus habe ich glücklicherweise vorher gelesen und beiseitegehalten, da man so schon ein verdächtiges Gesicht über den Sinn der Sendung machte. Aber welch ein schönes Tuch [Tischtuch]! der reinste Bischofsornat aus medizeischer Zeit! Das Bäumchen hat sich gut gehalten, nur ein paar Fläschchen sind leer angekommen mit eingedrückten Bäuchlein, ich sagte: »Kommet ihr mir so, ihr Esel? Was soll ich jetzt aus euch entnehmen, ihr schlechten Sachwalter?« Aber sie brachten nicht die geringste Entschuldigung vor ...

Die Erzählung [»Dietegen«] balsamieren Sie mir auch wieder schön ein mit Preis und Dank; *item*, es schmeckt doch gut, ich fress' nachgerade alles, was man mir ins Maul schmiert und lecke noch nach dem Löffel! Aber ich fürchte, Sie kehren denselben unversehens einmal um und geben mir mit dem Stiel eins auf die Nase!

Mit einem begeisterten Feuilleton in der »Neuen Freien Presse«, dem nicht minder begeisterte Briefe folgten, hatte der Wiener Emil Kuh, der als Hebbel-Biograph bekannt geworden ist, sich dem Dichter genähert. Er war, Sohn reicher jüdischer Eltern, nach Wiener Universitätsstudien zuerst Kaufmann im väterlichen Handelshause zu Triest, später Beamter der Nordbahn gewesen, hatte sich dann, wie er autobiographisch an Keller berichtet, in Wien durch kultur- und literargeschichtliche Vor-

träge »den Weg zu einer Lehrkanzel gebahnt« (seit 1864 Professor an der Handelsakademie). Seine innere Ausbildung wollte er vor allem dem Verkehr mit Hebbel verdankt haben. Auch zu Storm unterhielt er Beziehungen. Von Angesicht hat Keller ihn nie gesehen; jener suchte die Bekanntschaft so eifrig, wie Keller sie zu vermeiden wußte. Als Kuh 1873 geradezu eine Übersiedlung nach Zürich erwog, redete er ihm den Plan in einem Briefe aus, den Kellers Biograph Ermatinger ein »Meisterstück diplomatischer Kunst« nennt. Kuhs »überschwenglich-weichliche, sich ansaugende Art«, meint Ermatinger, habe dem Dichter wohl nicht durchaus behagt. Doch fand Keller sich brieflich zu Aufschlüssen wesentlich literarischer Art bereit.

An Emil Kuh

Zürich, 12. Februar 1874

... Die erste Hälfte [von »Dietegen«] ist vor zehn Jahren gemacht, die zweite neulich am Mondsee im Salzburgischen. Dazwischen liegt nicht *ein* aufgezeichnetes Wort, und von der ersten Hälfte hab' ich selbst das ursprüngliche Manuskript in die Druckerei gegeben. Und doch ist der Schluß anders, als er vor zehn Jahren geworden wäre, oder etwas anderes, d. h. nicht mit bezug auf die Fabel oder Erfindung. Dies sage ich, weil ich dieser Tage eine Äußerung von unserem Otto Ludwig über den ersten Band der »Leute von Seldwyla« von 1861 gelesen habe aus einem Briefe an Berthold Auerbach, den Julian Schmidt, der Schwätzer, in der Westermannschen Monatsschrift in einem Aufsatze über Ludwig reproduziert. In dieser Äußerung, mit welcher ich unverdient gut wegkomme, fiel mir nämlich wieder das Grübeln über die Mache auf, dieses aprioristische Spekulieren, das beim Drama noch am Platz ist, aber nicht bei der Novelle und dergleichen. Das ist bei dieser Schule ein fortwährendes Forschen nach dem Geheimmittel, dem Rezept und dem Goldmacherelixier, das doch einfach darin besteht, daß man unbefangen etwas macht, aber beileibe auch nicht besser, als man's kann. Das mag naturburschikos klingen, ist aber doch wahr.

An Marie Exner

Zürich, 22. März 1874

Bin ich nicht ein wackerer Faulpelz, der seine Weihnachtsgäbchen um Ostern fertigkriegt? Ich glaube, wenn mir's nicht ums Schreiben zu tun wäre, so stäke ich noch in dem schlechten Holzweg [Aquarell »Weg nach Unterach«], der hiemit sich nach Wien erstreckt, der mich von unten auf demoliert hat wie jenen Hühnerhund, der sich die Beine kurz lief und nachher noch ein artiges Daxerl abgab. Das Höllengebirge und das neblige Tal sind natürlich purer Schwindel, da ich keinen Strich davon besitze, weil ich immer auf den Boden sehen mußte. Die Vögel auf den Bäumen sind nicht jagdbar. Es sind drei verzauberte Schustergesellen, die am hellen Tage Astronomie treiben. Wenn Adolf auf sie schießen würde, so würden sie sich sofort in Menschen, d. h. Schustergesellen, verwandeln und ihn furchtbar durchbläuen. Der dicke, der die Mauser zu haben scheint, ist der schlimmste ...

Was macht auch Frau Eller? Ich habe dieser Tage an sie gedacht, als ich den neuen Roman ihres Freundes Berthold Auerbach zu lesen anfing, über den man zu ihrem Schmerz am See so losgezogen hat. Das Buch scheint aber schwach und langweilig wie ein dreibändiger Volkskalender. Ich hab' es meiner Schwester hingeworfen mit einem Gemurre, worauf sie meinte, es werde eben jedem so gehen, wenn er alt werde. Diese erste literarische Bemerkung, die ich von ihr hörte, machte mir eine Gänsehaut ...

Auch für dieses Jahr war ein Reiseplan geschmiedet worden: Gottfried Keller sah sich eingeladen, die Exners in ihrem neuen Wiener Häuschen heimzusuchen.

Gottfried Keller an Marie Exner

Zürich, 17. Juni 1874

Ich danke Ihnen schönstens für Ihren liebenswürdigen Brief. Halten Sie die Rosen nur gut in Zucht, es ist ein flatterhaftes Volk und abfällig wie die Juden im Alten Testament. Auf den 1. Juli werde ich schwerlich schon loskommen können, will aber so furchtbar schaffen, daß ich auf den 3., 4. oder 5. kommen kann. Ich habe schon einen Plan von Wien gekauft für 1 Franken 35 Rappen, in dem ich vorläufig herumbummle ...

Gestern ließ mich Frau Steinheim [eine Züricher Bekannte der Exners], die ich nicht zu sehen bekomme, durch Dilthey fragen, ob ich wisse, daß ihre Nichte und meine alte Freundin Ludmilla Assing von ihrem jungen Mann, dem [italienischen] Jägerleutnant, verlassen worden sei, der mit Geld und Gut ihr durchgebrannt? Also Sappho und Phaon! Und so schnell! Ich hatte darauf gerechnet, daß sie zuweilen ein bißchen Prügel bekommen würde, weil sie auch gar zu unschön ist, aber solche Schmach hatte ich nicht erwartet. Als ich vorigen Herbst nach Hause kam, fand ich ihren Brief vor, wo sie mir ihr gefundenes Herzensglück beschrieb und sagte: »Sie, der Sie alles verstehen, werden es begreifen!« *Parfaitement!* dachte ich, kann nun aber doch nicht fröhlich einen Stein auf sie werfen, ich bin nicht überzeugt, daß ich nicht auch gefallen wäre, wenn ich eine alte Jungfer gewesen und mein Geld einen Jägerleutnant angezogen hätte . . .

Ihren Brief bekam ich am Sonntag, als ich eben vorher auch Rosen abgeschnitten hatte in meinem Kanzleigarten. Ein mürrischer Christ in der Nachbarschaft hatte mir zugeschaut, und wie ich die spitzigen Dörner abkratzte, ehe ich die Dinger fest in die Hand nahm. Der sagte zu einem anderen Nachbar, der es mir nachher erzählte: »Der Staatsschreiber da drüben bekommt doch gewiß auch noch einmal Rosen zu fressen, wo er die Dörner nicht vorher wegtun kann!« Ist bereits dagewesen, würde ich ihm berichtet haben, wenn ich es nicht vorgezogen hätte, ihn seinem neidischen Ärger über meine Geschicklichkeit zu überlassen.

Zürich, 20. Juni 1874

Sie, schlimmste Exnerin, halten mich, wie es scheint, bereits für wässerig genug, daß Sie schon jetzt einen Schröpfkopf an mich ansetzen, noch eh' ich angekommen und dort gewesen bin. Mit Seufzen hab' ich umstehendes Kantätchen ausgeschwitzt und bin froh, daß es nicht schöner ausgefallen ist, sonst hätte ich für den Schaden eines wirklichen Blutverlustes noch den Spott. [Ein Hochzeitslied für Maries Bruder Siegmund; von Johannes Brahms, der Keller damals in Zürich besuchte, für Quartett in Musik gesetzt.]

Ich wünsche übrigens viel Vergnügen zu dem vorhabenden Jux und Randal, hoffentlich ist alles vorüber, wenn ich komme, sonst suche ich den alten Semper auf und gehe mit ihm ins Bierhaus, nachher ins Weinhaus, dann kommen wir Arm in Arm wackelig nach Hause und machen einen Mordsskandal . . .

Telegramm an Adolf Exner

Aus Lambach vom 7. Juli 1874

Professor Exner, Wien, Josefstädterstraße 17. Das Fassel rollt heran.

Keller

Gottfried Keller an seine Schwester

Wien, 9. Juli 1874

Liebe Schwester!

Der Ordnung wegen zeige ich Dir doch an, daß ich seit Dienstag abend in Wien bin bei Professor Exners, die ein kleines, aber schön gebautes Haus mit Garten haben und ich ein schönes Zimmer gegen den Garten. Es ist so heiß, daß ich jetzt den ganzen Tag zu Haus bleibe. Heute früh habe ich schon einige Züricher Zeitungen bekommen, wo aber nichts drin steht.

Ich habe hier näher vernommen, wie es der Ludmilla Assing gegangen ist mit ihrem Heiraten. Der Offizier hat nämlich vorher einen Kontrakt mit ihr abgeschlossen, den die blinde Kuh unterschrieben hat, wonach sie sich verpflichtete, wenn sie jemals sich trennen sollten, ihm jährlich soundsoviel zu zahlen. Als die Hochzeit nun vorbei war, ging er natürlich sogleich fort, kam aber zu ihrem Entzücken nochmals wieder, um noch was zu erkapern, und ging dann ganz fort.

Mit vielen Grüßen

Dein Bruder G. Keller

Wie im Jahr vorher an den Mondsee, hatte Keller auch nach Wien sich literarische Arbeit mitgenommen: »Das verlorene Lachen«, die letzte der Seldwyler Geschichten, wurde um ein schwieriges und entscheidendes Stück vorwärtsgebracht. Über Brixlegg in Tirol und München ging es Ende des Monats heim. Noch während der Wiener Wochen erschien durch mehrere Nummern der »Augsburger Allgemeinen Zeitung« die bedeutsamste kritische Würdigung, die Keller bisher erfahren hatte. Der große Aufsatz von Friedrich Theodor Vischer schloß mit den Worten: »Denn, o Staatsschreiber von Zürich, Ihr schreibt staatsmäßig! Also mehr! Bald mehr!«

Gottfried Keller an Ferdinand Weibert

Brixlegg (Tirol), 30. Juli 1874

Ich habe in Wien noch einen Teil der Arbeit des Herrn Professor Vischer gelesen, welche er in der »Allgemeinen Augsburger Zeitung« über meine Unwürdigkeit veröffentlicht und dieselbe zugleich beehrt und beschämt. Ein so ausführliches Eingehen ist mir noch nie widerfahren oder richtiger gesagt begegnet, und es freut mich sowohl die Kritik als das Lob, beides gleich; auch kann ich sagen, daß ich zum erstenmal das hervorheben und zitieren höre, was man in der Stille, wie das so zu geschehen pflegt, hervorgehoben zu sehen wünscht.

An Marie Exner

Zürich, 20. August 1874

Schönste Fräulein Exner!
Verehrteste Anwesende!

Endlich kann ich von meiner neu angetretenen Arbeit ein bißchen verschnaufen, um etwas Nachricht über mein ferneres Schicksal aufzusetzen.

Das erste Abenteuer nach meiner Abreise von Brixlegg war ein Floh vom Hund Haxel, der in meinem rechten Strumpf herumkroch und mich dort unaufhörlich kitzelte. Glücklicherweise war's ein Hebräer, denn er hörte, da es Freitag war, genau mit Sonnenuntergang auf. Nun stand aber zwischen Kufstein und Rosenheim der Zug fast eine Stunde still wegen irgend eines Vorkommnisses, so daß ich erst nach elf Uhr in München ankam. Im Hotel Detzer mit einem andern Reisenden eintretend, wurden wir treppauf in unsere Zimmer geführt, vier, fünf, sechs Treppen, so daß ich kaum mehr schnaufen konnte; endlich wurde der Gefährte in ein Kämmerchen gestoßen, ich aber noch eine Treppe höher kommandiert, mußte dort unter dem Dach durchkriechen, und nun ging's eine Hintertreppe wieder hinunter, fünf, sechs, sieben Treppen, bis auf den ersten Stock, wo ich ein schönes, großes, wohlausgestattetes Zimmer erhielt und atemlos in einen Fauteuil sank. Ich erhielt nun die Aufklärung, daß man mir vor dem andern Fremden nicht diesen Vorzug habe einräumen dürfen, mich aber noch wohl gekannt und wegen meiner Artigkeit und guten Sitten noch günstig im Gedächtnis bewahrt habe. Seht Ihr, so bin ich angeschrieben im Hotel Detzer!

Das war aber die letzte Unbill, die mir widerfuhr. Gleich am andern Morgen bekam ich von der Marie Eller eine schöne blauseidene Geldbörse geschenkt; dann traf ich wider Erwarten alte Freunde, die mir acht Tage lang mittags und abends und auch zwischenhinein Gesellschaft leisteten, bald aß ich bei ihnen, bald sie bei mir, wo sie immer nicht mehr trinken wollten und doch nicht aufstanden, gerade wie ich bei ihnen. Dann fand ich noch einige nette Gipsfigürchen aus dem Münchener Antikenkabinett, kaum vier Zoll hoch, die ich kaufte und mit den Wienern unzerbrochen nach Haus brachte. Die kleine Minerva macht sich schon als Modell nützlich mit der einen Schulter für eine lebensgroße Figur, die ich entwerfe. Ich habe mir nämlich in München eine spanische Wand oder Bettschirm ausgedacht mit den vier Tageszeiten, Morgen, Mittag usw., die alle nach dem Bett hinhorchen und zu sagen scheinen: »Er schläft noch, weckt ihn nicht!« Die vier Damen werden mit gebrochenem altdeutschem Faltenwurf in Leimfarbe gemacht; wie sie zustande kommen sollen, ist mir noch nicht recht klar; aber der Bien muß! . . .

Der Frau Heim [Züricher Bekannte der Exners, eine frühere Sängerin] habe ich die Grüße und Geschenke gebracht; ich war auf ein großes Fragespektakel gefaßt; sie trieb es aber so maßlos und arg, daß ich die Geduld verlor und zu schimpfen anfing, ich glaube, ganz laut; worauf es ein Flennen gab und das Schauspiel eines eingeschüchterten, leise weinenden Kindes! Dadurch geriet ich in neue Wut. »Ist das nun die Stärke solcher Burschikosen und Emanzipierten, die alles fressen wollen?« rief ich, »daß sie nicht ein Wort ertragen können?« Hierauf neue Tränen usw. Sie wird mich nun zu verfolgen anfangen wahrscheinlich und zu lügen; wenn sie's aber zu schlimm macht, hau' ich ihren Mann und sag' ihm, er soll sich dafür an sein Weib halten.

So fließt mein Leben wieder vergnüglich dahin, abwechselnd in holder Leidenschaft und stiller Beschaulichkeit, womit ich verbleibe Ihr und Euer dankbarer G. Keller

Zürich, 6. Oktober 1874

Durch Ihre eben anlangende Verlobungsproklamation [Marie Exner heiratete im November den fünfundzwanzigjährigen Chirurgen und Professor an der Wiener Universität Anton von Frisch] werde ich an meine Briefschuld erinnert, die ich nun sofortigst abschaufeln will. Zuerst bringe ich nochmals meine ergebensten Glückwünsche dar und bin froh, daß Sie mir hiebei nicht wieder die Hand küssen können, da sie teils voll Tinte, teils klebrig von Trauben ist, die ich gegessen.

... Frau Heim habe ich nicht wiedergesehen und gehe auch nicht mehr hin. Ich war von jeher gewöhnt, alle falschen Verhältnisse wie ungezogene Kinder ihre Strümpfe abzustrampeln. Man wird nur schlecht und falsch, wenn man in dergleichen Wirrsal fortlebt.

Wann ich wieder nach Wien komme, ist noch nicht zu wissen; ich habe Lust, auch wieder einmal nach Berlin zu gehen, alte Bekannte von dort [Lina Duncker mit einer erwachsenen Tochter] haben mich neulich hier aufgesucht und mir das Gedächtnis aufgekratzt. Nach Wien komme ich übrigens jedenfalls noch mehr als einmal ...

Inzwischen muß ich noch fleißig sein und vieles arbeiten, auch Unnützes, so mach' ich mir jetzt eine spanische Wand, vier Weibsbilder in Temperafarben auf Goldgrund gemalt, was ich in dem neuen Münchner Ratskeller abgeguckt habe; das Möbel wird so aussehen:

Telegraphischer Glückwunsch
zur Vermählung Marie Exners und Anton von Frischs
19. November 1874

Macht *frisch* Wetter heut,
Hexen tun heiraten,
Um den Tisch sind schöne Leut',
Lustig dampft der Braten.

Hinterm Ofen sitz' ich froh,
Brauch mich nicht zu zieren,
Rauch' mein Pfeiflein Haberstroh
Und tu' gratulieren.

In den Lüften klingt und weht
Überall ein Hoffen;
Besen in der Ecke steht
Und der Himmel offen.

An Emil Kuh

Zürich, 6. Dezember 1874

... Seither ist endlich das vierte Bändchen [der »Leute von Seldwyla«] hervorgekrochen, das Sie hoffentlich erhalten haben. Die letzte Geschichte [»Das verlorene Lachen«] hat ein dubioses Schicksal in Aussicht. Es sind konkrete hiesige Zustände darin, die jedermann in der Schweiz sogleich erkennt. Nun frägt sich's, ob der Eindruck nicht derjenige des Tendenziösen sein wird, obgleich es mehr unrichtig als billig wäre. Ich hatte zuerst nur einen burlesken Festlumpen im Auge, der im nüchternen Leben nicht zu brauchen ist. Dann geriet ich durch eine Veränderung des Titels in eine etwas höhere Stimmungsschicht und endlich auf den Gedanken, die etwas schnurrpfeiferliche Sammlung doch mit einem ernsteren Kultur- und Gesellschaftsbilde abzuschließen. Dasselbe wäre leicht zu einem selbständigen einbändigen Roman auszuspinnen gewesen. Nun frägt sich's, ob man diese Ausführung nicht entbehrt und die Novellenkürze hier nicht schädlich ist ...

Meine Faulheit, von der Sie nachsichtig schrieben, ist eine ganz seltsame patholosiche Arbeitsscheu in *puncto litteris*. Wenn ich darin bin, so kann ich große Stücke hintereinander wegarbeiten bei Tag und Nacht. Aber ich scheue mich oft wochen-, monate-, jahrelang, den angefangenen Bogen aus seinem Verstecke hervorzunehmen und auf den Tisch zu legen, es ist, als ob ich diese einfache erste Manipulation fürchtete, ärgere mich darüber und kann doch nicht anders. Währenddessen geht aber das Sinnen und Spintisieren immer fort, und indem ich Neues aushecke, kann ich genau am abgebrochenen Satz des Alten fortfahren, wenn das Papier nur erst glücklich wieder daliegt.

Dramatisches kann ich Ihnen nichts mitteilen, da nur wenige Aufzeichnungen und einige zerstreute Szenen da sind. Diese Sache ist so beschaffen, daß sie mir zu wichtig ist, um so im voraus davon zu naschen und wieder aufzuhören. Ich habe das Gefühl, daß, wenn man einmal angefangen und dabei Erfolg gefunden hat (d. h. natürlich *wenn!*), man dann rasch hintereinander weg das machen soll, was man sich beschieden glaubt. Ich bin jetzt fünfundfünfzig Jahr alt; in einem Jahr etwa denke ich mit dem Erzählungswesen abzuschließen und dann auf frischem Tisch das Drama vorzunehmen, wobei es einzig darauf ankommt, ob ich noch fünf bis acht Jahre fähig bleibe. Das Altern ist ja bei jedem verschieden. Ich habe den Aberglauben, daß jeder irgendeinmal macht, was ihm zukommt, früh oder spät, wenn er nur leben bleibt. Kommt's nicht dazu, so ist's auch Wurst! Ich kann mir ein eigenes Arbeitsglück denken in einem Zustande, wo alle anderen Wirrnisse und Illusionen abgezogen sind und man mit innerer Wärme und Gemütsruhe zugleich allerlei hübsche Sachen zurechthämmert und den Leuten einen Spaß vormacht, ohne den Schlaf dabei zu verlieren und, was die Hauptsache ist, ohne zu riskieren, sich noch selbst zu überleben.

Inzwischen erlebt man freilich, daß einem dieser oder jener Stoff, den man sich aufgehoben hat, lustig von einem anderen aufgeschnappt wird ... Indessen machen mir solche Verluste nicht den mindesten Verdruß, denn ich war zum Glück in meinem Leben nie ein Stoffjäger.

An Hermann Hettner

Zürich, 31. Januar 1875

Meine Schnurrpfeifereien haben wenigstens das schöne Verdienst, daß sie Dir wieder einmal ein Lebenszeichen entlockt haben, was mir zur großen Freude gereichte. Deine Lobsprüche konnten mich fast eitel machen, was mir sonst mit den Jahren vergangen ist. In Wahrheit aber hat es mir gut getan, daß Du die letzte Geschichte vom »Verlornen Lachen« mir aufrecht hältst. Vischer in Stuttgart scheint sie laut einem hieher geschriebenen Briefe für tendenziös und zu lokal zu halten. Hienach dürfte man sich aber durch kein Konkretum mehr anregen lassen und keine Saite berühren, die eben tönt. Das ist zu abstrakt schulmäßig. Ich glaubte im Gegenteil einen Konflikt aufgreifen zu dürfen, wie er unter den scheinbar freisten Verhältnissen und bei gebildeten Zuständen zwischen Mann und Frau heute entstehen kann, und damit ein Novellenmotiv zu haben. Hier in Zürich, wo die Schule der Immanenztheologie in Blüte steht und großen Zulauf hat, ist allerdings das vierte Bändchen mit rohstofflichen Interesse verschlungen worden und machte viel Redens. Man gab mir sogar zu verstehen, ich treibe mit dergleichen nur das Volk den Orthodoxen in die Hände usf., über das Poetische oder Literarische aber hörte ich kein Wort ...

Ich habe jetzt noch zwei novellistische Pensa [»Züricher Novellen« und »Das Sinngedicht«] abzustoßen, dann höre ich mit der Erzählerei auf und hoffe auf meine dramatischen Velleitäten von ehemals zurückzukommen, ein kurioses Experiment! die Konzeptionen des Dreißigers als Fünfziger auszuführen, nachdem die Lebenstrübe sich gesetzt hat. Nun, vielleicht kann auch das einmal vorkommen ...

Das italienische Renaissancewerk wäre freilich ein recht glückliches und stattliches Gegen- oder Nebenwerk zu Deinem achtzehnten Jahrhundert, und solltest Du daher frisch hineinspringen, zum Teufel! sollen wir so freiwillig abdizieren? Im Gegenteil, das Wagen und Mühen erhält jung, nur muß man sich dabei nicht abquälen und quälen lassen!

An Marie von Frisch geb. Exner

Zürich, 11. März 1875

... Morgen abend muß ich wieder einen Professor wegfressen helfen, im Hotel Bellevue, der alle Reden selbst besorgen wird. Im Herbst habe ich Biermer [Direktor der medizinischen Klinik] weggeschluckert mit Rheinwein und Champagner und war richtig wieder der letzte auf dem Platz. Morgen abend werde ich mich sehr gemessen und zugeknöpft halten. Wer hat Ihnen denn weisgemacht, daß Dilthey und ich zu Ostern nach Wien kämen? Er geht nach Hause zu Mama und ich muß umzügeln. Ich durchlaufe jetzt schon alle Tage meine alten Siebensachen, Briefe, Bücher, Schund unglaublich ...

Baechtold erzählt

Eine Rede von Gottfried Keller hatte in ihrer lapidaren Einfachheit stets etwas Imposantes. Es wird allen Hörern unvergeßlich bleiben, wie er z. B. gegen den Schluß des Bankettes zur

Jubiläumsfeier des ihm befreundeten Theologen Alexander Schweizer sich erhob und sprach: »Meine Herren! Es gibt, wenn ich recht sehe, zwei Sorten von Theologen: solche, die *über* dem lieben Gott, und solche, die *unter* ihm stehen. Alexander Schweizer hat immer zu der letzteren Art gehört. Er lebe hoch!«

An Ferdinand Weibert

Zürich, 20. Mai 1875

... Wenn Ihnen eine neue Auflage oder Ausgabe der »Leute von Seldwyla« möglich würde, so würde mir das allerdings ein Zeichen sein, daß sich die Erfolgseite meiner Schreiberei langsam anfängt zu drehen. Wenn ich auch kein Geldvielschreiber geworden bin und dessen mich nur freuen kann, da es mit mir jetzt, wie mit andern, schon vorbei wäre, so hätte doch ich jetzt gerade noch einige gute Jahre vor mir, um noch was Ordentliches zusammenzubrauen, wenn ich durch das Resultat selbst zu größerer Unabhängigkeit in der Verwendung meiner Zeit gelangen würde.

An Emil Kuh

Zürich, 28. Juni 1875

... Reuter ist mir sehr wertvoll und lieb; er war eine reiche Individualität und hatte alles aus erster Hand der Natur. Auch das Idiom stört an sich nicht; denn durch solche energische Geltendmachung der Dialekte wird das Hochdeutsch vor der zu raschen Verflachung bewahrt. Seine eigene Beschränktheit für den Dialekt kommt bei allen Dialektdichtern vor und ist, glaube ich, notwendig, weil nur dadurch sie zu Virtuosen darin werden. Es braucht einen Fanatismus, um der gemeinen Schriftsprache so den Rücken kehren und seine Sachen unverdrossen durchführen zu können. Langweilig ist freilich dabei das Geschwätz der Verehrer als ob die Herrlichkeit ganz unübersetzbar wäre und durchaus nur in der Ursprache genossen werden müsse. Damit bewundern sie nur ihre eigene plattdeutsche Haussprache. Ich habe noch nicht eine Seite von Reuter gelesen, die man nicht ohne allen Verlust sofort und ohne Schwierigkeit hochdeutsch wiedergeben könnte. Allein zu solchen Äußerungen machen die Reuterphilister geradeso mitleidige Gesichter wie Philologen, wenn einer sagt, daß er den Homer nicht griechisch, sondern nur in Vossens Übersetzung lesen könne; und ist das doch noch etwas ganz anderes ...

Ich danke Ihnen auch für die Anekdoten. Faust Pachler [österreichischer Journalist] kenne ich leider gar nicht. Seine Expektoration über mich unwürdigen Sünder hat mich höchlich interessiert und auch amüsiert; denn sie ist durch und durch unwahr. Ich mache meine Sachen nicht wie ein Holzschnitzler mit langsamem Vorbedacht und sorgfältigem Fleiß, sondern schnell, wenn ich dazu komme; aber ich komme eben selten dazu usw. Wie durchaus schief und unwahr solche bildliche Definitionen sind (die ich mir selbst schon genug zuschulden kommen ließ), hat auch Otto Ludwig in einer Stelle über mich bewiesen ... Ludwig vergleicht mich hier mit den großen italienischen Koloristen, bei welchen man keine Zeichnung gewahren könne. Daß ich nicht zeichnen kann, ist sehr wohl möglich; unwahr aber, daß jene Italiener, weil sie viel Farbe hatten, es nicht gekonnt haben! Es ist so uneigentlich und unklug gesagt als möglich. Es kommt daher, weil die Uhrenmacherei des psychologischen Räderwerkes, der rasselnde und knarrende Mechanismus ihm so ungeheuer vorwiegend und wichtig war ... Ob meine Opuskula manieriert seien, weiß ich selbst noch nicht recht, fühle aber die Gefahr davon insofern, als ich schon darüber nachgedacht habe. Es liegt mein Stil in meinem persönlichen Wesen; ich fürchte immer, manieriert und anspruchsvoll zu werden, wenn ich den Mund voll nehme und passioniert werden wollte, wohlverstanden in der erzählenden Form, wo der Mann eben selbst spricht und in seinem Namen ...

An Friedrich Theodor Vischer

Zürich, 29. Juni 1875

... Zuerst muß ich Mörikes gedenken, dessen Tod ich nicht zur Zeit, sondern nachträglich vernommen, d. h. aus sekundären Zeitungsnotizen erraten habe. Wie sich ein stiller Berggeist aus einer Gegend verzieht, ohne daß man es weiß. Wenn sein Tod nun seine Werke nicht unter die Leute bringt, so ist ihnen nicht zu helfen, nämlich den Leuten!

Im April 1875 war Gottfried Keller mit der Schwester aus der düsteren Staatskanzlei in eine lichte und geräumige Wohnung auf dem »Oberen Bürgli« umgezogen.

An Marie von Frisch

Zürich, 18. Juli 1875

Verehrteste Frau Profässeri!

Es war sehr hübsch von Ihnen, daß Sie mir einmal geschrieben. Jetzt bin ich schon wieder ein Jahr älter und werde immer noch dümmer! Heut vor einem Jahr oder vielmehr morgen hockte ich bei Euch und verheimlichte weislich meinen Geburtstag, um Euere miserablen Witze nicht noch mehr zu provozieren und auf mein altes Haupt herabzulocken. Wäre ich jetzt dort, so würde ich auf dem Markt Aprikosenkerne zusammensuchen, hundertweise, und sie vor Adolfs Fenster im Garten hinstreuen, daß er glaubte, ich hätte ihm noch mehr Aprikosen gefressen, als gewachsen sind. Das würde ihn baß ärgern. Auf Ihr Kindchen freue ich mich, das wird gewiß ein allerliebstes Tierchen! Wenn es ordentlich genährt ist, so wollen wir's braten und essen, wenn ich nach Wien komme, mit einem schönen Kartoffelsalat und kleinen Zwiebelchen und Gewürznägelein. Auch eine halbe Zitrone tut man dran!

... In meiner Wohnung lebe ich wie ein König, weiteste Aussicht und Wolken ganze Heerscharen. Das Haus hat großes Ausgelände, Bäume, Wiesen, Linden, die mir dicht vor dem Fenster stehen usw. Wenn ich nur darin zu Haus bleiben könnte den ganzen Tag. Aber ich muß hin und her rennen wie ein Jagdhund, es fehlt nur, daß ich noch belle unterwegs! Abends aber bleibe ich fast immer zu Hause und schreibe am offenen Fenster, während der weite See im Mondschein schimmert, wenn's nämlich Vollmond ist. Aber auch wenn nur einzelne helle Sterne über dem See oder Gebirge stehen, ist es schön, und alles so still ist und nur meine Torheit wach und laut ...

Dies Jahr bleib' ich zu Hause; im Mai aber komme ich vielleicht für acht Tage nach Wien. Grüße alles. Herrn Bruder Karl sagen Sie, daß ich großes Katzenvergnügen habe, Alte und Junge, die Alten kriegen für die Jungen Nasenstüber und Kopfnüsse, wie's der Lauf der Welt ist.

An Adolf Exner

Zürich, 27. August 1875

Wollen wir nicht nächstes Jahr wieder einmal an den Mondsee gehen, nur zwei oder drei Wochen? Es war doch sehr vergnügt dort, auch ist der beiläufige Aufenthalt im Hotel Soundso in

Salzburg sehr bei mir angeschrieben wegen der Rebhühner und des Gumpoldskirchners. Hier in Zürich ist jetzt ein hübsches Café auf der »Meise« (mit dem schönen eisernen Barockbalkone), da sitzen wir in den schönen Sälen und trinken zum Andenken – eine gute Flasche Gumpoldskirchner für 3 Franken 50 Rappen. Öfter als nötig ist! Das heißt, ich bin jetzt doch abends meistens zu Hause auf meinem Bürglibühel. Aber am Samstag abends oder Sonntags da bleib' ich in der Stadt, und dann sauf' ich für sieben Mann! Ich sag' Ihnen! Dann humple ich, oft lange nach Mitternacht, die dunkle Engestraße hinaus auf das »Bürgli« und weiß trotz der Beladung den Messerstichen der italienischen Eisenbahnarbeiter sehr geschickt auszuweichen, welche sich die ganze Straße entlang gegenseitig in den Seiten kitzeln, anstatt die Seebahn fertig zu bauen, auf der wir nach Glarus fahren wollen, wenn Sie herkommen.

Aus München kam im November die Nachricht, daß in der Kapitelsitzung des Maximiliansordens (des 1853 von König Maximilian II. *gestifteten Ordens für Wissenschaft und Kunst) Keller einstimmig zu Mörikes Nachfolger gewählt worden sei. Doch fragte Heyse, auf dessen Vorschlag die Wahl erfolgt war, vorsichtshalber bei Keller an, ehe der Antrag an den König ging. Denn man müsse sich, so sei in der Kapitelsitzung befunden worden, »bei einem Schweizer Bürger zuvor versichern, ob er nicht etwa ein Vorurteil gegen dergleichen monarchische Sitten hege, ob er den Orden annehmen könne, dürfe, wolle.«*

Gottfried Keller an Paul Heyse

Zürich, 11. November 1875

Wegen der Maximiliansordenssache will ich mich nicht lang bei Komplimenten und Betrachtungen über meine Unwürdigkeit usw. aufhalten. Ich schicke Ihnen unter Kreuzband die schweizerische Bundesverfassung, aus deren Artikel 12 Sie kurzweg ersehen wollen, daß den eidgenössischen Beamten die Annahme von dergleichen untersagt ist. Nun bin ich zwar kein sölchener; allein als Schreiber der alten Republik Zürich bin ich doch auf einem so exponierten Pöstchen oder Schemelchen, daß die analoge Anwendung der Bundesvorschrift von selbst geboten ist.

Ich muß Sie also herzlich dankbar bitten, die Sache in aller Stille einzubalsamieren und einschlafen zu lassen. Dies geschieht *sans phrase,* und Sie werden mir auch glauben, daß ich damit keinerlei politisch pharisäische Kannegießerei treiben will. Vielmehr anerkenne ich es als Ehre und Freude, unter Umständen auch in solcher Form einem Verbande Vortrefflicher angehören zu dürfen.

Auf der anderen Seite will ich mich hinwieder auch nicht über meine heimatlichen Einrichtungen blasiert erheben. Fragliches Postulat gehört zu den Instinkten der Selbsterhaltung der Demokratie (und zwar einer historisch ausgewachsenen) und muß daher respektiert werden. Wir haben hier ein Konkretum gegen ein Konkretum, möge es niemals einen blutigeren Konflikt geben.

An Marie von Frisch

Zürich, 20. Dezember 1875

Ich beglückwünsche Sie nachträglich noch eifrigst wegen Ihres Söhnleins in der Hoffnung, es stehe noch alles gut mit demselben, die Gesundheit vortrefflich, die Schönheit unvergleichlich, die Gescheitheit über jeden Vergleich erhaben.

Um aber auch auf dem Pfade der Tugend eine rechtzeitige Einwirkung zu erzielen und das junge Männlein zu einem männlich tüchtigen Kumpan heranbilden zu helfen, übersende ich ihm hiemit ein erstes Trinkgeschirrchen; es wird es freilich noch nicht regieren können. Bis dahin aber müssen wir einen Notbehelf erfinden. Dazu dienen die Basler Leckerli, welche Sie in altem Rotwein einweichen, in Lutschbeutel (schweizerisch: Nüggi) packen und auf diese Weise dem Sprößling ins Mäulchen stecken müssen, damit er sich an den Wein gewöhnt . . .

Ich selber saufe leider nicht mehr viel; bleibe wochenlang in meinem Hochsitz abends zu Hause und trinke Tee. Nächstes Jahr habe ich vorläufig vor, meine Schreiberstelle zu quittieren und ganz den sogenannten Musen zu leben. Ich bin nun so alt, daß es nicht mehr so schlimm gehen kann ohne eine solche Philisterversorgung, und die schönen langen Tage und Wochen fangen mich doch an zu schmerzen, wenn ich immer vom Zeug weg ans Geschäft laufen muß.

An Lina Duncker

Zürich, 22. Februar 1876

. . . Für jetzt nur so viel, daß es mir nie entfernt in den Sinn kommt, mich unordentlich in dieser Sache zu betragen; Sie werden ein hübsches und neuartiges Werklein bekommen, wenn Sie es durchaus wollen. Es handelt sich immer noch um die vor zwanzig Jahren versprochenen Galatea-Novellen. Zu einer Geldauseinandersetzung im Falle des Fallenlassens war ich schon vor zehn Jahren bereit oder länger, habe aber hierauf keine Antwort erhalten. Um Ihnen nun die Zutraulichkeit zum guten Ende wieder etwas aufzukratzen, teile ich Ihnen mit, daß ich mit Ende Juni meine Amtsstelle aufgebe, um sofort mit neuen Kräften das pure Schriftstellertum mit mehr Vernunft und Geschick wieder aufzunehmen, als ich es zu Weihnachten 1855 verlassen habe. Es kann freilich nicht jeder so zwanzig Jahre im Vorbeigehn aus der Tasche verlieren; ich aber bin in dieser Beziehung ein Herr und meine Mittel erlauben mir das. Man bekommt zwar bei dieser Methode keine Frau; aber die späte Entdeckung, daß es doch viel vergnüglicher und besser sei, ist auch kein schlechter Tuback.

Im März 1876 starb Ferdinand Freiligrath, den Keller im Spätsommer 1874 nach langen Jahren wiedergesehen hatte, als er mit Frau und Tochter durch Zürich reiste.

Gottfried Keller an Ferdinand Weibert

Zürich, 11. Mai 1876

... Sodann bin ich Ihnen noch meinen herzlichen Dank schuldig für die teilnehmende Aufmerksamkeit, mit welcher Sie mir den Tod Freiligraths mitgeteilt haben. Ich wäre gerne zum Leichenbegängnis gekommen, wenn ich den Tag rechtzeitig gewußt hätte. Freiligrath gehört zu den wenigen, von welchen man nicht glauben mag, daß sie wirklich fort und verschwunden sind, bei deren Tod man sich ängstlich fragt, ob man sich nichts vorzuwerfen, sie nie beleidigt habe, aber sofort ruhig ist, weil sie einem nicht den geringsten Anlaß dazu hätten geben können vermöge ihres wohlbestellten Wesens.

An Emil Kuh

Zürich, 15. Mai 1876

Auf 1. Juli bin ich nun von meinem Amte frei, ich habe es nicht länger ausgehalten; den Tag durch Amtsgeschäfte, des Abends soll man schriftstellern, lesen, Korrespondenz führen usw.; das geht nicht und bleibt dann meistens alles zusammen liegen. Ich habe nun in poetisch-literarischer Beziehung so viel zugeschnittene Arbeit oder Werch an der Kunkel, daß ich es wohl wagen kann, meine noch mir vergönnten besseren Jahre damit zuzubringen, ohne in schlimme Zustände zu geraten, wie junge Literaten, oder anderseits einem schnöden Industrialismus zu verfallen. Ich würde auch schlechterdings die Zeit nicht finden, nur die Hälfte von dem zu machen, was ich noch machen kann und soll ...

Der Abschied von der Staatsschreiberei, lange im stillen erwogen, war also beschlossene Sache, obwohl die besorgte Schwester dieser Rückkehr ins ungewisse Freie (eine Pension bezog der Staatsschreiber nicht) kopfschüttelnd zusah. Am 8. Juli 1876 nahm Gottfried Keller zum letzten Mal an der Ratssitzung teil. Aufatmend trug er in sein Handprotokoll ein:

Letztes Protokoll verlesen. Präsidium (Herr Ziegler) hält eine Ansprache an den abtretenden Staatsschreiber nach fünfzehnjähriger Amtsführung. Punktum!

Gottfried Keller an Adolf Exner

Zürich, 19. August 1876

Mit meiner Demokratenregierung bin ich leidlich auseinandergekommen oder vielmehr lustig, was ich Ihnen, glaub' ich, noch nicht erzählt habe. Sie veranstalteten mir ein Abschiedsessen im Hotel Bellevue, an dem ausschließlich die Mitglieder der Regierung und ich waren, und überreichten mir einen silbernen Becher. Die Sache begann um sechs Uhr nachmittags. Um neun Uhr schien es mir einschlafen zu wollen, ich verfiel auf die verrückte Idee, ich müsse nun meinerseits etwas leisten und den Becher einweihen. Ich lief hinaus und machte ganz tolle Weinbestellungen in Bordeaux, Champagner usw. in der Meinung, selbst dieselben zu bezahlen. Die Herren aber wußten, daß alles aus der Staatskasse bezahlt werden müsse, und um den Schaden wenigstens erträglich zu machen, fingen sie krampfhaft an mitzusaufen und soffen verzweifelt bis morgens um fünf Uhr, so daß wir am hellen Tage auseinandergehen mußten. Sieber wurde in einer Droschke nach Hause gebracht, ich wurde in einer Droschke nach dem Bürgli gefuhrwerkt, ich hatte drei Tage Kopfweh. Das Tollste ist, daß ich die Herren, je mehr wir soffen, um so reichlicher mit Offenherzigkeiten regaliert habe in diesem letzten Augenblick, mit meinen Ansichten über die Verdienstlichkeit ihres Regiments u. dgl., was mich nachher geärgert hat, denn es war doch kommun undankbar. Sie machten jedoch geduldige Miene dazu, ich glaube aber, sie gäben mir jetzt den Becher nicht mehr. Die bestellten Weine wollte ich am andern Tage oder vielmehr am Nachmittage desselben Tages bezahlen; es wurde mir aber richtig nichts abgenommen.

Alles wird sorgfältig verschwiegen, nur das Rechnungsbelege wird als stummer Zeuge in den Archiven liegen bleiben.

In der selbstbiographischen Skizze, die in eben diesem Sommer 1876 niedergeschrieben wurde, zieht Gottfried Keller die Summe:

Indem ich während jener Zeit die Stelle des Staatsschreibers des Kantons Zürich versah, befolge ich den bekannten Rat, dem poetischen Dasein eine sogenannte bürgerlich-solide Beschäftigung unterzubreiten. Glücklicherweise war es aber weder eine ganze noch eine halbe Sinekure, so daß keine von beiden Tätigkeiten nebensächlich betrieben werden konnte, und das Experiment in Gestalt einer langen Pause vor sich gehen mußte, während welcher die eine Richtung fast ganz eingestellt wurde. Gewiß sind viele vortreffliche Einzelsachen und wirkliche Meisterwerke in den Mußestunden neben lebenslanger anderweitiger Berufserfüllung entstanden; es wird aber immer der Umfang oder die Natur solcher Werke die Mutterschaft bloßer Mußestunden von selbst dartun, und wer Volles und Schweres in der Vielzahl mußestündlich glaubt vollbringen zu können, wird, wenn er lange lebt und weise ist, seine Illusion selber noch zerrinnen sehen.

Bei meiner Wenigkeit hat sich nun ein Mittelweg herausgebildet, wenn auch ohne eigentlichen Vorbedacht, indem statt eines lebenslänglich verteilten prosaischen Berufswesens eine Konzentration auf eine Reihe von Jahren, mit Ausschluß jedes empfindsamen Mußelebens, sich eingestellt hat. Als die alte Republik Zürich, welche unter verschiedenem Regimente von jeher solchen mäzenatischen Anwandlungen unterlegen ist, mir das Amt ihres Schreibers gab, mußte ich mich vom ersten bis zum letzten Augenblicke in den Geschäften tummeln und genoß zehn Jahre lang nicht einmal eines Urlaubes, und ich glaube, es ist mir das gesunder gewesen, als ein schläfriges System gemischter Bureau- und Mußestunden. Die Anlehnung an jene solide Bürgerlichkeit, an das Holzhacken Chamissos, hat einmal stattgefunden, ihren Dienst getan, und kann nun wieder mit einer andern ungeteilten Existenz vertauscht werden, denn die Hauptsache besteht, nach gewonnener Haltung und Elastizität, nicht sowohl in den sicheren Einkünften, als in der entschlossenen Lebensäußerung.

Dann, heißt es bei Baechtold, kaufte sich der Herr Alt-Staatsschreiber einen staatsmäßigen Schlafrock, und begab sich unverweilt an die Ausführung alter dichterischer Vorsätze.

Höhe des Lebens

1876 bis 1882

Auf dem »Bürgli«, wo vom Schreibtisch der Blick weithin schweifen konnte über See und Stadt und hinauf zu den Bergen, begannen nun für den Dichter die glücklichsten und behaglichsten Arbeitsjahre. Bis spät in die Nacht saß er oft über seinem poetischen Pensum, und nur an den Samstag- und Sonntagabenden ging es zum Becherlupf hinunter in die Stadt.

Mit verjüngter Schaffenslaune löst Gottfried Keller auch die verjährten Wechsel der eigenen schöpferischen Jugend ein: die Galatea-Novellen, vor fünfundzwanzig Jahren liegen gelassen, reifen zu dem wundervoll geschlossenen Variationenwerk des »Sinngedichts«; der »Grüne Heinrich« wächst in eine zweite kunstgesättigtere Existenz hinein; aus altem und neuem lyrischen Bestand wird eine großartige Lebensernte gesichtet. Zuvor, als unmittelbare poetische Frucht der Kanzleizeit, die »Züricher Novellen«: wirklich, wie Vischer es ausdrückte, staatsmäßig geschrieben; doch das Staatsschreiberliche ist die Edelpatina eines Historienstils, der dem Aktenbefund der Vergangenheit allen Staub ausklopft und blühendes Leben aus vergilbten Urkunden zaubert. Zürich, das sich in diesem geschichtlich verklärten Stadtwesen wiedererkennen durfte, war damit allen anderen Dichtergeburtsstädten voraus.

Mit den »Züricher Novellen« beginnen Gottfried Kellers Beziehungen zur »Deutschen Rundschau«, der damals maßgebenden literarischen Monatsschrift. Fortan wurde jedes erzählerische Werk zuerst dort veröffentlicht, wobei es sich manchmal ergab, daß ein Heft ohne die fällige Fortsetzung erscheinen mußte, denn Terminarbeit zu liefern, hatte Keller immer noch nicht gelernt. Im ganzen wirkte der gelinde redaktionelle Druck wohltätig: er hielt den Dichter und auch dort bei der Arbeit, wo sonst wohl die alte Unlust am Fertigmachen über die besten Vorsätze gesiegt hätte.

Bevor das Jahre 1876 zu Ende ging, wurde Keller, da er nun des Amtes ledig war, doch noch Ritter des Maximiliansordens.

Gottfried Keller an Paul Heyse

Zürich, 9. Dezember 1876

Wenn die Augsburger Allgemeine Zeitung nicht lügt, so haben Sie die Mine nun doch angezündet, die Sie mir gelegt haben! Mögen Sie dafür im Dies- oder Jenseits den Lohn empfangen, der Ihnen gebührt!

Für den Fall, daß die Sache wirklich und unwiderrufen ist, bitte ich Sie (das haben Sie sich selbst zugezogen) um eine gütige Anleitung, was man, nach Empfang der bezüglichen Anzeige oder Zustellung, zu tun hat, ob man z. B. an den König selbst schreiben muß, ob man das Wort Dank gebraucht, oder welches, und wie lang das Schreiben sein darf, ohne unschicklich zu sein. Ich denke, es wird nur das Notwendigste in möglichst wenig Zeilen zu sagen sein ...

P. S. Daß ich *puncto* Ordensfrage jetzt keine Schwierigkeiten mehr erheben kann, haben Sie richtig vorausgesetzt; auch bin ich gerade als Republikaner zu stolz, die Ehrenerweisung, die ja publik geworden ist, einzuheimsen und zugleich mit einer Ablehnungsszene zu prunken ...

Zürich, 26. Dezember 1876

Ich bin durch den Witz veranlaßt worden, zum ersten Mal einen letzten Willen zu redigieren, indem ich einen Zettel zu der kleinen Schachtel legte des Inhalts, daß dieselbe nach meinem Tode nach München zurückzusenden sei, nach Maßgabe der Ordensstatuten. So kommt man in die Gewohnheit des Testierens hinein.

An Jakob Baechtold

Zürich, 28. Januar 1877

... Was nun die Biographie betrifft, mit der Sie mich beehren wollen, so bitte ich ernstlich, davon abzustehen ... Die Sache ist die: Ich bin trotz meines Alters noch nicht fertig, sondern ein Bruchstück, das in den nächsten Jahren vielleicht ergänzt wird, aber jetzt zu keinem richtigen Bilde dienen könnte. Es kommt das von den fünfzehn Jahren Amtsleben und von vorheriger, ungeschickter Zeitverschleuderung ... Also nochmals seien Sie angefleht, geben Sie die Idee wenigstens für jetzt auf.

Der löbliche Fleiß, welchen Sie meiner Armseligkeit zuwenden wollten, hat mir übrigens eine andere nützliche Idee erweckt.

Wenn ich spüre, daß es abwärts gehen will, und an mein Testament denken muß, so werde ich Sie zu meinem Nachlaßherausgeber ernennen, da Sie so herausgabelustig sind. Dann können Sie nach Herzenslust in meinen paar tausend Briefen und Papierfetzen herumwühlen . . .

Unterdessen hatte die Veröffentlichung der »Züricher Novellen« in der Deutschen Rundschau begonnen.

Conrad Ferdinand Meyer an Gottfried Keller

Küßnacht, 12. Februar 1877

Ich kann es nicht lassen, Ihnen wenigstens mit einer Zeile meine Bewunderung Ihrer »Züricher Novellen« zu bezeugen, deren letzte – wenn man den Teil eines Ganzen loben darf – mich tief ergriffen hat. Auch ich wüßte, die Art des Eindruckes auf den Leser und die Mischung nicht nur des Tragischen und Komischen, sondern überhaupt Ihrer poetischen Kräfte erwägend, keinen sich ungesuchter bietenden Vergleichspunkt, als den Humor und die Tragik des großen Briten. [In einem kurz zuvor erschienenen Sonett Heyses war Keller als »Shakespeare der Novelle« gespriesen worden.] Das ist viel gesagt, aber es nicht anders. Für den Schreiber dieser Zeilen ist es ein wahres Glück, das er zu schätzen weiß, und ein großes Element der Bildung, die poetische Kraft eines Zeitgenossen und eines Landsmannes dazu mit aufrichtigem Herzen bewundern zu dürfen.

Gottfried Keller an Conrad Ferdinand Meyer

Zürich, 13. Februar 1877

Ich will mich wohl hüten, hochgeehrter Herr, Ihre freundlichen Zeilen über die letzte Rundschaunovelle [»Der Narr auf Manegg«] abzulehnen, da ich gerade wegen dieser resp. ihrer Magerkeit und Stofflosigkeit in Sorgen stehe, namentlich bei ihrer Isoliertheit in dem dicken Revuehefte. Nun bin ich durch Ihre Äußerung wenigstens des gröbsten Kummers, daß die kleine Arabeske geradezu als trivial und leer erscheinen könnte, in etwas enthoben, und ich danke Ihnen herzlichst für Ihren Zuspruch.

Das *tertium comparationis* in dem Heyseschen Sonett mit dem bewußten Briten, so relativ es auch nur gemeint sein kann, müssen Sie nicht mir aufs Kerbholz schneiden, sonst würde ich den

Schaden doppelt empfinden, den einem solch unbedachte Guttaten zufügen können. Jedenfalls ist es kaum gefährlicher gemeint, als seinerzeit die Benennung Gotthelfs als »Shakespeare des Dorfes« durch Vilmar, welche Charge die Bäume des tapfern Berners auch nicht in den Himmel wachsen ließ ...

Hier sei bemerkt, daß es zwischen den beiden großen Züricher Dichtern zu einem vertrauten Verhältnis nicht gekommen ist. »Sie hatten eben Furcht voreinander«, meinte in einem Gespräch C. F. Meyers Tochter Camilla Elisabeth: »Aus Angst vor meinem Vater wurde Keller grob, und aus Angst vor Keller wurde mein Vater höflich.« Derjenige, der sich dem anderen mit ebensoviel menschlichem Takt wie künstlerischem Respekt näherte, war Meyer. Derjenige, der sich mißtrauisch verschloß, blieb Keller: wie er mit stachliger Unnachgiebigkeit allem auswich, was nach »falschen Verhältnissen« aussah. C. F. Meyer – kavaliersmäßig in der Erscheinung, Patrizier im Leben, mittelbar und haltungsbedacht im Dichten – war in jedem Zug zu sehr das Gegenteil von Keller, als daß dieser nicht das falsche Verhältnis empfunden hätte, wenn die öffentliche Meinung sie immer wieder zusammenspannte »wie zwei Dackel an einer Schnur«. So rühmend er bei guter Gelegenheit sich zumal über den Lyriker C. F. Meyer auslassen konnte, den jährlichen Besuch, den jener ihm machte, erwiderte er nie. Als man Meyer einst hinterbrachte, Keller möge ihn entschieden nicht, meinte er, das sei eine alte, aber unangenehme Neuigkeit. Doch mit der Höflichkeit des Herzens, die ihm eignete, hat er nach Kellers Tod, von einer Zeitschrift um eine Äußerung gebeten, das Verhältnis folgendermaßen umschrieben:

Die »Deutsche Dichtung« ersucht mich um einige Aufzeichnungen über Keller in der natürlichen Voraussetzung, daß wir uns als Landsleute nahe standen. Das war nun nicht der Fall, doch haben wir uns immerhin gekannt, und es fand zwischen uns ein freundliches Verhältnis statt. Er zeigte sich mir immer – oder fast immer – liebenswürdig und geistreich unterhaltend, womit ich mich gerne zufrieden gab. Meinerseits begegnete ich ihm stets mit Ehrerbietung und hielt diesen Ton fest, wenn er auch gelegentlich darüber spottete und einmal einen »in Ehrerbietung« unterzeichneten Brief mit »in Ehrfurcht« erwidert hat ... Ich sage, daß ich für Keller Ehrerbietung empfand, und zwar durchaus keine konventionelle, sondern eine wahre und tiefe, und nicht nur vor seiner unvergleichlichen Begabung, sondern nicht weniger vor seinem Herzen und seinem Charakter, dessen ethisches Gewicht mir schon bei unserem ersten Zusammensein auffiel.

Meyers Brief über die »Züricher Novellen«, Kellers Antwort darauf: Ehrerbietung und leicht spöttische Abwehr. Sogar als ängstlichen Diplomatenkniff hat Keller die doch gewiß unverklausulierte Huldigung ausgelegt. Wobei allerdings mitspricht, daß es auch sonst ihn kitzelte, den von Heyse geprägten »Shakespeare der Novelle« unter den Tisch zu wischen. Weit davon entfernt, sich geschmeichelt zu fühlen, brummte er vielmehr, mit ebenso viel Grund könne man einen fleißigen Rätselmacher den »Shakespeare des Rätsels« nennen.

Gottfried Keller an Paul Heyse

Zürich, 1. März 1877

C. Ferdinand Meyer, welcher eine Art pedantischer Kauz ist bei aller Begabung, schrieb mir in der Befürchtung, daß ich die Charge mit dem Shakespeare der Novelle als bare Münze aufnehmen und so das Wohl meiner Seele und der Kanton Zürich Schaden leiden könnte, augenblicklich einen allerliebsten feierlichen Brief, in welchem er mir die Tragweite und insoferne Anwendbarkeit des Tropus auseinandersetzte und zwischen den Zeilen Grenzen und nötigen Vorbehalt diplomatisch säuberlich punktierte, ein wahres Meisterwerk allseitiger Beruhigung. Meine Antwort war aber nicht minder kunstreich und darf sich gewiß sehen lassen. Daß ich dabei einen mißbilligenden Seitenblick auf *Sie* werfen mußte, werden Sie wohl begreifen!

In diesem Frühjahr stellte sich auf dem »Bürgli« der zweiundzwanzigjährige Student Adolf Frey ein, aus dessen vertraulichem Umgang mit dem Dichter später das schöne Erinnerungsbuch erwuchs, von dem schon die Rede war. Empfohlen war Adolf Frey durch J. V. Widmann, den nachmaligen Redakteur und bedeutenden Literaturkritiker des Berner »Bundes«, der, damals noch Mädchenschuldirektor in Bern, den Dichter im Herbst 1873 kennengelernt und helles Entzücken geäußert hatte über den »kleinen, wunderlichen, ziemlich alten, groben und ver-

schlossenen, dabei aber von Witz und Humor fast zerspringenden Mann«.

Über seinen ersten Besuch erzählt Adolf Frey:

Auf dem »Bürgli«, wo Keller damals hauste, klingelte ich nicht ohne fühlbares Bangen; denn ich war sattsam bedeutet worden, daß seine Stunden nicht immer gleich freundliche wären und Sonnenschein und Gewölk bei ihm unweit von einander wohne.

Von der Schwester eingelassen und kurzerhand angemeldet mit dem durch irgendeine Tür hineingesandten Ruf: »Gottfried, es will ein Herr zu dir!« betrat ich den kleinen Flur, als auch schon schlurfende Schrittchen erschallten und eine kleine, ziemlich dicke Gestalt erschien, in einen grauen, bis auf den Boden reichenden, merklich verschossenen Schlafrock gehüllt. »Was wünschen Sie?« fragte er barsch und machte dazu ein paar Augen, als ob er mich unverweilt wieder vor die Tür stellen wollte. Ich nannte meinen Namen, und das drohende Gesicht hellte sich auf. Er führte mich in sein Zimmer, wo alles drunter und drüber stand, weil, was ich erst jetzt erfuhr, eben der Umzug in das oberste Stockwerk vor sich ging. Als ich mich sogleich entfernen wollte, gab er es nicht zu, sondern forderte mich zum Sitzen auf, da die Werkleute die nötigen Anweisungen bereits empfangen und wir somit hinreichend Zeit hätten, ein wenig zu plaudern. Er erkundigte sich freundlich nach meinen Studien und Plänen und lud mich zur Wiederholung des Besuches ein, so daß ich fröhlich von dannen ging.

Beim zweiten Besuch fand Frey »Anlaß und Muße«, das Äußere des Dichters zu betrachten:

Eine sehr hohe Stirn schwang sich mit einer Linie von vollendeter Schönheit unter die schlichten, schwarzen Haare hinauf, die oben links und rechts ziemlich weit zurückwichen und in der Mitte einen Büschel vorschoben. Die Schläfen waren gewölbt, die Brauen fein und dünn, die Augenhöhle von einer seltenen Ausdehnung. Die gegen den äußeren Augenwinkel beträchtlich nach abwärts gezogenen unteren Lider, die gebogene, etwas starke Nase und die ziemlich ausgeprägte Falte um Nase und Lippen verliehen dem Antlitz etwas Entschiedenes und Ernstes, während der hübsche Mund ihm einen freundlichen Zug gab. Die schön geschnittenen roten Lippen, soweit sie der Schnurrbart nicht verdeckte, sahen gleichsam wie zum Kuß gespitzt aus, wie es, der Mode ihrer Zeit folgend, deutsche Maler im sechzehnten Jahrhundert darzustellen liebten. Der dichte, ziemlich kurz gehaltene Vollbart begann um das sechzigste Lebensjahr des Dichters zu ergrauen, die schwarzen Haupthaare blieben bis gegen sein Ende ziemlich ungebleicht, so daß sich die helle Haut der Stirn und des übrigen Gesichtes lebhaft davon abhob. Ganz weiß waren die vollen und mit Grübchen ausgestatteten Hände, wahrhaftige schöne Frauenpatschhände, ins Männliche umstilisiert.

Nach dem Zeugnis Gleichaltriger war Kellers Erscheinung, ehe seine Leiblichkeit der Fülle anheimfiel, eine sehr anziehende. »Ich habe mich«, scherzte er einmal, »immer über die Bauchle (Dickbäuche) lustig gemacht; aber, bei Gott, so gegen das vierzigste Jahr kam es auch an mich.« Seine Beleibtheit war keine übermäßige, aber sie fiel ihm wegen seiner kleinen Statur beschwerlich: denn er maß vom Scheitel bis zur Sohle nicht über 1,40 Meter. Sie wurde vielleicht geradezu verhängnisvoll für ihn, weil sie ihn während der letzten drei Jahrzehnte beinahe von jeder körperlichen Bewegung abhielt.

Über die Art, wie Keller sich in der Unterhaltung gab:

Von persönlichen Dingen sprang die Rede über auf seine Pläne; er besah Neuigkeiten des Büchermarkts, pries alte und moderne Meister, sprach von Malerei und bildender Kunst, hieb nach literarischen und politischen Strebern und musterte alles mögliche, was die Stunde just ins Netz zog. Meistens ging es dabei aber kurz zu, und nur geringfügige Dinge, bei denen er selbst ganz oder teilweise außer Betracht fiel, behandelte er zuweilen mit einer gemächlichen, fast kleinstädtischen Breite, als ob er ihren erzählerischen Wert zu erproben wünschte. Oft brannte eine halbe Zigarre herunter, ohne daß er ungefragt ein Wort sprach, indem er offenbar einen eingeschlagenen Weg im stillen verfolgte. Dann konnte er wohl, aus seiner Versunkenheit aufwachend, ein liebenswürdiger Plauderer sein und dieses und jenes zum besten geben.

Waren ein paar Stunden mit Reden, Schweigen und Rauchen verbracht, so stiefelte er sich, vertauschte den Schlafrock mit dem

Rock und setzte den großen schwarzen Filzhut auf: jetzt wurde »ein Lauf getan«, d. h. wir steuerten einer Bierwirtschaft oder einem Zunfthaus zu, und zwar selten mit bedeutenden Umwegen. Da er indessen schon damals sehr langsam vorrückte und zum Marschieren mindestens das Dreifache eines einigermaßen rüstigen Gängers brauchte, so mochte dieser »Lauf« füglich einen Spaziergang darstellen. Erst wenn er, langsam dahinschreitend, den Arm fast horizontal auf den senkrecht stehenden Spazierstock ausstreckte, fiel die Kürze seiner Leiblichkeit vollkommen ins Auge.

Unversehens war im Frühjahr 1877 ein Brief von Marie Melos einpassiert, der Schwester Ida Freiligraths. Gottfried Keller erinnerte sich noch wohl des dunkeläugigen Jungfräuleins, das sie vor einem Menschenalter, nicht ohne heftige Anteilnahme seines siebenundzwanzigjährigen Herzens, gewesen war.

Gottfried Keller an Marie Melos

Zürich, 3. März 1877

Daß ich die Freude, ein so unerwartetes Lebenszeichen von Ihnen zu erhalten, nur den leidenden Augen der verehrten Frau Ida Freiligrath verdanke, reicht gerade hin, der Freude jene Heftigkeit zu nehmen, die allem Irdischen so schädlich ist. Aber ein großes Vergnügen war es dennoch, das ich empfand, als ich verwundrungsvoll, wer mir denn da so artig und mitteilsam schreibe, die Unterschrift suchte und Ihren Namen fand. Seit vielen Jahren hatte ich nichts mehr von Ihnen gehört und wußte gar nicht, wo Sie in der Welt hingekommen seien oder ob Sie überhaupt noch leben? So geht es in der Welt; wenn man nur still und geduldig wartet, wie die Katze vor dem Mauseloch, so kommen alle guten Dinge wieder einmal zum Vorschein . . .

Was meine Wenigkeit betrifft, so habe ich allerdings meine Amtstätigkeit aufgegeben, um vor Torschluß noch mein schriftstellerisches Pensum schnell nachzuholen. Leider ist fast alles weggestorben, was ehmals mein nachsichtiges kleines Publikum gebildet hat; vor allem hätte ich mich gefreut, wenn ich auch Freiligrath vielleicht noch ein bißchen Spaß hätte machen können. Doch lebt auch noch dieser oder jener Zeuge früherer Tage und hauptsächlich in Ihnen, verehrtes Fräulein, ja eine ganz vorzügliche Altersgenossin! Daß wir am gleichen Tage geboren seien, habe ich noch gar nicht einmal gewußt, wissen Sie es auch gewiß? Meinerseits bin ich am 19. Juli 1819 zur Welt gekommen; nun sehen Sie mal nach!

Zürich, 19. Juli 1877

Und wie soll ich Ihnen für das liebe Bildchen danken, das Sie mir geschenkt? Es hat mich ganz unvermittelt überrascht, wie wenn man jemand nach dreißig Jahren unerwartet wiedersieht. Aus dem dunkeläugigen rosigen Jungfräulein ist freilich ein gestrenges Tantchen geworden; allein ich glaube doch nicht, daß es allzu böse sei mit dem Ernst der Züge.

Im Sommer 1876 hatte ein unbekannter schleswigscher Regierungsrat namens Wilhelm Petersen dem Dichter so gescheit über den »Grünen Heinrich« geschrieben, daß sich daraus eine kleine freundschaftliche Korrespondenz über die Frage der Umarbeitung entspann. Im Mai 1877 erschien Petersen dann selber in Zürich, nachdem Keller versichert hatte: »Ich werde Ihnen mit Freuden Stunden und Tage widmen, soviel Sie wollen.« Indessen hatte Petersen dem Dichter schon vorher einen noch größeren Dienst erwiesen: auf seine Anregung schrieb Theodor Storm, mit dem er befreundet war, seinen ersten Brief an Gottfried Keller.

Der nun einsetzende Briefwechsel gehört zu den aufschlußreichsten künstlerisch-menschlichen Zeugnissen, die wir von Keller und Storm besitzen. Nur über ein einziges Jahrzehnt erstreckte er sich, der ein Altersbriefwechsel von Altersgenossen war. Lyriker und Erzähler der eine wie der andere, echte Meister behaglicher Briefplauderkunst dazu – das ergab bei aller Vieltönigkeit der Einfälle und Anlässe eine geistige Kammermusik, in der auch Fragen des beiderseitigen poetischen Handwerks als anmutig-bedächtige Klangfiguren ihr Spiel trieben.

Theodor Storm an Gottfried Keller

Husum (Schleswig-Holstein), 27. März 1877

Es war gar köstlich, neulich am Sonntag-Vormittag; von draußen fiel so etwas wie erster Frühlingsschein ins Zimmer; drinnen wurden die »Züricher Novellen« gelesen, das eine Heft der »Rundschau« von einem jungen Juristen, meinem Sohn, das andre von mir; es war eine rechte Sabbatfeier. Als ich die schöne Geschichte von Johannes Hadlaub aus der Hand legte, war mir so warm und froh ums Herz, und der Johannes wurde mir zum Gottfried, und ich dachte: ihr Wenigen, die ihr gleichzeitig auf der Erde wandelt, wenn auch ein warmer Händedruck nicht möglich ist, ein Gruß aus der Ferne sollte doch hin und wider gehen. Und so nahm ich das beifolgende Büchlein [Storms Erzählung *»Aquis submersus«*] und schrieb diesen Gruß hinein. Möge er Ihnen nun willkommen sein.

Bemerken muß ich noch, daß meinerseits die Freundschaft, um die ich jetzt werbe, eine längst begründete ist; alle Ihre Bücher in Vers und Prosa sind in erster Auflage meiner Bibliothek einverleibt worden ...

Darf ich nun zum Schlusse noch eine Fürbitte für Johannes Hadlaub und Fides einlegen? – Das ganze Lieder-Minne-Spiel, das die alten Herrschaften zur Vermehrung ihrer Handschrift so eifrig schüren und begünstigen, zielt nach des Dichters Absicht doch dahin, daß nun dadurch den beiden jungen Menschen die wirkliche Frucht der Liebe in den Schoß fällt. Aber wenn nun dieser große Moment kommt, so verläßt der Dichter uns plötzlich, als hielte er, nachdem er sich so eingehend mit einer berühmten Handschrift beschäftigt, es unter seiner Würde, nun eine gewöhnliche – es steht ja dem Dichter frei, sie übergewöhnlich zu gestalten – Liebesszene zu schreiben, und tut den großen Moment mit einer wie nur beiläufig referierenden Zeile ab. Darf ich es sagen? Es hat mich das wie eine eigensinnige Nichtachtung nicht nur des Lesers – dagegen wäre oft nicht viel zu erinnern – sondern viel mehr noch der eignen Dichtung berührt ...

Mein Sohn Ernst, dem ich mein obiges Monitum mitteilte, sagte lachend: »Der Stier von Uri wird dich auf die Hörner nehmen und fortschleudern!«

Das muß ich denn nun abwarten.

Gottfried Keller an Theodor Storm

Zürich, 30. März 1877

Sie haben mir das schönste Ostergeschenk gemacht, das ich je in meinem Leben bekommen; es ist freilich seit der Kinderzeit lange her: aber um so mehr braucht es, um jene durch der Ferne Blau vergrößerten Wunder in den Schatten zu stellen. Ich ergreife mit Dank und Freuden Ihre Hand und Ihr Geschenk und will trachten zu erwidern, was an meinem geringen Orte möglich ist ...

Die treuliche und freundliche Vermahnung, die Sie mir wegen Hadlaub und Fides geben, befremdet mich nicht, weil die Geschichte gegen den Schluß wirklich überhastet und nicht recht ausgewachsen ist. Das Liebeswesen jedoch für sich betrachtet, so halte ich es für das vorgerückte Alter nicht mehr recht angemessen, auf dergleichen eingehend zu verweilen, und jene Form der Novelle für besser, wo die Dinge herbei geführt und alsdann sich selbst überlassen werden, vorausgesetzt, daß doch genugsam zwischen den Zeilen zu lesen sei. Immerhin will ich den Handel noch überlegen; denn die Tatsache, daß ein lutherischer Richter in Husum, der erwachsene Söhne hat, einen alten Canzellaren helvetischer Konfession zu größerem Fleiß in erotischer Schilderei auffordert, und zwar auf dem Wege der Kaiserlichen Reichspost, ist gewiß bedeutsam genug . . .

Theodor Storm an Gottfried Keller

Husum, 7. April 1877

Als ich vor einigen Tagen mit der anmutigen Figura Leu [aus der Züricher Novelle »Der Landvogt von Greifensee«] – die der unterschriebene Exkollege des Landvogts Landolt sich trotz alledem nicht hätte entkommen lassen – bei dem alten Geßner in Gesellschaft gewesen war, in Betreff dessen Idyllen ich mit Ihnen stimme, kramte ich gleich darauf meine Geßner-Ausgaben aus den Schränken: als *pro primo* die von 1770–72 in sauber schweinsledernen Oktavbänden, dann aber in *quarto* die französische Ausgabe mit Diderot von 1773 und Bd. I der deutschen von 1777; und, im Gefühle Ihrer Sympathie, betrachtete ich mit erneuetem Vergnügen diese Fülle der anmutigen Radierungen, insbesondre, wie schon oft, das erträumte Landhaus S. 240 der letzteren, wohin ich beim Lesen unwillkürlich die von Ihnen geschilderten Szenen verlegt hatte. Band II der deutschen Ausgabe (mehr gibt es ja wohl nicht) fehlt mir leider. Sollte er Ihnen in einem dortigen Antiquariat vor Augen kommen, so sind Sie vielleicht so gütig, ihn mir gegen Postnachnahme senden zu lassen. Ich habe so meine stille Freude daran, die alten Herrn des 18. Jahrhunderts in ihren schmucksten Originalausgaben um mich zu haben.

Gottfried Keller an Friedrich Theodor Vischer

Zürich, 6. August 1877

Mit vielen Freuden vernehme ich die Realisierung des Pfahldorfprojekts und würde schon in Erwartung des bevorstehenden Vergnügens nicht imstande sein, Ihre Kreise mit philiströsen Bedenklichkeiten zu stören, von deren Grundlosigkeit ich ja bei Ihnen zum voraus überzeugt sein müßte. Als Kompensation für das Zuviel an Ehre, das dem Guffrud Kullur durch Unterschiebung eines Gedichtes von Ihrer eigenen Textur geschieht, soll derselbe sich bei Durchhauung des Pfaffen nur um so rüpelhafter benehmen; ich erteile Ihnen hiemit alle Vollmacht. [Gottfried Keller wurde, wie erwähnt, von Vischer als Guffrud Kullur in der Pfahldorfgeschichte des Romans »Auch Einer« verewigt.]

Ich lese soeben Emil Kuhs Hebbel-Biographie, ein hochinteressantes Werk, das mir aber, bis jetzt wenigstens, die Furcht erweckt, daß die beabsichtigte Aufrichtung der Statue sich schließlich in eine Niederreißung derselben verwandeln könnte. Die Maßlosigkeit des heutigen gereizten Wiener Wesens, in welchem Kuh selbst wider Willen befangen ist, überschreitet hier die Grenzen, und ich glaube nicht, daß puncto Menschlichkeiten einer das Recht hat, die Rousseausche Offenheit und Geschwätzigkeit im Namen eines andern so weit zu treiben in Dingen, die zuletzt nur der leidende Teil selber ganz fühlt und kennt und mit dem nötigen Selbsterhaltungstrieb behandeln kann. Auch fürchte ich, daß das Werk, wiederum ohne Absicht, zum Teil ein Werk der Rache und Strafe für erlittene schnöde Behandlung ist. Manches kann ich mir fast nur hieraus erklären. Freilich muß man auch sagen, daß Kuh das Wühlen und Grübeln in schadhaften Hautstellen und hohlen Zähnen an sich für wissenschaftlich und verdienstlich gehalten hat. Künstlerisch ist es nicht . . .

Zu Weihnachten 1877 erschien die Buchausgabe der »Züricher Novellen«. Wilhelm Scherer, der bedeutende Germanist, fand in der Deutschen Rundschau: »Man gerät aus einem Staunen in das andere und fragt sich: wie ist es nur möglich, daß einem Menschen das alles einfällt? Eine Frage, die man nicht vielen unserer lebenden Dichter gegenüber zu tun in die Lage kommt.«

Gottfried Keller war bisher Bürger von Glattfelden gewesen. Jetzt wurde ihm feierlich das Bürgerrecht der Stadt Zürich verliehen.

Gottfried Keller an Theodor Storm

Zürich, 31. Dezember 1877

Ich wollte Ihnen, lieber Freund, am morgigen Neujahrstag schreiben, um Ihnen durch die gewählte Stunde eine rechte Ehre zu erweisen; zu rechter Zeit fällt mir aber ein, daß mich die Silvesternacht und das germanische Laster entweder untauglich machen oder mit schnöden Jammerpossen anfüllen könnte à la Joh. Jakob Wendehals von Mörike [in dem Gedicht »Zur Warnung«], und da wollen wir's lieber heute noch vornehmen.

Die Zürcher Novellen werden Ihnen durch den Verleger zukommen; ich spreche davon wegen Ihrer erotischen Ratschläge, die Sie auf Seite 148 des ersten Bändchens, so weit meine unschuldige und ehrbare Phantasie reichte, befolgt finden. Um auch nochmals auf jene Figura Leu zurückzukommen, so hat sie wohl unverheiratet bleiben können; denn ich habe erst seither in Ihrem »Sonnenschein« gesehen an der dortigen Fränzchen, wie man ein lustiges und liebliches Rokokofräulein machen muß, und die hat ja auch ledig sterben müssen. Es ist mir übrigens, wenn ich von dergleichen an Sie schreibe, nicht zu Mute, als ob ich von literarischen Dingen spräche, sondern eher wie einem ältlichen Klosterherrn, der einem Freunde in einer andern Abtei von den gesprenkelten Nelkenstöcken schreibt, die sie jeder an seinem Orte züchten ...

Auf den gewünschten Geßner-Band vigiliere ich und werde Ihnen denselben senden, sobald ich ihn erwische, was wohl bald einmal geschehen wird; denn immer entleert etwa wieder ein altes Erbhaus. Ich hocke hier zuweilen bei einer Urenkelfamilie Geßners, welche noch von demselben bemaltes Teegeschirr besitzen und es dann zum Gebrauch bringen. Die Großmutter dieser Leutchen war eine Tochter Wielands. Sein Bild in Öl gemalt hängt im Zimmer, alte Briefschaften werden hervorgekramt. Im Jahr 1810 schreibt Wieland an die Tochter, über die Wahlverwandtschaften seien die Meinungen sehr geteilt, die einen erhöben sie in den Himmel, die andern erklärten sie für verrückt, das Richtige werde ungefähr in der Mitte liegen!

Bei diesem weisen Ausspruche wollen wir es für das Jahr 1877 bewenden lassen. Das nächte Jahr wollen wir »so Gott will«, wie die Mucker sagen, fleißiger schreiben.

Zürich, 25. Juni 1878

Ich geriet über dem Blättern in Ihren hübschen Bänden aufgeregt plötzlich an meine eigenen alten Gedichte, die zu gelegentlichem Durchsehen auf dem Tisch liegen, und hantierte mit dem Bleistift bis gegen zwei Uhr morgens darin herum, fand bessere Schlußzeilen, strich Strophen, wo es mich freute, ganze Lieder ohne Besinnen, machte andere Überschriften, kurz ich kam in den paar Stunden weiter, als sonst in einem halben Jahre, und das danke ich dem bloßen Kontakte mit dem Mann am fernen Nordmeer. Hier habe ich trotz der großen Bildungsanstalten keine Seele, mit der ich in dieser Beziehung verkehren kann. Schriftsteller und Literarmenschen zu Dutzenden, Leute, die sogar über mich schreiben, aber keinem ist *in concreto* ein Wort aus dem Stockfischmaule zu locken. Freilich versuch ich es auch nicht . . .

Theodor Storm an Gottfried Keller

Husum, 15. Juli 1878

Zunächst muß ich sagen, daß ich bei Ihrem jetzigen Vorhaben der Umarbeitung des »Grünen Heinrich«, obwohl es nötig ist, wenn das Buch für weitere Kreise lebendig gemacht werden soll, nicht ohne Sorge bin. Es quillt ein so frischer Lebensborn in diesem Buche, es liegt auf allem ein solcher Glanz von sinnlichfrischer Schönheit, daß ich bei dem Gedanken, daß das umgegossen werden soll, zittre. Aber Sie werden ja schonsam zu Werke gehen.

Gottfried Keller an Theodor Storm

Zürich, 26. Februar 1879

Schon seit dem Herbste habe ich den Salomon Geßnerschen zweiten Band für Sie bereit, den Sie einmal gewünscht haben. Das Jahrhundert, das seit seinem Erscheinen verflossen war, und das ich durch die schöne Dedikation markiert habe, ist nun schon überschritten. Gleichwohl lasse ich's stehen und sende Ihnen das Buch zum freundlichen Angedenken und Vergißmeinnicht . . .

. . . Den koketten Rhapsoden [Wilhelm] Jordan hab ich vor Jahren hier auch gehört, und zwar in den gleichen Kapiteln; gar wunderbar war es, das kränkliche Knäblein der Brunhild (welch modernes Romanmotiv!) zu Siegfried sagen zu hören: »Du bist lieber als *Papa*.« Jordan ist gewiß ein großes Talent, aber es braucht eine hirschlederne Seele, das alte und einzige Nibelungenlied für abgeschafft zu erklären, um seinen modernen Wechselbalg an dessen Stelle zu schieben. Jenes Nibelungenlied wird mir auch mit jedem Jahre lieber und ehrfurchtgebietender, und ich finde in allen Teilen immer mehr bewußte Vollkommenheit und Größe. Als man nach der besagten Vorlesung in Zürich aus dem Saale ging, hatte sich der Rhapsode unter der Türe aufgestellt, und jeder mußte an ihm vorbeigehen. Vor mir her ging Kinkel, auch ein Vortragsvirtuose und »schöner Mann«, und nun sah ich, wie die Beiden sich kurz zunickten und lächelten in einer Weise, wie nur zwei Frauen sich zulächeln können ...

Ich für meine Person bummle jetzt im Geiste oft in München herum, da ich in der Tat mit dem Ende des grünen Menschen beschäftigt bin. Der Druck hat dieser Tage begonnen. [Über die neue Form des »Grünen Heinrich« hatte Keller ausführlich mit Storm korrespondiert, dessen feine kritische Winke er vielfach beherzigte.]

... Da wir an Geldsachen sind, so will ich gleich noch einen wichtigen Punkt zur Sprache bringen. Sie haben nämlich schon einige Male Ihre Briefe mit Zehn-Pfennig-Marken frankiert, während es nach außerhalb des Reiches zwanzig sein müssen. Nun habe ich eine Schwester und säuerliche alte Jungfer bei mir, die jedesmal, wenn sie das Strafporto von vierzig Pfennigen in das Körbchen legt, das sie dem Briefträger an einer Schnur vom Fenster des dritten Stockes hinunterläßt, das Zetergeschrei erhebt: »Da hat wieder einer nicht genug frankiert!« Der Briefträger, dem das Spaß macht, zetert unten im Garten ebenfalls und schon von weitem: »Jungfer Keller, es hat wieder einer nicht frankiert!« Dann wälzt sich der Spektakel in mein Zimmer: »Wer ist denn da wieder?« (An Ihren Beraubungen haben Sie nämlich Konkurrenz; in den österreichischen Backfischen, die an alle Dichter der letzten jeweiligen Weihnachtsanthologie um Autographen schreiben, sofern der Wohnort des betreffenden Klassikers aus dem Buche ersichtlich ist.) »Den nächsten Brief dieser Art«, schreit die Schwester fort, »wird man sicherlich nicht mehr annehmen!« – »Du wirst nicht des Teufels sein!« schrei ich entgegen. Dann sucht sie die Brille, um Adresse und Poststempel zu studieren, verfällt aber, da sie meine offenstehende warme Ofenröhre bemerkt, darauf, die Erbssuppe von gestern zu holen und in die Wärme zu stellen, so daß ich den schönsten Küchengeruch in mein Studierzimmer bekäme, was sonderlich für den Fall eines Besuches angenehm ist. »Raus mit der Suppe!« heißt's jetzt, »und stell sie in deinen Ofen!« »Dort steht schon ein Topf; mehr hat nicht Platz, weil der Boden abschüssig ist!« Neuer Wortkampf über die Renovation des Bodens, endlich aber segelt die Suppe ab, und die Portofrage ist darüber für einmal wieder vergessen; denn mit der Suppe hat Angriff und Verteidigung, Sieg und Niederlage gewechselt. Haben Sie also die Güte, der Quelle dieser Kriegsläufte nachzugehen und sie zu verstopfen . . .

Über die Schwester hat es Keller auch sonst an brieflichen Anzüglichkeiten nicht fehlen lassen. Echt Kellerisch heißt es einmal, er vermute, die verstorbene Mutter habe ihm »die Schwester heimlich zum Terrorisieren abgerichtet, da sie zuweilen so störrisch sei, wie nur Leute sind, die infolge höherer Instruktion handeln«. Nie habe sie, klagt der Bruder ein anderes Mal, »an die Eingewöhnung resp. Erwerbung einer zuverlässigen Hausmagd denken wollen«. Als sie im Herbst 1877 erkrankte, mußte er »morgens den Kaffee machen, den Katzen (zwei eigenen und einer Hospitantin) das Fressen reichen, auch zuweilen die Milch sieden, daß sie nicht verdirbt, und dergleichen Schweinereien mehr und dabei noch den Novellenband fertigschreiben«.

Adolf Frey erzählt

Die Schwester war an Haltung, Gang, Antlitz und Gebärden dem Dichter ähnlich, nur fehlte ihr sein schöner Mund, und der starke Unterkiefer war etwas vorgeschoben. Sie teilte mit ihm den schweren, langsamen Aufschlag der braunen Augen und das eigentümliche Lächeln, das in den Mundwinkeln anhob und wie ein stilles Leuchten über das ernste Gesicht hinaufwanderte . . . Sie ging daheim wie die geringste Magd gekleidet oder noch unansehnlicher, ein unscheinbares Hauswurzelchen; denn sie hielt nicht viel auf die eigene Ausstaffierung, wogegen sie ihrem Gottfried nachdrücklich für Kleider und einen beträchtlichen Vorrat der schönsten Wäsche sorgte . . . Wenn Gottfried abends ausging, so blieb sie mitunter bis tief in die Nacht auf, um dem Heimkehrenden in einem an eine Schnur gebundenen »Finken« – so heißen in der Schweiz die aus Stoffresten geflochtenen Hausschuhe – den Hausschlüssel hinunterzulassen. Indessen gab es Fragen, wo sie nach ihrem Gutdünken entschied und allen Stürmen des andern Teils sieghaft standhielt. In der Schule eines kärglichen Lebens sparsam geworden und diese Kunst immer weiter ausbildend, kämpfte sie mit den Gemüseweibern und dem Fleischer, wie weiland ihre Mutter, die Frau Lee im »Grünen Heinrich«, nur mit etwas mehr Ausdauer und Schärfe . . .

Unter den Bekannten stellte einer an den Dichter die Forderung: »Herr Staatsschreiber, Sie sollten doch einmal ein Gedicht auf die Schwester machen!« Er entgegnete: »Meine Schwester ist mir ganz recht, aber begeistern tut sie mich nicht.« Sie war ihm freilich recht, und er hätte nicht der tiefe Menschenkenner und ganze Mann gewesen sein müssen, um so viel tapfere Tüchtigkeit nicht zu würdigen. In der Beurteilung seines Umgangs räumte er ihr ein gewichtiges Wort ein. Wenn sie warnte, wenn sie von einem vielleicht schon seit Jahren gepflegten Verkehr abriet, dann brach er meistens kurzweg, und der Betroffene trollte sich, ohne jede Ahnung, daß das unscheinbare, alte Wesen, das ihn unter der Türe empfing und mit dem er vielleicht ein kleines Gespräch anzuknüpfen versucht hatte, die Anstifterin des Umschwungs war.

Freilich, wie sich schon gezeigt hat, wenig häusliches Behagen gedieh unter der eigensinnigen schwesterlichen Fürsorge. Um so mehr blühte das trotz Knorren und Kanten urwüchsig gesellige Naturell des Dichters außerhalb der eigenen vier Wände auf. Baechtold, der 1878 von Solothurn nach Zürich übergesiedelt war, weiß davon ein begeistertes Lied zu singen:

Was waren das in jenen Jahren schöne Samstagsabende gewesen auf der »Meise«! Man saß – am besten selbander – in der hinteren Abteilung des langen, altertümlichen, dunkelvertäfelten Zunftsaales in der Nähe eines hochgetürmten bemalten Ofens. Keller war es zufrieden, so lange als möglich von demselben bescheidenen Mädchen bedient zu werden. Ein ihm besonders zusagendes nannte er »das Volkslied«. Immer bezeigte er sich gütig gegen dasselbe, war mit dessen kleinen Schicksalen vertraut, brachte oft eine kleine Überraschung, zog mitten im Winter eine schöne Blume aus der Tasche hervor usw. Ein gutes Nachtessen wurde aufgetragen nebst einem oder zwei Schoppen eines gesunden Landweins. Dann tat Keller die übliche Frage, ob man nunmehr zu einer »Ehren-Halben«, d. h. einer besseren Flasche übergehe. Gewöhnlich war es ein Weißwein oder ein Schiller. Nachher setzte man einen Roten darauf. Dann kam ein schwarzer Kaffee mit einem Cognac, von dem es manchmal am anderen Tage hieß, er habe sich in der Nacht »wie ein Gassenbub aufgeführt«. An besonders guten Abenden spendete Gottfried Keller eine Flasche Sekt, nur vom feinsten französischen. Das andere Zeug konnte er nicht leiden. Nach Mitternacht wurde aufgebrochen, man schwenkte über die Limmatbrücke gegen ein kleines Bierhaus ein und blieb noch ein Stündchen oder zwei bei erbaulicher Rede sitzen. Am Sonntag fand eine abgekürzte Wiederholung statt. Das waren die Abende, an denen der »gefrorne Christ« auftaute. Der Schweigsame geriet ins Erzählen, ins vergnügliche Plaudern.

Und was für ein Erzähler war Gottfried Keller auch hinter dem Wirtstisch! Im Vorbringen gemütlich-humoristischer Sachen einfach unvergleichlich. Ein ausgesprochenes komisch-mimisches Talent unterstützte ihn dabei, und ein leichter Sprachfehler, die mangelhafte Aussprache des »sch«, das wie mit vorhergehendem »l« vermischt tönte, erhöhte die oft überwältigend lächerliche Wirkung ... Neben bevorzugten Büchern besaß Keller auch seine Leiblieder, die er, wenn's fröhlich herging, mit wohllautender Stimme sang. Es waren meist altmodische: »Ein Lämmlein trank vom Frischen aus einem kühlen Bach«, oder das Lied vom Bettelvogt aus dem »Wunderhorn«.

Schwieriger wurde er, wenn ein Fremder, gar ein literarischer Mensch ihn unversehens dort aufstöberte. Als ob er nur im Wirtshause zu treffen wäre, brummte er nachher. Dann hüllte er sich in das berühmte Schweigen. Am schwierigsten aber gestaltete sich die Sachlage, wenn er sich unverhofft von einer größeren Gesellschaft umgeben sah. Es konnte leicht einer darunter sein, der ihm aus irgendeinem Grunde unbequem war. In diesen Fällen begann auf der hohen Stirn das bedrohliche Runzeln zu spielen, und das Gewitter hing in der Luft. Ein Wort, eine Miene konnten es zum Ausbruche bringen. Übrigens ging bei dem jähen Temperament Kellers das heilige Donnerwetter oft auch bei anscheinend klarem Himmel los. Dann ließ er sich zur Gewalttätigkeit, die ihm sonst fremd war, hinreißen. Der kleine Mann fuhr mit verblüffender Behendigkeit auf, stieß die Gläser um, wies einen Harmlosen vom Tische weg oder wurde gern handgemein.

Adolf Frey erzählt

Vom Rheumatismus gequält, bat Keller den Arzt zu sich. »Kommt das vom Essen, Herr Doktor?« fragte er. »Nein, Herr Staatsschreiber, das kommt vom Flüssigen«, lautete die anzügliche Antwort. Da wandte sich der Dichter zu der anwesenden Schwester: »Siehst du, Regel, da hast du's mit deinen ewigen Suppen!«

Gottfried Keller an Wilhelm Petersen

Zürich, 27. Januar 1879

... Ich habe mancherlei Gedichte gemacht oder entworfen, um das Sichtungsmaterial für die bevorstehende lyrische Testamentsbestellung etwas reichlicher zu gestalten. Es gibt eine gewisse Zahl Gegenstände, die einem jungen Poeten nicht einfallen können, sonst würde ich diese Nachernte mir nicht erlauben. Tröstlich ist wenigstens bei all diesen Verspätungen, daß ich bis an mein Ende zu tun und mich zu wehren habe und meine kleine Herrlichkeit nicht um Dezennien zu überleben brauche, *et après nous le déluge!*

»Ich muß eben sehen, wie ich mein Heu noch unter Dach bringe, da der ›Andere‹ schon am Rande der Wiese seine Sense wetzt«, hatte er im Sommer zuvor an Petersen geschrieben. Es ist die Stimmung des unvergleichlichen »Abendlieds«, das in eben diesem beginnenden Jahr 1879 entsteht: »Augen, meine lieben Fensterlein ...« Alter und Abschied. Gottfried Keller machte sich beizeiten bereit. Aber war nicht die abendliche Welt nur ein holderes und tieferes Daseinsglück? Noch war sie es:

Doch noch wandl ich auf dem Abendfeld,
Nur dem sinkenden Gestirn gesellt;
Trinkt, o Augen, was die Wimper hält,
Von dem goldnen Überfluß der Welt!

»Es muß einer schon ein schlechter Kerl sein, wenn er sechzig ist und sperrt sich gegen das Sterben«, meinte Gottfried Keller damals zu Frey. Daß er bei der Feier seines sechzigsten Geburts-

tages an Besseres gedacht und sich eben dadurch als rechter Kerl erwiesen hat, ist mit erfreulicher Beweiskraft überliefert.

Baechtold erzählt

Es war ein heißer Nachmittag, der am 19. Juli 1879 einen engen Kreis von Verehrern in dem schönen kleinen Rokokosälchen der »Meise« zusammenführte. Wohl hatte es einige Mühe gekostet, den Jubilar zur Stelle zu schaffen. Es gab ein auserlesenes Festessen, u. a. Suppe von Schildkrot à la Kammacher, Rebhühnerpastete à la Strapinsky, Rehkeule à la Zendelwald, Erdbeertörtchen (da die Himbeeren noch nicht reif waren) à la Madame Litumlei. »Der kleine Wald von Gläsern, aus welchem der Champagnerkelch wie eine Pappel emporragte«, fehlte auch nicht. Die Flaschenetiketten waren mit Kellerschen Liederstrophen bedruckt ... Man hatte ausgemacht, daß jegliches Wortgepränge vermieden werden sollte. Herr Alt-Regierungsrat Hagenbuch als der älteste der anwesenden Freunde Kellers hielt die bescheidene Ansprache ... Dann klingelte der Gefeierte ans Glas und wand in seinem originellen Dankspruch jedem der Reihe nach ein Sträußchen mit und ohne Dornen. Der schwüle Rest des Nachmittags schwand in ungebundener Fröhlichkeit dahin. Der Verabredung einiger Jüngeren, sich am späten Abend zu einem Schlußvergnügen nochmals auf der »Meise« treffen zu wollen, leistete zu ihrer Beschämung nur der Herr Jubilar Folge.

Theodor Storm an Gottfried Keller

Husum, 20. September 1879

»Augen, meine lieben Fensterlein«,

dies reinste Gold der Lyrik fand ich im letzten Heft der »Rundschau« und zu meiner Freude unter Ihrem Namen. Ich habe es viele Mal und immer wieder gelesen und vorgelesen, und jeden faßte es, dem ich es las. Ich drücke Ihnen herzlich die Hand, liebster Freund; solche Perlen sind selten. Auch die Besten bringen nur sehr einzelnes von solcher Qualität ...

Gottfried Keller an Theodor Storm

Zürich, 20. Dezember 1879

Die Aufnahme meines kleinen Abendliedes bei Ihnen hatte mich schon in einem Berichte unsers Freundes Petersen vergnüglich angesprochen und mich, wie die menschlichen Dinge sind, um so mehr gefreut, je müheloser und aus sich selbst die paar Ströphchen entstanden sind. Wir können nun aber nicht, wie Sie kritisch verlangen, mit fünf oder sechs dergleichen Lufttönen allein durchs Leben kommen, sondern brauchen noch etwas Ballast dazu, sonst verfliegen und verwehen uns jene sofort. Ich muß daher bei allem Danke für Ihre freundlichen Winke noch etwas von dem Übrigen zu retten suchen ...

Verleben Sie mit den Ihrigen eine schöne Julzeit. Meine Schwester empfiehlt sich Ihnen bestens und hat mit Befriedigung das richtige Porto Ihrer Briefe wahrgenommen. Leider hat sie jetzt andere Kämpfe; sie muß mit mir über das in die Öfen zu steckende Holz sich herumzanken, damit sie ihres Triumphes nicht verlustig geht, die Einzige im Hause zu sein, die im Sommer noch ein »schönes Restchen Holz« vom Winter übrig habe. Und das in einem solchen Mordswinter! Sie friert natürlich nie, weil sie nie still sitzt.

Zürich, 13. Juni 1880

Mein Schicksalsbuch [die neue Fassung des »Grünen Heinrich«] rückt endlich doch seinem Abschluß entgegen; der vierte Band ist im Druck, mit den Korrekturen freilich noch der definitive Schluß in meiner Hand. Nachdem der abnorme Winter vorbei und kein Grund mehr da war, nicht an dem Zeug zu arbeiten, befiel mich erst wieder eine krankhafte Widerwilligkeit und Scheu, in dem übel angelegten Wesen fortzufahren. Die Arbeit war nicht sowohl schwer als trübselig, mit offenen Augen an dem Unbedacht und der nicht zu verbessernden Unform eines längst entschwundenen Lebensalters herumbasteln zu müssen, anstatt sich dem Neuen zuzuwenden ...

An Marie Melos

Zürich, 18. Juli 1880

Hochverehrte Dame und Freundin, auch Fräulein Mariechen! Im letzten Augenblicke fällt mir ein, daß morgen unser Geburtstag ist. Nur Sie allein sind schuld, daß ich erst in meinem Alter gelernt habe, auf diesen kuriosen Tag zu achten; es nützt nur nicht viel.

Item, ich wünsche Ihnen also auch diesmal, was Sie schon wissen, und noch etwas dazu, was Sie selbst bestimmen mögen. Sie können es sich auf meine Rechnung beim Herrgott bestellen und ihm sagen, ich käme gelegentlich vorbei, um zu zahlen.

Meine übrigen Briefschulden, auch an die verehrte Frau Schwester [Frau Freiligrath], werde ich binnen kurzem abtragen, da ich nächstens mit dem Unglücksbuch fertig bin; ich glaubte es diese Woche schon werden zu können. Allein immer gibt es wieder Tage, wo ich fast lieber erkranken möchte, als an der Bestie arbeiten, so zuwider ist sie mir geworden. Und doch gilt es, durch Geduld daran zu retten, was zu retten ist . . .

Auch meine Schwester empfiehlt sich den Damen, ärgert mich aber nach wie vor mit ihren Staublumpen und Scheuerbesen.

Von Vieweg hatte Keller für 625 Mark die noch vorhandenen hundertzwanzig Exemplare des alten »Grünen Heinrich« zurückgekauft, die in dem grimmigen Winter 1879–80 in den Ofen der Dichterstube wanderten. Die Hand möge verdorren, welche die alte Fassung je wieder zum Abdruck bringe, soll Keller damals geäußert haben. Am 22. September 1880 konnte er endlich das Schlußmanuskript der neuen Fassung an den Göschenschen Verlag abschicken, nachdem die ersten drei Bände schon vor Jahresfrist erschienen waren.

Nicht zwar hat der Sechzigjährige das in jedem Sinne unmäßige Jugendopus durch die in manchem Sinne allzu gemessene Altersbearbeitung für immer aus dem Bewußtsein der Nation verdrängt. Gerade in seiner herrlich »grünen« Urform ist der Roman immer wieder neu entdeckt worden, wird er immer wieder gelesen werden. Welcher Verlust es jedoch wäre, daneben nicht auch die um so viel einheitlichere und geformtere zweite Fassung zu besitzen, lehrt jeder Blick auf jeden Zug, durch den sie sich von dem Urbild unterscheidet.

Gottfried Keller an Marie von Frisch

Zürich, 21. November 1880

Es ist sehr schön von Ihnen, daß Sie sich durch meine Schreibfaulheit nicht abhalten lassen, meiner zu gedenken, und Sie können sicher sein, daß ich es im stillen stets verdiene, soweit ein alter Schlingel, der noch allwöchentlich einmal die Nacht durchkneipt, überhaupt etwas verdienen kann . . .

Es tut mir sänftlich wohl, daß Ihnen der »Grüne Heinrich« nicht mißfällt in seiner jetzigen Gestalt, nachdem ich ihn mühsam genug gewaschen und gestriegelt habe. Sonst scheint mir nicht viel Vergnügen daraus zu erwachsen; denn nun kommen die sogenannten Kritiker, und anstatt das jetzige Buch aus sich heraus zu beurteilen, vergleichen sie es in philologischer Weise mit dem alten, um ihre Methode zu zeigen, und zerren so das Abgestorbene herum und lassen das Lebendige liegen, denn das verstehen sie ja einmal. Es ist ungefähr die Situation, wie wenn man im Garten einen alten Mops begräbt, und es kommen nächtlicherweile die Nachbaren, graben ihn wieder heraus und legen das arme Scheusal einem vor die Haustüre ...

Den jungen Germanisten aus der Schule Wilhelm Scherers, die mit Vergleichung und Textkritik von Ausgabe A und Ausgabe B sich jetzt methodisch über den »Grünen Heinrich« machten, hielt Gottfried Keller im übrigen mit gutem Humor stand. Trotz der exakten Methode sei das Ganze doch lustig genug, heißt es in einem Brief, »und wir haben über die Ausgabe A und B und den Nachweis der Verballhornung auf dem Wege philologischer Kritik herzlich gelacht«.

Adolf Frey erzählt

Namentlich haßte er die Sucht, Lagen und Taten dichterlicher Helden auf persönliche Erlebnisse der Autoren zurückzuführen und zu diesem Zwecke an der abgelegensten Kleinigkeit einen Anhalt finden zu wollen. »Was ist das für ein Unsinn!« schalt er; »auf dem Wege von der Haustüre bis zu meinem Schreibpult kann sich eine poetische Konzeption in ihr Gegenteil verwandeln; und da soll es einer persönlichen Geschichte, die sich vielleicht vor dreißig Jahren abspann, anders ergehen!«

Gottfried Keller an Marie Melos

Zürich, 29. Dezember 1880

Ich bin jetzt etwas fleißiger als vorigen Winter. Ich schmiere frische Novellen in die »Deutsche Rundschau«, die vom Januar bis April oder Mai monatlich fortgesetzt werden [»Das Sinngedicht«]. Da es ein Buch daraus gibt, so werden Sie das Zeugs auch zu lesen bekommen, wenn Sie mir bis dahin gewogen bleiben ...

Es dunkelt und ich muß in die Stadt, um eine kalte Pastete

und eine Torte für die nächsten Tage zu bestellen, sowie Konfekt für zwei Patenkinder. Denken Sie sich die Schändlichkeit: erst in den letzten Jahren bin ich wiederholt zu Gevatter gebeten worden; ich mußte in der Kirche herumstehen, Knickse machen und jetzt alljährlich auf Geschenke denken, Schaumünzen oder Sparbüchsengeld einwechseln usw., kurz, was einen armen alten Kerl nur ärgern kann!

An Wilhelm Petersen

Zürich, 21. April 1881

Seit Neujahr habe ich alles Briefschreiben in Privat- und Freundschaftssachen wieder einmal müssen liegen lassen, nicht weil ich nicht manche müßige Stunde und Tage dazu gefunden hätte, sondern weil gerade das Briefschreiben *con amore* mit dem Schriftstellern zu nah' verwandt ist, wenigstens wie ich dieses treibe, und daher ein Allotrion zu sein scheint, wenn die Setzer auf Manuskript lauern. Der eigentliche Müßiggang aber, bestehe er in Lektüre oder in irgend einer andern eigensinnigen heterogenen Übung, trägt immer seine göttliche Berechtigung des Daseins »an sich« in sich. Und so scheut man sich, Briefe zu schreiben, indessen man sich nicht entblödet, plötzlich ein historisches Kapitel zu studieren oder ein paar Tage zu zeichnen u. dgl. . . .

Also die zierlichen Kiebitzeier sind glücklich angekommen und in ihrer ganzen Schmackhaftigkeit verzehrt worden, nicht ohne einiges Mitgefühl an den Hervorbringern, denen so räuberisch zu Nest gestiegen wird. Mit der Adresse meines herzlichen Dankes bin ich etwas verlegen; denn eine auf dem Kistchen haften gebliebene Adresse zeigt an, daß die Nordfrüchte rechtmäßig zuerst der Frau Gemahlin angehört haben. Ich kann nicht untersuchen, ob eine Gewalttat in Form einer Besteuerung oder einer einfachen Wegnahme, Konfiskation, oder eine Überredung, eine gütliche Transaktion stattgefunden hat, und bitte nur, meinen Dank nach dem Gebote Ihres Gewissens ausrichten und verteilen zu wollen . . .

Ihre Äußerungen wegen des pathologischen Zuges, der Ihnen eigen sei, berühren schmerzlich, weil Sie einen Zug, den viele unbewußt haben, mehr fühlen als die andern. Mehr oder weniger traurig sind am Ende alle, die über die Brotfrage hinaus noch etwas kennen und sind; aber wer sollte am Ende ohne diese stille Grundtrauer leben, ohne die es keine rechte Freude gibt? Selbst wenn sie der Reflex eines körperlichen Leidens ist, kann sie eher vielleicht eine Wohltat, als ein Übel sein, eine Schutzwehr gegen triviale Ruchlosigkeit . . .

An Theodor Storm

Zürich, 11. April 1881

. . . Ich hasse nämlich das Herausgeben von Anthologien, zusammengebettelten Jahrbüchern und Almanachen durch ganz junge Leute, welche mit einigen schlechten Versen debütiert haben und sich nun mit diesem Mittel nachhelfen und in den Mund der Leute bringen wollen. Solche Knaben, an einem gewissen Vormittage noch keiner Seele bekannt, treten am Nachmittage infolge des Staubes, den sie mit Briefewechseln und allen möglichen Zudringlichkeiten aufzuwerfen verstehen, bereits als eine Art von Führern auf und werden von anderen Hohlköpfen noch am gleichen Abend schon zitiert. Es ist lächerlich, sich an dergleichen zu ärgern, solange es einen nichts angeht; wenn man aber damit geplagt wird, tut man's doch. So hatte ein junger Mensch namens Avenarius [Ferdinand Avenarius, der spätere Herausgeber des »Kunstwart«, damals fünfundzwanzigjährig] mich in Zürich schon mit einem Bändchen ziemlich wertloser Gedichtchen malträtiert und durchaus ein Anerkennungszeugnis auspressen wollen. Zuletzt begnügte er sich, Schritt für Schritt, mit der mündlichen Äußerung, daß einige der Gedichte doch nicht so übel seien, und indem er diese abgerungenen Worte, deren Sinn ein Mensch von literarischer Ehre wohl verstanden und empfunden hätte, feierlich konstatierte, notierte er sich meine Anerkennung zum ewigen Vorhalt. Ein paar Monate später verlangte das Luder schon meine Mitwirkung für eine Anthologie, die er herausgebe, . . . und wies darauf hin, daß sich die Ersten und Besten nicht entzogen haben, daß ein Theodor Storm ihm mit Rat und Tat freundlich an die Hand gehe, kurz, es war kein Loskommen . . .

Sie werden die kleine Erzählungsreihe in der »Rundschau« bemerkt haben und ohne Zweifel einiges darunter wiederum als nach Lalenburg heimatgenössig erkennen; allein ich kann nicht helfen, diese Dinge sind es gerade, die mich Narren erheitern und erleichtern, und ich muß noch einmal auf einen technischen Ausdruck zu ihrer Bezeichnung denken . . .

Theodor Storm an Gottfried Keller

Hademarschen, Haus Storm, 15. Mai 1881

Dieser rosig frische Zyklus der neuen Novellen [das von der Deutschen Rundschau in Fortsetzungen gebrachte »Sinngedicht«], wer das schreibt, der muß zu der Quantität Jugend, die ihm dazu eigen sein muß, dadurch noch ein gut Teil hinzugewinnen. Sie sollen dafür hochgepriesen und bedankt sein. Damit Sie nun sehen, wie sehr mir das von Herzen kommt, so sollen Sie auch Ihre richtig vorgeahnten und daher wohl gerechten Schelte bekommen, und zwar ohne alle Umschweife. Wie, zum Teufel, Meister Gottfried, kann ein so zart und schön empfindender Poet uns eine solche Roheit – ja, halten Sie nur hübsch still! – als etwas Ergötzliches ausmalen, daß ein Mann seiner Geliebten ihren früheren Ehemann nebst Brüdern zur Erhöhung ihrer Festfreude in so scheußlicher, possenhafter Herabgekommenheit vorführt [in der Sinngedicht-Novelle »Die arme Baronin«]! Nein, liebster Freund, das haben Sie nicht wohl bedacht, das muß vor der Buchausgabe heraus. Wissen Sie, was mir hierbei nach Ihren Worten: »diese Dinge sind es grade, die mich Narren erheitern und erleichtern«, was mir dabei einfiel? Ich habe Ihren »Grünen Heinrich«, da ich zu Ende war, mit recht wehem Herzen fortgelegt, und ich saß noch lange, von dem Gefühl der Vergänglichkeit überschattet. Ihre liebsten Gestalten, der Grüne und Judith, Landolt und Figura Leu, lassen, wenn die späte Stunde des Glückes endlich da ist, die Arme hängen und stehen sich in schmerzlicher Resignation gegenüber, statt in resoluter Umarmung Vergangenheit und Gegenwart ans Herz zu schließen. Das sind ganz lyrische, ich möchte sagen: biographische Ausgänge; und da hab ich mich gefragt: Ist das der Punkt, der Spalt, der jene »befreiende« Späße aufwirft? Sie brauchen mir nicht zu antworten; nur als ein herzlich Wort bitte ich es aufzunehmen, sei es nun klug oder dumm gesprochen . . .

Gottfried Keller an Theodor Storm

Zürich, 12. August 1881

Ihr getreulicher Bericht über den anthologischen Hafermann [Storm hatte sich gleichfalls zu Avenarius distanziert] hat mich beruhigt! Als derselbe mir immer unter die Nase rieb, die namhaftesten und besten Dichter hätten ihre eifrige Teilnahme bewiesen, schrieb ich ihm, das sei wohl möglich, da eben die besten bald nichts mehr abzuschlagen vermöchten, als das Wasser.

16. August

... Ich lebe jetzt in einer Leidenszeit. Mit der Korrektur des »Sinngedichts« beschäftigt und den Text nun zum dritten- oder viertenmal mit der Feder in der Hand durchgehend, stoße ich immer noch auf zahlreiche Nester von groben Schulfehlern, Anhäufungen gleichlautender Worte, Verbalformen, Partikeln und den verfluchten Endsilben -ung, -heit und -keit, die ich bisher übersehen, so daß ich mich mit meinen zweiundsechzig Jahren fragen muß, ob das noch anders werden kann. Das Auge fliegt eben immer ungeduldig über die Schrift weg, und das Ohr kann bei mir nichts tun, da ich von Anfang an weder für mich allein laut las, was ich geschrieben, noch jemals eine Umgebung hatte, der ich etwas vorlesen konnte oder mochte.

Leider bleibt die Geschichte mit den drei verlumpten Baronen, die Sie so geärgert hat, stehen, wie einer jener verwünschten Dachziegel in einem Hause, in dem es spukt ... Übrigens ist's jetzt doch zu Ende mit diesen Späßen. Ich gehe jetzt mit einem einbändigen Romane [»Martin Salander«] um, welcher sich ganz logisch und modern aufführen wird; freilich wird in anderer Beziehung so starker Tabak geraucht werden, daß man die kleinen Späßchen vielleicht zurückwünscht. Gleichzeitig bin ich daran, meine Verse zu sammeln, respektive gewissermaßen zum zweitenmal zu gebären; denn es handelt sich um einen ganzen Rattenkönig von Gewissensfragen, die ich mit mir abmachen muß ... Fast hätte ich etwas vergessen. Im vorletzten Briefe machen Sie die Andeutung, daß meine Schnurren mit der Tendenz, einzelne Liebespaare resignieren zu lassen, zusammenhängen möchten. Hier ist die Antwort. An manchen stillen Sonntagen nachmittags, wo ich mich ganz nur dem Genusse eines sentimental feierlichen Müßiggangs hingeben mag, nehme ich die Bände eines gewissen Theodor Storm, Meisters der sieben freien Künste, zur Hand und vertiefe mich darein unter dem offenen Fenster. Nichts Beschaulicheres dann, als so eine sonnig traurige Geschichte, wie »Im Sonnenschein«, »Eine Halligfahrt«; auch *»Aquis submersus«* und die »Wald- und Wasserfreude« sind nicht bitter, und wenn ich das Buch zuschlage, so geh ich desselbigen Abends zufrieden zu einem Schöppchen Wein.

Auch Paul Heyse hatte an dem Schluß der »Armen Baronin« Anstoß genommen. Aber hier wie gegenüber Storm: so sehr Keller bereit scheint, die Geschmacksfrage zuzulassen, so unbeirrbar schreitet er über sie hinweg, wenn es um die elementaren Grundrechte der Kunst geht. »Bei Keller kommt immer der Moment«, sagt Hofmiller sehr schön, »wo er ein Loch durch die Tapete stößt, oder mit dem Ärmel ein Porzellanservice unter den Tisch wischt, um dann mit leuchtenden Augen homerisch, halkyonisch weiterzufahren. Da wird der kleine Mann mit dem mächtigen Haupt und den dünnen Beinen auf einmal intransigent, kompromißlos, vulkanisch. Im Leben: hagelgrob. Im Dichten: sublim, hart an Kleist, hart an Shakespeare. Wer dies Eruptive bei ihm nicht sieht, hat keine Ahnung, was Gottfried Keller wirklich ist: eine durch Selbstzucht mühsam gebändigte Naturgewalt.«

Gottfried Keller an Paul Heyse

Zürich, 27. Juli 1881

... Das andere betrifft die unglückseligen Barone, die an Kuhschwänzen geschleppt werden. Diese schöne Erfindung, die wahrscheinlich dem Büchlein Schaden zufügt, gehört zu den Schnurren, die mir fast unwiderstehlich aufstoßen und wie unbewegliche erratische Blöcke in meinem Felde liegen bleiben. Die Erklärung ihrer Herkunft soll nicht prätentiös klingen. Es existiert seit Ewigkeit eine ungeschriebene Komödie in mir, wie eine endlose Schraube (*vulgo* Melodie), deren herbe Szenen *ad hoc* sich gebären und in meine fromme Märchenwelt hereinragen. Bei allem Bewußtsein ihrer Ungehörigkeit ist es mir alsdann, sobald sie unerwartet da sind, nicht mehr möglich, sie zu tilgen ... Die Unwahrscheinlichkeit betreffend (von der größern oder kleinern Geschmacklosigkeit einstweilen abgesehen), so ist sie in allen diesen Fällen die gleiche. Auch die Geschichte mit dem Logauschen Sinngedicht, die Ausfahrt Reinharts auf die Kußproben kommt ja nicht vor; niemand unternimmt dergleichen, und doch spielt sie durch mehrere Kapitel. Im stillen nenne ich dergleichen die Reichsunmittelbarkeit der Poesie, d. h. das Recht, zu jeder Zeit, auch im Zeitalter des Fracks und der Eisenbahnen, an das Parabelhafte, das Fabelmäßige ohne weiteres anzuknüpfen, ein Recht, das man sich nach meiner Meinung durch keine Kulturwandlungen nehmen lassen soll. Sieht man schließlich genauer zu, so gab es am Ende doch immer einzelne Käuze, die in der

Laune sind, das Ungewohnte wirklich zu tun, und warum soll nun dies nicht das Element einer Novelle sein dürfen? Natürlich alles *cum grano salis* . . .

An Marie Melos

Zürich, 14. Dezember 1881

Ich nehme an, Sie seien jetzt mit der erlauchten Frau Schwester am Rhein, nach so viel Jahren, so weit wieder fest angesiedelt, daß Sie ein kleines Buch [»Das Sinngedicht«] und einen Brief in Empfang nehmen und wenigstens letztern lesen können, obgleich nicht viel darin steht. Das Buch dürfen Sie mit Zeit und Weile auch lesen, bis es Sie langweilt; denn es scheint mir mit demselben eine Art Nachsömmerlein aufzugehen, indem in Zeit von drei Wochen, seit es [im Verlag Wilhelm Hertz, Berlin] erschienen, schon die zweite Auflage gedruckt wurde, obschon die erste 1500 stark ist. Diesen nachträglichen Sonnenblick schreibe ich Ihrer freundlichen Altersgenossenschaft mit mir zu und dem Umstande, daß ich Ihnen zum letzten gemeinsamen Geburtstage so pünktlich gratuliert habe, so daß Sie wenigstens nicht vergebens am Schalter des groben Postbedienten zu Eisenach angeklopft haben. Das hat ein guter Geist des schönen Thüringer Landes oder vielleicht die heilige Elisabeth selber im Himmel gesehen und ganz im stillen dem unbeholfenen aber frommen Werklein des kurzen Erdmännleins eine Stätte bereitet. Wenn wir hoffentlich einst zusammen gen Himmel fahren, so werde ich mich an Ihre goldene Sternenschleppe hängen und mich von Ihnen der Frau Landgräfin vorstellen lassen . . .

An Marie von Frisch

Zürich, 16. Dezember 1881

. . . Wie geht es Ihnen im übrigen? Meinerseits habe ich das Alter meiner Gesellschaftsfreunde um dreißig Jahre reduziert, lasse die Siebziger und Sechziger sitzen und gehe mit fünfunddreißigjährigen jungen Gelehrten usw. um, oder dulde höchstens etwa einen Vierziger darunter. Samstags nachts ist der Hauptsabbat, da wird bis zwei oder drei Uhr aufgeblieben und gelacht oder diskutiert, wobei ich das Neuste höre. Letzten Sommer ging ich immer in der Sonntagsfrühe mit dem Vögelgesang nach Hause, was sehr lustig war. Oft aber vergehen drei Tage, ohne daß ich vor die Türe komme.

An Adolf Exner

Zürich, 16. Dezember 1881

Mit heutiger Post lasse ich unter Kreuzband mein letztes Geschreibsel [»Das Sinngedicht«] an Sie abreisen, damit Sie sehen, daß ich noch an Sie denke. Die ersten siebenzig Seiten sind im Jahre 1855 in Berlin geschrieben. Genau an der abgebrochenen Stelle fuhr ich hier auf dem »Bürgli« im Dezember 1880 fort, als ob inzwischen nichts geschehen wäre. Vorher hab' ich aber den Franz Duncker, den ursprünglich bestimmten Verleger, der inzwischen um Vermögen und Verlagsgeschäft gekommen, mit ziemlichen Zinsen entschädigt, was er mit warmen Danksagungen aufnahm und behauptete, ich sei der einzige Freund, der ihn im Unglück nicht verlasse. So habe ich von meiner Faulheit und Liederlichkeit unerwartete Ehre aufgelesen und bewunderte meinen edlen Charakter, den ich gar nicht gekannt hatte.

Neulich war Johannes Brahms in Zürich und führte uns seine schöne Meistermusik auf. Ich war mehrmals mit ihm zusammen, und er erzählte mir von Ihnen, z. B. daß Sie alle Ferien nach Italien gingen usw. Ich schwindelte auf sein Anraten ihm vor, daß ich einmal zu geeigneter Zeit nach Wien kommen und mit Ihnen über den Brenner gehen wolle. Gescheiter wird es aber sein, wenn ich meinerseits über den Gotthard gehe und Sie irgendwo jenseits treffe, wenn es so weit kommt.

Ich sollte freilich nicht von solchen Dingen schreiben, ohne zu wissen, ob Sie nicht etwa in irgend einer Weise von dem Feuerelend [Brand des Wiener Ringtheaters] berührt oder wenigstens davon in trüber Laune sind. Sie erinnern sich vielleicht der kleinen Wirtin Stucki auf dem Café Safran dahier? Diese häßliche, aber lebenslustige fünfzigjährige Person ging als Witwe, um sich des erworbenen Geldes zu freuen, vor einigen Jahren nach Wien und liegt jetzt auch in dem Schutte des Ringtheaters; denn sie ist unter den Vermißten verzeichnet. Als die Bourbakis in Zürich waren, hatte sie immer eine Korona französischer Offiziere um ihr Büfett herumstehen und machte tausend Späße.

Wie raucht sich denn Ihr Herr Stammhalter? Gedeiht er? Versteht er schon was vom Pfandrecht, oder steckt er noch im barbarischen Naturrecht der Windelvölker? Empfehlen Sie mich der schlanken Mama recht schön, soweit es mit einem solchen Shokinger möglich ist, wie ich bin.

Leben Sie wohl und essen Sie demnach nicht zu viel Zucker

über dem Jahreswechsel, zu welchem ich Ihnen im voraus alles Gute wünsche samt Ihrem ganzen Zivilstandswesen.

Theodor Storm an Gottfried Keller

Hademarschen, 27. November 1881

Der stattliche Band Ihres »Sinngedichts« hat mich aufs angenehmste aus meiner Schreibfaulheit aufgejagt; ich danke Ihnen recht dafür; es ist mir immer eine Freude, ein liebes Werk nun so sicher in Buchform eingeheimst zu haben; habe es mir auch schon für meinen trefflichen Schwiegersohn, den Pastor in Heiligenhafen, der für einen Priester nur vielleicht ein zu großes Stück unbefangenen Menschentums mit sich führt, als Weihnachtsgabe bestellt. Er wird dann bald völlig »kellerfest« sein – ob er schon ganz »stormfest« ist, weiß ich nicht; gegenwärtig ist er mit dem »Grünen Heinrich« befaßt, den ich ihm schicken mußte, nachdem er die »Seldwyler« gelesen hatte.

Daß in Ihrem neu geplanten Werke starker Toback geraucht wird, kann mir schon gefallen; nur rauchen Sie nicht, wie Konditor Pahl in Husum, in der Stube, wo die Marzipane liegen ...

28. November

Da las ich neulich in der Zeitung von Temmes Begräbnis und auch, wie Kinkel dabei geredet. Was mir bei unserm Korrespondieren ganz leis entschwunden war, stand plötzlich vor mir, daß Sie nämlich in Zürich eine große Stadt, gar mit einer Universität, hinter sich haben. Und aus Ihren Briefen spricht doch ein gewisser – wie soll ich sagen? – Menschenmangel. Ist C. F. Meyer, der Verfasser des »Heiligen«, nicht ein Zürcher? Der Mann gefällt mir wohl ... Recht nachfühlen kann ich Ihnen den Mangel eines Menschen, dem Sie beim Produzieren einmal das zu Papier Gebrachte lesen oder lesen lassen können ...

Gottfried Keller an Theodor Storm

Zürich, 29. Dezember 1881

... Was Sie mir als Menschenmangel anmerken wollen, versteh' ich nicht recht. Ich lebe gesellschaftlich mit allerlei Leuten alten und neueren Datums. Das sogenannte Handwerk allerdings vermeide ich, wenn es nicht mit der erforderlichen einfachen und loyalen Menschennatur verbunden ist. So war ich in Verlegenheit, mit welcher der gelehrten und ungelehrten Gesellschaften

Zürichs ich den üblichen Neujahrsschmaus einnehmen wolle, und habe mich für das Artilleriekollegium entschieden, jene zweihundertjährige Gesellschaft, die im Eingang der »Zürcher Novellen« geschildert ist und mich dafür zu ihrem Mitglied ernannt hat. Ich habe auch schon zweimal im Juni mit den Herren aus Mörsern (Kruppschen) nach der Scheibe geschossen und ein paar gute Schüsse abgegeben, die man mir natürlich gerichtet hat. Da werde ich am 2. Januar, dem Berchtoldstage, der ein uralter Freudentag hier ist, mitten unter alten und jungen Artillerieoffizieren sitzen und Rheinwein aus silbernen Pokalen trinken. Heut abend soll ich zu einer großen Liedertafel gehen, die ihren vierzigjährigen Bestand feiert; und so ist immer was los, wenn man Lust hat.

30. Dezember

Ich war gestern dort und habe gesehen, wie dreihundert Leute sich während einiger Stunden selbst rühmten, wenn auch nur in Gestalt eines Kollektivbegriffs; das ist aber am Ende eine allgemeine Menschentugend ...

Ferdinand Meyer, von dem Sie schreiben, ist allerdings ein Zürcher. Er wohnt eine Stunde weiter aufwärts am See und ist 56 Jahre alt, hat vor wenigen Jahren erst geheiratet und ist für mich zum persönlichen Verkehr nicht geeignet, weil er voll kleiner Illoyalitäten und Intrigelchen steckt. Er hat ein merkwürdiges schönes Talent, aber keine rechte Seele; denn er ciseliert und feilt schon vor dem Gusse. So oft er mich sieht, macht er mir eine Sottise; z. B. »Erlauben Sie mir, Ihnen etwas zu sagen? Aber nehmen Sie es auch nicht übel?« – »Nein, nur los damit!« – »Also: Es ist schade um Ihre Gabe des Stiles! Sie verschwenden ihn an niedrige Stoffe, an allerlei Lumpenvolk; Ich arbeite nur mit der Historie, kann nur Könige, Feldherren und Helden brauchen! Dahin sollten Sie streben!« – ... Meyers Bedeutung liegt übrigens in seinen lyrischen und halb epischen Gedichten. Wenn er sie einmal sammelt, so wird es wahrscheinlich das formal schönste Gedichtbuch sein, das seit Dezennien erschienen ist.

Ihr Konditor Pahl in Husum hat mich lachen gemacht. Es handelt sich jedoch mit dem starken Toback nicht um jenen, den Sie meinen, sondern um etwas anderes, Ernsteres, das ich leider nicht näher beschreiben kann, weil das Papier zu Ende ist. Und so muß ich auch das übrige ungeschrieben lassen ...

An Marie von Frisch

Zürich, 15. Januar 1882

Verehrungswürdigste gnädige Frau!

Da es so lukrativ ist, mit Ihnen gut zu stehen, so muß ich Sie schon mit erhöhten Höflichkeiten anreden und noch einige platonische Handküsse hinzufügen, wobei Sie wenigstens sicher sind, daß ich Sie nicht in die Finger beiße. Denn ich besitze nicht einmal mehr den Zahn, welchen der große Kant hinterlassen hat. Lassen Sie sich denselben vom Herrn Gemahl zeigen im Wiener »Archiv für Anthropologie« auf den Abbildungen des Kantischen Schädels ...

An Adolf Exner

Zürich, 15. Januar 1882

Mit dem »Sinngedicht« geht es gar nicht übel, es wird soeben die dritte Auflage gedruckt; am Ende geht mir noch die Sonne des Geldprotzentums auf, und ich werde fromm und scheinheilig.

Theodor Storm an Gottfried Keller

Hademarschen, 20. April 1882

Was ich noch sagen wollte – erzählen Sie mir in Ihrem nächsten Briefe doch auch wieder ein wenig von Ferdinand Meyer. Daß so viel und andrerseits so wenig an und in einem Menschen sein kann, ist mir einerseits widerwärtig, andrerseits geht es mir nah wie eine Kuriosität. Was er letzthin in der »Rundschau« hatte, war wieder recht respektabel.

Gottfried Keller an Theodor Storm

Zürich, 5. Juni 1882

Ferdinand Meyer redigiert jetzt seine gesammelten Gedichte oder Dichtungen; ich sende Ihnen heute eine kleine Probe seiner lyrischen Art mit ... An Meyers Versen wird Ihnen gleich der ungewohnt schöne und körnige Ton auffallen. Es ist ewig schade, daß er mir für den persönlichen Umgang wegen allerhand kleiner Illoyalitäten und Aufgeblasenheiten verloren ist. Allein ich bin in diesem Punkte starr und intraitable. Sobald ich am Menschen dieses unnötige Wesen und Sichmausigmachen bemerke, so lasse ich ihn laufen. Das psychologische Geheimnis ist indessen nicht sehr tief, nur hilft es nichts, dasselbe zu erörtern, und der Mann ist mir auch für eine solche Sektion denn doch zu gut ...

Übrigens bin ich momentan ebenfalls an meiner Gedichtsausgabe beschäftigt, schreibe ab, rezensiere während des Schreibens und mache neue Strophen, zuweilen ganze Gedichtchen. Es ist eine nicht unlustige Arbeit und kostet viel Zigarren, da man dabei immer im Zimmer herumläuft und durch Garten und Wiesen.

Außerdem, und das mag auch ein Grund meiner Unlust zum Briefschreiben sein, ist eine kleine verdächtige Bewegung meiner Gedankenwelt im Gange, allerlei Ideen und Projekte zur Produktion scheinen flüssig werden zu wollen, so daß ich gern und viel still mit mir selbst beschäftigt bin und freilich in lichten Momenten dann befürchten muß, es möchte sich um den Beginn der Alterstorheit handeln, welcher sich in Gestalt eines Nachsommers kleidet mit seinem flüchtigen Sonnenschein.

... Meine Schwester läßt sich vielmals für Ihr freundliches Gedanken bedanken; natürlich hat sie wieder einen artigen Holzvorrat überwintert, d. h. nicht verbrannt. Leider ist sie seit Frühjahr kränklich und will doch nicht still sitzen, so daß ich mit Sorgen in die Zukunft schaue ...

An Marie Melos

Zürich, 17. Juli 1882

Da wäre ich also, allerteuerste Freundin, mit meinem Tribut an Glückwünschen, so gut ich ihn in den Jagdgründen meines Lehnswesens, des Herzens, habe aufbringen können. Und ich danke Ihnen zugleich für Ihren hurtig entgegengekommenen Geburtstagssegen! Möge es uns, die wir nun auf der andern Seite schon ein gutes Stück hinuntergelaufen sind, bis zu Ende noch so leidlich ergehen, wie bisher ...

Es ist sehr liebenswürdig von Ihnen, daß Sie das »Sinngedicht« ein wenig loben, welches das leichtsinnige Zeug nötig hat. Der Tod der armen Regine war leider notwendig, um die Gestalt der weiteren Berührung mit der Welt zu entziehen. Fiele dieser Tod weg, so würden die gleichen Damen, die ihn jetzt nicht leiden mögen, die Achsel zucken und sagen: Es ist doch eine kuriose Geschichte mit dieser Küchenmagd, was soll das eigentlich heißen usw. Und so geht mir wenigstens die artige Ausstattung nicht verloren, die ich an die Figur verwendet habe. Es geht uns allen mehr und minder so, mein liebes Fräulein; erst wenn wir gegangen sind, läßt man uns gelten und bedauert uns ...

An Marie von Frisch

Zürich, 13. August 1882

Es freut mich sehr, daß es Ihnen gut geht im Gebirge und daß Sie eine so schöne Fähigkeit besitzen, es dankbar zu erkennen. Auch daß Sie sich so artig einstellen, meinen rundschauerlichen Weltruhm anzusingen, ist tugendhaft, und wenn ich Sie in der Nähe hätte, würde ich Ihnen ein Sechserl in den Hut werfen. Der Verfasser des bewußten Artikels [Aufsatz über Keller in der »Deutschen Rundschau«] ist aus der Schule des Professors Wilhelm Scherer, welche uns arme Lebende historisch-realistisch behandelt und mit saurer Mühe überall nur Erlebtes ausspürt und mehr davon wissen will, als man selbst weiß . . .

Theodor Storm an Gottfried Keller

Hademarschen, 8. August 1882

Vor dem Altweibersommer, wenn Ihre physische Kraft nur aushält, bin ich bei Ihnen nicht bange; und Sie haben gesparte Kräfte. Aber daß Ihr treues Geschwister kränkelt, das will mir nicht gefallen. Möge sie Ihnen noch lange erhalten bleiben, und grüßen Sie sie freundlichst; wenn nicht an sich selbst, so solle sie an ihren Bruder denken und recht was für sich tun lassen. Man kommt sich ja nicht wieder, wenn man fort ist. Die Proben der Meyerschen Gedichte haben mich freilich auf seine Sammlung neugierig gemacht; ich werde mir das Buch sofort besorgen. Von Ihren Beiträgen war mir die »Herbstlandschaft« fremd, die einen geheimnisvoll melancholischen Reiz hat. Das Wort »wenig Liebe« ist aber, den Verfasser betreffend, je länger, desto weniger richtig; in Toftlund sah ich unter einer Büchersendung zu meiner großen Genugtuung Ihr »Sinngedicht« schon in dritter Auflage, und wollen Sie Liebe unmittelbar von Mensch zum Menschen, so schmieren Sie nur Ihre Reiseschuhe und besuchen uns Markomannen hier in der Nordgrenze, und Sie sollen mit Augen fühlen und mit Händen sehen . . .

Gottfried Keller an Theodor Storm

Zürich, 22. September 1882

Ihren »Hans und Heinz« werde ich mir sogleich zu Gemüt führen, sobald das Heft kommt. Es ist jetzt jedesmal eine Art Lebensfrage bei einer neuen Novelle: Was ist's? Wie ist's? usw. wegen der maßlosen Produktion, die sich jetzt breit macht. Die

Quelle originaler Anschauung und Erfahrung, das lebendige Blut fließt zwar nach wie vor selten genug; aber den Duktum hantieren sie bald alle gleichmäßig und schneiden einem dazu noch allerhand Knöpfe vom Rocke, die sie unverfroren auf ihren Kittel nähen. Da frägt man sich oft, ob es noch eine Aufgabe sei, den Kopf aus dieser Sündflut emporstrecken zu wollen. Nun, ich hoffe mich an Ihrem Novum wieder zu kräftigen und zu erbauen ...

Neulich tat ich mir nicht wenig zu gut, als ein Berliner Autor, Heinrich Seidel, mir ein Bändchen, »Jorinde« usw., schickte, mit der Behauptung, er sei Ihr (Storms) und mein gemeinsamer Hochschätzer und Liebhaber, und als ich alsdann fand, daß der Mann auch was Rechtes kann und gut geschriebene kleine Geschichten macht.

Ihr Erich Schmidt [der bekannte Germanist und spätere Nachfolger Wilhelm Scherers in Berlin; mit Storm befreundet] ist ein geistiger und liebenswürdiger Gesell. Er gehört zwar zu der Schererschen Germanistenschule, welche auch bei den Lebenden das Gras wachsen hört und besser wissen will, woher und wie sie leben und schaffen, als diese selbst. Allein die gleichen Leute haben ein frisches, unparteiisches und doch wohlwollendes Wesen; sie sagen ihr Sprüchlein, ohne sich im mindesten um Dank und Gegendienste zu kümmern, und am Ende haben sie wenigstens einen sicheren Standpunkt und eine Methode, welche besser ist als *gar nichts*, was bei den meisten Rezensenten der Fall ist.

... Mit den drei Auflagen des Sinngedichts während des ersten halben Jahres, und zwar zu 1500 die Auflage, hat es seine Richtigkeit, scheint aber jetzt genug zu sein. Der Verleger versteht jedenfalls den Handel und betreibt ihn auch gehörig. Er wird auch die Gedichte drucken ... Leider muß ich jetzt mein armes Manuskript auf Wochen hinaus sistieren, da der Wohnungswechsel vor der Tür steht und schwerfällig genug ausfallen wird für uns zwei alte Leutchen. Die gute Schwester nimmt alles viel zu schwer und zu disputierlich. Sie befindet sich besser als im Frühjahr; allein sie ist eben im allgemeinen schwächlich geworden und ist *puncto* alte Jungfer auf die unglücklichere Seite dieser Nation zu stehen gekommen. Ihre freundlichen Grüße tun ihr gut, und sie erwidert dieselben höflichst. Ich muß sie aber jedesmal mit einer gewissen Trockenheit anbringen, wenn sie wirken sollen ...

Schon längst bestand der Plan, die »Dichterwohnung« auf dem »Bürgli« wieder aufzugeben; der weite und steile Anmarsch aus der Stadt war den alternden Geschwistern beschwerlich geworden, besonders seit Regula an zunehmender Atemnot litt. Im Oktober 1882 erfolgte der Umzug ins »Thaleck«, Zeltweg 27, in Hottingen.

Gottfried Keller an Theodor Storm

Zürich, 21. November 1882

Endlich fließt mein durch allerlei Trubel gestörtes Wässerlein wieder so ruhig, daß auch die leichten Briefblätter darauf schwimmen können wie üblich. Mein Wohnungswechsel verlief widerwärtig und mühevoll. Das Gerümpel eines seit 1817 bestehenden Haushaltes mit noch dreißig Jahre älteren Nichtswürdigkeiten, die sich immer mitschleppen, war wie verhext und von Bosheit besessen. Beim Öffnen einer alten Schachtel fand ich unser ehemaliges Taufhäubchen von rotem Sammt, worin vermutlich die sechs »gehabten« Kinder der Mutter getauft worden sind. Eine dabei liegende dicke seidene Fallmütze in Form einer Kaiserkrone war mir bekannt, und ich wußte, daß ich sie selbst getragen hatte. Nun gut, eine Stunde später purzelte ich von der Bücherleiter mit einem Arm voll Bücher hinunter und schlug den Schädel beinahe zu schanden; man mußte mir die Schramme zunähen. Es war Sonntags am 1. Oktober, nachdem ich, wie gesagt, vorher meine Kinderfallmütze in der Hand gehabt von anno 1820 oder 21. In diese Ironie des Schicksals mischte sich noch ein Tropfen Selbstverachtung; denn die Schuld des Sturzes lag in einer meiner Charakterschwächen. Ich war in den Laden eines Schusters gegangen, um ein Paar warme Pantoffel für den Winter zu kaufen; da er keine passenden von der verlangten Art hatte, ließ ich mir mit offenen Augen ein Paar aufschwatzen, das für meinen Fuß 1½ Zoll zu lang war, eben weil ich nie den Mut habe, aus einem Laden wegzugehen, ohne zu kaufen. In diesen Pantoffeln blieb, wenn ich darin stand, vorn vor den Zehen ein leerer Raum, und auf diesen trat ich, als ich, von der Leiter heruntersteigend, die untere Stufe suchte ...

Theodor Storm an Gottfried Keller

Hademarschen, 27. November 1882

Was machen Sie für Geschichten! Aber das kommt, wie Sie sehr richtig sagen, von der Charakterschwäche, und ich glaube, daß diese »Pantoffelschwäche«, wie wir sie ja nun kurzweg nennen können, eine richtige Spezialschwäche der Poeten ist; auch ich habe mühsam dagegen kämpfen müssen, bin aber jetzt so weit, daß ich den ehrwürdigsten Männern und den unverschämtesten Damen, wenn sie zu des Kronprinzen silberner Hochzeit sich zehn Groschen oder zu einem Lehnstuhl für Bismarck sich etwas mehr erbitten, in liebenswürdigster Ruhe meine Nichtbeteiligung zu erklären vermag. *Eine* Schwäche muß man doch wenigstens besitzen; und so hat es bei mir in *puncto* der Pantoffeln keine Not; aber mit Stiefeln fiel ich einmal von der neuen Treppe; und das war auch Charakterschwäche; denn erst nach diesem Unfall mit zerschundenen Armen richtete ich meine Hausherrlichkeit empor und erließ das Hausgesetz, die Treppen fürder nicht mit Milch zu feudeln. (*Pro notitia:* das erhält freilich sehr die gefirnißten Dielen usw., macht sie aber gefährlich glatt; bei Kaisers wird gewiß auch mit Milch gefeudelt.) Nun, wir haben das beide überwunden, und ich darf Sie mir nun für den Winter in einem behaglich erwärmten Quartier denken, wo denn auch die Redaktion Ihrer Gedichte gute Fortschritte machen wird . . .

Gottfried Keller an Marie von Frisch

Zürich, 29. Dezember 1882

Unser Umzug war so beschwerlich und langweilig als möglich und hat mich, mitten aus der behaglichsten Arbeitsstimmung heraus, manche Woche gekostet. Zum Überfluß purzelte ich aus ziemlicher Höhe beim Einpacken von der Bücherleiter herunter und zerschlug mir auf dem Boden den Hinterkopf. Ich hielt mich eine Weile für kaputt, bis ich merkte, daß ich eine solche Betrachtung nicht anstellen würde, wenn es der Fall wäre. Die Narbe juckt mich aber jetzt noch zuweilen. Indessen hab' ich doch wieder eine Anzahl Verse gemacht, die sich aber vielleicht dennoch als schädelbrüchig ausweisen, wenn sie auskommen . . .

Alter und Abschied

1882 bis 1890

Aus dem ländlichen Hottinger Zeltweg – um die Ecke in der Gemeindegasse hatten vor einem Menschenalter die Familien Freiligrath und Schulz gehaust – war seither eine unfreundliche Vorstadtstraße geworden, in deren lärmendes Unwesen die Geräusche einer Kneipe dicht unter der Kellerschen Wohnung wenig anheimelnd einstimmten. Die Wohnungswahl erwies sich als übereilt und mißgeschickt. Schon nach einem Vierteljahr klagte Keller (an Marie von Frisch):

Die souveräne meilenweite Rundsicht der früheren Wohnung ist freilich in einem Häuserkomplex untergegangen, und ich muß mich mit der Hoffnung trösten, vor Torschluß noch ein freundliches Asyl zu finden. Inzwischen wird gebüffelt, soweit es der infame Straßenspektakel erlaubt, der in dem früher so stillen Zeltweg herrscht. Ich hatte keine Vorstellung davon.

Eine allerliebste Wohnung oder zwei habe ich wegen einiger lausiger hundert Franks mehr Miete oder sonstiger Phlegmatik verpaßt, was mir recht geschah. Solang es nur logisch zugeht in der Welt, bin ich guten Mutes.

Die Hoffnung auf das freundliche Altersasyl blieb unerfüllt. Kein Augentrost mehr vom »goldnen Überfluß der Welt« war dem Lebensabend Gottfried Kellers beschieden, wenigstens nicht als Auf- und Ausblick aus dem häuslichen Fenster. Dunklere Schatten, als jenes abendliche Gestirn verheißen hatte, umdüsterten die Tage des Alternden, dem keine Bitternis der Lebensneige erspart blieb. Altwerden heißt auch Abschiednehmen, und mancher Weggefährte guter Zeit war seit Gottfried Kellers sechzigstem Geburtstag auf immer »von dannen gesegelt«, darunter der wackere Gottfried Semper und im verflossenen Jahre Hermann Hettner und Alfred Escher. Noch stand ihm bevor, dem schweren Sterben der Schwester zusehen zu müssen. Heimlich und tückisch meldeten sich die ersten Zeichen des eigenen Verfalls, der nicht als friedliche Auflösung, sondern als quälende Hinfälligkeit über ihn kam, als trübe Ermattung aller Lebensgeister. Für jedes bißchen Helligkeit, das seine Tapferkeit dem unholden Schattenwesen abrang, hat er dennoch bis zuletzt das Leben gesegnet.

Zunächst wurde im neuen Heim die letzte Hand an das Manuskript der »Gesammelten Gedichte« gelegt, das im Februar an den Verlag Wilhelm Hertz abging.

Gottfried Keller an Paul Heyse

Zürich, 1. Juni 1883

Der Druck der Gedichte geht endlich dem Schlusse zu. Zu meinem Schrecken fällt mir altem Kamel erst jetzt auf, wie überwiegend das Buch von Säure und Rauhigkeit durchtränkt sein wird, in einem Zeitalter, wo, wie man sagt, nur die Frauensleute noch Verse lesen ... Es will sich indessen schon ein Depot milderer Alterspoesie ansetzen zu einem gelegentlichen Nachtragswesen, welches vielleicht versüßend rückwirkt auf den Essigkrug, wie die Sachsen Zucker auf den Salat streuen.

An Adolf Exner

Zürich, 11. Juni 1883

Ihr Buch über den Begriff der höheren Gewalt, lieber Freund, hat meine Seele mit Dank erfüllt, der sich ohne Zweifel nach der Lektüre nach meiner Verständnisfähigkeit näher artikulieren wird. Am gleichen Morgen traf dann noch der Brief ein, welcher die frohe Kunde Ihres Erscheinens bei dem hiesigen Universitätsjubiläum, wenn auch in noch unsicheren Tönen, erschallen läßt. Eine Einquartierungsmaßregel resp. Gastbeherbergung ist wie ich höre allerdings vorgesehen. Es müßte aber wunderbar zugehen, wenn einer gezwungen werden sollte, in eines der ausgespannten Netze hineinzuspazieren. Ich selbst hatte halb und halb vor, mich über diese Tage still zu entfernen, weil mir die ewige Festbummelei anfängt die Freude an Land und Leuten zu verderben, zuvörderst an mir selbst, wie es immer geht, wenn man eine Sache übertreibt. Wenn Sie aber kommen, so bleibe ich selbstverständlich jedenfalls da, schon um Sie überwachen zu können, damit Sie nach Ihrer leidigen Gewohnheit nicht zu viel Wein saufen ... [Unter behaglichen Umständen fand im August diese letzte Begegnung der beiden Freunde statt. Auch andere akademische Honoratioren wie Vischer und Scherer stellten sich ein.]

An Wilhelm Petersen

Zürich, 1. Juli 1883

Ich bin mit meinen Arbeiten im abgelaufenen Semester nur langsam vorwärtsgekommen. Ich selbst war etwas unwohl mit einer Art Rose und Furunkel am Halse; die Schwester ist kränklicher geworden, jetzt zwar befindet sie sich wieder etwas besser; allein im Beginn des Frühjahrs hatte sie einen ernstlichen Krankheitsanfall, der sie wochenlang ans Bett fesselte ... Seit 1. Mai ist eine sogenannte Landesausstellung in Zürich, die bis zum Oktober dauert und unendliches Volk aus allen Winkeln der Schweiz herbeizieht. Dabei tägliche Musikaufführungen und Konzerte. Das Orchester der Skala in Mailand, deutsche Regimentsmusiken, unser Tonhallenorchester, eine gewaltige Uhrmachermusik aus La Chaux de Fonds, Regatten mit Ruderklubs aus Paris, Lyon, München, Frankfurt, kurz: Höllenspektakel ...

Ich habe auch ein Geschäftchen dabei gemacht, nämlich eine Festkantate für die Eröffnungsfeier am 1. Mai, die gesungen und musiziert wurde trotz der sehr mittelmäßigen Verse. Vier Wochen später wurde ich mit dem Komponisten zu einem »Erinnerungsbankettchen« vom Zentralkomitee geladen und am Schluß mit einem goldenen Chronometer beschenkt, den der Hauptexperte und Juror im Uhrenwesen für mich ausgesucht hatte. Er geht auch auf die Minute. Ich aber war über diese unerhörte Generosität und Honorierung, da ich an gar nichts dergleichen gedacht, so verblüfft, daß ich in meinem Dankspruche mich unter die Bäume verirrte und diejenigen Leute leben ließ, welche die Bäume stehen lassen! Man hatte nämlich in einer alten Parkanlage einige schönere Bäume geschlagen, um Raum für die Gebäude zu gewinnen. Die Herren stießen auf die Grobheit dennoch tapfer mit mir an und schrien hoch!

An Marie Melos

Zürich, 7. Oktober 1883

Die Landesausstellung in Zürich, von der Sie schrieben, hat allerdings fünf Monate hindurch viel Geräusch gemacht. Später geschah noch eine fünfzigste Stiftungsfeier der Universität, wozu ich wieder einen Gesang lieferte, der im Großmünster mit vollem Orchester und Orgel so stattlich tönte, als ob was dahinter wäre. Ich lege Ihnen das Textlein bei; das fromme Lied auf der letzten Seite »O mein Heimatland« existiert schon lange und wurde ohne mein Wissen eingeschaltet. Das Ganze erschien dann auch in der Berliner protestantischen Kirchenzeitung mit Belobigung, so daß ich nun dafür sorgen muß, daß ich nicht am Ende noch in einen kirchlichen Geruch komme. Am Feste kamen die Theologen schon, um mir die Hand zu drücken; da ich in der andern aber ein Glas Rheinwein hielt, so ließ ich es hingehen, um jenen nicht zu verschütten ...

An Theodor Storm

Zürich, 21. September 1883

Diesen Sommer war der neue Stern Ernst von Wildenbruch bei mir und hat mir seither fünf Stück Dramen geschickt, die allen Respekt einflößen ...

Seit J. V. Widmann als Redakteur und Literaturkritiker am Berner »Bund« wirkte, war er unermüdlich für das Werk Gottfried Kellers eingetreten. Nach Erscheinen der »Gesammelten Gedichte« schrieb er dem Dichter einen Brief in Versen, der folgendermaßen schloß:

Wie prächtig Ihr in Eurer Feuerwolke! –
Sie mag nun segnen, oder mag zerschmettern. –
Ich aber, mitten drin im niedern Volke,
Vernehme glühend heiß dies hohe Wettern.

Gottfried Keller an J. V. Widmann

Zürich, 7. November 1883

Ihr Brief in Versen, mein lieber verehrter Freund, ist zwar ein starker Tabak und fast geeignet, in ironischem Sinne aufgefaßt und verwendet zu werden; da er aber unter uns bleibt und ich zu wissen glaube, wie Sie es meinen, so darf ich meinen Dank für die Mitteilung nicht zurückhalten, zumal ich durch die Feuerwolke hindurch doch erkennen kann, daß mein dickes Gedichtbuch jedenfalls bei Ihnen nicht durchgefallen ist, worüber ich froh bin. Denn es ist immer eine bedenkliche Sache um die Frage: Ist das nun eigentlich Poesie oder nicht?

Conrad Ferdinand Meyer an Gottfried Keller

Zürich, 12. November 1883

Wozu Worte machen, wo sich um einen Stamm unsterblicher Lieder die unendliche Mannigfaltigkeit eines ganzen Lebens ausbreitet? Das Natürlichste ist hier entdecken und genießen, und zu wünschen bleibt nichts, als daß diese Sammlung jährlich und lange Jahre sich mehre. – Ich kann Ihnen nicht sagen, verehrter Herr, wie empfänglich ich für Ihre Freundlichkeiten bin. [Keller hatte ihm die »Gesammelten Gedichte« übersandt.] Ich habe einen Zug, mich zu isolieren, welchen ich zwar bekämpfe, aber mit Mühe, weil er in meiner Natur liegt, und gerade deshalb bin ich unendlich dankbar für ein wohlwollendes Entgegenkommen.

Gottfried Keller an Conrad Ferdinand Meyer

Zürich, 22. November 1883

... Was meinen Gedichten mangelt, weiß ich wohl; es ließ sich eben nicht mehr besser machen, da die Sache seit vierzig Jahren angefangen, und ignorieren konnte ich sie auch nicht, wegen der Nachlaßmarder, denen ich sie soweit möglich aus den Händen nehmen mußte. So ist das Buch gewissermaßen von selbst am Wege gewachsen, wie eine ungefüge dicke Distel. Aber sie ist am Ende wenigstens geworden.

Ich wünsche Ihnen und Ihrem Hause einen recht gesund heitern Winter mit ergiebigen Tagen und frohen Stunden.

Das von der ungefügen dicken Distel sagt Keller brummig, aber es ist kein unpassendes Bild. Nicht ein mühelos schlanker Wuchs, sondern eine gedrungene Bildlichkeit, eine mitunter stachlige Wörtlichkeit ist das Kennzeichen seiner »gewachsenen« Lyrik, die seiner körnigen Prosa ebenbürtig, gleichsam ihr naiver Ursprung ist. Wie eben darum dem so wenig empfindsamen Manne im Gedicht immer wieder eine Unendlichkeit holdester Liebes- und Lebenswunder erblühte, kann nur den erstaunen, der die Vollkommenheit des lyrischen Gebildes nicht vom Ursprung her, sondern in einer fixen Formvollendung begreift.

Nun, da die »Gesammelten Gedichte« auf den Weg gebracht waren, konnte Keller sich gänzlich dem von lange her geplanten Roman zuwenden, worin er deutlicher und direkter, als es sonst seine Art war, dem Unbehagen an gewissen öffentlichen Erschei-

nungen des heimatlichen Lebens Ausdruck zu geben gedachte. Ein Vorsatz, der ihm schwer zu schaffen machte. Wie zögernd und unter welchen Skrupeln die Arbeit voranrückte, zeigt die folgende Briefstelle vom Januar 1884 (an den Herausgeber der »Deutschen Rundschau«):

... So haben wir auch gleich den Übergang zu der gewünschten Orientierung wegen des Romans oder der dicklichen Novelle oder wie wir es nennen wollen [»Martin Salander«]. Dieses Opus hat nämlich nochmals einen Stillstand erfahren von jener Art, die mit feiner Evolution verbunden ist und ruhig ertragen werden muß. Das Skelett bleibt bestehen, aber es knacken alle Gelenke, und die Knochen wachsen sich kräftiger aus. In solcher Situation darf man das alte Recht, das Wesen eine Weile sich selbst zu überlassen, wohl benutzen oder soll es vielmehr. Denn wenn man trotz alledem weiter zappelt und industriös ist, so bleibt das Geschriebene in Gottes Namen stehen und die besseren Ahnungen und Mahnungen verhallen spurlos. Damit ist leider nicht gesagt, daß ich etwas höchst Vortreffliches zu erreichen meine; allein es kommt doch hinzu, daß ich durch das vertrackte Gerühmsel, das mir in letzten Zeiten teilweise widerfahren ist, veranlaßt bin, an meinem geringen Orte ein wenig darauf zu sehen, daß ich nicht plötzlich abfalle ...

An J. V. Widmann

Zürich, 28. Januar 1884

... Noch habe ich Ihnen auch nicht für die pompöse Besprechung meiner Gedichte [im Berner »Bund«] und für deren Zusendung gedankt, was ich herzlichst nachhole. Ich war und bin etwas verlegen wegen der Graduierung, welche Sie mit meiner Persönlichkeit darin vorgenommen. Dergleichen kann und soll man nie von einem unglücklichen Lebewesen sagen, ganz abgesehen von der Unbilligkeit gegen manchen, der besser und fleißiger ist, als just der Betroffene ...

Dennoch half es nichts, sich gegen die Berühmtheit zu wehren, die freilich zuzeiten kuriose Blüten trieb. Ein Berliner hatte, wie Ermatinger berichtet, seiner jungen Frau zu Weihnachten Gottfried Kellers »Gesammelte Gedichte« geschenkt und scherzweise mit verstellter Hand in das Exemplar die Widmung geschrieben:

»Einer norddeutschen Verehrerin der Verfasser«. Die Frau war außer sich vor Freude; der Mann wagte nicht mehr, seine Lüge einzugestehen. Da kam ein Bekannter auf den rettenden Einfall, dem Dichter ein neues Exemplar zu senden und ihn zu bitten, die Lüge nachträglich zur Wahrheit zu machen. Keller trug folgende Verse ein:

Ich weih' ein Geschenk,
Das mir nicht gehört
Und doch ist mein eigen;
Ich send' es der Dame,
Die nie ich gesehn
Noch nennen je hörte;
So schreib ich ins Blaue
Zu Ehren der Schönen
Die widmenden Worte
Mit luftigem Gruß.

Zürich, Julzeit 1883/84 G. Keller

Gottfried Keller an Marie von Frisch

Zürich, 15. Februar 1884

Es ist sehr gescheit von Ihnen, daß Sie die saubere Aufführung nicht länger dulden wollen, der ich anheimgefallen, und so hab' ich endlich, abends zehn Uhr, mir ein Glas Rotwein zurecht gestellt, eine gute Zigarre angesteckt und fange an zu schreiben. Allein freilich merke ich bereits, daß es mit der Zigarre nicht geht, und schwanke einen Augenblick, ob ich mich nicht lieber wieder hinsetzen und rauchen will; doch die Tugend und Freundschaft siegt, und so bleibt es dabei, daß ich schreibe.

Haben Sie also tausendmal Dank für das Christkindchen, die pompöse Türkenschere, die so spitzig ist, daß man zwei schöne Dolche davon machen könnte. Sie schmückt herrlich meinen Tisch neben dem Falzbeinsabel Ihres tapfern Bruders. Ich erhielt die Sachen pünktlich am Neujahrsmorgen, als ich beim Frühstück saß und mich freute, daß es kein Spätstück sei; denn ich war in aller Mäßigkeit um zwei Uhr nach Haus gekommen ...

Der Grund meines Schweigens war ein schändlicher Haufen von Briefen, die sich zur Beantwortung angesammelt und mich melancholisch machten, so daß ich einfach zu streiken anfing und die Gerechten mit leiden ließ. Ich laboriere jetzt noch daran. Es gibt Leute, die einen gar nichts angehen und sich förmliche Korrespondenzen erzwingen wollen. Das Schönste war vor Weihnachten eine Anzahl Exemplare meiner eigenen Gedichte, die mir zukamen, um je eine Dedikation hineinzuschreiben für die Frau, den Mann, den Onkel usw. Das mußte ich dann wieder verpacken und auf die Post befördern ...

Ihre und des Bruders Exemplare liegen längst bereit, und Sie wissen jetzt, warum mir das Packen verleidet war. Ihr habt aber nicht viel verloren, da es unmöglich ist, in dem monotonen Zeuge lang hintereinander zu lesen. Wenn ich wieder auf die Welt komme, will ich es besser machen, wie ich auch normalere Ohrläppchen mitbringen werde. Ein Bildhauer, der neulich meinen Kopf modellierte, kam der Sache auch auf die Spur und behandelte sie mit großer Aufmerksamkeit, mir mit der Nase immer um die Ohren herumschnaufend. Er ist der erste, der nach Ihnen davon sprach. Allein ich habe auch seit Jahren einen Mondschein hinten auf dem Schädel, den man mir so konsequent verschwiegen hat, daß erst vor einem halben Jahre die Schwester mich darauf brachte, indem sie sagte: »Deine Tonsur fängt nicht übel an, sich auszubreiten.« »Ich weiß ja gar nicht, daß überhaupt ein Anfang da ist!« rief ich. »Ha, schon lang!« Ich nahm zwei Spiegel und erblickte wirklich das Entsetzen ...

Die Zigarre hab' ich doch während des Schreibens fertig geraucht. Weil sie gut war, merkte sie, daß ich an eine gescheite Person schreibe, und brannte im stillen fort, bis ich sie jeweilig aufnahm ...

An Adolf Exner

Zürich, 16. Februar 1884

... Ich lasse mir mit dem Fertigmachen [des »Martin Salander«] Zeit und bereite dazwischen anderes vor, was einem vielleicht binnen kurzem nicht mehr einfällt. Schreiben können alte Kerle immer noch genug, aber nicht mehr projektieren ...

An Paul Heyse

Zürich, 19. Februar 1884

... Dies Jahr werde ich vielleicht doch einmal den Platz verlassen und durch ein paar Städte laufen, um die Beine ein bißchen zu verstrecken, da ich hier fast nicht mehr ausgehe. Übrigens muß ich dies Regime sowieso bald ändern, trotzdem daß die Bequemlichkeit und Ungeschorenheit so lieblich ist. Ich habe hier durch die Jahre zerschlissene gesellige Verhältnisse, die Alten sind weg und die Jüngern meistens alberne Streblinge oder sonst Esel, da bleibt man am liebsten allein. Aber es geht doch nicht auf die Dauer wegen der Bewegungsfähigkeit. Nun, ich werde mich ein bißchen drehen und anders legen, wie der Hund unterm Ofen.

Zürich, 4. Juni 1884

Ich laboriere immer noch an meinem Einbänder [»Martin Salander«] herum, der sich langsam etwas umgestaltet und vertieft hat, hoffentlich auch verschönert, soweit davon die Rede sein kann. Eine ernstere Stimmung, die sich leider mausig macht in mir, ist hiebei wirksam und hat somit auch ihr Gutes.

An Theodor Storm

Zürich, 9. Juni 1884

... Nun ist der edle Geibel auch dahin, soweit er hin sein kann, und mit ihm eine letzte Gestalt einer Zeitepoche oder Kategorie verschwunden, die nicht ohne heiligen Ernst, aber auch nicht ohne ein wenig überschüssiges Pathos gelebt hat.

Unser Ferdinand Meyer schreibt gegenwärtig eine Novelle aus Karls des Großen Zeit [»Die Richterin«]. Daß Ihnen sein »Jenatsch« Eindruck gemacht, ist sehr in Ordnung, es ist aber auch ein außerordentlich famoses Spiel. Der Beilschlag der Dame am Schlusse ist mir auch widerwärtig; er beruht auch nur auf einer unwahren Volkstradition, die zudem kein Wort von einer Liebesgeschichte sagt und außerdem ein halb rohes, naturwüchsiges Gebirgsweib voraussetzt, wie die Sage sie auch im Kriege sich mit raufen läßt. Allein Meyer hat eine Schwäche für solche einzelne Brutalitäten und Totschläge. Wenn er so was hört oder liest, so sagt er: vortrefflich! So hat jeder seinen Zopf ...

An Wilhelm Petersen

Zürich, 10. Juni 1884

Meine Schwester befindet sich immer im gleichen Zustande, nicht eigentlich krank, aber schwach. Sie geht aus und ist immer etwas tätig; allein ich könnte sie nicht allein an einen Kurort gehen lassen und fürchte, es würde überhaupt eher schaden als nützen. Wir haben einige Wochen jüngst das Essen von einem Traiteur kommen lassen, welches ganz gesund gekocht war. Jedoch hatte sie keine Ruhe, bis sie es wieder weg hatte, weil sie nur essen will, was sie selbst ausheckt und kocht, obgleich ihr das nicht auf jeder kulinarischen Ausstellung akzeptiert würde.

An Paul Heyse

Zürich, 7. September 1884

Es gibt eine Menge schöner und nicht zu missender Poesien der alten und neueren Welt, die nach dem Oberlehrerschema weder lyrisch noch episch sind und sich doch erlauben, dazusein . . .

Da stoße ich auf Deine etwas melancholische Betrachtung über Deine Novellistik der letzten Zeiten. Ich kann in Deine internen Angelegenheiten nicht hineinreden, weil es sich nicht ziemt, das Mehrere, was jeder von sich selbst wissen muß, von seinen eigenen Fähigkeiten und Maßstäben, bemängeln zu wollen. Nur scheint mir das Ding hier an die allgemeine Erfahrung zu grenzen, wonach bei allem kunstmäßigen Schaffen das Gefühl eines Residuums nachwirkt, das nicht zum Ausdruck gekommen sei. Dies Gefühl ist gewiß bei Meisterleuten vorhanden; denn wenn nicht gerade bei ihnen das Ideal noch mächtiger wäre, als das Können, oder richtiger gesagt, als der Konkretismus des Schaffens (O Herrjeses!), so würden sie auch *das* nicht erreichen, was sie können.

Indessen habe ich an meinem geringen Orte verwandte Schmerzen, nur wälze ich als trivialer Bengel die Schuld auf die Außenwelt. Mich beschleicht nämlich schon seit einiger Zeit das Gefühl, daß die Novelliererei zu einer allgemeinen Nivelliererei geworden sei, einer Sintflut, in welcher herumzuplätschern kein Vergnügen und bald auch keine Ehre mehr sei . . .

An J. V. Widmann

Zürich, 9. November 1884

Der kleine Roman, den Sie so hoffnungsfreundlich erwähnen, kann dieses Jahr leider nicht mehr erscheinen und macht mir keineswegs so viel Spaß, wie er Ihnen zu machen scheint, eh' er nur zu Tage gekrochen ist. Ich muß den letzten Rank immer noch finden, um aus dem Staub der Landstraße hinauszukommen, was mir das verfrühte Annoncieren erschwert, wo nicht verdorben hat. Ich habe hierbei gelernt, nie mehr einem Verleger oder Herausgeber etwas mitzuteilen und zuzusagen, ehe das Punktum gesetzt ist.

Im Herbst dieses Jahres machte Friedrich Nietzsche, der mit der Schwester in Zürich weilte, dem Dichter einen respektvollen Besuch. Aus der berühmten Stelle über den »Schatz der deutschen Prosa« im zweiten Teil von »Menschliches, Allzumenschliches« weiß man, wie hoch Nietzsche die Prosa Kellers stellte. Im Juni 1883 hatte er Keller aus Rom den »Zarathustra« geschickt: »Die Frucht dieser Tage liegt nun vor Ihnen: möge sie süß und reif genug sein, um Ihnen – einem Verwöhnten im Reiche des Süßen und Reifgewordenen! – wohlzutun!« Noch 1887 spricht Nietzsche in einem Brief an Taine von Keller als von »jenem Schweizer Dichter, den ich für den einzigen lebenden deutschen *Dichter halte«. Keller seinerseits wird der ihm so wesensfremden Erscheinung des Philosophen mit zweifelndem Respekt gegenübergestanden haben. Auf die Buchsendungen (es folgte noch »Jenseits von Gut und Böse«) hat er nicht geantwortet. Doch verlief jener Besuch, und was sich daraus entspann, harmonisch genug. Nietzsches Schwester hat es beschrieben.*

Elisabeth Förster-Nietzsche erzählt

Ich begleitete ihn [den Bruder] bei dem ersten Besuch im Kellerschen Hause, der allerdings erfolglos, aber trotzdem recht komisch verlief. Als wir in den Garten traten, wurde uns durch eine Frauenstimme im Züricher Dialekt mitgeteilt, daß der Herr Staatsschreiber ausgegangen sei. Nach einigen Verhandlungen hin und her zeigte sich an der Haustür jemand, der die Karte meines Bruders in Empfang nahm. Darauf ließ sich die Frauenstimme nochmals vernehmen: was die »Jungfer« wolle. Das war ich, die an der Gartentür bescheiden zurückgeblieben war, weil in dem Fall, daß mein Bruder nicht angenommen worden wäre, ich mit ihm spazieren gehen sollte, was er nun explizierte. Ein etwas rauhes, aber nicht unwohlwollendes Lachen war die Antwort, und die Stimme hinter der Jalousie sprach sich in dem Sinne aus, daß die »Jungfer« wohl aus der Ferne einen Blick auf den Herrn Staatsschreiber hätte werfen wollen, was mein Bruder in Hinsicht auf die Berühmtheit Kellers natürlich nicht in Abrede stellte, obgleich ich wirklich nicht daran gedacht hatte.

Keller galt als fremdenscheu, besonders aber als Frauenfeind. Am andern Tage geschah nun das Unerhörte, daß er, »dem Herrn Professor Nietzsche und seiner Schwester« in der Pension Segnes einen Gegenbesuch machte; infolgedessen war ich bei dieser Entrevue zugegen. Beide waren ungemein höflich gegeneinander und sagten sich schöne Dinge, und als schließlich Gottfried Keller auch das Wort an mich richtete und ich irgend etwas sagte, was ihm wohlgefiel, lächelte er, was sein Gesicht auf eine unbeschreiblich liebenswürdige Weise veränderte. Ich habe nie ein Gesicht gesehen, das durch Lächeln einen so vollkommen anderen Ausdruck erhalten hatte. Für gewöhnlich hatte Kellers Gesicht etwas Grämliches, Gleichgültiges, so daß man kaum begriff, daß ein Dichter von so ergötzlichen Erzählungen so aussehen konnte. Sobald er aber lächelte, blitzten die Augen voller Schelmerei, und das ganze Gesicht nahm den Ausdruck einer geistvollen Schalkhaftigkeit an. Das Zusammensein schien beide Teile sehr zu befriedigen. Sie machten mit einander einige Male kleine Spaziergänge, vor allem aber bat Keller meinen Bruder sogleich um die Erlaubnis, ihn in die Züricher Lesegemeinschaft einzuführen.

Daß Keller mit der Sprache des »Zarathustra« nichts anzufangen wußte, wird man annehmen dürfen. In dem allerdings ganz anderen Falle des Schweizers Carl Spitteler hat er sich grundsätzlich über Sprache und Dichtung geäußert:

Gottfried Keller an J. V. Widmann

Zürich, 22. März 1885

Ich komme endlich, Ihnen sehr zu danken für die Blätter [acht Nummern Berner »Bund«, Sonntagsbeilage] mit Spittelers »Eugenia«, die ich durch Ihre Güte nun zweimal mit allem Behagen durchlesen konnte. Und ich habe es mit wachsendem Interesse getan, bis die großen Vorzüge des Gedichtes über die kritische Laune, welche der Dichter so energisch herausfordert, Meister wurden ...

Aber nun kommt für mich die große Verwerfungsspalte, die Stilfrage. Mit allen Schätzen der Begabung erwecken diese Werke nicht das Gefühl eines aufgehenden Lichtes, sondern sie erinnern an die Perioden des Verfalls, die in den Künsten jeweilig erscheinen, wenn die erreichte reine Meisterschaft in Manierismus und Pedantismus ausartet. Kaum sind achtzig Jahre vorbei, seit wir in »Hermann und Dorothea« eine kristallklare und kristallfertige epische Sprache erhalten haben, die sich auf unbestreitbarer Höhe bewegt, so treibt der Teufel wieder Leute, sich in das barockste willkürlichste Wortgemenge zurückzustürzen, wo die verzopften Genitivformen dem gebildeten Geschmacke von allen Seiten Ohrfeigen geben und ebenso unorganische als unnötige Wortbildungen sich vordrängen. Neue Worte müssen den Dichtern wie von selbst, fast unbemerkt wie Früchte vom Baume fallen und nicht in einem Kesseltreiben zusammengejagt werden. Das tun sonst nur die Manieristen und Pedanten. Der gleichen psychischen Quelle entspringt auch meines Erachtens die Entdeckung des neuen Kunstprinzipes, welche Spitteler gemacht zu haben meint und nun für seine ganze Produktion verwendet, indem er es Mythologie nennt. Die Kunst des Anthropo- und Theomorphosierens [des Vermenschlichens und Vergöttlichens] ist so alt wie die Welt; aber wahrhaft neu für uns ist Spittelers Genie nicht nur des Verwandelns, sondern des Teilens resp. Zerteilens der Gegenstände in mehrere Personen, z. B. das Verpersönlichen der Seelenkräfte, der physikalischen Erscheinungen usf., wodurch er die größte Wirkung hervorbringt. Indem er aber nun diese Art systematisch und durchgängig übt, wird sie eben zur Manier. Wenn er z. B. seine Sonne mit ihrem Zirkusaufputz und Kutscherwesen samt Stallbedienten immer wieder vorführt, wird das Bild zum Zopf, trotz der Realität der Beschreibung, während der alte Helios in ewig neuer Schönheit strahlt . . .

An Marie Melos

Zürich, 19. Juli 1885

Im Trubel dieser vergangenen Woche (es war ein dreitägiges Bach-Händel-Fest hier) habe ich richtig versäumt, rechtzeitig an unsern alljährlichen Notenaustausch zu denken; als es mir gestern nachmittag endlich einfiel, war es zu spät und ich hatte schon ein Telegramm geschrieben, um es heute früh abgehen lassen zu können, als Ihre und Ihrer guten Schwester freundliche Botschaft eintraf . . .

Seien Sie höchlich bedankt und möge Ihnen Ihr lieber himmlischer Herr Vater es im neuen Jahre an nichts fehlen lassen, was zu Ihrem Heile dient, worunter ich indessen nicht etwa Zahnschmerzen oder andere körperliche oder moralische Heilsmaßregeln dieser Art mit verstanden haben möchte. Ich selbst bekomme leider kein Zahnweh mehr, dafür aber allerlei rheumatische Anzüglichkeiten und weiß aus Erfahrung, daß ich dadurch nicht mehr gebessert werde . . .

. . . Letztes Jahr war eine Frau aus München oder Stuttgart hier, die mit großem Spektakel bei mir einrückte und verkündete, sie habe ein Vierteljahr krank im Bette gelegen und endlich sich an meinem vierbändigen »Grünen Heinrich« *gesund* gelesen! Worauf sie behende weiter kugelte. Ich stand da, und war versucht, mich einen Augenblick neben Christum zu stellen, der mit einem Sälbchen von Kot den Blinden geheilt hat. Die Sache schien mir aber nicht geheuer zu sein mit meiner Wundertätigkeit und ich ließ sie auf sich beruhen, ohne mich beim heiligen Vater um die Seligsprechung zu bewerben. So viel von der Damenverehrung, deren ich, selten genug, teilhaftig werde.

Anfang des Jahres 1885 war es zum Bruch mit Baechtold gekommen, der als etwas zu betriebsamer Nachlaßverwalter des im Wahnsinn geendeten unglücklichen Schweizer Lyrikers Leuthold bereits das Mißfallen Kellers erregt hatte. Durch Ausfragen der Schwester und sonstige indiskrete Umtriebe scheint Baechtold nun auch in Sachen Kellers sich auf sein künftiges Biographenamt übereifrig vorbereitet zu haben, bis dieser ihm schließlich in einer erregten Wirtshausszene vorwarf, er »zähle seine Räusche«. Der Bruch war endgültig. Trotzdem hat Baechtold noch an Kellers siebzigstem Geburtstag beim Festakt der Züricher Universität die Weiherede gehalten, wie er später als Biograph und Nachlaßherausgeber sich treulich bewährt hat. Doch versagte sich der Biograph nicht die fatale Wendung, Keller habe »das tiefe Wohlwollen gemangelt«: eine Äußerung unverwundenen privaten Grolls, die in der Keller-Literatur oft bestritten worden ist und noch von dem letzten Biographen des Dichters, Erwin Ackerknecht, mit dem schönen Wort, daß »Kellers Wesen ja gerade ein die ganze Welt verklärendes Wohlwollen war«.

Jedenfalls blieb dem Dichter seit jenem Vorfall der gewohnte Samstags-Stammtisch verleidet. »Zerschlissene gesellige Verhältnisse«, so hatte er an Heyse geschrieben. Doch mehr als geselliger Trost erblühte dem Vereinsamten aus der wundervollen Alters-

freundschaft mit Arnold Böcklin, dem Basler Landsmann, der im Sommer 1885 auf sieben Jahre in Zürich seßhaft wurde. Auf welche Weise die Bekanntschaft zustande kam, natürlich im Wirtshaus, hat ein Zeit- und Tischgenosse Kellers, der Redakteur Albert Fleiner, zwölf Jahre später in der »Neuen Zürcher Zeitung« aus eigener Erinnerung mit epischem Behagen geschildert:

Es war an einem Sommerabend des Jahres 1885. Im großen Saal des Zunfthauses zur »Meise« saß ein kleiner Kreis am runden Stammtisch um Gottfried Keller. Die Gesellschaft war sehr klein, denn Meister Gottfried war bekanntlich ein gar grimmiger Diktator, der um sich herum nur duldete, was ihm vollkommen in den Kram paßte. Wortkarg saß der alte Herr da, sein Abendessen verzehrend, und das Kollegium schwieg, weil alle wußten, daß man ihn bei dieser wichtigen Arbeit nicht stören durfte. Da öffnete sich die Tür; ein fremder Herr trat ein, fragte nach Gottfried Keller und ward auf den kleinen runden Tisch gewiesen. Eine hohe schlanke Gestalt, mit strammer militärischer Haltung, dichtem, kurzgeschorenem, leicht ergrautem Haupthaar und grauem Schnurrbart, so kam der Fremde mit festem Schritt an den Tisch herangetreten, postierte sich neben dem Alt-Staatsschreiber kerzengerade auf und fragte: »Habe ich die Ehre, den Herrn Gottfried Keller zu sprechen? Mein Name ist Böcklin.« (Im Basler Dialekt »Beggli« gesprochen) Meister Gottfried ließ sich in seinem Geschäft nicht stören und schien den Frager kaum zu beachten. Der fremde Herr wiederholte seine Worte etwas hörbarer: »Mein Name ist Böcklin. Sind Sie vielleicht Gottfried Keller?« Meister Gottfried brummte nur ein keineswegs sehr einladendes »So!« in den Bart und ließ, nur um so eifriger sich in seine Mahlzeit vertiefend, den ungerufenen Gast ruhig stehen. Es folgte eine lange unheimliche Pause. »Die Stille vor dem Gewitter«, dachten die Umsitzenden. »Mein Name ist Böcklin«, tönte es nun noch vernehmlicher, und dabei stellte sich der Herr mit einer kurzen Verbeugung noch näher an den Angeredeten, der nicht hören zu wollen schien.

Nun legte Gottfried Keller Messer und Gabel auf den Teller, schaute auf, maß die hochgewachsene Figur vor ihm mit einem langen prüfenden Blicke von oben bis unten und sagte – jetzt war der kritische Moment gekommen – in gleichgültigem Tone: »So, so, Böcklin? Böcklin heißen Sie?« Plötzlich flog es wie ein heller Sonnenstrahl über das eben noch wetterleuchtende griesgrämige Gesicht: »Ja, dann sind Sie vielleicht gar der Maler Böcklin?« – »Jawohl, ich male auch!« lautete die bescheidene Antwort. Nun sprang Meister Gottfried von seinem Stuhle auf und rief: »Potz tusig, Sie sind der Maler Böcklin! Dann bin ich ja ein Verehrer von Ihnen!«

Die beiden Männer schüttelten sich kräftig die Hand und schauten sich, soweit es bei dem ungleichen Körpermaß möglich war, in die Augen. Die Begrüßung war von einer für Kellers wenig ostentative und wortkarge Natur außerordentlichen Herzlichkeit. Schnell schleppte er selber einen Stuhl für den Gast herbei, rief nach der Wirtschaft und ließ eine Flasche vom Besseren auftischen. Dann holte er das geliebte Rauchkraut aus der Tasche, bot dem Maler eine Zigarre, und seine Achtung vor dem Künstler schien sich zu steigern, als er bemerkte, daß dieser ein ordentliches Kraut ebensowenig verschmähte, als er einem guten Tropfen sich durchaus nicht abhold zeigte ... Man saß an jenem denkwürdigen Abend etwas länger noch als gewöhnlich auf der »Meise«, und beim Abschied wurde Böcklin in die Gepflogenheiten der Tischgenossenschaft gehörig eingeweiht.

In der Tat hatte es Böcklin, damals achtundfünfzigjährig, mit seiner Übersiedlung nach Zürich besonders auf Keller abgesehen, der seit langem sein Lieblingsdichter war. Von nun an nahm der stattliche Meister Arnold den kleinen und schon recht wackligen Meister Gottfried in rührend fürsorgliche Obhut. In seinem Buch über Arnold Böcklin, das die Erinnerungen an Gottfried Keller mit manchem hübschen Bild ergänzt, erzählt Adolf Frey:

Böcklin bewog den älteren Freund zu häufigerem Ausgehen und, für seine Gesundheit besorgt, holte er ihn zu Spaziergängen ab, die freilich wegen des Dichters Schwerfälligkeit nur die bescheidenste Ausdehnung erreichten, in gemächlichstem Tempo abgeschritten wurden und fast ausnahmslos in ein Wirtshaus mündeten. Waren die beiden hier angelangt, so konnte es etwa geschehen, daß Böcklin den Arm ausstreckte, mit Daumen und Zeigefinger dem Dichter den großen weichen, schwarzen Filzhut, den er vorn oben anfaßte, vom Kopfe abhob, ihm Stock oder Schirm ins Gestell stellte und ihn vorsichtig aus dem Überzieher schälte, doch sah er sich mit solchen Gefälligkeiten klüglich vor, je nach dem dichterlichen Launenwetterglas. Man war nie sicher, wann man mit irgend einer kleinen Freundlichkeit Gottfried Kellers reizbare Selbstherrlichkeit in Aufruhr brachte.

Rückte nun einer mit gespitzten Ohren oder gar mit heimlich gespitztem Bleistift am Tische näher, um etwas Bedeutsames oder wenigstens Interessantes zu erhaschen, so kam er selten auf seine Rechnung. Denn die beiden saßen oftmals da wie Goethe und der Kunstmeyer. Sie schwiegen sich nämlich meistens behaglich an, nur daß sie dazu mächtig rauchten.

Altersverträumt, wie er war, erhob sich Keller nicht gerne vom Becher. So rückte auch für die Trinkfähigsten und Seßhaftesten der Zeiger so weit vor, daß sich oft dieser und jener drückte, bevor der allgemeine Abmarsch erfolgte. Auf alle Fälle harrte der getreue Böcklin aus. Denn das war ausgemachte Sache, daß er seinen Freund nach Hause brachte. Er faßte ihn unter den Arm und steuerte mit ihm dem Thaleck zu wie ein staatsmäßiges Orlogschiff mit einem Brander, aus dem jeden Augenblick die zornigen Weingeister in die Lüfte prasseln konnten.

Einmal ereignete es sich am Wirtshaustisch, daß dem überreizten kranken Dichter der Dämon in den Nacken fuhr und ihn verleitete, seinem Freunde eine Derbheit zu sagen, natürlich die ungerechtfertigste von der Welt. Böcklin entfernte sich wortlos und äußerte nachher zu einem Bekannten: »Eigentlich sollte ich mich mit ihm duellieren. Aber er ist ja so klein! Ich kann mich doch nicht mit ihm schlagen! Aber natürlich kann ich nicht mehr mit ihm verkehren!«

Zwei Tage später saßen sie wieder einträchtiglich beisammen. Sie konnten nicht mehr ohne einander sein.

Gottfried Keller an Paul Heyse

Zürich, 5. Januar 1886

Übrigens ist es mit meinem Einsiedlerleben nicht weit her. Daß man mit sechsundsechzig Jahren nicht gern mehr häufig auf den Eisenbahnen rutscht, wirst Du vielleicht in elf Jahren auch einsehen lernen. Sonst aber bin ich jede Woche zwei- bis dreimal in lange dauernder Gesellschaft mit dem herrlichen Böcklin und vier bis fünf andern. Das Chiantisaufen, welches Floerke [Kunsthistoriker aus Rostock] mit Gewalt hier fortsetzen wollte, obgleich es für die, welche am Tage zu tun haben, nicht angeht, habe ich abgeschafft, und nun ist es prächtig zu sehen, wie dem braven gewaltigen Böcklin, wenn wir um 10½ Uhr nach unserm Schöppchen Landwein in die Bierhalle gehen, seine vier Glas schäumenden Augustinerbräus aus München vom Faß weg schmecken, gebracht von einer urlangen Münchener Zenzi, knochig, die aussieht, wie die aus dem Tartarus erstandene Medea.

Was mich betrifft, so mußt Du nicht alles glauben, was anfängt gelogen zu werden. Es gehört scheint's auch zur Literatur, daß man, in ein gewisses Alter getreten, zum Gegenstande schlechter Anekdoten promoviert wird ...

Baechtold erzählt

An einem Februarabend 1886 überraschte die Züricher Künstlergesellschaft den Dichter der »Züricher Novellen« mit der glänzenden Wiedergabe einiger Szenen aus jener Dichtung in Gestalt lebender Bilder. Die Hadlaubgruppe war dem schönen Freskobilde Ernst Stückelbergs nachgeahmt. Gottfried Keller dankte erfreut und trank auf das Wohl des ebenfalls anwesenden Böcklin und dessen »römischen Anhangs« (der Familie des Malers). Früher, sagte er mit Anspielung auf die eben geschaute römische Atelierszene aus »Herr Jacques«, seien unsere Künstler nach Rom gezogen, umgekehrt komme jetzt Rom zu uns.

Im Namen der zumeist aus Künstlern bestehenden »Dienstagsgesellschaft« widmete Keller dem Freunde Böcklin zum sechzigsten Geburtstag im Oktober 1887 Verse von ergreifender Altersgefaßtheit. Ein Geistergruß des Meisters an den Meister. Tiefer, gestillter Wohllaut aus dankbarem Herzen:

Seit du bei uns eingezogen
Und dein leichtes Haus gebaut,
Schauen wir der Iris Bogen,
Wenn der hellste Himmel blaut.

Sehn die Fülle der Gesichte
Dich im Reigentanz umziehn,
Sehn, wie Knospen, Blüten, Früchte
Rastlos deiner Hand entfliehn.

Heute rauscht ein leises Wehen.
Lausche nicht zu lang, o Mann!
Um Entstehen und Vergehen
Fange nicht zu zählen an!

Wie dir täglich hat gegoren
In der Seele neuer Wein,
Also sollst du neugeboren
Selber jeden Morgen sein!

Und erst spät mag es geschehen,
Daß es fern herüberhallt:
»Seht, auf jenen grünen Höhen
Hat der Meister einst gemalt!

Starken Herzens, stillen Blickes
Teilt' er Licht und Schatten aus –
Meister jeglichen Geschickes,
Schloß gelassen er das Haus!«

Noch eines anderen Jubilars war in diesem Jahr zu gedenken: des achtzigjährigen Friedrich Theodor Vischer. Kellers Festaufsatz in der »Allgemeinen Zeitung« begann mit der Erinnerung an den Züricher Professor der sechziger Jahre: »Der Hut saß ihm gut und frei, fast etwas schieflich zu Haupte und schien zu sagen: Ein Mann geht unter mir!« Und weiter das schöne Bild:

Lang steht er schon auf der Höhe des Lebens unter der Halle seiner Werke; der goldene Abendschein liegt in dem Gebälke, doch die Sonne weilt über dem weiten Horizont und will nicht scheiden. Denn eben ertönte noch der schönste Gesang aus der Halle herüber, Lied auf Lied, und gleich wandelt er wieder starken Ganges umher, das Richtmaß in der Hand, und prüft abermals das festgefügte Zimmerwerk, mißt und klopft hie und da an die Balken und möcht dies oder jenes wohl anders gemacht haben. Laß das Gebälke ruhig stehen, junger alter Herr! . . .

Und der Schluß:

Jetzt sitzt er wieder vor der Halle gleich einem kritischen Landgrafen, abhörend, erwägend, urteilend, und gegen Unbilde auch die eigene Sache unverhohlen verfechtend, Irrtum bekennend und unverweilt richtig stellend. Und seine Sonne tut keinen Wank und scheint ihm golden ins Gesicht.

Unter solchen Umständen ist das Anwünschen, es möge noch lange so gehen, keine Kunst oder Heuchelei. Es scheint sich (unberufen!) von selbst zu verstehen. Und dennoch rufen wir heute: Heil Dir, teuerster Mann! Bleibe noch manches geräumige Jahr der große Repetent deutscher Nation für alles Schöne und Gute, Rechte und Wahre!

Der Gruß an Böcklin, der Gruß an Vischer: Zeugnisse einer ungetrübten Lebensgläubigkeit. Aber zu derselben Zeit hat der Maler Karl Stauffer-Bern, damals Mitglied der »Dienstagsgesellschaft«, jenes bekannte Blatt radiert, das die Alterstrübung und Altersmüdigkeit des Dichters bedenkenlos aufs Korn nimmt. Unter einen Probedruck der Radierung schrieb Keller für einen Bekannten im Juni 1887 die Verse:

Was die Natur schon fragmentirt,
Hat hier des Künstlers Hand croquirt;
So aus der doppelten Verneinung
Kommt ein bedenklich Ganzes zur Erscheinung.
Es scheint der kurze Mann fast krank,
Doch raucht er ja noch, Gott sei Dank!

Und einer Frankfurter Verehrerin berichtete er später über die Entstehung des Blattes:

Das Staufferſche Bild habe ich Ihnen als spaßhaftes Gegenstück zu dem kühnen Amazonenbild, das Sie mir vor zwei Jahren in Ihrer Photographie geschenkt haben, übersandt. Stauffer wollte meinen Kopf malen, um eine gründliche Radierung danach zu machen. Er malte ihn auch, kramte aber erst einen photographischen Apparat aus, um eine Reihe Aufnahmen von allen Seiten zu machen, um den Gegenstand sich von allen Seiten einzuprägen. Nun mußte er aber während einer scheinbaren Pause, als er mich ruhen ließ, mich in der Erschöpfung auf dem Armsünderstuhl abgestohlen haben, wovon ich nichts merkte; denn diese gestohlene Aufnahme radierte er und nicht den Kopf, den er einer hiesigen Familie schenkte. Er hat es freilich auf meinen Vorhalt bei wenig Abzügen bewenden lassen, wie er sagte, und die Platte abgeschliffen. Die Arbeit ist freilich an sich gut, aber das Bild seiner Entstehung nach dumm.

Die »letzte gesellschaftliche Herrlichkeit größeren Stiles«, die Keller mitmachte, war eine Schlittenfahrt zur Fastnachtszeit 1888, zu der ihn Böcklin zu bereden wußte. In vier oder fünf Schlitten ging es hinaus nach Bassersdorf, und Frey berichtet, wie im ländlichen Wirtshaus der Dichter nach allerlei fröhlichem Mummenschanz allmählich auftaute und aus seinen Knabenjahren zu erzählen begann:

Er verbreitete sich über seine Erlebnisse als Kadettentambour, und wie ihm einmal Oberst Ziegler, der spätere Schwiegervater Conrad Ferdinand Meyers, die Trommel weggenommen und die richtige Art gezeigt habe, die Sammlung zu schlagen. Man stöberte bei den Wirtsleuten eine Trommel auf, und Meister Gottfried gab sogleich ein Solo zum besten. Hierauf begann er zu singen, das alte, bis ins sechzehnte Jahrhundert zurückreichende, auch heute noch nicht verschollene Lied vom roten Schweizer. Die Anwesenden, unter denen keiner Wort noch Weise kannte, wunderten sich namentlich über die Geschicklichkeit, womit der Dichter die neckischen musikalischen Figuren bewältigte:

Ach, Mueter, liebi Mueter,
Gib du mir einen Rat:
Es läuft mir alle Morgen
Fidirung – gung – gän – geli –
Fi – fi – lo – ra – mei – ja – ja!
Es läuft mir alle Morgen
En rote Schwizer nah.

Schließlich wagte man ein Tänzchen, wobei sich einzelne noch besonders verdient machten: einer tanzte zum Schall des von Frau Böcklin geschlagenen Tamburins, das sie schon während der Fahrt hatte hören lassen, einen Saltarello, und ein anderer erfreute die Gesellschaft durch einen Tschardas ... Auf der

Heimfahrt, in der Nähe von Seebach, erging sich Gottfried Keller, der als Knabe oft in dieser Gegend herumgestreift war, abermals in Jugenderinnerungen und hob dann wieder zu singen an. Zum würdigen Abschluß des gloriosen Tages blieb man, ohne den ermüdeten Dichter, noch einige Stunden vergnügt in der »Kronenhalle« zu Zürich beisammen.

Von einem »allgemeinen Einfrieren der Korrespondenzlust« hatte Keller im Dezember 1886 an Storm geschrieben: dessen letzte freundschaftlich mitteilsame Briefe vom Anfang und Ende des Jahres 1887 beantwortete er nicht mehr. Ein halbes Jahr später ist Storm gestorben. Doch dem alten Jugend- und Malerfreund Hegi gegenüber erwies es sich, daß Keller triftigen Grund haben konnte, die »briefliche Erstarrung« zu lösen.

Gottfried Keller an Johannes Salomon Hegi

Zürich, 24. August 1888

Seit ein paar Jahren von Kreuzweh usw. geplagt und vielfach verschnupft, bin ich, wie mit aller Welt, so auch mit Dir auf krasse Weise außer Korrespondenz geraten. Immer lebte ich des Willens, einmal den Genfer See zu befahren und dann auch Dich persönlich aufzusuchen; allein Sommer und Herbst vergehen jedesmal, ohne daß es dazu kommt, und ich bin froh, wenn ich etwa einmal nach Baden [bei Zürich] ins warme Wasser schleichen kann.

Leider sehe ich mich heute veranlaßt, die briefliche Erstarrung auf wenig fröhliche Umstände hin zu lösen. Ich höre von dritter Seite, daß es Dir schlecht geht und Du genötigt bist, einen Ausweg aus der Not zu suchen, durch Übersiedelung nach dem Osten, Ausstellung Deiner Arbeiten usw. Ich kann Absichten und Erfolg nicht beurteilen und will die weitere Entwicklung gern vernehmen.

Für jetzt drängt es mich nur, Dir mit der bescheidentlichen Einlage für die gröbste Tagesmisere, die ich aus alter eigener Erfahrung gut genug kenne, zu nahen, damit Du Dich nicht über Gebühr zu kasteien brauchst! Du hättest mir ja längst einen Wink mit dem Holzschlägel geben können, und ich hoffe nur, Du werdest nicht etwa Bedenklichkeiten aushecken!

Wir wollen hoffen, daß die Sonne bald wieder scheint! im übrigen aber guten Mutes sein.

Soeben werde ich wieder müd an meinem Stehpult und muß schließen. Lebe wohl bis zum nächsten Mal, und wenn die Lage sich nicht ändert, so sei nicht des Teufels und schreib es mir!

Mit herzlichem Gruß Dein sehr alternder Gottfr. Keller

Zürich, 14. November 1888

... Ich muß denken, falls nicht sonst ein günstigeres Gestirnlein aufgegangen ist, daß Du in der alten Not seufzest, insoweit Du mit Deiner Tapferkeit überhaupt seufzest. Für alle Fälle lege ich wieder ein Palliativmittelchen bei und in verschlossenem Kuvert etwas von einem alten guten Bekannten, der nicht genannt sein will, was Du aber ohne Unruhe nehmen kannst.

Auch von der »leidensvollen Krankheit und dem langsam und qualvoll erfolgenden Tod« der Schwester spricht Keller in diesem Brief. Am 6. Oktober war Regula gestorben.

Adolf Frey erzählt

Am 10. Oktober erhielt ich die vom vorhergehenden Tage datierte Traueranzeige: »Sonnabends, den 6. Oktober, nachmittags 3½ Uhr, verschied nach längerer Krankheit und zuletzt schweren Leiden meine liebe Schwester *Regula Keller* im 67. Altersjahre. Zu ihrer wohlverdienten Ruhe eingehend, wurde sie heute dem Grab übergeben.«

Durch die Regenschauer eines frühen Herbstes fuhr er mit der Entschlafenen hinaus nach dem Kirchhof auf der »Rehalp«. Nur wenige Freunde begleiteten ihn, kein Pfarrer war zur Bestattung geladen. Der Bruder trat noch an die Grube heran, in welche eben der Sarg versenkt wurde, warf einen langen Blick hinunter und sagte mit tiefem Seufzer: »Nun, in Gottes Namen!«

Das war die Leichenrede, die über dieser Gruft ertönte. Dann feuchtete eine Träne sein Auge, und er wandte sich still ab.

Gottfried Keller an Ida Freiligrath

Zürich, 12. Oktober 1888

Hochverehrte Frau und Freundin! Nur auf Abschlag sende ich Ihnen vorläufig beifolgende Traueranzeige, welche sich mit der Ihrigen [Maria Melos war am 8. Oktober gestorben] gekreuzt hätte, wenn ich nicht damit verspätet wäre wegen etwelcher Ermüdung.

Empfangen Sie indessen meine innigste Teilnahmebezeigung mit allen den werten Ihrigen wegen des mir ganz unerwarteten schmerzlichen Verlustes. Ihr unwandelbar getreuer

Gottfr. Keller

An Maria Knopf [eine Frankfurter Verehrerin, mit der Keller seit 1884 in Briefwechsel stand]

Zürich, Pfingsten 1889

Meine arme Schwester ist fast zwei Jahre lang allmählich gestorben, zuletzt auf schreckliche Weise an desorganisiertem Herzen. Ich hätte nie gedacht, daß der stillen Person solches geschehen könnte.

... Ich muß dieser Tage mit meinen rheumatischen Gliedern ins Bad, und im Juli werde ich mich irgendwo im Gebirge verstecken, um dem schrecklichen 70. Geburtstag zu entgehen, mit dem man mich bedrohen möchte und den ich vermeiden muß.

Wenn einer vieles getan und geleistet hat und noch manches zu leisten imstande ist, so mag ich ihm solche Späße gerne gönnen. Ich ziehe vor mich zu entziehen und bleibe keinem was schuldig.

Letzthin war Hr. Johannes Proelß bei mir, mit dem ich über den Fall schwatzte. Jetzt hat er schon in der »Frankfurter Zeitung« ein Pourparler drucken lassen, damit sechs Wochen vor dem kritischen Tage schon die wohltätige Stille gestört wird und man ja den Schlupfwinkel aufspüren kann ...

An Marie von Frisch

Zürich, 7. Juni 1889

Daß ich meinem Siebzigertag aus dem Wege gehen will, haben Sie richtig vermutet. Ich gedenke, nachdem ich den Juni in Baden an der Limmat zugebracht haben werde, an einen Kurort am Vierwaldstätter See zu gehen und Luft nebst Wasserkünsten weiter zu genießen und mich dort still zu halten. Ich leide schon an dem Schwindel, indem es Lumpe gibt, die solche Unglückskandidaten schon Monate vorher um Material brandschatzen wollen. Ihr Wolfgangsee wäre ein schöner Schlupfwinkel, aber ich kann nicht so weit reisen, ehe ich von dem permanenten Hexenschuß im Kreuz hergestellt bin, wenn das überhaupt noch geschieht. Die letzten zwei Jahre konnte ich nichts dagegen tun, weil ich die stets leidende Schwester nicht ganz allein in fremden Händen lassen konnte. Sie starb auf schreckliche Weise an einem Herzklappenfehler. Die letzten acht Tage konnte sie weder liegen noch sitzen noch irgend anlehnen und fand keine Luft mehr. Ich mußte auch lange Nächte aufpassen und in der letzten die ganze Nacht mit der Wärterin dabei stehen und mit den Händen bereitsein, wenn sie in einer Art Verlies, das wir gebaut, mit dem Kopf nach vorn oder seitwärts fallen wollte. Das kam mir kurios vor. Und doch mußte ich später lachen, als sie zur Ruhe war und die Weiber erzählten, wie sie eines Nachts, als die Wärterin, die sie an einer langen Schnur am Beine zu ziehen pflegte, wenn sie etwas bedurfte, im Nebenzimmer eingeschlafen war, mit dem Stock in der Hand sich hinschleppte, sah, daß sie schlief, und das Licht ausblies, das sie natürlich bereit hielt. Ein wahrer Holbein! Und sehr liebenswürdig! Ich habe über die Zeit immer mit Heulen zu kämpfen gehabt. Ein Fläschchen Tokayer, das sich bei den schönen Weinflaschen fand, die Ihr mir vor einem Jahre oder so geschenkt, lieferte ihr die letzten Erquickungstropfen aus einem winzigen Gläschen. Von meinem jetzigen Leben will ich jetzt nichts sagen, ich glaub', ich bin reingefallen durch wohltätige Frauen, die alte Mägde gut versorgen wollen.

Sie haben mir, ehe der »Martin Salander« noch fertig war, ein sehr schmeichelhaftes Briefchen geschrieben. Das Bücherbällchen, welches die Freiexemplare der Buchausgabe enthielt, habe ich, nachdem es seit Weihnacht 1886 in einem Winkel gelegen, erst dies Jahr aufgemacht. Sie und Adolf haben die Eurigen auch noch zu beziehen.

Erst jetzt also hatte Gottfried Keller seine Freiexemplare des »Martin Salander« ausgepackt. Nach der (durch zweimalige Arbeitsstockung unterbrochenen) Veröffentlichung in der Deutschen Rundschau war das Buch Weihnachten 1886 erschienen und hielt bereits in der dritten Auflage. Keller hatte keine Freude daran. Er plante einen zweiten Teil »Arnold Salander«: »einen An- und Ausbau, um ihm zu dem Licht zu verhelfen, dessen er durch die Ungunst des Schicksals entbehrt.« Nicht mehr waltet in dem Altersroman die Kraft ungebrochener Erfindung und Gestaltung, das Ganze ist starr schematisiert, und nur gegen die Widerstände einer absichtsvoll gelenkten Fabel setzt sich die plastische und szenische Genialität des großen Erzählers durch.

Doch was die Poesie verliert, gewinnt der Mann, der nicht mit dem lyrischen Abgesang der »Gesammelten Gedichte« von der Szene trat, sondern unter dem Grollen eines zornigen prosaischen Strafgerichts, vollzogen an derselben bürgerlich-schweizerischen Welt, deren provinziell eingeengtes Abenteuer- und Spekulantenwesen in den »Leuten von Seldwyla« noch die Kehrseite echter beharrender Tugenden war. Wohl mochte der Greisenzorn im Zuständlichen einer allzu nahen Züricher Umwelt sein Ziel verfehlen, aber der Zukunft zugewandt blieb das wachsame Auge, das die große bürgerliche Krise kommen sah.

Mehr gefreut als der Roman, dessen Absichten vom kritischen Echo der Zeit vielfach entstellt wurden, hat ihn die zehnbändige Gesamtausgabe seiner Werke, die 1889 im Hertzschen Verlag erschien. Vorangestellt wurde der Ausgabe das bekannte plakettenartige Profilbild seines Kopfes von Böcklin.

Gottfried Keller an den Verleger Wilhelm Hertz

Zürich, 10. März 1889

Für die lange Verschleppung der Empfangsanzeige betreffend die mir vor nun schon vierzehn Tagen gütig übersandten 10 000 Mark [auf die Gesamtausgabe] habe ich sehr um Entschuldigung zu bitten; ich bin von Rheuma so träg und unbeweglich, daß auch das Geld noch in der Lade liegt, wie es kam. Ich lege aber nun mit bestem Danke die Quittung bei.

Das Bild seh' ich nur ungern an der Spitze des »Grünen Heinrich«, weil unwillkürlich das bezügliche Lesepublikum es auf den kuriosen Helden bezieht und dummes Zeug schwatzt, wie: da haben wir ihn ja gleich, den Schwerenöter usw., was kein Unglück wäre, wenn nicht zugleich die Vorstellung eines jugendlichen Lebewesens, wie sie sich in jedem Leser je nach seinen Kräften von selbst bildet, zerstört, ja ausgerottet würde und ein für allemal der festgenagelte Kopf des vertrockneten Greises an die Stelle träte. Soviel im allgemeinen.

Speziell die Photographien betreffend, welche Sie sich verschafft haben (ich hätte sie Ihnen gratis aus meinem Vorrat senden können, da ich sie nicht verwende!), so möchte ich mir leider alle drei geradezu höflichst verbitten. Schon vom Photographen nicht gut placiert, sind sie vom Retoucheur nicht verstanden und verdorben, und schließlich würde auch der Radierer oder Graveur dadurch irregeführt.

Indessen hat sich nötigenfalls ein glücklicher Ausweg gezeigt. Meister Arnold Böcklin, dem ich von der Sache sprach, zeigte sogleich Lust, eine Zeichnung des Kopfes, ganz einfach gehalten, zum Zwecke der Vervielfältigung durch Phototypie zu machen, wo weder die Hand eines Retoucheurs noch die eines Graveurs darüber käme, sondern der reine Strich des Meisters bestehen bliebe. Er ging sofort ans Werk und hat vorläufig ein originelles Bildchen entworfen, an welchem er nur die letzte Hand anzulegen hat. Ich glaube, es wird ein in seiner Art neuartiges Blatt entstehen . . .

Adolf Frey erzählt

Sein Altersleiden schritt langsam, doch stetig voran und raunte ihm und anderen immer deutlicher zu, daß er bald gezwungen sein werde, die irdischen Gezelte abzubrechen. Das grämte keinen mehr als Böcklin, der scharfäugig das Befinden seines Freundes überwachte und sich freute, sobald er die geringste Wendung zum Bessern wahrzunehmen glaubte. Als eines Abends der gewohnte Kreis in der Wirtschaft zum »Pfauen« beim Bier saß und der Dichter das Zimmer verließ, da wandte sich Böcklin strahlend zu den übrigen und rief: »Nai, lueget au, wien er wieder artig läufelet!«

Conrad Ferdinand Meyer an Gottfried Keller

Kilchberg, 6. Juli 1889

Erlauben Sie, daß ich schon jetzt zu Ihrem 70. Geburtstage Glück wünsche, bei meiner bevorstehenden Abreise ins Gebirge. Ich tue es mit dankbarem Herzen. Während meines längern Unwohlseins hatte ich die Muße, wieder einmal Ihre ganze Dichtung langsam zu durchlaufen, und sie hat mir äußerst wohlgetan, mehr als jede andere, durch ihre innere Heiterkeit. Auch meine ich, daß Ihr fester Glaube an die Güte des Daseins die höchste Bedeutung Ihrer Schriften ist. Ihnen ist wahrhaftig nichts zu wünschen als die Beharrung in Ihrem Wesen! Da Sie die Erde lieben, wird die Erde Sie auch so lange als möglich festhalten. Was mich betrifft, habe ich lange nicht dieselbe Lebenssicherheit; doch werde ich die mir noch beschiedene Zeit nach Kräften nützen. Daß ich Sie stets nach meinen Kräften gewürdigt, verehrt und lieb gehabt habe, wissen Sie, wie auch ich gewiß bin, daß Sie trotz meiner Mängel Ihre gute Meinung und

Ihr Wohlwollen mir erhalten werden. Also, Gott befohlen, Herr Gottfried!

Schon in den ersten Julitagen war Gottfried Keller in aller Stille nach Seelisberg über dem Vierwaldstätter See abgereist.

Baechtold erzählt

Der in voller Sommerpracht über dem Vierländersee aufgegangene Tag des 19. Juli traf Keller nicht in bester Stimmung. Von einem neuen hartnäckigen Unwohlsein heimgesucht, begnügte er sich damit, das, was ihm sein letzter Geburtstag brachte, beiseite zu legen: Geschenke, Blumen, Kränze, Adressen, ganze Stöße von Zeitungen, Briefen und Telegrammen. Kaum vermochten Post und Telegraph von Seelisberg die ungewohnte Arbeit zu bewältigen. Der schweizerische Bundesrat hatte seinen Kanzler mit einem kostbar ausgestatteten Glückwunschschreiben nach Seelisberg abgeordnet. Das war etwas völlig Unerhörtes.

Als man das Schreiben, so wird berichtet, feierlich verlesen wollte, wehrte Keller ab: er habe es schon in der Zeitung gelesen. Vorher soll er ernstlich gezürnt haben: da sehe man, in welcher elenden Zeit wir leben, ihn als großen Dichter zu feiern, ihn, der in seinem ganzen Leben nicht ein ordentliches Drama zustande gebracht habe. Und eine Berliner Glückwunschadresse mit mehreren hundert bekannten Namen (von Moltke bis Treitschke, von Herman Grimm bis Wildenbruch, von Theodor Fontane bis Adolph Menzel) entlockte ihm den gerührt ironischen Stoßseufzer: »Gerade, wie wenn ich ein vornehmer Herr wäre!«

So still und in sich gekehrt der müde und kranke Mann den Tag mit seinen Freunden Böcklin, Weber und Stadler beschloß, so nachdrücklich ehrte das weite deutsche Sprachgebiet seinen größten lebenden Dichter. Von »Gesang und Becherläuten« in vielen Schweizer Häusern erzählt Adolf Frey, und aus dem Reich antwortete ein herzlicher Widerhall, der nicht nur durch den Blätterwald rauschte. In den paar lichteren Stunden, die noch kamen, hat es den Greis auch gefreut. Aber die »fahlen acherontischen Nebel« ließen sich nicht mehr verscheuchen.

Adolf Frey berichtet

Als ihm nach seiner Ende August erfolgten Rückkehr drei Freunde die herrliche, von Böcklin entworfene, auf den Festtag jedoch nicht fertig gewordene Goldmedaille vormittags zwischen elf und zwölf Uhr in seinem Arbeitszimmer überreichten, wo er über der Zeitung gesessen hatte, sah er das schöne Kunstwerk lange an, ohne ein Wort zu finden: dann brachen ihm die Tränen hervor, und er sagte, indem er auf das schimmernde Kleinod hindeutete: »Das kann ich Ihnen sagen, meine Herren, das ist das Zeichen für das Ende vom Lied! Ich spüre, daß es mit mir nicht mehr lange dauert.«

Einmal noch fuhr er zur Kur nach Baden. Nach der Rückkehr im November hat er seine Wohnung am Zeltweg kaum mehr verlassen. Ein greisenhaftes Siechtum begann, das ein langsames Sterben war. Er bestellte sein Haus.

Am 11. Januar 1890 machte Gottfried Keller sein Testament, in Gegenwart Böcklins und eines Juristen. Universalerbe sollte der Hochschulfonds des Kantons Zürich werden, Bücherei und Ehrengeschenke fielen der Stadtbibliothek zu, eine bedeutende Geldstiftung dem Eidgenössischen Winkelriedfonds für Wehrmänner und ihre Hinterbliebenen (». . . da ich zu meiner Zeit nie Gelegenheit hatte, meinem Vaterlande gegenüber meine Pflichten als Soldat abzutragen«).

Am 4. Februar 1890 schrieb er in seinem letzten Brief den Satz, dessen antikische Gelassenheit die halberstorbenen Schriftzüge Lügen straft:

Ich werde nicht mehr lange vermeiden können, von einem bestellten Fuhrwerk Gebrauch zu machen.

Conrad Ferdinand Meyer erzählt

Als in diesem Frühjahr [1890] von seiner Gesundheit Schlimmes berichtet wurde, drängte es mich, ihn noch einmal zu sehen. Ich fand ihn auf seinem Lager, völlig hellen Geistes. Er empfing mich sehr freundlich und sprach viel, aber kaum hörbar. Es war ein Spinnen und Weben der Phantasie, von dem sich nicht leicht ein Begriff geben läßt . . . Auch von einem zweiten Teil des

»Salander« phantasierte er und einer Überschwemmung, die ihn schließen sollte. Inzwischen drehte er unaufhörlich die Karte, durch die ich mich gemeldet hatte, bis ich sie ihm sachte aus den Fingern zog. »Ich meine nur«, sagte er, »in dem schönen weißen Raum ließe sich ein Vers schreiben.« »Welcher denn?« fragte ich. »Nun, zum Beispiel«, sagte er: »Ich dulde, ich schulde...«, womit er wohl den Tod meinte, welchem wir alle der Natur schuldig sind. Stunden vergingen so, und es wurde Zeit zum Scheiden. »Wir wollen vom Sommer Heil erhoffen«, sagte ich. »Ja«, scherzte er, »und ein Landhaus am Zürichberg mieten.« Es war ein Jammer. Ich glaubte nicht an eine Genesung, und er wohl auch nicht. Die Tränen traten mir in die Augen, und rasch nahm ich Abschied.

Adolf Frey erzählt

... Nach einer Minute stillen Dahindämmerns hob er wieder an: »Oft, wenn ich in der Nacht so daliege, komme ich mir vor wie ein bereits Begrabener, über dem ein hohes Gebäude emporragt, und dann tönt es immer: ich schulde, ich dulde! Ich sagte das auch Conrad Ferdinand Meyer, als er bei mir war, worauf er meinte, ich hätte doch sicherlich nichts verschuldet. Aber es gibt im Leben eines jeden Menschen Dinge, die er sich zurecht zu legen hat.« Auch eine Reihe literarischer Bemerkungen flocht er ein, alles klar und originell, wie in seinen gesunden Tagen, und ließ sich über einige Krankheitserscheinungen ziemlich breit, aber humoristisch aus, wie denn kein Ton der Unzufriedenheit oder Klage laut wurde.

Baechtold berichtet

Als ihn im März Hans Weber aus Lausanne besuchte, wußte ihm Keller eine wunderbare Geschichte zu erzählen. Kurz zuvor war das benachbarte große Benediktinerkloster Muri fast völlig ausgebrannt. Da habe sich – sagte der Kranke – auf einmal ein alter Sarg mit den Gebeinen eines Heiligen gefunden. Dieser Sarg werde jeden Tag in langer Prozession durch das Dorf getragen, und eine Menge Volkes ströme von allen Seiten herbei. Aber kein Mensch könne sagen, woher der Sarg gekommen sei, noch wie der Heilige heiße. Die Aufregung wachse täglich und niemand wisse, was noch daraus werden könne.

Aus Schleswig kam Ende April Wilhelm Petersen, den Böcklin benachrichtigt hatte.

Petersen erzählt

Als ich sein Schlafzimmer betrat, fand ich den Kranken im Bette liegend mit geschlossenen Augen, die weißen rundlichen Hände auf der weißen Decke ruhend. Sobald er, die Augen aufschlagend, mich erkannte, packte ihn ein krampfhaftes Weinen, das jedoch bald nachließ. Er reichte mir die Hände und dankte mit mehr Worten, als er sonst für solche Dinge zu haben pflegte, für mein Kommen. Dann sprach er vom Verlaufe der Krankheit, besonders von dem Aufenthalte in Seelisberg, und schloß mit der Klage, daß er ein alter, zählebiger Mensch sei, der nicht sterben könne. Es gelang mir leidlich, ihn zu beruhigen, indem ich die abscheuliche Grippe, die ja aber einmal ein Ende haben müsse, für alles verantwortlich machte.

Nun saß ich während der drei Tage, die mir vergönnt waren, die meiste Zeit an seinem Bette, und wir sprachen über alles, was ihn interessieren konnte. Bisweilen schlief er ein, und ich erwartete lesend das Erwachen. Einige Male erfaßten ihn traumhafte, wirre Vorstellungen, deren Inhalt ich nur unklar aus seinen Reden erraten konnte. Sonst war er geistig unverändert, sprach über die verschiedensten Gegenstände mit Lebhaftigkeit und Laune. Mit Rührung erzählte er von der treuen Sorge, mit welcher Böcklin und der Professor Stadler ihn umgaben, begehrte auf, als die Rede auf die Rolle der Probleme in der neueren Literatur kam: »Wenn sie keine Probleme mehr auftreiben können, sollen sie in Gottes Namen schweigen« – und erzählte dann wieder drollige Geschichten und »Schnurren«. Niemals habe ich ihn in gesunden Tagen so aufgeräumt gesehen, als wie er Wesen und Lebenslauf eines ihm nicht angenehmen Mannes erzählte. Die Lust des Schilderns packte ihn so lebhaft, daß er sich im Bette aufrichtete, um auch gestikulieren zu können. Der Mann hatte ihn einmal besucht und war, die Hände in den Taschen und eine Weise pfeifend, im Zimmer auf und ab gegangen. Der Kranke ahmte nun die Stellung und den Gesichtsausdruck nach und pfiff mit unendlich drolliger Miene die Weise . . .

Eines anderen Morgens erzählte er mir, wie zwei ganz in gediegenem geschmiedeten Golde gepanzerte Ritter die ganze

Nacht dort vor dem Schränkchen zwischen den Fenstern regungslos gestanden und ihn unverwandt angeschaut hätten. Die Erscheinung war ihm offenbar unheimlich gewesen wegen des Anstarrens und hatte ihn wiederum entzückt durch die prächtigen Rüstungen. Er schilderte umständlich und anschaulich, wie die Helme das obere Gesicht in tiefen Schatten gestellt und wie die Glanzlichter auf dem feinen Golde geblitzt hatten. Immer wieder kam er auf diese glänzende Erscheinung zurück und konnte sich nicht genug tun in der Schilderung des wunderbaren Glanzes. Dann schloß er lachend: »Hätte die Pauline (die Haushälterin) die Kerle gesehen, die hätte sie sofort ins Leihhaus geschleppt.«

An einem Nachmittage fand ich den Kranken im Lehnstuhle neben dem Bette am Fenster sitzend. Wir tranken ein Glas Wein und plauderten wie gewöhnlich. Als die Sonne sich zu neigen begann, schwieg er, und sein Blick ruhte verloren auf den sonnenbeglänzten Dächern und Baumwipfeln, in denen Vögel sangen ... Nach langem Schweigen begann er leise wie im Traum zu reden, den Blick ins Unendliche gerichtet. Er wandelte im Abendscheine in seligen Gefilden, in einer wundersamen, glanzerfüllten Unendlichkeit. Ich horchte mit verhaltenem Atem in feierlicher Stimmung und fühlte mich selbst in das Reich dieser verzückten Phantasie hineingezogen. Da trat die Haushälterin in das Zimmer und mahnte zur Rückkehr in das Bett. Mit verlorenem Blicke wandte der Kranke das Haupt, und nur zögernd begann sein Geist auf die Wirklichkeit sich wieder zu besinnen.

Dann kam der Tag des Abschieds. Ich äußerte am Vormittage, daß ich fort müsse, aber der Kranke sah mich nur mit einem eigenen Ausdrucke an und erwiderte nichts ... So schleppte sich das Gespräch etwas mühsam dahin, bis ich mich entschlossen erhob, auf die Uhr sah und ausrief: »Es muß sein, ich kann nicht länger bleiben.« Nun tröstete ich, so gut ich konnte, hoffte auf baldiges Wiedersehen bei guter Gesundheit, aber er schüttelte traurig den Kopf ... Ich faßte seine Hände, schaute ihm noch einmal, zum letzten Male, voll in die Augen, drückte einen Kuß auf die hohe, bleiche Stirn, preßte nochmals beide Hände und wandte mich rasch zum Gehen. Als ich vor der Tür noch einmal mich umwandte, sah ich in ein weinendes Antlitz mit traurigen, trostlosen, fast entsetzten Augen, welche mich zu fragen schienen, ob ich es über das Herz bringen könne, ihn einsam auf seinem letzten Lager zu lassen.

Adolf Frey erzählt

Ich sah ihn [nach dem zweiten Schlaganfall] noch einmal, etwa zehn Tage vor seinem Verlöschen. Des Todes Hand lag auf ihm, über das blasse Gesicht mit den meist geschlossenen Augen war ein unendlicher Friede gebreitet. Er sprach noch von diesem und jenem und flocht wohl auch noch eine kleine Schalkheit ein; aber meistens war er eine Beute der schlummersüchtigen Müdigkeit. »Ach, entschuldigen Sie«, sagte er einmal, als er die erstaunten Augen wieder aufschlug und Wirklichkeit und Traum voneinander schied.

Am 15. Juli 1890, nachmittags vier Uhr, ist Gottfried Keller entschlafen.

Baechtold erzählt

Ein Leichenbegängnis wie dasjenige Gottfried Kellers am Vorabend seines einundsiebzigsten Geburtstages hatte Zürich noch keines gesehen. Die Stadt selbst hatte die Bestattungsfeier angeordnet. Das ganze Schweizerland schritt hinter dem mit zahllosen Kränzen bedeckten Sarge: Vertreter des Bundesrats, die Züricher Regierung in ihrer Gesamtheit, Abordnungen des Kantons- und des Stadtrates, der beiden Hochschulen und sämtliche größeren Vereine, Vertreter der akademischen Jugend aller übrigen schweizerischen Universitäten, mitten in einem Wald umflorter Banner. Am Trauerwege stand entblößten Hauptes die lautlose Menge. In der dicht gefüllten Fraunmünsterkirche fand die Abdankung statt, die mit dem Trauermarsch aus der Eroika eingeleitet wurde. Der Geistliche sprach das liturgische Gebet, Professor Stiefel die Weiherede. Kellers Heimatlied brauste durch die Hallen. Dann zog's hinaus in langen Scharen durch den düsteren regnerischen Abend, dem städtischen Friedhofe zu. Stadtpräsident Hans Pestalozzi entbot dem Toten den letzten Gruß des dankbaren Vaterlandes.

In der dämmerigen Halle des Krematoriums stand der kleine weiße Tannensarg, mit Blumen überdeckt. Eine Klingel ertönte. Von unsichtbarer Kraft geschoben glitt er leise vor eine eiserne

Tür. Sie öffnete sich. Eine sonnenähnliche Glut umlohte die Umrisse des Sarges. Ein Augenblick, und unhörbar schloß sich die Pforte wieder. Ein kurzes Flammenbad, und alle Schauer der Vernichtung waren aufgehoben.

Was an Gottfried Keller sterblich war, hatte der Aschenkrug gesammelt.

Um Mitternacht aber drang aus allen hellen Fenstern der Stadt Jugendgesang und Gläsergeklirr. Die schweizerische Studentenschaft war beisammen.

Von der ganzen Veranstaltung hätte dem seligen Gottfried Keller dieser Ausklang am besten gefallen.

Am schwarzen Nachthimmel standen einzelne Sternbilder. Zu einem von ihnen hatte der Dichter unlange vor seinem Tod [in einem Gedicht-Entwurf] also gebetet:

»Heerwagen, mächtig Sternbild der Germanen, das du fährst mit stetig stillem Zuge über den Himmel vor meinen Augen deine herrliche Bahn, von Osten aufgestiegen alle Nacht! O fahre hin und kehre täglich wieder! Sieh meinen Gleichmut und mein treues Auge, das dir folgt so lange Jahre! Und bin ich müde, o so nimm die Seele, die so leicht an Wert, doch auch an üblem Willen, nimm sie auf und laß sie mit dir reisen, schuldlos wie ein Kind, das deine Strahlendeichsel nicht beschwert – hinüber! – Ich spähe weit, wohin wir fahren.«

Anhang

Chronik

1819	Karlsbader Beschlüsse zur »Demagogenverfolgung«: Verbot der Burschenschaften und Turnvereine. Pressezensur. Unterdrückung aller liberalen und demokratischen Schriften Schweiz: Gründung des Zofingervereins (gesamtschweizerischer Studentenverband) Schopenhauer, *Die Welt als Wille und Vorstellung* * Theodor Fontane * Walt Whitman	1819	am 19. Juli Gottfried Keller als Sohn des Drechslermeisters Hans Rudolf Keller und der Arzttochter Elisabeth Keller, geborenen Scheuchzer, in Zürich im Haus »Zum goldenen Winkel« geboren
1820	Malthus, *Grundsätze der politischen Ökonomie* * Friedrich Engels		
1821	Freiheitskrieg der Griechen gegen die türkische Herrschaft unter Beteiligung europäischer Freiwilliger (bis 1827) Metternich österreichischer Innenminister (bis 1848) † Napoleon Goethe, *Wilhelm Meisters Wanderjahre* (1. Teil) Kleist, *Prinz Friedrich von Homburg* (posthum) Hegel, *Grundlinien der Philosophie des Rechts* * Charles Baudelaire * Fedor M. Dostoevskij * Gustave Flaubert	1821	Umzug der Familie in das Haus »Zur Sichel« am Rindermarkt
1822	† E.T.A. Hoffmann	1822	Geburt der Schwester Regula
1823	Monroe-Doktrin »Amerika den Amerikanern«		

	Schweiz: Druck des konservativen Auslands wegen Aufnahme von Flüchtlingen aus Deutschland und Italien: »Press- und Fremdenkonklusum«: Pressezensur, Einschränkung des Asylrechts Beethoven, 9. *Sinfonie* Saint-Simon, *Katechismus für Industrielle* * Aleksandr N. Ostrovskij		
1824	Karl X. König von Frankreich (bis 1830): reaktionäre Herrschaft mit Hilfe der Kirche und der Ultraroyalisten. Rückkehr der Jesuiten Ranke, *Zur Kritik neuerer Geschichtsschreiber* † Lord Byron	1824	August: Tod des Vaters
1825	Dekabristen-Aufstand in Rußland Saint-Simon, *Neues Christentum* † Jean Paul * Conrad Ferdinand Meyer		
1826	Eichendorff, *Aus dem Leben eines Taugenichts* Heine, *Die Harzreise* † Johann Peter Hebel	1826	Wiederverheiratung der Mutter
1827	Heine, *Buch der Lieder* Grabbe, *Scherz, Satire, Ironie und tiefere Bedeutung* † Beethoven * Arnold Böcklin		
1828	* Henrik Ibsen * Lev Tolstoj * Jules Verne		
1829	Goethe, *Wilhelm Meisters Wanderjahre* (2. Fassung) Grabbe, *Don Juan und Faust*		

Balzac, erste Romane der *Menschlichen Komödie*

1830 Juli-Revolution in Frankreich: Bürgerkönig Louis Philippe (bis 1848)
Schweiz: Französische Juli-Revolution bewirkt »Regenerationsbewegung«. »Volkstage« in der ganzen Schweiz.
Stendhal, *Rot und Schwarz*
Feuerbach, *Gedanken über Tod und Unsterblichkeit*
Comte, *Philosophie des Positivismus* (bis 1842)
* Paul Heyse

1831 Cholera-Epidemie in Europa
Schweiz: Liberale Verfassungen in 10 Kantonen: repräsentative Demokratie, Rechtsgleichheit, Freiheitsrechte
Republikanischer Aufstand im Fürstentum Neuenburg
Grabbe, *Napoleon*
Heine, *Reisebilder*
Balzac, *Die Frau von 30 Jahren*
Hugo, *Der Glöckner von Notre-Dame*
† Hegel
* Wilhelm Raabe
* Nikolaj S. Leskov

1832 Parlamentsreform in England: Ausdehnung des Wahlrechts
Hambacher Fest der süddeutschen Demokraten
Aufhebung der Presse- und Versammlungsfreiheit
Maschinensturm in Uster
Börne, *Briefe aus Paris* (bis 1834)

	Goethe, *Faust II* (posthum) † Goethe † Walter Scott * Wilhelm Busch		
1833	Erstes Fabrikgesetz in Großbritannien Aufhebung der Sklaverei im Britischen Empire Schlegel/Tieck, *Shakespeare-Übersetzung* (vollständig) Puškin, *Eugen Onegin* * Johannes Brahms	1833	ab Ostern: Besuch der kantonalen Industrieschule
1834	Deutscher Zollverein unter preußischer Führung Ranke, *Die römischen Päpste* † Schleiermacher * Ernst Haeckel	1834	Scheidung der Mutter Juli: Verweisung von der Schule wegen angeblich führender Beteiligung an einem Disziplinarvergehen der Schüler Sommer: im »Doktorhaus« in Glattfelden bei dem Onkel Johann Heinrich Scheuchzer September: Beginn der Lehre bei dem Maler und Lithographen Peter Steiger
1835	Büchner, *Dantons Tod* Lenau, *Faust* Balzac, *Vater Goriot* Strauß, *Das Leben Jesu* † Wilhelm von Humboldt	1835	Konfirmation
1836	Schweiz: Einschränkung des Asylrechts. Ausweisung zahlreicher Flüchtlinge Eckermann, *Gespräche mit Goethe* Heine, *Die romantische Schule* Immermann, *Die Epigonen* † Christian Dietrich Grabbe		
1837	Victoria Königin von Eng-	1837	Unterricht bei dem Zeich-

	land (bis 1901). Ende der Personalunion mit Hannover. Aufhebung der liberalen Verfassung in Hannover: Protest und Entlassung der »Göttinger Sieben« (Grimm, Gervinius u. a.) Eichendorff, *Gedichte* Gotthelf, *Der Bauernspiegel* Balzac, *Verlorene Illusionen* (bis 1844) Dickens, *Oliver Twist* (bis 1838) † Ludwig Börne † Georg Büchner		ner und Aquarellisten Rudolf Meyer
1838	Chartisten in England fordern allgemeines Wahlrecht Schweiz: Gründung des Grütlivereins (erste gesamtschweizer Arbeiterorganisation) Mörike, *Gedichte* Feuerbach, *Geschichte der neueren Philosophie von Baco bis Spinoza* Weitling, *Die Menschheit wie sie ist und wie sie sein sollte*	1838	März: Abbruch des Malunterrichts wegen Weggang des geistesgestörten Meyer Mai: Tod der Jugendliebe Henriette Keller Lektüre: Shakespeare, Balzac, Hugo, Hauff
1839	»Straußenhandel« in Zürich: Streit um die Berufung David Friedrich Strauß' an die Universität löst konservativen Umsturz (»Züriputsch«) aus Büchner, *Lenz* (posthum) Stendhal, *Die Kartause von Parma* * Ludwig Anzengruber * Paul Cézanne		
1840	Hebbel, *Judith* Hoffmann von Fallers-	1840	April: Abreise nach München zu weiterer Maler-

	leben, *Unpolitische Lieder* Tieck, *Vittoria Accorombona* Lermontov, *Ein Held unserer Zeit* Proudhon, *Was ist Eigentum?* † Caspar David Friedrich * Claude Monet * Emile Zola		Ausbildung. Dort hauptsächlich Umgang mit Schweizer Landsleuten. Freundschaft mit dem Zürcher Maler Johann Salomon Hegi
1841	Schweiz: Aufhebung der Klöster im Kanton Aargau Gotthelf, *Uli der Knecht* Herwegh, *Lieder eines Lebendigen* Feuerbach, *Das Wesen des Christentums* Schopenhauer, *Die beiden Grundprobleme der Ethik*	1841	Keller Redakteur des »Wochenblatts der Schweizergesellschaft«. Darin sein Artikel *Vermischte Gedanken über die Schweiz*
1842	Büchner, *Leonce und Lena* (posthum) Droste, *Die Judenbuche* Gotthelf, *Die schwarze Spinne* † Stendhal * Karl May	1842	November: nach wenig erfolgreichen Malstudien Rückkehr von München nach Zürich
1843	Schweiz: Anfänge des »Sonderbundes« der konservativ-katholischen Kantone Verhaftung und Ausweisung Weitlings aus Zürich Gotthelf, *Geld und Geist* Heine, *Atta Troll* Auerbach, *Schwarzwälder Dorfgeschichten* Kierkegaard, *Entweder-Oder* Wagner, *Der fliegende Holländer* † Friedrich Hölderlin	1843	Abkehr von der Malerei Beschäftigung mit E.T.A. Hoffmann. Erste Gedichte
1844	Aufstand der schlesischen Weber Schweiz: Berufung der Je-	1844	Verkehr im Zürcher Emigrantenzirkel um August A. L. Follen mit Ferdinand

suiten nach Luzern ruft Freischarenzüge liberaler Gruppen hervor
Freiligrath, *Ein Glaubensbekenntnis*
Heine, *Deutschland, ein Wintermärchen*
Hebbel, *Maria Magdalene*
Schopenhauer, *Die Welt als Wille und Vorstellung* (2. Band)
Kierkegaard, *Philosophische Brocken. Der Begriff der Angst*
* Friedrich Nietzsche
* Paul Verlaine

Freiligrath, Georg Herwegh, Wilhelm Schulz und Julius Fröbel
Dezember: Teilnahme am 1. Freischarenzug gegen Luzern

1845 Kartoffelnot in der Schweiz
Wahlsieg der Liberalen in Zürich
Dumas, *Der Graf von Monte Cristo*
Engels, *Die Lage der arbeitenden Klasse in England*
Wagner, *Tannhäuser*
† August Wilhelm von Schlegel
* Carl Spitteler

1845 *Lieder eines Autodidakten* im »Deutschen Taschenbuch« bei Julius Fröbel
März: Teilnahme am 2. Freischarenzug

1846 Aufhebung der Getreidezölle in England: Übergang zum Freihandel
Freiligrath, *Ça ira*
Mörike, *Idylle vom Bodensee*
Proudhon, *Philosophie des Elends*

1846 *Einundzwanzig Liebeslieder. Feueridylle* im »Deutschen Taschenbuch«
Gedichte bei Winter in Heidelberg
Bekanntschaft mit Maria Melos
Freundschaft mit Wilhelm Baumgartner
Sommer: Ferienreise nach Graubünden mit Xaver Schnyder von Wartensee
Erste Skizzen zum *Grünen Heinrich*

1847	Schweiz: Sonderbundskrieg: Sieg der zentralistischen und liberalen über die föderalistischen katholischen Kantone Republikanischer Aufstand in Neuenburg erfolgreich: Loslösung von Preußen Erste schweizerische Eisenbahnlinie Zürich-Baden Grillparzer, *Der arme Spielmann* Marx, *Das Elend der Philosophie*	1847	*Die mißlungene Vergiftung* im »Bündner Kalender« Bekanntschaft mit Luise Rieter Volontariat in der Staatskanzlei unter Alfred Escher
1848	Februar-Revolution in Frankreich: Louis Napoleon wird Präsident der Zweiten Republik März-Revolution in Deutschland: Verfassunggebende Nationalversammlung in der Frankfurter Paulskirche (bis 1849). Aufhebung der Karlsbader Beschlüsse Revolution in Österreich niedergeschlagen: Franz Joseph Kaiser Schweiz: Neue Bundesverfassung: Bundesstaat nach amerikanischem Muster. Liberale Mehrheit im Parlament Thackeray, *Jahrmarkt der Eitelkeit* Grimm, *Geschichte der deutschen Sprache* Marx/Engels, *Kommunistisches Manifest* Mill, *Prinzipien der politischen Ökonomie*	1848	Juli: *Ludwig Börne* in den »Blättern für literarische Unterhaltung« Ausbildungsstipendium der Zürcher Regierung Oktober: Abreise nach Heidelberg
1849	Friedrich Wilhelm IV. von Preußen lehnt die deut-	1849	In Heidelberg Umgang mit Ludwig Feuerbach,

	sche Kaiserkrone ab Frankfurter Nationalversammlung löst sich auf Freiligrath, *Neuere politische und soziale Zeitgedanken* Gotthelf, *Uli der Pächter* Dickens, *David Copperfield* (bis 1850) † Edgar Allan Poe * August Strindberg		Hermann Hettner und Jakob Henle. Liebe zu Johanna Kapp Arbeit am *Grünen Heinrich* Erste Verhandlungen mit dem Verleger Vieweg wegen Übernahme des Romans Erste der *Gotthelf-Besprechungen* (bis 1855) *Die Romantik und die Gegenwart* (unpubliziert)
1850	Preußische Verfassung. Reaktionäres Ministerium Manteuffel Schweiz: Auflösung der meisten deutschen Arbeitervereine und Ausweisung von Flüchtlingen auf ausländischen Druck hin Gotthelf, *Die Käserei in der Vehfreude* Hawthorne, *Der scharlachrote Buchstabe* Kierkegaard, *Einübung ins Christentum* Wagner, *Das Kunstwerk der Zukunft. Lohengrin* † Honoré de Balzac * Guy de Maupassant	1850	Im Frühjahr Reise von Heidelberg über Köln und Düsseldorf nach Berlin, wo Keller sich zum Dramatiker ausbilden will. Dramenpläne Arbeit am *Grünen Heinrich*
1851	Fontane, *Gedichte* Heine, *Der Romanzero* Melville, *Moby Dick* Feuerbach, *Vorlesungen über das Wesen der Religion* Riehl, *Die bürgerliche Gesellschaft* Schopenhauer, *Parerga und Paralipomena* † William Turner	1851	*Neuere Gedichte* bei Vieweg in Braunschweig Erste Notizen zu *Die Leute von Seldwyla* und zu den *Galathea*-Novellen Bekanntschaft mit Christian Friedrich Scherenberg Verkehr im literarischen Salon der Fanny Lewald
1852	Staatsstreich in Frankreich: Louis Napoleon als	1852	intensivierte Arbeit am *Grünen Heinrich*

	Napoleon III. Kaiser der Franzosen Gotthelf, *Zeitgeist und Berner Geist* Storm, *Gedichte* Beecher-Stowe, *Onkel Toms Hütte* Grimm, *Deutsches Wörterbuch* (bis 1961)		
1853	Krimkrieg (bis 1856) Stifter, *Bunte Steine* † Ludwig Tieck * Vincent van Gogh * Ferdinand Hodler	1853	Weihnachten: *Der grüne Heinrich* Band 1–3 bei Vieweg (mit Datum 1854)
1854	Schweiz: Rascher Ausbau des Eisenbahnnetzes bis 1859 durch private Gesellschaften mit Hilfe kantonaler Subventionen Thoreau, *Walden* Mommsen, *Römische Geschichte* † Jeremias Gotthelf † Friedrich Wilhelm Schelling * Arthur Rimbaud	1854	*Neuere Gedichte,* zweite vermehrte Auflage bei Vieweg Häufige Besuche bei Varnhagen von Ense und dessen Nichte Ludmilla Assing Keller lehnt das Angebot eines Lehrstuhls für Literatur- und Kunstgeschichte am neugegründeten Eidgenössischen Polytechnikum in Zürich ab
1855	Schweiz: Eröffnung des Eidgenössischen Polytechnikums in Zürich Freytag, *Soll und Haben* Heyse, *Novellen* Mörike, *Mozart auf der Reise nach Prag* Whitman, *Grashalme* Büchner, *Kraft und Stoff* † Søren Kierkegaard	1855	*Der grüne Heinrich* Band 4 bei Vieweg Frühjahr: unglückliche Liebe zu Betty Tendering Bekanntschaft mit Lina Duncker Oktober: Abschluß der *Leute von Seldwyla* November: Rückreise von Berlin über Dresden (Hettner, Auerbach, Gutzkow) nach Zürich Wohnung bei der Mutter an der Gemeindegasse in Hottingen
1856	Schweiz: Konflikt mit Preußen um das Fürstentum Neuenburg	1856	*Die Leute von Seldwyla I* bei Vieweg

	Gründung der schweizerischen Kreditanstalt (Alfred Escher) Hettner, *Literaturgeschichte des 18. Jahrhunderts* Tocqueville, *Das Ancien Régime und die Revolution* † Heinrich Heine * Georg Bernard Shaw * Oscar Wilde * Sigmund Freud	In Zürich Umgang mit Jakob Burckhardt, Jakob Moleschott, Gottfried Semper, Friedrich Theodor Vischer, Richard Wagner, Otto und Mathilde Wesendonck Juli: Besuch Varnhagen von Enses und Ludmilla Assings in Zürich
1857	Schweiz: Verzicht Preußens auf Neuenburg Stifter, *Der Nachsommer* Baudelaire, *Die Blumen des Bösen* Flaubert, *Madame Bovary* Vischer, *Ästhetik* † Joseph von Eichendorff † Auguste Comte * Joseph Conrad	1857 Bekanntschaft mit Paul Heyse
1858	Transatlantische Kabelverbindung Heyse, *Neue Novellen* Arndt, *Meine Wanderungen und Wandelungen mit dem Reichsfreiherrn vom Stein* Carlyle, *Geschichte Friedrichs II. von Preußen*	1858 Journalismus und Gelegenheitsdichtungen
1859	Italienischer Einigungskrieg (bis 1861) Freytag, *Bilder aus der deutschen Vergangenheit* (bis 62) Lassalle, *Franz von Sikkingen* Reuter, *Olle Kamellen* (bis 1864) Gončarov, *Oblomov* Darwin, *Über die Entstehung der Arten* Marx, *Zur Kritik der politischen Ökonomie*	

	Mill, *Über die Freiheit* * Knut Hamsun * Henri Bergson * Edmund Husserl		
1860	Savoyer Handel: Resultatlose Proteste der Schweiz gegen die Übernahme Savoyens durch Frankreich Burckhardt, *Die Kultur der Renaissance in Italien* Vischer, *Kritische Gänge* † Arthur Schopenhauer * Anton P. Čechov * Gustav Mahler		
1861	Italienische Einigung: Viktor Emanuel II. König von Italien Aufhebung der Leibeigenschaft in Rußland Amerikanischer Bürgerkrieg (bis 1865) Fontane, *Balladen* Hebbel, *Die Nibelungen* Dostoevskij, *Aufzeichnungen aus einem Totenhaus* Bachofen, *Das Mutterrecht*	1861	*Das Fähnlein der sieben Aufrechten* in Auerbachs »Volkskalender« *Am Mythenstein* im »Morgenblatt für gebildete Leser« September: Wahl zum Ersten Staatsschreiber der Zürcher Kantonsregierung Wohnung in der Staatskanzlei
1862	Bismarck preußischer Ministerpräsident (bis 1890) Fontane, *Wanderungen durch die Mark Brandenburg* Flaubert, *Salambo* Hugo, *Die Elenden* Turgenev, *Väter und Söhne* † Johann Nestroy † Ludwig Uhland * Gerhart Hauptmann * Arthur Schnitzler		
1863	Schweiz: Gründung Gotthardbahnkonsortium und Rückversicherung (Alfred Escher) Freytag, *Technik d. Dramas*	1863	*Verschiedene Freiheitskämpfer* in Auerbachs »Volkskalender«

	Spielhagen, *Über Objektivität im Roman* Brehm, *Illustriertes Tierleben* Renan, *Das Leben Jesu* † Friedrich Hebbel * Arno Holz * Edvard Munch		
1864	Genfer Konvention. Rotes Kreuz Raabe, *Der Hungerpastor* Tolstoj, *Krieg und Frieden* (bis 1868) Lassalle, *Kapital und Arbeit* * Frank Wedekind * Richard Strauss * Max Weber	1864	Februar: Tod der Mutter
1865	Busch, *Max und Moritz* Stifter, *Witiko* (bis 1867) Carroll, *Alice im Wunderland* Wagner, *Tristan und Isolde*	1865	*Die mißbrauchten Liebesbriefe* in Viewegs »Deutscher Reichszeitung«
1866	Deutscher Krieg: Sieg Preußens über Österreich bei Königgrätz Schweiz: Teilrevision der Bundesverfassung: Niederlassungsfreiheit Lange, *Geschichte des Materialismus* * Wassily Kandinsky	1866	im Frühjahr Verlobung mit Luise Scheidegger Juli: Selbstmord der Braut
1867	Meyer, *Balladen* Dostoevskij, *Schuld und Sühne* Ibsen, *Peer Gynt* Zola, *Therese Raquin* Marx, *Das Kapital* (bis 1894) † Charles Baudelaire		
1868	Dostoevskij, *Der Idiot* Lautréamont, *Die Gesänge des Maldoror*		

Haeckel, *Natürliche Schöpfungsgeschichte*
Wagner, *Die Meistersinger von Nürnberg*

1869 Schweiz: Neue Verfassung im Kanton Zürich: Direkte Demokratie mit Initiative und Referendum. Arbeiterschutz. Progressive Einkommens- und Vermögenssteuer
Flaubert, *Lehrjahre des Gefühls*
Arnold, *Kultur und Anarchie*
Hartmann, *Philosophie des Unbewußten*
Wagner, *Das Rheingold*
* André Gide

1869 Große Feier zum 50. Geburtstag. Ehrendoktorat der Universität Zürich
Beginn der Freundschaft mit Adolf Exner

1870 Deutsch-Französischer Krieg (bis 1871)
Dogma von der Unfehlbarkeit des Papstes
Schweiz: erste Gründung der sozialdemokratischen Partei
Anzengruber, *Der Pfarrer von Kirchfeld*
Gončarov, *Die Schlucht*
Wagner, *Die Walküre*
† Charles Dickens
* Lenin

1871 Gründung des Deutschen Reiches: Wilhelm I. deutscher Kaiser
Aufstand der Pariser Kommune
Schweiz: Internierung der französischen Bourbaki-Armee
Tonhallekrawall in Zürich: antideutsche Ausschreitungen anläßlich der deutschen Siegesfeier

1871 Beginn des Briefwechsels mit Emil Kuh

	Meyer, *Huttens letzte Tage* Dostoevskij, *Die Dämonen* (bis 1872) Zola, erste Romane der *Rougon-Macquart* (bis 1893) Darwin, *Die Abstammung des Menschen* * Lyonel Feininger		
1872	Schweiz: vollständig erneuerte Bundesverfassung (Vereinheitlichung von Recht und Armeewesen. Initiative und Referendum in Bundesangelegenheiten) vom Volk knapp abgelehnt Bau der Gotthardlinie (bis 1882) Eliot, *Middlemarch* Rimbaud, *Illuminationen* Nietzsche, *Die Geburt der Tragödie aus dem Geiste der Musik* Strauß, *Der alte und der neue Glaube* † Franz Grillparzer † Ludwig Feuerbach	1872	Keller löst sich von seinem Verleger Vieweg und geht zu Göschen *Sieben Legenden* bei Göschen in Stuttgart im Sommer Beginn der Freundschaft mit Marie Exner im Herbst erster Urlaub seit Amtsantritt. Reise nach München
1873	Wirtschaftskrise in Europa 3. Republik in Frankreich Schweiz: Kulturkampf, ausgelöst durch päpstliches Unfehlbarkeitsdogma: Aufhebung der päpstlichen Nuntiatur durch den Bundesrat Meyer, *Das Amulett* Freytag, *Die Ahnen* (bis 1881) Tolstoj, *Anna Karenina* (bis 76) Verne, *Reise um die Erde in 80 Tagen*	1873	*Die Leute von Seldwyla* I und II bei Göschen (bis 1874) Ferienaufenthalt bei den Exners am Mondsee im Salzkammergut

	Nietzsche, *Unzeitgemäße Betrachtungen* Bakunin, *Staat und Anarchie* † John Stuart Mill		
1874	Schweiz: Annahme der revidierten Bundesverfassung: Ausdehnung der Bundesgewalt (Recht, Armee), Vermehrung der persönlichen Rechte und der Volksrechte, Kulturkampfartikel Meyer, *Jürg Jenatsch* Hugo, *Dreiundneunzig* Zola, *Der Bauch von Paris* Wagner, *Der Ring des Nibelungen* † David Friedrich Strauß * Hugo von Hofmannsthal * Karl Kraus	1874	Juli: Besuch bei den Exners in Wien Beginn des Briefwechsels mit Josef Viktor Widmann
1875	† Georg Herwegh † Eduard Mörike * Thomas Mann * Rainer Maria Rilke * Carl Gustav Jung	1875	ab Frühjahr: Wohnung auf dem »Bürgli« in der Enge
1876	Dahn, *Ein Kampf um Rom* Mallarmé, *Der Nachmittag eines Fauns* Twain, *Tom Sawyers Abenteuer* † Ferdinand Freiligrath * Jack London * Constantin Brancusi	1876	*Züricher Novellen.* Vorabdruck in Julius Rodenbergs »Deutscher Rundschau« (bis 1877) Juli: Ausscheiden aus dem Staatsschreiberamt Beginn des Briefwechsels mit Wilhelm Petersen
1877	Schweiz: Eidgenössisches Fabrikgesetz (11-Stunden-Tag) Anzengruber, *Das vierte Gebot* Meyer, *Der Schuß von der Kanzel*	1877	*Züricher Novellen.* Buchausgabe bei Göschen (mit Datum 1878 und 1879) Beginn des Briefwechsels mit Theodor Storm Bekanntschaft mit Adolf Frey

	Saar, *Novellen aus Österreich* James, *Der Amerikaner* * Hermann Hesse		
1878	Bismarcks Sozialistengesetz Schweiz: Wirtschaftliche Depressionsphase. Konkurs der Nationalbahn Fontane, *Vor dem Sturm* Vischer, *Auch Einer* Nietzsche, *Menschliches, Allzumenschliches* Engels, *Anti-Dühring* * Alfred Döblin * Georg Kaiser * Upton Sinclair		
1879	Meyer, *Der Heilige* Ibsen, *Nora* Strindberg, *Das rote Zimmer* † Gottfried Semper * Albert Einstein * Stalin	1879	*Der grüne Heinrich* (2. Fassung) Bd. 1–3 bei Göschen
1880	Fontane, *Grete Minde* Fontane, *L' Adultera* Spitteler, *Prometheus und Epimetheus* Dostoevskij, *Die Brüder Karamazov* James, *Bildnis einer Dame* † Gustave Flaubert * Robert Musil	1880	*Der grüne Heinrich* (2. Fassung) Bd. 4 bei Göschen
1881	Flaubert, *Bouvard und Pécuchet* Ibsen, *Gespenster* Nietzsche, *Morgenröte* † Fedor M. Dostoevskij † Hermann Hettner * Pablo Picasso	1881	*Das Sinngedicht.* Vorabdruck in der »Deutschen Rundschau« Buchausgabe am Jahresende bei Hertz in Berlin (mit Datum 1882)
1882	Schweiz: Vermehrte Bundesaufsicht über das Schulwesen vom Volk abgelehnt	1882	Umzug ins »Thaleck« am Zeltweg in Hottingen

	Eröffnung der Gotthardbahn Fontane, *Schach von Wuthenow* Meyer, *Gedichte. Gustav Adolfs Page* Ibsen, *Ein Volksfeind* Wagner, *Parsival* * James Joyce * Virginia Woolf * Igor Stravinskij		
1883	Sozialversicherungsgesetze in Deutschland (bis 1889) Meyer, *Die Hochzeit des Mönchs* Stevenson, *Die Schatzinsel* Maupassant, *Ein Leben* Nietzsche, *Also sprach Zarathustra* (bis 1885) † Karl Marx † Richard Wagner † Ivan S. Turgenev * Franz Kafka * Karl Jaspers * Anton Webern	1883	*Gesammelte Gedichte* bei Hertz
1884	Storm, *Zur Chronik von Grieshuus* Ibsen, *Die Wildente* Engels, *Ludwig Feuerbach und der Ausgang der klassischen Philosophie*	1884	Arbeit am *Martin Salander* Besuch Nietzsches in Zürich
1885	Fontane, *Unterm Birnbaum* Meyer, *Die Richterin* Maupassant, *Bel Ami* Zola, *Germinal* Marx *Kapital* (2./3. Bd.) † Victor Hugo * Sinclair Lewis * Ezra Pound	1885	Freundschaft mit Arnold Böcklin
1886	Fontane, *Cecile* Ibsen, *Rosmersholm* Stevenson, *Dr. Jekyll und Mr. Hyde*	1886	*Martin Salander.* Vorabdruck in der »Deutschen Rundschau«.

	Nietzsche, *Jenseits von Gut und Böse* † Leopold von Ranke * Gottfried Benn * Hermann Broch		Buchausgabe an Weihnachten bei Hertz
1887	Fontane, *Irrungen Wirrungen* Meyer, *Die Versuchung des Pescara* Nietzsche, *Zur Genealogie der Moral* † Friedrich Theodor Vischer	1887	*Zu Friedrich Theodor Vischers 80. Geburtstage* in der »Allgemeinen Zeitung« Bildnis Karl Stauffer-Bern
1888	Wilhelm II. deutscher Kaiser (bis 1918) Schweiz: Neugründung der sozialdemokratischen Partei Hauptmann, *Bahnwärter Thiel* Storm, *Der Schimmelreiter* Sudermann, *Frau Sorge* Strindberg, *Fräulein Julie*	1888	Tod der Schwester Regula
1889	Hauptmann, *Vor Sonnenaufgang* Holz/Schlaf, *Papa Hamlet* Nietzsche, *Götzendämmerung* * Charles Chaplin * Adolf Hitler	1889	*Gesammelte Werke* in 10 Bänden bei Hertz Keller entzieht sich den Feiern zu seinem 70. Geburtstag am 19. Juli durch einen Aufenthalt in Seelisberg September bis November: Kuraufenthalt in Baden bei Zürich
1890	Entlassung Bismarcks George, *Hymnen* Fontane, *Stine* Holz/Schlaf, *Familie Selicke* Hamsun, *Hunger* Ibsen, *Hedda Gabler* James, *Prinzipien der Psychologie* † Vincent van Gogh	1890	seit Januar Krankenlager am 15. Juli Tod Gottfried Kellers

Bibliographie

Werkausgaben, Briefe, Textsammlungen

Gesammelte Werke. 10 Bde. Berlin: Hertz 1889 (erste Gesamtausgabe, an der Keller selbst noch mitgewirkt hat)

Nachgelassene Schriften und Dichtungen. Berlin: Hertz 1893

Sämtliche Werke. Auf Grund des Nachlasses besorgte und mit einem wissenschaftlichen Anhang versehene Ausgabe. Herausgegeben von Jonas Fränkel (17 Bde.) und Carl Helbling (7 Bde.). 22 Bde. (in 24). Erlenbach-Zürich/München: Rentsch und Bern/Leipzig: Benteli 1926 bis 48 (bis heute maßgebende Gesamtausgabe)

Werke. Herausgegeben von Gustav Steiner. Basel: Birkhäuser 1942 Reprint als:

Zürcher Ausgabe. Werke in 8 Bänden. Zürich: Diogenes 1978 (= detebe 160/1–8)

Sämtliche Werke und ausgewählte Briefe. Herausgegeben von Clemens Heselhaus. 3 Bde. München: Hanser 1956–58. ^{3}1970

Gesammelte Briefe. Herausgegeben von Carl Helbling. 4 Bde. (in 5). Bern: Benteli 1950–54 (darin enthalten sind auch die früher erschienenen Briefwechsel mit Marie und Adolf Exner, Hermann Hettner, Paul Heyse, Emil Kuh, Friedrich Nietzsche, Theodor Storm, Eduard und Heinrich Vieweg und Josef Viktor Widmann)

Dichter über ihre Dichtungen: Gottfried Keller. Herausgegeben von Klaus Jeziorkowski. München: Heimeran 1969

Bibliographien, Forschungsberichte

Baechtold, Jakob: *Gottfried Keller-Bibliographie.* Verzeichnis der sämtlichen gedruckten Werke. Berlin 1897

Zippermann, Charles C.: *Gottfried Keller-Bibliographie 1844 bis 1934.* Zürich 1935

Preisendanz, Wolfgang: *Die Keller-Forschung der Jahre 1939 bis*

1957. In: Germanisch-romanische Monatsschrift 39 (1958), S. 144 bis 178

Martini, Fritz: *Forschungsbericht zur deutschen Literatur in der Zeit des Realismus.* In: Deutsche Vierteljahresschrift für Literaturwissenschaft und Geistesgeschichte 35 (1961), S. 43–56

Jahresberichte der Gottfried Keller-Gesellschaft. 1 (1932) ff. Zürich 1932 ff. (im folgenden zitiert als JbGKG)

Biographisches, Erinnerungen von Zeitgenossen

Ackerknecht, Erwin: *Gottfried Keller.* Geschichte seines Lebens. Leipzig 1939. Konstanz ^{4}1961

Baechtold, Jakob: *Gottfried Kellers Leben.* Seine Briefe und Tagebücher. 3 Bde. Berlin 1894–97

Baechtold, Jakob: *Gottfried Kellers Leben.* Kleine Ausgabe ohne die Briefe und Tagebücher des Dichters. Berlin 1898

Beyer, Paul: *Gottfried Keller. Sein Leben in Bildern.* Leipzig 1960

Breitenbruch, Bernd: *Gottfried Keller in Selbstzeugnissen und Bilddokumenten.* Reinbek 1968 (= rowohlts monographien 136)

Ermatinger, Emil: *Gottfried Kellers Leben, Briefe und Tagebücher.* Auf Grund der Biographie Jakob Baechtolds dargestellt und herausgegeben. 3 Bde., Stuttgart 1915–16

Ermatinger, Emil: *Gottfried Kellers Leben.* Mit Benutzung von Jakob Baechtolds Biographie dargestellt. Berlin 1923. Zürich ^{8}1950

Faesi, Robert: *Gottfried Keller und die Frauen.* In: JbGKG 9 (1941)

Faesi, Robert: *Gottfried Keller.* Zürich 1942

Frey, Adolf: *Erinnerungen an Gottfried Keller.* Leipzig 1892

Guggenheim, Kurt: *Das Ende von Seldwyla.* Ein Gottfried-Keller-Buch. Zürich 1965

Hitschmann, Eduard: *Gottfried Keller. Psychoanlayse des Dichters, seiner Gestalten und Motive.* In: Imago 3 (1919)

Korrodi, Eduard: *Gottfried Kellers Lebensraum.* 75 Bilder eingeleitet von E. K. Zürich 1930

Muschg, Walter: *Umriß eines Gottfried-Keller-Portraits.* In: W. M.: Gestalten und Figuren. Bern/München 1968. S. 148–208

WEBER, Werner: *Freundschaften Gottfried Kellers.* Versuch über die Einsamkeit eines Genies. Erlenbach-Zürich 1952. Auch in: JbGKG 20 (1952)

ZÄCH, Alfred: *Gottfried Keller im Spiegel seiner Zeit.* Urteile und Berichte von Zeitgenossen über den Menschen und Dichter. Herausgegeben von A.Z. Zürich 1952

ZÄCH, Alfred: *Erinnerungen an Gottfried Keller.* Herausgegeben von A.Z. Kilchberg 1970

Studien zu Gesamtwerk und zu einzelnen Problemen

ALLEMANN, Beda: *Gottfried Keller und das Skurrile. Eine Grenzbestimmung seines Humors.* In: JbGKG 28 (1960)

BENJAMIN, Walter: *Gottfried Keller.* Zu Ehren einer kritischen Gesamtausgabe seiner Werke. (1927). In: B.W.: Gesammelte Schriften. Bd. II. Frankfurt 1977. S. 283–295

BINDER, Wolfgang: *Von der Freiheit und Unbescholtenheit unserer Augen. Überlegungen zu Gottfried Kellers Realismus.* In: JbGKG 37 (1968)

BOESCHENSTEIN, Hermann: *Gottfried Keller.* Stuttgart 1969 (= Sammlung Metzler 84)

BRAHM, Otto: *Gottfried Keller.* Berlin 1882

BURKARD, Peter Hubert: *Ludwig Feuerbach's Influence on Gottfried Keller's Concept of Religion.* Phil. Diss. Harvard 1962

FEHR, Karl: *Gottfried Keller.* Aufschlüsse und Deutungen. Bern 1972

FRÄNKEL, Jonas: *Gottfried Kellers politische Sendung.* Zürich 1939

GSELL, Hanspeter: *Einsamkeit, Idyll und Utopie. Studien zum Problem von Einsamkeit und Bindung in Gottfried Kellers Romanen und Novellen.* Bern/Frankfurt 1976

HAUSER, Albert: *Gottfried Keller. Geburt und Zerfall der dichterischen Welt.* Zürich 1959

HAUSER, Albert: *Über das wirtschaftliche und soziale Denken Gottfried Kellers.* In: JbGKG 31 (1962)

HOFMANNSTHAL, Hugo von: *Unterhaltungen über die Schriften von Gottfried Keller.* (1906). In: H.v.H.: Gesammelte Werke in Einzelausgaben. Prosa II. Frankfurt 1951. S. 191–201

Howald, Ernst: *Gottfried Keller. Schweizer, deutscher Dichter, Weltbürger.* Eine historisch-biographische Betrachtung. New York 1933

Imboden, Gabriel: *Gottfried Kellers Ästhetik auf der Grundlage der Entwicklung seiner Naturvorstellung.* Bern/Frankfurt 1975

Jedlicka, Gotthard: *Gottfried Kellers »Ossianische Landschaft«.* In: JbGKG 19 (1951)

Kaiser, Michael: *Literatursoziologische Studien zu Gottfried Kellers Dichtung.* Bonn 1965

Luck, Rätus: *Gottfried Keller als Literaturkritiker.* Bern/München 1970

Lukacs, Georg: *Gottfried Keller.* (1939). In: G.L.: Werke. Bd 7: Deutsche Literatur in zwei Jahrhunderten. Neuwied/Berlin 1964. S. 334–419

Martini, Fritz: *Gottfried Keller.* In: F.M.: Deutsche Literatur im bürgerlichen Realismus 1848–1898. Stuttgart 1962. ³1974. S. 557–610

Marxer, Peter: *Gottfried Kellers Verhältnis zum Theater anhand des Therese-Fragments.* In: JbGKG 41 (1973)

Moormann, Karl: *Subjektivismus und bürgerliche Gesellschaft. Ihr geschichtliches Verhältnis im frühen Prosawerk Gottfried Kellers.* Bern 1977

Muschg, Adolf: *Gottfried Keller.* München 1977

Muschg, Walter: *Gottfried Keller und Jeremias Gotthelf.* In: Jb des Freien Deutschen Hochstifts 1936/40. S. 159–198

Reichert, Herbert W.: *Basic Concepts in the Philosophy of Gottfried Keller.* Chapel Hill 1949

Richartz, Heinrich: *Literaturkritik als Gesellschaftskritik. Darstellungsweise und politisch-didaktische Intention in Gottfried Kellers Erzählkunst.* Bonn 1975

Rothenberg, Jürgen: *Gottfried Keller. Symbolgehalt und Realitätserfassung seines Erzählens.* Heidelberg 1976

Saxer, Johann Ulrich: *Gottfried Kellers Bemühungen um das Theater.* Winterthur 1957

Schaffner, Paul: *Gottfried Keller als Maler.* Stuttgart/Berlin 1923

Schmid, Karl: *Brot und Wein. Gedanken über Gottfried Kellers Weltfrömmigkeit.* In: K.S.: Zeitspuren. Aufsätze und Reden. Bd 2. Zürich/Stuttgart 1967. S. 168–177

SCHWEIZER, Urs: *Feier des Festes. Das Fest in der Dichtung Gottfried Kellers.* Zürich 1973

SPITTELER, Carl: *Gottfried Keller-Rede in Luzern 26. Juli 1919.* Luzern 1919

STAIGER, Emil: *Urlicht und Gegenwart:* In: E.S.: Spätzeit. Studien zur deutschen Literatur. Zürich/München 1973. S. 245–267. Auch in: JbGKG 38 (1970)

STRAUB-FISCHER, Esther: *Die Farben und ihre Bedeutung im dichterischen Werk Gottfried Kellers.* Bern/München 1973

SZEMKUS, Karl: *Gesellschaftlicher Wandel und sprachliche Form. Literatursoziologische Studien zur Dichtung Gottfried Kellers.* Stuttgart 1969

VISCHER, Friedrich Theodor: *Gottfried Keller. Eine Studie.* In: F.T.V.: Altes und Neues. 2. Heft. Stuttgart 1881. S. 135–216

WEHRLI, Max: *Gottfried Kellers Verhältnis zum eigenen Schaffen.* Bern 1965

WENGER, Kurt: *Gottfried Kellers Auseinandersetzung mit dem Christentum.* Bern 1971

WIESMANN, Louis: *Gottfried Keller. Das Werk im Spiegel seiner Persönlichkeit.* Frauenfeld 1967

WYSLING, Hans: *Welt im Licht. Gedanken zu Gottfried Kellers Naturfrömmigkeit.* In: JbGKG 39 (1970)

Studien zu Einzelwerken

BROCKHAUS, Henrich: *Kellers »Sinngedicht« im Spiegel seiner Binnenerzählungen.* Bonn 1969

COWEN, Roy Chadwell: *Die Bildlichkeit in der Lyrik Gottfried Kellers.* Phil. Diss. Göttingen 1960

DÖRR, Dieter: *Satire und Humor in Gottfried Kellers »Sieben Legenden«.* Phil. Diss. München 1970

GESSLER, Luzius: *Lebendig begraben. Studien zur Lyrik des jungen Gottfried Keller.* Bern 1964

HEIN, Jürgen (Hg): *Gottfried Keller »Romeo und Julia auf dem Dorfe«. Erläuterungen und Dokumente.* Stuttgart 1971 (= Reclams Universal Bibliothek 8114)

HOFMILLER, Josef: *Der Ur-Heinrich*. In: Interpretationen 3: Deutsche Romane. Herausgegeben von Jost Schillemeit. Frankfurt 1966. S. 182–189 (= Fischer-Taschenbuch 6022)

HÖLLERER, Walter: *Gottfried Kellers »Leute von Seldwyla« als Spiegel einer geistesgeschichtlichen Wende*. Phil. Diss. Erlangen 1949

HÖLLERER, Walter: *Gottfried Keller: »Die Zeit geht nicht«*. In: Die deutsche Lyrik. Form und Geschichte. Herausgegeben von Benno von Wiese. Bd 2. Düsseldorf 1962. S. 201–216

LAUFHÜTTE, Hartmut: *Wirklichkeit und Kunst in Gottfried Kellers Roman »Der grüne Heinrich«*. Bonn 1969

MAY, Ernst: *Gottfried Kellers »Sinngedicht«. Eine Interpretation*. Bern/München 1969

MEIER, Hans: *Gottfried Kellers »Grüner Heinrich«. Betrachtungen zum Roman des poetischen Realismus*. Zürich 1977

MERKEL-NIPPERDEY, Margarete: *Gottfried Kellers »Martin Salander«. Untersuchungen zur Struktur des Zeitromans*. Göttingen 1959

PREISENDANZ, Wolfgang: *Der grüne Heinrich*. In: Der deutsche Roman. Vom Barock bis zur Gegenwart. Herausgegeben von Benno von Wiese. Bd 2. Düsseldorf 1963. S. 76–127

SCHMIDT, Josef (Hg): *Gottfried Keller »Das Fähnlein der sieben Aufrechten«. Erläuterungen und Dokumente*. Stuttgart 1973 (= Reclams Universal Bibliothek 8121)

SCHUMACHER, Hans: *Die Architektur von Kellers ›Grünem Heinrich‹*. Zürich 1941

SCHUMACHER, Hans: *Ein Gang durch den »Grünen Heinrich«*. Kilchberg 1974. Frankfurt 1976 (= insel taschenbuch 184)

STAIGER, Emil: *Die Zeit als Erfindungskraft des Dichters. Untersuchungen zu Gedichten von Brentano, Goethe und Keller*. Zürich 1939. München 1976 (=dtv 4186)

WEHRLI, Max: *Die Züricher Novellen*. In: JbGKG 18 (1950)

»So tief des Dichters Werk mich immer von neuem ergreift, so groß meine Bewunderung dafür, so innig meine Verehrung für seine Kunst ist – erschüttert, wahrhaft erschüttert hat mich die Geschichte seines eigenen Lebens.«

Kurt Guggenheim, Das Ende von Seldwyla

ISBN 3-257-**20535**-X [9.80]